中国人民大学科学研究基金（中央高校基本科研业务费专项资金资助）

项目成果　批准编号：10XNI010

POLARITY

AND

ANALOGY

TWO TYPES OF ARGUMENTATION IN
EARLY GREEK THOUGHT

对立与类比

早期希腊思想的两种论证类型

[英] 杰弗里·E.R.劳埃德◎著

何博超◎译

人民出版社

Polarity and Analogy,
Two Types of Argumentation in Early Greek Thought
Written by Sir Geoffrey E.R.Lloyd

中文版前言

　　为了将我的作品介绍给中国读者，首先需要做几点陈述，这涉及了本书的缘起。20 世纪 50 年代中期，我在剑桥大学着手承担毕业任务，起初得到的建议是对古希腊语中抽象名词的发展方式进行语文学研究。于是，通过阅读从荷马以来的希腊文献，我收集了大量与这一主题有关的材料。但是，尽管我非常欣喜地通览希腊史诗、抒情诗、悲剧、历史、哲学，然而在两年钻研之后，我觉得并没有什么重要的结果得出，甚至也没有重要的问题在脑海中浮现。不过，当我还是本科生时，就已经开始阅读人种学，在我本科就读的剑桥国王学院，从学院中的人类学家尤其如迈耶尔·福特斯（Meyer Fortes）和埃德蒙·李奇（Edmund Leach）那里所能得到的建议，都令我有所受益；牛津大学的人类学家罗德尼·尼德姆（Rodney Needham）还鼓励我不仅要参读涂尔干、列维—布留尔和列维—斯特劳斯的伟大经典，还要读一读赫尔茨（Hertz）的著作。赫氏论"左右"的作品，在我看来，与希腊文化有着直接的呼应；以此为起点，我开始极力思索不同的希腊人究竟在何种立场上面对一个更为根本的主题，它不再涉及抽象名词的发展问题，而是与所谓的"原始思想"有关：一方面，多茨（Dodds）的《希腊人与非理性者》（*The Greeks and the Irrational*，1951）已然挑战了希腊思想的"纯粹理性观"；但另一方面，其他作品，如施奈尔（Snell）的《精神的发现》（1948/1953）却主张，希腊人在理智生活上创造出了令人瞩目的突破，甚至如他早期的说法，那算得上是实实在在的理性"奇迹"。

显然，这两位伟大的学者不可能同时正确。不过，为了理清他们在哪些地方有道理，哪些地方需要纠正，我认识到，必须让自己仿佛成为古代的人类学家，由此，再追随另一位早年间也影响过本书的重要人物——古史学家摩西·芬利（Moses Finley）的足迹。对于那些与"右手"以及"仪式中顺时或逆时移动方向"有关的、令人迷惑的信仰和践行，其线索可以通过深入地研究种种基本思想模式来发现，在这样的例子中，我会将那些模式称为"对立"（Polarity）。在这样的研究中，希腊人弥足珍贵，因为他们明确表达出了自己的设想。许多人种学上的"对立表"，都是观察力敏锐的人类学家制定的产物，而在这方面，希腊人则表述和评论了他们自己的对立表。的确，这些图表提供了这样的机会：可以考察在一个与我们自己的社会截然不同的社会中，其成员如何理解自身，他们甚至在我们后世这些学者出现之前，就第一次做出了人类学意义上的阐释工作。

一旦我认识到这一机会，就放弃了我自己的更纯粹的语文学研究，转向了一种展现哲学知识的古代社会人类学；为了竞争国王学院的研修奖学金，研究初稿数月之间宣告完成，随即提交。令我极为惊喜的是，我获得了成功，那是 1957 年，但之后，进一步的工作不得不搁置，因为我必须去服兵役。这项从 1956 年开始的研究，只能于 10 年之后方在剑桥大学出版社刊行。

当然，对于第一稿中我能达到的目标范围，本人一清二楚。我对这两种思想模式的研究仅限于早期希腊思想，按照界定，止于亚里士多德。虽然我将自己的讨论广涉其他文化，既有古典，也有现代，但我的关注点，主要在希腊人本身。本书中有少数地方，尝试涉及了古代中国思想，它们源自于我对李约瑟（Joseph Needham，约瑟夫·尼德姆）的《中国的科学与文明》（*Science and Civilisation in China*）的阅读，还有极为仰赖的葛兰言（Marcel Granet，马塞尔·格兰内特）颇有影响的《中国思想》（*La Pensée Chinoise*）一书。与李约瑟的诸多交流，已经让那时身为青年研究生的我颇为受益，而他甚至还不时向我提出与希腊罗马世界有关的问题。我从未宣称，我写下的一切就是不刊之论：相反，我的更微小却依然重要的目标在于，为考察种种与人类的理智追求有关的基本问题，提供可能的研究路径。故而，我要将本书呈现给今天的中国读者，将之作为探索性的讨论，我希望它可以激发出更深入的研究，可以促进跨文化的理解。也正因此，我至为感谢译者何博超，能以如此细致的翻译方便中国读者参阅此书。

杰弗里·E.R.劳埃德

2019 年 3 月于剑桥

目　录

1

导　论

目标与问题

　　本书的目的就是要描述和分析在希腊早期思想——自最古至亚里士多德
为止而且包括他本人——中使用的两种主要的"论证和解释方法";尤其是要
将之与该时期的逻辑学和科学方法的发展这一更重大的问题结合起来进行考
察。首先,我应该讲讲为什么在我看来,我选择的这一主题和时期有着重要
的意义。可以主张,(就西方而言)自然科学、宇宙论、形式逻辑全都起源
于希腊哲学。很容易而且理应看到:这些学科有着确定的历史开端,但是,
就每个学科而言,前代的思想如何影响到了对新研究的开启起着首要作用的
人,这还是一个复杂的问题。尽管可以认为,前苏格拉底的哲学家首先试图
系统地对自然现象和宇宙整体做出理性的阐述,但是毫无疑问,他们的科学
理论和宇宙理论都在某些方面归功于他们共同接受的前哲学时期的希腊人的
信念。按照我们所知,普遍认为,亚里士多德是形式逻辑的建立者,这个看
法显然是正确的,比如,是亚里士多德将符号的使用引入了逻辑学,[①] 然而,
在亚里士多德之前,柏拉图的对话就处理了许多可以合理地认为属于逻辑学
的问题,尤其是在涉及辩证法时。再往前,我们还会发现有一些人早已意识

[①]　如见 Cornford, 5, p.264。在 *SE* 183b 34 ff., 亚里士多德声称自己的逻辑学作品具有原
　　创性。

2 到了逻辑学和方法论问题，比如，在前柏拉图时期，哲学家和科学家已经首先对"理性"和"感觉"在作为知识来源时各自具有的优势展开了争论；他们还开始考察了"理论"和"支持理论的根据或证据"的关系问题。

我们一直考察的希腊哲学的这个时期，在逻辑学和科学方法的理论与实践方面体现出明显的进步。我的主要问题就跟这些发展的某些方面有关。虽然亚里士多德首先对论证规则体系进行了系统阐释，但是，在之前的希腊作家那里，诸多与论证的使用有关、与认识和分析不同论证模式所需的条件有关的问题或许已经提出。即使各种论证模式在最初并未被确定出来，但是，我们仍然可以考虑在早期希腊文献中，普遍用于推论或说服的论证都有什么？它们是如何使用的？尤其是，我们可以考虑，前柏拉图时期的思想家对不同类型的论证具有的"力度"都做出了哪些设想？我们可以在什么程度上确定这些设想？前柏拉图时期的思想家在什么程度上明确构建了他们的论证所立足的原则或设想？柏拉图对不同类型的论证的分析，达到了什么程度？如果通过评估亚里士多德之前时期的某些论证模式，从而把握到其中的发展，那么，我们也就可以探寻：在什么程度上，这些发展影响了后来使用的成型的论证？后来的对推论方法的分析是不是对之前的哲学家和其他学者使用的论证模式做出了重大的修改？

需要研究的第一个论题就是"公元前6—前4世纪各种论证模式的使用和发展"。与之相关的第二个论题就是"解释方法的使用和发展"。虽然亚里士多德（在《后分析篇》中）首先提出了相当全面的所谓的"科学方法"理论，但是，这方面的某些问题也许可以、而且应该先到之前的时代进行探寻。前

3 苏格拉底哲学家和《希波克拉底派文集》(*the Hippocratic Corpus*) 中的医学理论家就试图阐述纷繁的自然现象。他们提出了成型的理论和解释，明确主张了理论和解释所依赖的方法，那么，他们想要对自然现象做出什么样的"阐述"呢？对于这一点，我们可以确定到什么程度？在研究各种论证模式的发展中，有三类问题摆在我们眼前：第一是确定普遍使用的解释模式；第二是追寻与方法论问题有关的思想发展；第三是分析理论与实践的互动（在这一点上，可以考虑一个问题：希腊哲学家和科学家对于方法问题表达的不同思想，在什么程度上影响了他们提出的不同类型的理论，影响了他们尝试建立这些理论所使用的方法）。

　　这项研究的直接目的就是解释某些论证模式和解释方法的使用与发展，但是我希望，也能借此澄清一些与出现在形式逻辑发明或发现之前的、早期希腊思想中的"非形式逻辑"的地位有关的更宽泛的问题。既然这些宽泛的问题是由"古典逻辑学的本性"这一问题引出的，那么，如果要讨论它们，也许就只能结合一些如"某些类型的论证的使用"这样的具体论题来谈。从《低级社会的智力机能》(*Les fonctions mentales dans les sociétés inférieures*)（1910）① 开始，列维-布留尔（Lévy-Bruhl）用一系列作品提出了一个假说，即"前逻辑的"思维，这种思维不看重矛盾律，它"完全是神话式的"；这一假说至少深刻影响了整整一代早期希腊哲学史学家。有鉴于此，在这里，我应该稍作评述。如康福德，他就深受列维-布留尔《从宗教到哲学》（1912）中的理论的影响，而布伦施威奇（Brunschvicg）②、雷蒙（Reymond）③、雷（Rey）④ 和舒尔（Schuhl）⑤ 都提供了充分的证据证明列维-布留尔的思想影响了致力于古希腊逻辑学和科学发展问题的古典研究者，即使是当他们质疑列维-布留尔的解释中的某些方面时，也是如此。最近，施奈尔（Snell）在他颇有影响的《精神的发现》(*Die Entdeckung des Geistes*)⑥ 中一心要区分"神话的"和"逻辑的"思想，他之所以用这两个词，因为（按照他的看法）"它们有力地描述了人类思想的两个阶段"。⑦ 列维-

4

────────────

① 　也见《原始思维》(*La mentalité primitive*)（1922）和《原始灵魂》(*L'âme primitive*)（1927）。《原始思维》(L.A. 克莱尔译，1923，p.438) 中有一段话很有代表性，不妨引出：原始人"总是到我们所谓的自然之上和之外的具有不可见力量的世界中、到'形而上'（按照这个词的本来意义）领域中寻求真正的原因［即'自然现象'的真正的原因］"。

② 　《人类经验与物理因果》(*L'expérience humaine et la causalité physique*)（第一版，1922；第三版，巴黎，1949），尤见第 4 卷，第 9、10 章。

③ 　《古希腊罗马严格自然科学史》(*Histoire des sciences exactes et naturelles dans l'Antiquité gréco-romaine*)（第一版，1924；第二版，巴黎，1955），pp.116 ff.

④ 　《古代科学》(*La Science dans l'antiquité*)，第 1、2 卷（巴黎，1930，1933），如第 1 卷，pp.434 ff。

⑤ 　《论希腊思想的形成》(*Essai sur la formation de la pensée grecque*)（第一版，巴黎，1934）。在第二版，1949，p.xiv 和 n.4 中，舒尔列举了其他很多受到列维-布留尔影响的古典研究者，他还指出，列维-布留尔在《笔记》(*Carnets*) 中修改了自己的观点（见下，p.5）。

⑥ 　第二版，汉堡，1948，T.G. 罗森迈耶尔（T.G.Rosenmeyer）译，英文题目为 *The Discovery of the Mind*（牛津，1953），pp.223 ff。

⑦ 　虽然施奈尔接着指出，这两个阶段或两种人类思想并非彼此完全排斥，但他却用了含混

布留尔假说的影响也更显著地体现在它所受到的方方面面的批评上。早在1912年，涂尔干就质疑了"前逻辑"思维假说（以下原文为法文——中译注）："因此，在宗教思想的逻辑和科学思想的逻辑之间，并不存在鸿沟。两者都由同样的本质元素（éléments essentiels）组成，只不过发展不平均，有差异罢了。有一个例子似乎可以描述前者：无节制的混乱和与之截然相反的状态，有着对它们同样合适的自然欲望……前者不知道尺度和微妙差异，它寻求极端；然后，它使用有些粗拙的逻辑机制（les mécanismes logiques），但是，它并非对此一无所知"。① 此外，列维-布留尔在后期作品中彻底修改了自己的立场。在致伊文思-普理查德（Evans-Pritchard）（写于1934年，1952年出版于《英国社会学期刊》）的书信中，他承认，"前逻辑"一词"很糟糕"，而在《笔记》（no.III，日期为1938，1947年刊行于《哲学杂志》）中，我们发现了下面一段笔记（p.258）（以下原文为法文——中译注）："对于原始思维的'前逻辑'（prélogique）特征，这25年来，我已经不再那么坚持了；通过接触种种事实［即一些非洲协会报告的观点］，我得出了一些结论，它们促成了这样的决定性的转变，这让我放弃了曾经无条件地建立在这些事例上的假说。"

"前逻辑"思维假说长时间得不到信任，② 最终被作者本人放弃。但是，既然发明这种假说的目的最起码是为了解决某些困难，那么就说明这些困难依然真实存在。毫无疑问，把早期希腊思想研究者面临的问题与人类学

而且似乎混乱的语言描述了他所认为的它们之间的差异（3，p.224），这段话如下："神话思想需要接受性（receptivity）；而逻辑没有活动性（activity）就不可能存在。只有当人认识到自身的能量，认识到自己心智的个体性时，逻辑才会实现出来。逻辑思想是未受到损害的清醒；神秘思想则与梦为邻，在梦里，意象和观念不受意志控制，处于漂浮之中。"

① 《宗教生活的基本形式》（巴黎，1912），p.342。

② 比如在1954年，G.林哈特（G.Lienhardt）撰写论文论述原始思维模式时，一上来就提醒说，"在今天，我们这些野性社会的研究者都会认为，仅仅为原始人所具有的思维模式，并不存在"（见《原始社会制度》（The Institutions of Primitive Society），E.E.伊文思-普理查德编，牛津，1954，p.95）。最新的对于原始思维的全面研究是C.列维-施特劳斯的《野性的思维》（巴黎，1962），在书中，列维-施特劳斯用丰富的文本揭示了（比如）原始社会的成员通常如何观察和划分自然物种，他们的做法带有奇特的精确性，而且密切关注细节。

家面临的问题对照得过于紧密，这是不明智的①（这两门学科的方法截然不同，因为古希腊思想方面的证据几乎完全都是文字性的）。但是，对列维-布留尔"前逻辑"思维概念的不满却可以促使人类学家和古典研究者尝试去更充分地阐述在原始或古代思想中隐含的非形式逻辑。虽然作为证据的早期希腊文献的确有限，但是，既然它能让我们研究隐含在古代信念中的"逻辑原则的本性"，以及逻辑学自身的发展和对这些原则的认识与分析过程，那么，这些文献还是格外值得关注，而且富有价值。尤其是到亚里士多德为止的这段时期的古希腊思想，其文献证据为我们提供了独一无二的机会让我们可以去思考：在什么程度上，形式逻辑的发明或发现所促成的某些明确的论证规则只不过是更早阶段的作家未曾明言地观察到的东西；我们也可以思考：在何种意义上，后人对不同论证模式的分析是对前人假设的修改和修正。

方法和证据

　　本研究的范围是到亚里士多德为止的早期希腊思想中的各种论证模式和各种解释形式，虽然范围宽泛，但是，我所采用的研究这一主题的方法，还应该加以限定；此外，关于支持该研究的证据的性质，也需要说上几句。首先是方法问题。在处理早期希腊思想中的各种论证和解释时，有两种方法似乎可行，由于缺少更好的表达，所以权且称之为分析法和综合法。第一种方法试图充分描述有关文本，仅当穷尽调查证据时，再得出一般结论：其长处在于全面。第二种方法先给出初步的一般化原则当作可行的假说，然后可以、而且的确有可能会按照特殊的证据加以修改：这种方法的长处

① 　关于用哲学与人类学进行比较这一做法，舒尔（Schuhl）（pp.5 ff.）和格思里（Guthrie）（4, pp.18 ff.）的判断尤为谨慎。有一种观点是认为人类学家收集到的材料必定能为理解古希腊人的信念提供秘诀；舒尔和格思里对于这种倾向做出了重要的纠正。但是，在某些语境中，征询这样的材料还是非常有用的，这样的情况有两种：第一，就否定目的而言，它可以反驳这样的看法，即，希腊人的信念完全是假设出来的"人类思想的普遍倾向"的结果；第二，从肯定的角度来看，它可以揭示出一条可能的研究思路，沿着它，我们或许可以试图去解释那些初看起来难以理解的信念或实践。

在于清晰。既然我的主要目的是揭示和考察早期希腊思想中的首要的论证类型（当然未必只有这些），那么，我更喜欢第二种方法。因此，我选择去研究我所谓的"对立"（Polarity）和"类比"（Analogy）（尽管在讨论完这两者之后，总还是有些缺漏需要在最后一章加以补缀）。研究早期希腊思想的人几乎都会对在一般的宇宙论和特殊自然现象的阐述中反复使用的各种"成对的对立"留下印象。在相似的语境中，"类比"的普遍使用也并非稀奇之事，尽管在某些方面，这样的用法有些不同寻常。后面的大部分内容都是分析如下问题：在早期希腊思辨思想中，这两者如何被当作普遍的形式加以使用。我们探寻的就是那些让我们觉得含混或明显不充分的（或两者兼有）理论和解释；此外，还有一种情况：相关特殊问题的理论看上去跟经验材料一点瓜葛也没有，对于这样的例子，我们想知道为什么这种理论会被提出。由此，这就又让我们思考该如何解释这样一个普遍的问题，即，苏格拉底前后的哲学家和作家想要对自然现象做出什么样的"阐述"，也就是说，他们用什么标准来衡量一个理论或解释是合适的？在什么程度上，早期希腊理论家已经自觉地想要用经验方法来检验和证实他们的阐述；在什么程度上，他们在不同领域中的可能理论，要借助他们可以自由支配的调查方法来证实或证伪？

可以说，早期希腊思辨思想提出的大量理论和解释属于两种简单的逻辑形式中的任意一种：第一种逻辑的特点就是，对象的分类或解释，与各种成对的对立原则相联系；第二种逻辑的特点是，通过将一个事物与其他事物比拟或比附来解释这一事物。在事物之间假设出来的对立或相似成为了理论或解释的基础（希腊作家的目的是通过理论或解释来阐述某些现象），除此之外，我们还要考虑一点：在明确提出的论证中，对立和相似是以哪些方式相互联系加以使用的？在这种情况中，作家的目的就是证明或让人同意某些结论。在前柏拉图时期的文本和柏拉图的对话中，我们发现，许多论证都有着不同种类的成对的对立（如，"存在和不存在"，"一和多"，"大和小"，"相似和不相似"），这些对立面似乎被处理成相互排斥，而且，无论是在何种意义或何种关系上使用它们，它们似乎都是唯一的可能。此外，通常来看，这些文本都假设了：如果已知两种情况在某些方面是相似的，则必然得出，对一个情况为真的事情，对另一个也为真。可以看出，早期希腊作家在他们对自然现象的理论和解释中，有时会忽视相似度较低的地方和不同之处，从而强调事物之间完全的一致或绝对的对立。但是，前柏拉图时期明确使用的论证却进一步确证了，他们并未充分区分"相似"和"同一"，并未将"彼此排斥并作为唯一可能的对立模式"与"并不彼此排斥、并非唯一可能的对立模式"区分开来。于是，这就促使我们要讨论：在公元前 4 世纪，这些为某种论证奠定基础的假设是如何被揭示和说明的。我们尤其要考察，矛盾律和排中律原则如何一步步形成，类比论证是如何一步步分析出来，不同程度的相似和差异是如何一步步认识到并且得到定义的。最后，我们必须探寻，无论是何种情况，当这些关系的复杂性渐渐被意识到时，它们在论证中的实际使用方式是不是产生重大的变化。

　　本研究使用的证据全都是流传给我们的荷马到亚里士多德时期的希腊文献，以及现存的、与之相关的、后世作家对早期希腊哲学家和科学家理论的记录。在这一点上，关于所有这些证据的性质，需要谨慎对待。这项研究得出的结果，与其他诸多针对早期希腊思想的研究一样，其所立足的证据必定要比我们理想中想要占有的证据更稀少。由于缺乏许多重要哲学家以及诸多医学理论家和其他作家的主要作品，故而，这显然会促使人们过度简化，削足适履，将可用的材料纳入或许并不合适的清晰的模式中。在当前这项研究里，既然我不断尝试对早期希腊思辨思想中的解释方法和论证模式进行一般化处理，那么，早期阶段的毕达哥拉斯学派和原子主义者的第一手证据的缺失就是一个突出的不利。但是，在我表明了上述谨慎态度之后，我们还得继续进行下去，必须更妥当、更充分地利用我们占有的证据。这就又遇到了两个特别的困难之处，一个是真实性，一个是年代。一般情况下，当有其他信息材料可以替代，可供使用时，我就没有论述其真实性极为可疑的证据。不过有时候，由于我们没有替代的材料，那么在这样的情况下，就必须讨论我们会详细使用的某些证据的可靠性。① 而在年代问题上，《希波克拉底派文集》呈现出的特殊的困难令人尤为惋惜，毕竟，这部作品集不仅仅处理了

①　基尔克和拉文（Kirk and Raven）的《前苏格拉底哲学家》（剑桥，1957），pp.1-7，出色地评估了前苏格拉底哲学的学案材料，可以直接利用。

10 标准的医学问题，还处理了与整个生物学领域有关的问题，同时也包含了我们最为看重的与早期希腊科学有关的证据。但这些论著几乎都不能精确地确定绝对的年代；不同学者猜测的几种时间跨度竟有 100 年之多。① 此外，这些论著中的许多作品都是由几部独立的著作合编而成的，有些看起来还出自不同人之手。无疑，这给确定更精确的年代带来了困难。不过，有一点是普遍共识，现存的《希波克拉底派文集》中的著作毫无例外地都完成于公元前 5 世纪中叶到公元前 4 世纪这段时期之内。一般情况下，在解释希腊科学思想发展时，对这些作品的绝对或相对年代的猜测，我不会用来当作解释依据，但是在本研究里，我所排除的著作仅仅是其中的那些毫无疑问属于亚里士多德之后时代的作品。②

所借鉴的前人作品

据我所知，还是第一次有人尝试对到亚里士多德为止的希腊思想中的各种论证和解释方法，尤其是对我所谓的对立和类比的使用和发展做一全

11 面分析。但是，在我考虑的种种问题中，有许多方面当然已经被学者们讨论过了，有单个思想家，也有思想家集体。我可以举几个主要的例子，如第勒（Diller）的论文《明者乃不明者之视象》（ὄψις ἀδήλων τὰ φαινόμενα）③（《赫尔墨斯》，LXVII，1932，pp.14-42）；施奈尔的《精神的发现》；还有塞

---

① 最新的对希波克拉底医派论著之年代的全面讨论，见 L.Bourgey，1，pp.27 ff.，也见 L.Edelstein，1，ch.4，pp.152 ff. 和 K.Deichgräber，1，pp.169 ff.。

② 这些著作中，最重要的是《医箴》（*Precepts*）、《医礼》（*Decorum*）和《医典》（*Law*）。或许应该注意的是，虽然里特尔（Littré）认为这部作品的年代与《论心》、《论血肉》、《论营养》一样，都不早于亚里士多德和普拉克萨格拉（Praxagoras），但是他所使用的主要论证是错误的。里特尔论证说，亚里士多德第一个认为，心是静脉的源头——虽然他也注意到："所有之前的作家都将头部视为静脉的起点"这一概括（*HA* 513a 10 ff.）与亚里士多德对阿波罗尼亚的第欧根尼（Diogenes of Apollonia）的理论的描述并不一致——因此，包含这一观点的作品必定后于亚里士多德的著作。认为亚里士多德完全了解前人的医学理论，这个假设是可疑的，除此之外，他也不是第一个表明心是静脉源头的人，这一观点也明明白白地见于柏拉图《蒂迈欧篇》（70ab）。

③ 参见第 338 页，是阿那克萨戈拉的名言。——中译注

恩(Senn)①、雷根伯根(Regenbogen)②、海德尔(Heidel)③、布盖(Bourgey)④
的作品；库恩（Kühn)⑤ 论述了希波克拉底医派作家；还有拉努尔夫
(Ranulf)⑥、戈德施密特(Goldschmidt)⑦；尤其还有罗宾逊(Robinson)⑧，他
论述了柏拉图的论证和辩证法；还有勒·布朗(Le Blond)⑨ 和布盖⑩ 的作品，
他们论述了亚里士多德的逻辑学和科学方法的理论与实践。上述就是一些对
我影响颇大的作品。不过，既然本研究涉及的是从泰勒斯到亚里士多德的希
腊思辨思想整体，那么，我必然还要参考其他学者，数量难以统计。在我的
文本中，只有最核心的参考文献会列出。虽然本书最后的文献更为完备，列
出了我参考的尤为重要的作品，但是并不全面。肯定有些古典研究界和其他
学科的学者，我虽然借鉴，却疏于致谢，但我心中有数，并未忘怀。最后，
我应该向我在剑桥大学的老师和同事表达我个人深深的谢意，感谢他们的一
切帮助和鼓励，尤其是 G.S. 基尔克、J.E. 拉文、F.H. 桑德巴赫 （F.H.Sandbach)
三位先生，在本书写作的不同阶段，他们都给我提供了一般的和具体的建
议，弥足珍贵。

　　关于我使用的一些术语，还需要稍作解释。众所周知，某些关键的希 **12**
腊文术语，一经翻译为英文，就会出现某些问题。比如，希腊文 τέχνη 一

① 《论〈希波克拉底派文集〉中的实验的来源及其叙述风格》('*Über Herkunft und Stil der Beschreibungen von Experimenten im Corpus Hippocraticum*')，《医学史档案》(*Archiv. f. Gesch. der Medizin*)，XXII（1929），pp.217-289。
② 《古代自然科学研究方法》(*Eine Forschungsmethode antiker Naturwissenschaft*)，《数学、天文学、物理学史资料和研究丛书》(*Quell. und Stud. zur Gesch. der Mathematik, Astronomie und Physik*)，Abt. B，1，2（1930-1931），pp.131-182。
③ 《希波克拉底派的医学：其精神和方法》(*Hippocratic Medicine: its spirit and method*)（纽约，1941）。
④ 《〈希波克拉底派文集〉中的医学的观察与实验》(*Observation et expérience chez les médecins de la collection hippocratique*)（巴黎，1953）。
⑤ 《〈希波克拉底派文集〉中的体系和方法问题》(*System-und Methodenprobleme im Corpus Hippocraticum*)，《赫尔墨斯专著系列》，11（1956）。
⑥ 《埃利亚学派的矛盾律》(*Der eleatische Satz vom Widerspruch*)（哥本哈根，1924）。
⑦ 《柏拉图辩证法的范式》(*Le Paradigme dans la dialectique platonicienne*)（巴黎，1947）。
⑧ 《柏拉图早期的辩证法》(*Plato's Earlier Dialectic*)（第二版，牛津，1953）。
⑨ 《亚里士多德的逻辑学和方法》(*Logique et méthode chez Aristote*)（巴黎，1939）。
⑩ 《亚里士多德的观察与实验》(*Observation et expérience chez Aristote*)（巴黎，1955）。

词，就有不止一个英文单词与之对应，因为这个词既包括我们所谓的技艺（arts），也包括手艺（crafts）和技巧（skills），甚至包括任何种类的理性活动。在翻译 τέχνη 和提及它所覆盖的普遍领域时，我肯定试图选择妥帖的英文单词，但是通常来说，任何英文表达，它的意思都太过具体，所以，我会给"arts"或"skills"标明引号。这种做法，还望允许。此外，希腊人用来表示不同哲学和自然科学分支的术语，它们覆盖的领域，较之意思最接近的英文单词所指的领域来说，略有差异。我们首先应该记住的是，至少到公元前 5 世纪中叶，"哲学、神学、宇宙起源论（cosmogony）和宇宙论、天文学、数学、生物学和一般的自然科学，它们之间的界限还尚未分明"①。所以我用传统的"自然哲学"一词指希腊人所说的"对自然的研究"（περὶ φύσεως ἱστορία）。② 至于"自然哲学"的主要分支，我也应该解释一下，我用"宇宙论"（cosmology）一词指那些涉及宇宙整体及其起源或组织原则的理论；而对于那些处理特殊自然现象的理论，我会近似地按照今天的处理相同主题的自然科学分支来划分它们：这样，处理生物机能或现象的理论，就是"生理学"（physiological）理论。但是，我仍然用"meteorology"（天象学）一词（加引号）对应希腊文的 μετεωρολογία，后者既包括现在所知的气象学（meteorology），也包括今天所知的地质学（geology）（与它最接近的现代术语是广义上的"地理学"（geophysics））。③

文本和缩写

除非另作说明，否则，前苏格拉底哲学家的残篇均引自第尔斯（Diels）版，克兰茨（Kranz）修订，《前苏格拉底残篇》（*Die Fragmente der Vor-*

---

① Guthrie, *HGP*, 1, p. x.

② 如柏拉图，《斐多篇》96ε；参见《论古代医学》，ch.20, *CMG* 1, 1 51 10 f., 那里把 φιλοσοφία 一词解释为，"如恩培多克勒等人对自然所写"（Ἐμπεδοκλέης ἢ ἄλλοι οἵ περὶ φύσιος γεγράφασιν）的论述。而与之相反，亚里士多德总称前苏格拉底哲学家为"自然学家"（φυσιολόγοι）。

③ 亚里士多德在 *Mete.* 338a 26 ff. 中定义了 μετεωρολογία 的范围：它所处理的现象有彗星、流星、风、雷和地震。

sokratiker，第 6 版，1951—1952）（引用时写为 DK）；柏拉图的作品参照伯奈特（Burnet）的牛津版文本；亚里士多德的著作参照贝克尔的柏林版（1831）；亚里士多德的残篇参照 V. 罗瑟（V.Rose）的 1886 年莱比锡版。我手头的希波克拉底医派的论著，用的是海博格（Heiberg）版［《希腊医学文集》（*Corpus Medicorum Graecorum*），vol.1，1（莱比锡，1927），引用时写为 *CMG* 1, 1］，作品由他编订；凡其未收的作品，会参照里特尔版（十卷，巴黎，1839—1861，引用时先写字母 L，后面用罗马数字标明卷数）。我还使用了《希腊医学文集》收集的后来的希腊医学作家的文本［盖伦（Galen）和奥里巴西奥斯（Oribasius）］；凡未编入 *CMG* 1 的盖伦的作品，我均参考 G.G. 库恩版（莱比锡，1821—1833）。我引用的"伦敦佚名者抄本"（Anonymus Londinensis）① 的文本来自第尔斯版（《亚里士多德全集补》，III，1，柏林，1893）。萨福和阿尔凯厄斯（Alcaeus）的诗歌，我使用的是洛贝尔（Lobel）和佩奇（Page）版（《莱斯博斯诗残篇》，牛津，1955，引用时写为 LP）；抒情诗人的诗歌，我用的是佩奇《希腊抒情诗》（*Poetae Melici Graeci*，牛津，1962，引用时写为 P）。除此之外，引用早期希腊抒情诗时，参考迪尔（Diehl）的第 3 版（第 1—3 卷，莱比锡，1949—1952，引用时写为 D）。但对于更重要的文本，我还会引用波克（Bergk）的第 4 版（莱比锡，1878—1882，引用时写为 B）。

希波克拉底医派的论著、柏拉图的对话、亚里士多德的著作的缩写均参见里德尔和斯科特（Liddell and Scott，第 9 版，琼斯修订，1940，引用时写为 LSJ）。如，《论古代医学》写为 *VM*，柏拉图的《会饮篇》写为 *Smp.*，亚里士多德的《物理学》写为 *Ph.*，等等。其他作品，只要不造成混乱，我使用的都是 LSJ 的缩写。我引用的所有单部著作和单篇论文，都列在参考文献中。在文本中引用这些作品时，标注作者名姓（为了避免指代不明，会标注首字母），必要时，后面还会注明斜体数字，它对应了参考文献中同一作者的每部作品上注明的数字。如，Cornford，1，p.165 指 F.M.Cornford，*From Religion to Philosophy*（London，1912），p.165。有两个情况没有按照

14

---

① 藏于伦敦大英博物馆的一部抄本，按照收藏地命名，作者佚名，该著作题目为《论医学》。——中译注

这一规则：引用 G.S.Kirk（G.S. 基尔克）和 J.E.Raven（J.E. 拉文）的《前苏格拉底哲学家》（剑桥，1957）时，写为 KR；引用 W.K.C. 格思里的《希腊哲学史》（*A History of Greek Philosophy*），1（剑桥，1962）时，写为 *HGP*，1。

第一部分

对立 [①]

---

① Polarity，与本书的书名一样，作者会使用该词来指两极对立。聂敏里教授曾经致信劳埃
　德教授询问该词的中译，后者建议译为"对立"，意同于 the opposites 所表示的关系，尤
　其指立足于对立构建的"论证"。因此本书使用"对立"这一译法，它表明了对立的基本
　元素是两个极性项。本书中还会出现 polar expression（如第 90 页），这是来自于德国学者
　的用法，也相应译为"对立表达"。

　　本书会频繁使用 opposites 指一组成对的对立项及其对立关系，但对于"对立"的界
　定和划分在第二章（第 87—88、91、161—162 页）才会谈到。对立有：矛盾（contradictories，
　白与非白）、相反或反对（contraries，包括"允许严格意义的中项"，如黑和白；"不允许
　严格意义的中项"，如整数范围内的奇和偶）、下相反（subcontraries，非奇与非偶）、关联
　（双倍与一半）、正项和负项（视和盲）、并列互补（言与行）等。一般意义上的对立称之
　为相对或对偶（antithese，contrast）。各种情况，中文均按照语境采取了相应的译法。
　——中译注

第一章
早期希腊思想的以对立为基础的理论

以对立为基础的思辨理论的初步考察

以不同类型的对立为基础的各种理论，其出现频率、样式和范围，所有希腊哲学研究者都再熟悉不过了。亚里士多德在几个地方都声称过，他的所有前人都把对立当作原则。比如在 *Ph*.A5 188b 27ff.，[①] 他说，"因为他们全都认为，各种元素，以及他们称之为原则的东西都是'相反者'（the contraries），虽然他们没有给出这样做的理由，但是可以说，是真理迫使他们如此的"。（πάντες γὰρ τὰ στοιχεῖα καὶ τὰς ὑπ' αὐτῶν καλουμένας ἀρχάς, καίπερ ἄνευ λόγου τιθέντες, ὅμως τἀναντία λέγουσιν, ὥσπερ ὑπ' αὐτῆς τῆς ἀληθείας ἀναγκασθέντες.）在阐释前人理论时，由于亚里士多德总是从自己的学说出发，故而对它们有所歪曲，这一点使得他颇受非议；我刚引用的那个判断就是明显体现这种倾向的例子，因为"热、冷、湿、干"都是亚里士多德自己的物理学理论的基础，而且他总是把"形式"和"缺乏"当作对立的原则。但是，亚里士多德却充分意识到了之前哲学家在他们的理论中使用的各种对立面；另外，虽然他在 *Ph*.188b 27ff. 中的说法，肯定需要限定，不过，在前苏格拉底哲学家的残篇中，就有大量证据可以证实这一点，至少能涵盖一般情况。

---

① 参见 *Ph*. 188a 19 ff.; *Metaph*. 1004b 29ff., 1075a28. 1087a29f.。

前苏格拉底时期，以对立面为基础的主流宇宙论，我们可以略作总结。首先是"大多数人类之事都成对出现"（δύο τὰ πολλὰ τῶν ἀνθρωπίνων）这个普遍的学说，亚里士多德将之归在阿尔克迈翁（Alcmaeon）名下，还把他的理论与毕达哥拉斯派的"对立表"做了一番比较（亚里士多德并未表明这种理论是从谁那里得来的）。有一批毕达哥拉斯派人士明确提出了 10 对确定的对立原则：有限与无限；奇与偶；一与多；右与左；男与女（male and female，雄与雌）；静与动；直与曲；明与暗；善与恶；方与矩（oblong）（*Metaph*.A5 986a 22ff.）。但，阿尔克迈翁的理论却缺少确定性，"任何偶然的相反者（contrarieties）"，像"白和黑，甜和苦，好和坏，大和小"，他都提到了（*Metaph*. A5986a 31ff.）。对于其他前苏格拉底哲学家来说，它们的宇宙论所立足的始基或元素，都是对立，或者包含着对立。在现存的阿那克西曼德的残篇中，有一条提到了某种对立因素的连续的相互作用（"它们按照时间的评定，为了它们的有罪而彼此受罚和报偿"）；在他的"世界形成于无限的理论"中，首先出现的东西似乎就是一对对立的实体，无论是"热"与"冷"，还是"火"与"气或汽"。① 巴门尼德"意见之路"（Way of Seeming）中的宇宙起源论，一开始就提到了"**火或光**"与"**夜**"这两种实体，它们是均等的（Fr.9 4ff.）和对立的（τἀντία，Fr.8 55 和 59）。在恩培多克勒的体系里，爱与争是对立的，让"四根"——土、气、火、水——产生了几种对立的结果（如 Fr.26 5 ff.）。在 Fr.4 中，阿那克萨戈拉描述了所有包含成对的对立的东西（如，**湿**和**干**，**热**和**冷**，**明**和**暗**），它们原本在其他事物中（如，土）处于混合的状态。上述这些都最为充分、最为清晰地体现了对立的使用。而在我们占有的二手文献中，还提到了别的哲学家在解释宇宙论时用到的其他对立，尤其是"疏"和"密"。② 此外，虽然赫拉克利特的理论是个例外，因为他特别强调对立面的相互依存与"统一"，但是，既然他通常也将经验材料分析为成对的对立（如热与冷），故而，他的理论依然是

---

① Ps.-Plutarch, *Strom*.2（DK 12A10），关于这段文本，参见 Hölscher, pp.265 ff.; KR, pp.131 ff.; Kahn, pp.85 ff., 119 ff. 和 *HGP*, 1, pp.89 ff.。我在其他地方更详细地讨论了阿那克西曼德对对立的使用（*JHS*, LXXXIV, 1964, pp.94 ff.）。

② 笼统的例子，参见 Aristotle, *Ph*.188a 22 和 *Metaph*.985b 10 ff.。具体的例子，如阿那克西美尼，参见 Simplicius, *in Ph*.24 26 ff. 和 149 28 ff.（DK 13A5）。

典型的例子。

　　前苏格拉底哲学家提出的诸多与物理现象、生理现象或心理现象有关的详细的理论也都基于种种对立。在这些理论中，我们发现了一些显著的例子，它们被用来解释性别。① 巴门尼德很可能认为，胎儿的性别由其在母亲子宫的**右侧**或**左侧**方位决定（右侧为男，左侧为女）。② 恩培多克勒似乎认为，上述决定性因素是胚胎孕育之时子宫的温度（子宫越热，成男；子宫越冷，成女）。③ 阿那克萨戈拉提出了第三种看法，决定性因素是父亲种子④ 分泌的侧位（右侧为男，左侧为女）。⑤ 关于其他问题，前苏格拉底哲学家也经常使用对立面的划分并以此为基础来提出解决方案。比如灵魂论上，赫拉克利特把"灵魂"的不同状态如醒与眠，甚至智慧，还有醉态都归于灵魂的**湿**和**干**。⑥ 再比如生物学上，恩培多克勒似乎通过假定水生动物与陆生动物的温差来解释动物如何生存于海中：按照这种理论水生动物原本生活在陆地，但它们向海迁徙，为了抵消它们体质中过度的**热量**。⑦

　　虽然种种成对的对立并非我们在前苏格拉底哲学家中发现的、为其所

18

---

① 针对这一主题，古代提出了种种理论，关于这些理论的历史，可参见 E. 莱斯基（E.Lesky）的专著。

② 盖伦从这个角度引用并解释了巴门尼德 Fr.17，*in Epid.* VI 48；*CMG* V 10, 2, 2 119 12ff。

③ 参见 Frr.65 和 67。但是，此中略有含混之处。盖伦（*in Epid.* VI 48; *CMG* V 10, 2, 2 119 16ff）认为，恩培多克勒所指完全在于子宫热与冷两个部分的温差，而不是子宫整体随着每月的周期出现的温度变化。对比 Aristotle，*GA* 764a 1 ff。

④ seed，指精液和精子，但在阿那克萨戈拉的哲学中，它是种子的一种。与之相应，女性也有种子，所以，虽然英文中，seed 也可以表示精子，但中译还是译为种子。——中译注

⑤ 参见 Aristotle，*GA* 763b 30ff.（DK 59 A 107），也参见 Hippolytus *Haer*. 18 12（DK A 42）。亚里士多德也提到了德谟克利特的理论，胚胎的性别由父母双方的种子的显性一方来决定（*GA* 764a 6 ff）；还有大量相似的理论，基于"强"与"弱"（即"男"与"女"）的种子，均见《希波克拉底派文集》，如，*Genit.*ch.6（L VII 478 1 ff），*Vict.*I，chs.28 f.（L VI 500 23 ff）。

⑥ 睡眠、清醒和死亡都与灵魂的"燥"与"潮"联系在一起（Fr.26 和 Fr.36, Sextus, *M*. VII 129 f., DK 22 A 16，关于这一处，见 KR, pp. 207ff）。在 Fr.118，"干的灵魂"被称为"最有智慧和最佳"，在 Fr.117，醉态与"湿的"灵魂相关。

⑦ Aristotle, *Resp*. 477a 32-b9（部分引用见 DK 31 A 73）。

使用的全部元素或始基，虽然它们在不同类型的理论中表现出了不同的作用，① 但是可以认为，自阿那克西美尼至原子主义者（也许还包括后者）的大多数主流的哲学家，在他们的一般宇宙论或对特殊自然现象的解释的某个语境之中，都对对立有所提及。在许多方面上，原子主义者的理论是例外：诸原子只是在形态、秩序或位置上彼此不同（Aristotle，*Metaph*.985b 13ff.），如甜和苦这样的对立并不是"真实的"，相反，它们只"靠约定"（νόμῳ）而存在（如 Fr.125）。但是，也许有所表明的是（亚里士多德也确实如此表明），原子主义者也使用了某种对立，如原子和虚空，亚里士多德将之解释为"盈与虚"（the full and the empty）（Aristotle，*Metaph*.985b 4 ff.），不过需要指出的是，这些对立并不像我们之前处理过的那些一样，它们是异质而非同质的对偶。就连艾利亚学派——芝诺可能是个例外，关于他的证据，我们相当缺乏——也仍然将经验材料分析为种种对立，虽然他们否认变化和多的存在。如我们之前所见，"意见之路"中的巴门尼德的宇宙起源论从一开始就设定了一对对立的第一实体——光和夜；麦里梭在分析物理世界中的表面变化时，也一部分按照了对立："因为热在我们看来变冷了，冷变热，硬变软，软变硬。"

不仅前苏格拉底哲学家在他们的理论和解释中广泛使用了成对的对立，公元前 5 世纪晚期或公元前 4 世纪的希波克拉底医派的论著也提供了许多更深刻的、有着相似的普遍形式的理论例子。例如《论人体本性》（*On the Nature of Man*）提出了一种立足于**热、冷、湿、干**的宇宙论。其作者断言，仅当这些对立面正确地达到平衡时，生殖才能发生；而在死时，身体中的四种对立面的每一个，都回返到它的同类，"湿回到湿，干回到干"等等（ch.3, L VI 36 17 ff.）。再如《论养生》（*On Regimen*）I 也是其他众多针对我们身体的组成元素而提出相关理论的作品之一。② 其作者说，一切生物都成于**火**

---

① 在一元论中，对立有时被用来解释多重世界从原始、无差别的统一体中的生成过程，如见，阿波罗尼亚的第欧根尼（Diogenes of Apollonia），Fr.5："因为（气）是多形式的，既可以更热，也可以更冷，可以更干，又可以更湿，可以更静止，又可以运动迅速，其他诸多差异都包含其中，有味道，有颜色，无穷无尽，不一而足。"

② 也参见 *Carn.* ch. 2; L VIII 584 9 ff.。其中有四种元素，最重要的是热的"以太"（aither）。其余三种里，土是冷和干的，"气"是热和湿的，是"最近的"部分，"土则最湿、最密"。（例如，就像 Heidel, 6, p.19, n.6 所论，这一模式类似于亚里士多德的理论，见 *GC* 330b 3 ff.：

与**水**，前者热和干（虽然"火中有潮湿"），后者冷和湿（但"水中也有干"）。①
就连《论古代医学》这部反对在医学中使用那些基于热、冷、湿和干的理
论的论著，也认为身体包含了许多种成分，其作者列出了诸如**甜**和**苦、涩**
（astringent，στρυφνόν）和**淡**（insipid，πλαδαρόν）这样的成对的对立（ch.14，
CMG 1，1 45 26 ff.）。

　　希腊医学理论中有一个老生常谈的观点：健康存在于身体中的某些对
立因素的平衡之中。阿尔克迈翁似乎就主张某种这样的学说，因为艾提奥
斯（Aetius，V 30 1；DK 24 B 4）记录说，阿尔克迈翁认为，健康在于平衡
（ἰσονομία）或身体中的某些"力量"的"平权"，而疾病源自其中一种力量
的专制（μοναρχία）或"极权"：关于他所谓的"力量"，艾提奥斯举了湿、
干、冷、热、苦和甜为例。类似的关于健康与疾病的学说也频繁见于《希波
克拉底派文集》，比如在《论古代医学》（ch.14，*CMG* 1，1 46 1 ff.）和《论
人体本性》（ch.4，L VI 40 2 ff.）中。具体的疾病也通常归因于一种对立面
的作用，如热、冷、湿、干等等，在《论疾病》I 中，其作者描述为肺部丹
毒（erysipelas）的状况，被认为是"干"所致（ch.18,L VI 172 1 ff.）。在《论
感染》（*On Affections*）中，可以发现一种病理学通论："人体内，一切疾病
由胆汁质（bile）与粘液质（phlegm）所致。当身体中的胆汁质与粘液质变
得太干或太湿或太热或太冷时，它们就引起疾病。"（ch.1. L VI 208 7 ff.）另
一种理论可见于《论人体部位》（*On the Places in Man*）："疼痛既因冷，也因
热所致，既因过度，也因匮乏所致。"（ch.42,L VI 334 1 ff.）② 疾病源于**饱满**
（repletion，πλήρωσις）和**消耗**（depletion，κένωσις）的观念，也出现在若干

21

───────────

　　但是，在我看来，这两套模式的一致之处并不足以得出"*Carn.* 的作者因袭了亚里士多
德"这样的结论）也应该注意，在"伦敦佚名者抄本"中保存的希腊医学论述中［至少
一部分来自 *Iatrica*，即"医学史"，出自亚里士多德门徒迈农（Menon）］，对立元素的学
说归于若干公元前 5 世纪晚期或公元前 4 世纪的医学理论家。尤见斐洛拉奥斯（Philolaus，
XVIII 8 ff.：我们身体原本，即在胚胎之时，就包含了热，但当出生时，我们吸入了外界
的冷的空气）、埃吉那的佩特隆（Petron of Aegina，XX 1 ff.：有两种主要元素，干与热相
关，湿与冷相关）、腓利斯提翁（Philistion,XX 25 ff.：有四种元素，但它们具有对立的"力
量"，热的火，冷的气，湿的水，干的土）的阐述。

① *Vict.*I chs.3 和 4，L VI 472 12 ff.，还有 474 8 ff.。

② 参见，如，*Nat. Horn.* ch. 2,L VI 36 1 ff.；*Morb. Sacr.* ch. 14，L VI 388 3 ff. 和 *Morb.* I ch. 2，
　　L VI 142 15 ff.，19 f.。

论著中，其中就有《论古代医学》，①虽然这部作品直言不讳地批评了立足于热、冷、湿、干的病理学理论。

疾病由某一对对立所致，这种理论的逆命题就是，可以通过让这对对立平衡来达到治愈的效果；这种学说也广泛见于希波克拉底医派的作者中。这一类理论之后的原则在《论古代医学》的一个地方被明确地表达出来："因为，如果让一个人产生痛苦的东西是某种热的、冷的、干的或湿的东西，那么，若他想要正确治疗，他就必须用热中和冷，用冷中和热，用干中和湿，用湿中和干。"②《论呼吸》是众多从一般的角度论述如下学说的论著之一："再有，消耗治愈饱满，饱满治愈消耗……概言之，对立的一方治愈另一方。"③与这种理论相关，我们发现许多相当粗糙或过分简单的对于某些治疗效果的解释。比如，不同食物的效果通常都按照简单的对立加以分析。《论养生》II（ch.53，L VI 556 13 f.）的作者声称，"纯蜂蜜是热和干的"；而根据《论感染》（ch.51，L VI 260 15 f.）所言，"热面包和热的肉独立摄入时，可以让身体变干"。相似的例子数不胜数。④不过，应该指出，寻求对立之平衡的理论，确实提出了诸多合理、合适的建议，虽然也得出了我上面引用的教条的说法。比如，《论健康养生》（*On Regimen in Healthy*）就是若干针对"饮食与锻炼应如何随一年季节变化加以调整"而提出合理建议的论著之一。

《希波克拉底派文集》中还有些可以忽略的病理学理论，也应该简要一提。有一个常见的观念："奇数"天和"偶数"天（从生病第一天算起）在生病期间颇为重要。《论疾病》IV说，"正是在奇数天，人方能痊愈，或病故"（ch.46，L VII 572 1 ff.），甚至如《流行病》（*Epidemics*）第一卷这样的作品，虽然因其谨慎的经验性医学方法而恰如其分地为人称道，但它也提出，"在偶数天恶化的病症，在偶数天会有危险；而在奇数天恶化的病症，会在奇数

---

① *VM* chs. 9 和 10；*CMG* 1, 1 41 17 ff., 42 11 ff.。参见 *Nat.Hom.* ch. 9, L VI 52 4 ff.；*Morb.* IV chs. 32 和 33，L VII 542 11 ff., 18 ff.；*Loc. Horn.* ch.42, L VI 334 2。

② *VM* ch.13；*CMG* 1, 1 44 9 ff.。这位作者否认了疾病与这些特殊的对立有关，但是，或许可以认为，他自己的"饱满"和"消耗"理论又蕴含了另一种更普遍的对立的平衡关系，而且两个对立面之间存在着适中。

③ ἑνὶ δέ συντόμῳ λόγῳ τά ἐναντία τῶν ἐναντίων ἐστὶν Ίήματα，*Flat.* ch. 1；*CMG* 1, 1 92 6 ff.。也参见 *Nat. Horn.* ch. 9, L VI 52 4 ff.；*Aph.*sec.2 ch.22, L IV 476 6 ff.；*Loc. Horn.* ch. 42, L VI 334 8 ff.。

④ 参见 *Vict.*II 和 III。但是，可以比较 *Acut.*，其中对于饮食的教条式的分析，数量要更少。

天陷入危险"（sec.3 ch.12，L II 678 5 ff.）。① 有时，疾病会直接归咎于季节因素，这些因素通常被分析为成对的对立。在这样的语境中，**北风**与**南风**的效果，被频繁提及。② 有些理论家也认为，疾病过程由感染的身体部位的本性所决定，而在这样的上下文中，我们发现身体的各个部位被划分为"**强**"与"**弱**"、"**热**"与"**冷**"、"**湿**"与"**干**"等等。③ 在其他地方，身体的**右侧**和**左侧**都被设定可以解释各种病理状况。例如在《论圣病》（*On the Sacred Disease*）中，就想象了身体右侧静脉与左侧静脉的差异，这被用来解释某些据称频繁出现于右侧的出血现象（ch.10, L VI 378 10 f.）。不过，需要一提的是，所表明的差异并不总是完全出于想象。W.H.S. 琼斯（W.H.S.Jones，*1*，vol.II，p.17，n.1）就指出，《预后》（*Prognostic*，ch.7，L II 126 7 ff.）里的那段，由于其中论述了，季肋部（hypochondrium）左侧的肿胀并没有右侧的那么危险，故而可以认为，它是希腊文献中第一次提到阑尾炎的地方。

种种立足于对立的宇宙论、生理学和病理学理论在前苏格拉底哲学家和希波克拉底医派的作者中极为常见。而在公元前 4 世纪哲学中，对于对立的更深刻的使用，可见于柏拉图和亚里士多德。在柏拉图那里，人们也许首先会提到存在世界与生成世界、理念与殊相这两对普遍的对立。他对于这两对对立之关系的理论当然奥妙又复杂，而且毫无疑问，在柏拉图思想发展的过程中，它差不多出现了相当大的变化。但是，在某些段落中，这两类存在物之间确实有着直接的对立；按照《斐多篇》（80b）的说法，一方面是"神性的、不朽的、可思的、统一的、不可分的、永存的、自存的"存在者，另一方面是"属人的、可朽的、杂多的、可思之下的、可分的、不会永存的、不自存的"存在者。不过，这类"对偶"（antithesis）在一个重要的方面上，

23

---

① Jones, *1*, vol.1, Intro. pp.liv f.，将这种病情危象日的理论与疟疾的周期联系在一起。也应注意的是，这种理论并不总是以死板或教条的形式表达出来。比如 *Prog.* 的作者就说，危象期难以精确按照整数日计算（ch.20, L II 168 16 ff.）。

② 例如，*Morb.Sacr.* ch.13, L VI 384 4 ff.（参见 376 13 ff.，378 17 ff. etc.）；*Hum.*ch.14, L V 496 1 ff.；*Aph.* sec.3 ch 5, L IV 488 1 ff.。*Aër.* 包含了篇幅很长的对不同季节因素影响的分析，这些因素大部分被视为成对的对立（如 chs.3 和 4，研究了面向炎热南方的城市，还有面向寒冷北方的城市，以及各自的风相，CMG 1，1 57 11 ff.，58 6 ff.）。

③ 参见 *Morb.* I ch.1, L VII 142 2 ff.；*Nat.Hom.*ch.10, L VI 56 13 ff.；and *Loc.Hom.* ch.1, L VI 276 1 ff.。

并不同于我们之前考虑过的大多数理论。前苏格拉底哲学家与希波克拉底医派的作者在他们的理论和解释中使用的种种成对的对立，在一般原则上，都属于相同的实在层级（例如，热与冷，光与夜，奇与偶）；① 与之相反，柏拉图的理念和殊相则分别属于不同的实在层级。于是，这就是一种不同类型的对立，处于两个不同的世界之间，而非在唯一一个实在世界的不同部分之间。但是，在其他语境，柏拉图对对立的使用更为紧密地与之前作家的用法相联系。② 尤其值得一提的是《斐多篇》中的一段，在那里，柏拉图提供了一段看起来针对"生成"（coming-to-be）和"消失"（passing-away）的一般分析。在《斐多篇》70d ff.，苏格拉底首先陈述，然后试图按照生成的一般规律来证明："对立的一方生成于另一方"，例如，"更大"来自"更小"，"更小"来自"更大"，"更弱"来自"更强"，"更快"来自"更慢"，"清醒"来自"睡眠"，等等。既然这些过程中的每一个都可以互换，于是，他通过类比得出结论：不仅死随着生，而生也随着死（71d-72a）。这一段的目的是要证明或提出"灵魂不朽说"，但是，柏拉图在这里借苏格拉底之口所做的这个具体的论证，却是基于"整个生成发生于对立之中"这个一般化原理。③

最后，我们应该简要考察几个我们在亚里士多德那里发现的诸多立足于对立的理论。在《物理学》A 中，他讨论了变化的"始因"（ἀρχαί）问题，他设定的（在考察完前人的理论之后）前两个始因就是**"形式"**（Form，εἶδος 或 μορφή）与**"丧失"**（Privation，στέρησις）的对立，他在后面又补充了其他始因：载体（substratum）和动力因。例如在《物理学》188b 21 ff.，他提出，一切生成与消失都出现于"对立，归于对立及其中介"，④ 而与之相

---

① 原子主义者的"原子和虚空"也许是个例外（前述，p.18）。与柏拉图理论更接近的，也许是巴门尼德那里的"真理之路"和"意见之路"的划分。

② 例如在《蒂迈欧》中，还有几种立足于对立的理论，它们很可能直接以之前理论家的学说为模板。在 Ti.82a 中，某些疾病归因于过度（πλεονεξία）或不足（ἔνδεια）（参见《希波克拉底派文集》中的"饱满"与"消耗"）。也应注意的是，亚里士多德将柏拉图的质料原则描述为"大"与"小"的对立，如 Ph.187a 17, 203a 15f.，Metaph.988a 26，但是，在现存的柏拉图作品中，我们并未发现这样的理论。

③ 如见，《斐多篇》71a 9 f.，"ἱκανῶς οὖν...ἔχομεν τοῦτο, ὅτι πάντα οὕτω γίγνεται, ἐξ ἐναντίων τὰ ἐναντία πράγματα;"。Leach, pp.130f.，对整个这一段作了颇有启发的注解。

④ 参见 Cael. 270a 14 ff.；GC 331a 14. ff.，335a 6 ff.；Metaph. 1087a 36 ff.。

似，在质、量和地点这些范畴中出现的变化也被认为发生在对立之间，① 只 `25`
有环形运动在这个分析中被排除了，故而，只有它也许是永恒的。② 之后在
GC B 1-3 中，他开始考察物理对象的基本构成元素，并以一种精确而又扼
要的论证来确立自己的学说。生成和消失没有可感的物体是不可能的（*GC*
328b 32 ff.），反过来，若无相反者，物体也不可能存在；因为物体必定要么
轻、要么重、要么冷、要么热（329a 10 ff.）。但是，在可能种类的相反者中，
只有有形的（tangible）相反者会是可感物体的始基（b 7 ff.）。然后，他列
举了种种有形的相反者，这些都可以还原为两对事物：一为主动，热与冷；
另一为被动，湿与干（b 24 ff.，330a 24 ff.）。此外，这四个对立面的可能的
联系在数量上也为四，③ 这四种联系代表了第一物体：土是冷和干的，气是热
和"湿的"，④ 水是冷和湿的，火是热和干的（b 3 ff.）。

亚里士多德不仅在他的物理学一般学说中，而且在他的诸多特殊的理
论和解释里，尤其是生物学，他也使用了热、冷、湿、干。由此，生殖被
认为是热所致［无论热是雄性一方提供，还是在自然生成（spontaneous gen-
eration）中，来自外部的周围环境］。⑤ 生命本身的始基在孕育中作为特殊形
式的热（例如，*GA* 736b 33 ff.），由此，亚里士多德从热的不充分或不均衡
来解释怪异的动物和其他畸形体。⑥ 他的营养和生长理论也联系了同样的四 `26`
个第一对立面，⑦ 呼吸与睡眠也按照身体的热和冷的相互作用来解释。⑧ *PA*

---

① 参见 *Ph.*200b 33 ff.，261a 32 ff.；*Cael.*310a 23 ff.；*Metaph.*1069b 3 ff.。

② *Cael.*A 3 和 4。

③ "热和冷"、"湿和干"的联系，当然是不可能的，*GC* 330a 31 ff.。

④ 希腊语的 ὑγρόν 一词，比我们的"湿"或"潮"（moist）要更宽泛，它可以用来指液体
和气体，也即，指任何不坚固、不稳固的东西。

⑤ 参见，*GA* 743a 26 ff.，32 ff.。

⑥ 见 *GA* 743a 29 ff.（论畸形），767a 13 ff.（论不育），参见 772a 10 ff. 和 775b 37 ff.。

⑦ "正是通过干或湿或热或冷的东西，一切生物才被滋养"（*de An.*414b 7 f.）。参见 *PA* 650a
2 ff.（食物包含了"调制而成"、因热而变化的湿物与干物）和 *GA* 740b 25 ff.（热和冷都
是自然用来促成生长和营养的工具）。在 *de An.*414b 11 ff.，饥饿被认为是对干物和热物的
欲望，渴是对湿物和冷物的欲望。

⑧ 在亚里士多德看来，呼吸是冷却的过程，是心脏周边区域的过度的热变凉（*Resp.*478a 15
ff.，26ff.，*PA* 668a 33 ff.）。睡眠由冷的大脑所致，它让身体下部区域产生的热的蒸气冷
却（*Somn.Vig.*ch.3，456a 30ff.，*PA* 653a 10ff.）。

648b 4 ff. 谈到了这四个对立面在其生物学中的重要性，亚里士多德说，"似乎很明显的是，这些［即四个第一对立面］实际上就是生死的原因，正如它们也是睡眠和清醒、成熟和老龄、疾病和健康的原因"。最后，应该补充的是，除去热、冷、湿、干之外，其他对立面也在亚里士多德详尽的物理学和生物学理论中扮演了重要的角色：他对**右**和**左**，**上**和**下**，**前**和**后**的使用，尤为突出，我们后面会加以考察。

要探究的问题。一些现代解释

试图按照成对的对立来划分或以别的方式来解释其他事物，这种做法正是早期希腊哲学和医学的种种分支之中出现的众多理论和解释所具有的特征，而这一事实需要加以论述或评论，不过首先，我们应该弄清楚那种尤为突出或需要说明的、在希腊思辨思想中存在的对对立的使用。我们前面考察过的种种学说，其类型繁多说法各异，都使用了众多不同种类的对立，在每个例子中，我们必须检查和评价那种当被提出时与其所立足的证据相关的理论，以及这种理论计划解释的现象。只有通过探究这些与特殊学说相关的问题，我们方能寄希望于做出与希腊思辨思想中存在的立足于对立的理论运用有关的一般结论。这些学说中，有一些立足于明显的经验性基础。如，对温度和湿度变化的观察，通常是与病理学状况相联系。此处值得考虑的问题是，在众多与如此复杂的疾病现象相联系的材料中，为何成对的对立会常常被挑选出来，并设定为产生作用的原因。但是，就算我们所考察的理论中，有许多都与观察到的事实相联系，然而，其余的理论似乎更为武断，有一些看起来并没有任何经验基础。比如，为什么相信胎儿的性别取决于其孕育时所处的子宫的位置，或取决于子宫的温度？对于这样的例子，我们必须明确探询其理论是基于何种理由被提出的，或者，其作者或提出者举出了什么证据或论证来支持它。

就众多我们在希腊哲学与医学中发现的、立足于对立的理论与解释来看，令人吃惊的是，希腊思辨思想中频繁出现的这种特征居然很少被古代哲学的学者与史家加以讨论。但是，一个明显的例外是康福德（Cornford）的著作《从宗教到哲学》(*From Religion to Philosophy*，尤见 ch.2，pp.60 ff.)，在书中，他提出了一些与"元素和元素划分为成对的对立"的学说之起源有关的看法。康福德的理论立足于若干随意的假设，而且应该指出，在他后来的作品里，如《知识的开端》(*Principium Sapientiae*)，他并没有尝试建立一条他在《从宗教到哲学》第一、第二章中用过的阐释思路。但是，在他早期对于这一问题的处理中，还是有几个方面值得一提。他认为哲学中的元素概念来自其所谓的"集体表象"(collective representation)，其所表象的是命运女神(Moira)神力的分配。受涂尔干与莫斯(Mauss)论述原始分类形式的论文影响，[1] 他表明，自然划分这一观念的源头存在于原始社会的社会组织中。最重要的是，关于对立的使用问题，他主张，"一切对立或相反的原型就是性别的相反"(*1*，p.65)，为了支持这一主张，他再一次提到了自己关于社会组织发展的设想，因为他将性别视为划分的原则，它是许多分为两种异族通婚的氏族也即半偶族(moieties)的原始部落组织的基础(*1*,p.68)。

　　康福德试图在原始社会组织中发现使用对立的起源，这种做法促使伯奈特(Burnet)在《早期希腊哲学》中做出了简短的回应，伯奈特不仅明确反对康福德的结论，他也反对后者对这一问题的全部处理方法。伯奈特反驳说(*3*，p.8，n.3)，"没有必要认为'对立'学说起源于'宗教表象'"，进而提出了一种不同的关于对立学说起源的解释。"较之北方，生长和衰败的循环在爱琴海之地是更为显著的现象，它更为明显地以对立的斗争为形式，热与冷，湿与干。因此，早期宇宙论者都从这个角度看待世界。日夜的对立，夏冬的对立，以及睡与醒，生与死的引人联想的对应，都是如他们所见的世界的突出特征。季节变换的出现明显是因冷与湿这一对对立侵入了热与干这一对对立，反过来，后者再入侵前者。"(*3*，pp.8 f.，斜体字为我所加)

　　康福德对于古希腊对立学说之历史起源的重构，其主要缺点在于，完全出于臆测。他承认，所谓古希腊社会的原始形式是"图腾式的"，这一看法并无结论性证据(虽然他并没有排除这个可能性，*1*，pp.55 f.)。[2] 但是，当他提及出自现代原始社会的材料时，他明显预设了一种与出于原型的社

28

29

---

[1]　见涂尔干—莫斯名下的参考文献。

[2]　关于所谓的图腾社会的问题，人类学理论自涂尔干开始当然经过了漫长的发展：尤见列维-施特劳斯，*2* 和 *4*。

会(一种简单的包含两个异族通婚的氏族的二元组织)之进化有关的理论。①
但是这个观点,就像一切社会进化论一样,都仅仅是猜想。此外,康福德的
这个具体看法,就算有证明力,也陷入了证明过度的风险中,因为,倘若社
会的原型能够成为希腊对立理论起源的关键,我们也许会问,为什么类似的
对立理论不具备普遍性?

反过来,伯奈特的实证主义阐释在什么程度上能有助于我们理解在早
期希腊思想中我们发现的立足于对立的种种理论呢?如果热、冷、湿、干等
对立面的确在希腊土地上"吸引了我们的注意"(Burnet,3,p.8,n.3),那
么我以为,我们应该很自然地期待"希腊人的宇宙论学说"与"其他享有同
样地中海气候的民族的宇宙论学说"之间存在着密切的呼应。虽然种种其他
的对立与对偶(antitheses)极为常见,②但是,尚无证据证明:热、冷、湿、
干**本身**在(比如)古希腊人的近东邻居的宇宙论信仰中发挥了重要的功能。
而且,在哲学思辨兴起之前,这四个对立面在古希腊究竟有何重要,也并不
清楚。③ 显然,这四个第一对立面也许可以作为季节因素,夏热、冬冷、雨
水和干旱。但是,我们很难做出如下结论:希腊气候环境可以充分解释这类
宇宙论的发展过程。

有相当少的学者试图解释整个希腊哲学中立足于对立的理论的使用,
伯奈特与康福德位列其中,但是,这两人对于这种理论之运用的解释,看起
来过分简单。显然,许多提及热、冷、湿、干以及其他对立面的理论都立足
于某些事实证据。然而,就算这样的理论具有经验性基础,但当考察这些理
论为何采取这样的形式时,这也仅仅是要考虑的因素中的一个而已。此外,
某些待考察的理论并没有这样的经验基础,而还有几个理论(我们后面会看
到)甚至与观察到的事实明显矛盾。另外,妄图像康福德尝试要做的那样将
早期希腊人对对立的使用与某些所谓的社会组织的原型特征相联系的做法,
其实毫无用处。但是,如果伯奈特与康福特的一般阐释看起来都非常不充分

---

① 如"两个对立的氏族,通过它们的分裂,异族通婚的社会群体首先出现"之类的言论表
明了这一点(Cornford,1,p.69,斜体字为我所加)。
② 关于古埃及信仰中某些反复出现的对偶(例如,天与地,地之南与北)的功能,法兰克
福特(Frankfort)有所讨论,1,pp.19 ff. 和 p.350 n.12(参见其索引的"二元论"条目)。
③ 参见,pp.43 ff.。

的话，那么，我们要推进到何种程度才能回答我们之前针对"早期希腊思想中这种理论的使用"所提出的问题呢？尤其还有下面这个问题：当这样的理论被提出时，既然它们明显不是经验观察的结果，那么，它们所立足的根据又是什么。为了试图理解并解释我们在早期希腊思辨思想中发现的、种种类型的立足于对立的理论，我相信，我们的入手之处应该是思考"比较性证据"。有一个事实就是，其他社会（无论古代还是现代）中都出现了与不同种类的二元论和二元信仰有关的大量证据，其中有些理论还明显让人联想到某些古希腊的学说。这一事实很少得到古典学学者应有的重视，只有通过考虑来自其他社会的对应的例子，我们方能寄希望于去区分在希腊人对对立的使用中，哪些是"常见与普遍现象"，哪些是"特定与特殊现象"。这样，为了评价希腊哲学与科学中立足于对立的理论所具有的功能，对比较性证据的考察就是第一步要做的事情。

比较性证据

与原始社会理论和信仰中的对立功能相关的证据，数量极为广泛，而应该注意到的第一点，也是普遍的一点，就是频繁地将实在世界一分为二这种做法。通常来说，这种划分反映了社会自身之中明显的二元组织形式，一个部落分为两个异族通婚的氏族或半偶族（与之相应，部落的营地或驻处也通常分为两个主要区域，比如两个半圆或两个同心圆）。但近些时期，列维–斯特劳斯①主张，许多现今或曾经可以合乎标准地称之为"二元性"的社会，其**实际的**社会结构，细细考察来看，都比"二元性"这个标签所表示的要复杂得多。不过，如果列维–斯特劳斯是正确的，那么，颇为有趣和重要的是，在诸多这样的例子中，**社会成员自身**却又都是按照简单的二元结构

---

① 尤见题为《巴西中部和东部社会结构》（"Les structures sociales dans le Brésil central et oriental"，*Proceedings of the 29th Congress of Americanist*，1952）与《二元组织存在否?》（"Les organisations dualistes existent-elles?"，1956）这两篇论文，它们重印后，作为 Lévi-Strauss，*1*，pp. 133 ff.，147 ff. 的第七章和第八章。

31

来描述他们自己的社会组织。① 如果情况如此，那么，这种对社会组织的描述，也许本身就例示了"将复杂现象纳入简单的二元分类"这种倾向。无论如何，还是有比比皆是的证据，证明了对实在世界进行全面的二元分类这种做法，而且它们涉及了世界不同地区的不同类型的社会。自然实体、季节、颜色、风相、各种各类的动植物、人工制品、食物和行业，都通常划分为两个对立的类别。这种分类不仅覆盖了明显的成对的相反者（如白和黑，夏与冬），也涉及了其他我们通常不会将之归于对立群体的成员（例如各种植物或种种食物）。下面有些例子会证明我们要考察的这种分类。

有一个叫作东提姆比拉（Timbira）的南美部落——C.尼姆恩达久（C. Nimuendaju）② 是我们在这方面的主要权威。雨季时，这个部落分为两个群，叫作"卡马克拉"（kamakra）和"阿图克马克拉"（atukmakra），即"'中央'或村落中心（ka）之人（kra）"与"外部（atuk）之人"。对自然的普遍的二元分类的做法，就缘于这一划分。尼姆恩达久说，"自然的一切都以对偶的方式被划分为两个群"，下面这个不完全的图表呈现了这一点：

卡马克拉	阿图克马克拉
东	西
日	月
白昼	夜
旱季	雨季
火	柴火
土	水
红色	黑色

这一二元分类"，尼姆恩达久继续说："并不包含性别的对立，但它扩展到了动物与植物：一切黑色并表现出黑色特征的物种，放在了阿图克这一类；一切具有显著的红色或白色的物种，是卡（ka）。玉米和树薯是卡，甘薯和葫芦是阿图克；薯蓣按照种类也分为这两个群。"

类似的对实在世界的全面的二元分类，也见于若干印度尼西亚社会，

① 参见 Lévi-Strauss，1，pp. 148 f.，在这里，他复制了 P. 雷丁（P.Radin）根据温尼贝戈（Winnebago）人提供的信息、起草的温尼贝戈村庄的规划。

② 参见 Nimuendaju，pp. 84 ff.；Lévi-Strauss，1，pp.163 ff.。

可以引证。① 安邦人（Amboyna）就是一例。按照 J.M. 范·德·克略夫（J.
M. van der Kroef）的说法，在安邦岛，"村子……分为两个部分：每个部分
不仅是一个社会单元，也是包含村民周边世界的一切事物与事件的无所不
包的划分类别"。范·德·克略夫进一步列举了与这两个划分相关的事物与
特征：

左	右
女	男
海岸或海滨	陆地或山坡
下	上
土	天空或天
精神性的（spiritual）	世俗的
向下	向上
皮	核
外的	内的
后	前
西	东
弟	兄
新	旧

另一个与全面的对立有关的图表由 R. 尼德姆（R.Needham）所作，他
研究了肯尼亚梅鲁族（Meru）的信仰：②

左	右
南	北
黑族	白族
夜	昼
妾（co-wife）	正妻
年少者	年长者
从属年龄	主导年龄
女人 / 儿童	男人

---

① 尤见 J. M. van der Kroef，pp. 852 ff.。
② R. Needham，1，pp. 25 f.（我简化了尼德姆的表格）。也见普伦族（Purum）的象征分类表，
见 R . Needham，2，p. 96。

低级	高级
西	东
日落	日出
黑暗	光明
宗教权威	政治权力
前任	继任
年轻	年老
黑人	白人
采蜜	耕作

34　　北美米沃克族（Miwok）是另一个明显采用普遍的二元分类的社会。E.W.吉福德（E.W.Gifford）[1] 是较早的观察者，他指出，米沃克人分为两个半偶族，一个叫"吉克瓦"（*kikua*），意即水边；一个叫"图努卡"（*tunuka*），意即陆边或旱地边。吉福德进一步记录说，"整个自然分为陆和水"，他又按照自己的观点补充道，这一划分在运用时"方式多多少少有点随意……这一点体现在，诸如郊狼（coyote）、鹿和鹌鹑这样的动物被划分到'水'边那一类"。

甚至于，在分类更为复杂并且联系了两个以上群体的地方，事物划分的类别也往往依然是成对的对立。例如祖尼人（Zuñis），[2] 虽然他们对自然采用了七重分类法，但这七个群却是三种成对的对立，**北**与**南**，**东**与**西**，**顶点**与**底点**，此外还有"完美的**居中**"作为第七个群。与之相似，按照范·德·克略夫的说法，[3] 爪哇人尽管采用了五重模式，但这五种分组却是**东**、**西**、**南**、**北**、**中**。在这五个分组之下，划分进了颜色、金属、星期、特征、行业还有其他事物，这样，"整个框架就囊括了包含人类在内的自然现象世界"。

这些为数不多的对现象的二元分类，都引自当代的原始社会。而与之相对，古代社会也提供了种种例子，其中表明了相似的将事物按照对立进

---

① Gifford，pp.142 ff.。

② 这个例子，涂尔干和莫斯都使用过，见其论述原始分类形式的论文，pp.34 ff.，在那里，他们参考了F.H.库辛（F.H.Cushing）对祖尼族信仰的描述（*1*和*2*），将之作为材料。

③ Van der Kroef，pp.854 f.。他指出，爪哇人"也熟悉一分为二的做法，东和南归为一类，与西和北对立"，前者包括了"地下世界"，后者包括了"地上世界"。

行分类的倾向。① 古代中国思想中对立的功能，当然众所周知，尤其是阴阳学说。② 阴原本指山或房屋的"荫蔽之面"，阳指"日照之面"。黑暗、冷、女、夜、月、土、西、北、柔、重、弱、后、下、右和死，皆为阴。而光、暖、男、昼、日、天、东、南、硬、轻、强、前、上、左和生，均为阳。不过，这种学说并非仅仅用于我们命名的自然事物或自然现象：阳也被视为高贵，阴也被视为低贱，这样，快乐、财富、荣誉、名声、爱、利益等等，都被认为属于阳；而诸如悲苦、贫穷、不幸、痛苦、羞辱、遭弃、损失，都属于阴。此外，许多世纪以来，阴阳互补的观念都是古代中国思辨思想的关键学说。《易经》（*I Ching*，*Book of Changes*）就是一部无所不包的、立足于上述对立的伪科学体系，它包含了一组象征符号，有八卦和六十四卦，每一个都由相连的"阳"线与断开的"阴"线以不同的方式组合而成。③ 从起源来看，这很可能是一套占卜系统，后来发展为李约瑟（J.Needham）所说的"以某种方式包含了自然现象的一切基本原则的、无所不包的象征体系"。④

　　从我们前面考察的种种例子来看（当然还有更多的例子可以引用），显然，将现象划分为对立群的倾向，在许许多多的社会中都可以发现，无论古今，不止是古希腊社会。而我们所考察的分类法具有的"多样性"不应该被低估：没有哪一对对立一以贯之地成为划分的原则；性别的划分通常是分类的一部分，但有时被排除；在不同的成对的对立之间所提出的相互关系并不总是一成不变；有时，分类会使用两个类别，有时则会使用两个以上的类别。尽管有如此多样的原始二元分类法，然而相当明显的是，诸如阿尔克迈翁"人事成双"这样的观念、毕达哥拉斯派的"对立表"，也许还有巴门尼德"意见之路"中以光与夜之类的对立为基础的宇宙论学说，这些至少大体上，都与我们在众多其他社会中常见的信仰异曲同工。这一事

---

① 关于古伊朗宗教中的二元论，如见狄歇那–圭勒曼（Duchesne-Guillemin）的研究，*1* 和 *2*（尤见 pp.189 ff.）；也参见法兰克福特对古埃及信仰中某些基本的对偶之功能的论述，*1*，pp.19 ff.。

② 关于中国思想的"阴阳"，尤见 Forke，pp.163 ff.；Granet，*1*，Book 2，ch.2，pp.115 ff. 和 J.Needham，vol.II，pp.273 ff.。按照这套理论的序论的日期，李约瑟估计，阴阳两词在哲学上运用，约开始于公元前 4 世纪。

③ 关于《易经》，见 Granet，*1*，pp.182 ff.，以及 J.Needham，vol.II，pp.304 ff.。

④ J.Needham，vol.II，p.328.

实让古典学学者产生了一些兴趣，但是，我们还要进一步探询：除了在"我提到的那些古希腊人具有的观念"与"由其他社会记录而来的信仰"之间存在着某种笼统的相似性之外，是不是还有什么更深刻的内容？原始思想中对对立的使用，在多大程度上有助于我们去理解前述或其他立足于对立的古希腊理论？

涂尔干的著作给出了一种阐释思路，在讨论原始分类模式时，他主张，对实在世界的二元分类与二元的社会组织之间存在着密切的联系。但后来的作品又表明，所谓的"二元性"社会的组织极为复杂，在许多情况中，这些社会的"二元性"只是看似如此，或仅仅是它们的社会组织中存在的某种表面特征。① 如今，试图用一般理论将"对实在世界的二元分类"直接与"特定类型的社会组织"联系起来的做法，也许被认为是冒险之举。而我们还要补充的是，就算这样的理论成为可能，对于古希腊社会的原始结构，我们掌握的证据也颇为不足，使得上述理论与我们具体问题的相关性变得可疑。

37　　我们没法寄希望于遵循涂尔干提出的简单的社会性阐释思路能顺利地解释希腊思辨思想中对对立的使用。但是，在原始的二元信仰中，存在着一个反复出现的特征，已经被人类学家注意到了，这一特征对于理解某些希腊的对立理论似乎有着特殊的意义，即使用成对的对立来象征某些重要的宗教性或精神性的区分。这一领域中的开拓性著作，出自涂尔干的学生罗贝尔·赫尔茨（Robert Hertz）。② 赫尔茨研究了一种广泛存在的信仰现象，即相信与左手对立的右手具有优越性。他收集了大量值得关注的材料来揭示通常与"右和左"建立联系的**价值**或**理想**。可以认为，我们英语的用法也体现了这一点，如形容词"right"，它可以指：（1）道德上为善的（"do the right thing"，行事正当）；（2）真或正确的（词的"正确"用法；做事的"正确"方式）；（3）合理或理智的（用你"合理的"心智）。而实体性名词"right"，表示法律权利（通过"权"；王位继承"权"）。与之相对，在原始社会，有诸多信仰与实践也都表明了"右"如何被公认为与"左"

① 　见前面 p.31，n.1 提到的列维-施特劳斯的两篇论文。
② 　Hertz，pp.89 ff.．之后还有很多作品论述了不同社会的右与左这个主题：见即将出版的 R.尼德姆主编的手册，题为《右与左》。

有着本质不同并且优越于后者，前者是好的、光荣的、纯洁的、受祝福的；后者是坏的、耻辱的、不洁的、受诅咒的。由此，赫尔茨注意到，在某些社会，儿童或青年的左臂被绑住，长时间不能活动，这是为了让他们明白，"左边之物"是不洁的，不应该使用。① 他对比了落后社会中左撇子的感受与割礼国家中未受割礼者的感受，然后说，"事实就是，右撇子不仅被认可，还受到遵从，它仿佛自然的必然性：它是人人必须遵守的典范，社会用积极的法令来迫使我们尊敬它"。② 他论述说，自然界中其他某些明显的对立，如光明与黑暗，或昼与夜，天与地，男与女，也都具有类似的象征联系；进而，他将这些对立与"控制原始人精神世界"的、"基本"的对偶——"神圣者"与"世俗者"——关联在一起。人们也许会说，这一区分是正统的涂尔干人类学的基本原理之一：按照涂尔干本人的看法，③神圣之物是受保护、由某些禁令隔离开的东西；世俗之物是施与这些禁令的东西；涂尔干相信，这两者的区分是普遍的，而且如他所说，神圣者与世俗者总是并且在每个地方都被人的心智构想为两个不同的类别，是两个没有交集的世界。④

　　无论我们是否同意赫尔茨建立理论时使用的涂尔干的术语，有一点都是很清楚的，他注意到了一个关键之处，这对理解某些成对的对立在原始思想中的意义十分重要。某些明显的自然对立——如昼和夜、男和女，也许更重要的，还有右和左——都通常被视为与"基本的宗教性或精神性的对偶"（"纯洁的和不洁的"，"受祝福的和受诅咒的"）有关的象征或具体体现。的确，如右和左这样的具体的对立似乎通常作为主要的手段（按照我们的看法）用来传达高级的抽象的宗教概念。应该注意的是，这一点，就算当通常的象

38

39

---

① 参见 Evans-Pritchard，3，pp.234 ff.，他首先指出，这是努尔人（Nuer）的习惯；然后描述了其他可以体现努尔人"右边好左边坏"这一信仰的实践行为。"当水果或动物在祭祀中分成两半时，左半边要么被扔掉，要么丢弃，只有右半边被家里人吃掉。对于牺牲用的牛，矛插在它右边，是吉利；插在左边，是不吉利。死人埋在他小屋或防风窗左边，这是霉运的一边，等等。"

② Hertz，p.93。我要感谢尼德姆博士及其夫人准许我从他们对赫尔茨论文的译文中摘录和引用这一段还有其他文字。

③ 见 Durkheim，p.56。

④ 见 Durkheim，p.53。

征价值颠倒了，例如"左"被视为纯洁或"神圣"时，也依然成立。赫尔茨本人也清楚，有一些民族以右手为主，但他们还是认为"左"是更高贵的一边，虽然赫尔茨忽视了这样的情况，认为它们是"次要的发展"。① 如在祖尼族② 中，左边和右边明显被人格化为兄弟神，但在两者中，左边年长，更有智慧；而在古代中国，③ 左为阳，因此更优越，右为阴，更低级。但是，通常的联系出现颠倒，这种情况恰恰充分证明了社会因素——对立于生理学因素——在决定对右与左的态度上所起到的作用。诚然，身体两边的不同和不对称④ 的情况，都是经验事实，而且似乎普遍成立的一点是，"右手性"比"左手性"更常见（虽然毫无疑问，这种结果不仅出于身体结构上的原因，还源于训练和习惯）。⑤ 但是，"左有时被认为高贵，右被认为卑贱"这一事实，体现了这些对立所获得的象征联系中存在的**随意性**因素。似乎看来，右与左往往都被用作精神性的象征，两类对立面中的无论哪一个，都会被认为是优越者。

40 赫尔茨对某些与左右相关的信仰之本性的论述，有助于解释原始思想中反复出现的"二元论"这一特征，也即，将一对对不同对立中的对立面分别关联或等同的倾向。当然，通常来说，这样的关联呼应了某些明显的经验事实，如昼、光明和白色，出现在对立表的一边，而夜、黑暗、黑色，出现在另一边。但是，我们发现，种种成对的对立，即使彼此之间没有明显的联系，如东与右等同，恶或女与左等同，它们也会关联在一起。这种

---

① 见伊文思–普理查德在为赫尔茨写的导论中作的评论，p.22。

② 赫尔茨注意到，祖尼族是和平的农业民族，这一事实无疑让人做出一个关联性的推测：他们右手持矛，左手拿盾。

③ 见 Granet，*1*，pp.361 ff. 和 *2*，pp.263 ff.。中国人对这种对偶的态度是复杂的，因为，虽然左一般为阳，地位优越，右为阴，地位卑贱，但是，在低贱或卑贱的领域中，右在某种程度上优先于左。如右手用来吃饭（Granet，*1*，p.364），吃饭时，右边是女性应处的位置（左边属于男性，Granet，*1*，p.368）。

④ 原文为"对称"，疑有误，应为"不对称"。——中译注

⑤ 关于"右手性"中涉及的身体结构方面的因素，见 Hertz，p.90，以及译者的注释。大脑存在着基本的功能性的不对称——脑的左半区在某些方面比右半区更发达——这一点是共识。但是，赫尔茨认为，对一种器官的练习也可以让该器官得到更多的养分并随之生长发育，我们可以说，我们右脑发达，因为我们都是右撇子，正如说，我们是右撇子，因为我们右脑发达。

倾向的证据比比皆是。① 比如伊文思–普理查德就注意到，在努尔族的信仰中，有两组对立，一个包括左边、弱、阴性和恶，另一个包括右边、强、阳性和善。通常来说，"东和西"与"生和死"分别相关。另外，东也等同于右，西等同于左，"这样，生和死这两个极端的表现，以及东和西这两个基本方位，都纳入了左—右这组对立之中"②。如果我们逐个考察上述对立，那么就会发现，包含在这样的对立表中的、一对对不同的事物通常明显是异质的。我们会注意到，不同年龄群（年轻，年老）之间的关系与性别之间的关系，至少在一个重要的方面上截然不同，即年轻者也会有变老的时候。除了东和西之外，在这样的分类中，我们也往往发现"日光"与"黑暗"。但是，如果我们反思一下，就会想到，不仅日光首先出现在东方，黑暗也首先出现在相同的方位，这样，通常将"西"与"夜"等同的做法也许会让我们觉得有点随意。日和月往往也跟这两对对立关联，虽然日和月并非完全相反。按照赫尔茨的看法，之所以男、老、东、昼、日和右轻易联系在一起，其中原因就在于，这几项的每一个都处于"神圣"这一方，而与"世俗"对立。所有原始的对实在世界的二元分类，是否都分为两组，作为"神圣"与"世俗"而彼此相关，这个看法至少还要存疑。对于那些研究某一社会的宗教信仰或理想、却又并未考察其分类系统的田野工作者来说，证明他们的记录中的这一点，还是颇为困难。但是，伊文思–普理查德从努尔人、尼德姆从梅鲁族、范·德·克略夫从印度尼西亚社会中收集的证据，都证明了：至少有时候，整个系列的成对的对立项，在原始信仰中，当在**详尽的对立表**里联系在一起时，每一对都被视为体现了一个**类比性的象征区分**。对立项也许种类各异，对立表也许包含了某些严格来说并非完全相反的对立项（如，各种植物或动物，职业，食物等等）；但是，无论成对的对立项是否相反，无论所有各种各样的对立之间是否存在明显的相互关系，一个单一的复杂系统就这样建立起来，其中的主导性动机就是这个反复出现的对偶："优越、纯洁和神圣者"与"低贱、不洁和不神圣者"。

41

---

① 尤见范·德·克略夫和 R. 尼德姆的文章，1。

② Evans-Pritchard，*3*, p.235。

早期希腊思想中的"宗教性对立"①

赫尔茨与其他人类学家针对原始思想中的一种二元观念撰写的著作，既为阐释某种古希腊的一般信仰与实践，② 也为阐释特殊哲学家的某个思辨理论开辟了道路。毫无疑问，许多自然中显而易见的对立都与"最早期"古希腊宗教观念建立了联系。在这样的成对的对立中，有一个就是天与地，因为天与地联系了两个基本的宗教性的对偶：（1）奥林匹斯众神与克托尼俄斯（chthonic）众神的区别；（2）诸神与人的普遍对立，不朽的"天国人"（ἐπουράνιοι）与可朽的"地上人"（ἐπιχθόνιοι）的对立。③ 我在其他地方已经指出，右与左、男与女、光与暗这三组对立最为突出地表明了古希腊人理解的象征联系。针对右与左的态度，这方面的证据众所周知，无需赘述：右是吉利的一边，左是不吉的一边；右手用来表示"神圣"的行为，如奠酒时倒酒，或起誓；从左往右是幸运的方向，比如给一群客人依次斟酒；有两个词 εὐώνυμος 和 ἀριστερός，都表示左，是委婉语，④ 还有一个 σκαιός，意味着"恶兆的"和"棘手的"，就像法语的"gauche"，它的对立面是 δεξιός，意思是"聪明的"，"灵巧的"。⑤ 对于男和女，不仅希腊人普遍认为女人低贱，⑥ 就连神话，如潘多拉神话，也暗示着，女人是万恶之源：如赫西俄德所言，在第一个女人潘多拉出现于大地之前，男人在生活中，没有恶事，没有辛

---

① 这一节发挥了我的两篇论文中的论证，见 *JHS*, LXXXII（1962），pp.56 ff. 和 LXXXIV（1964），pp.92 ff., 在论文中，我专门讨论了右与左，热与冷，干与湿。

② 赫尔茨本人提到了大量涉及右与左这组对立的希腊信仰与实践，如见注释 36，44 和 69。

③ 关于希腊宗教思想中的这两个区分具有的重要性，如见，Guthrie, *4*，尤见 chs.3 和 4，chs.8 和 9。

④ 由于左意味着不吉利，因此委婉语要避讳，所以含义相反，εὐώνυμος 表示好名声的，幸运的；ἀριστερός 来自"好"的最高级 ἄριστος。下面的 εὐφρόνη，同理。——中译注

⑤ 引证见 *JHS*, LXXXII（1962），p.58。

⑥ 女人天生比男人低贱的思想，当然也反复出现在希腊哲学文本中：见《蒂迈欧》90e f。柏拉图表明，胆怯和不义的人，在第二次化身时，变成女人。亚里士多德认为女性是"异型"，"自然畸形"，例如，*GA* 767b 6 ff., 775a 14 ff.。

劳，没有疾病。① 对于光和暗，需要想到的是，希腊语通常用"to be in"或"to see，the light"来表达"生存"（例如，*Iliad* 18 61）。在荷马那里，φάος 或 φόως，即光，往往表示安全或获救（例如，*Iliad* 6 6），荷马之后，表示光的词，如 φῶς 和 φέγγος，都用来指喜讯、快乐、名声、婚姻、财富和美德。② 与之相反，黑暗联系而且的确代表了死亡，如"可恨的黑暗抓住了他"（στυγερὸς δ᾽ ἄρα μιν σκότος εἷλε）（*Iliad* 5 47）。"像夜一样"（νυκτὶ ἐοικώς）这个比喻传达出了神或英雄引起的恐惧（*Iliad* 1 47，参见 12 463），而夜本身，她的一个名字就是委婉语 εὐφρόνη（温馨之时），她的修饰词之一是"死一般的"，ὀλοή（Hesiod，*Th.*224），"夜"是连宙斯都会敬畏的人物（*Iliad* 14 258 ff.）；《神谱》中罗列了"夜"的后裔，这些都明显暗示了"夜"被视为恶的根源，其中包括了各种各样的人格化的死亡与厄运，如悲苦、欺骗、老龄、冲突（*Th.*211 ff.）。

43

我认为，毋庸置疑，赫尔茨的"宗教性对立"（religious polarity）概念大体上与古希腊信仰密切相关，但是，有两个问题还是值得思考，它们专门与"前哲学时期"的希腊文献证据相关。第一，用对立作为宗教性或精神性区分的象征，这种倾向究竟有多广泛？如果很清楚，右与左、光与暗，以及与之相关的白与黑、上与下这样的对立，具有或获得了古希腊人理解的强烈的象征联系，那么，在多大程度上，其他一对对对立，如热与冷，或干与湿，也具有相同的含义？第二，在什么程度上，这样的象征性对偶形成了一个单一的无所不包的体系，并与人类学家记录当今种种社会之信仰时制定的标准一致的二元图式（schemata）异曲同工？我们能够在什么程度上寻找到那时的人们在一对对不同的对立之间提出的关联性？换言之，在什么程度上，在我们掌握的前哲学时期的文本中，存在着可以被称为"对立表"的东西？

---

① Hesiod，*Op.*60 ff.，尤见 90 ff.，参见 *Th.*585 ff.。在西蒙尼德那里，女性也是"宙斯创造出的极恶"（7 D，96 f.，115）。参见 Evans-Pritchard，3，p.234 讨论的努尔人信仰中女性与恶的联系；赫尔茨（p.97）指出，毛利人的谚语说，"万恶，痛苦与死亡……来自女性"。

② 参见 Aeschylus，*Pers.*300 f.；*A.*601 f.；Pindar *P.*8 96 f.；*O.*2 53 ff.，10 22 f.；*N.*3 64，83 f.；Euripides，*IA* 439.。关于希腊文学中，光用作象征的做法，尤见布尔特曼（Bultmann）和塔兰特（Tarrant）的文章。

关于第一个问题，我应该一上来先指出，在我们现存的前哲学时期文

44 本中，并没有证据表明：在这一时期，"热"、"冷"、"干"和"湿"本身被
视为物理事物的重要成分，或主要的宇宙论方面的力量。① 希腊夏季的"炎
热与干旱"同希腊雨季的"寒冷和雨水"之间的反差，当然最为显著，② 但
是，在公元前 5 世纪之前，四种对立面与四季之间在整体上并没有"能形
成图式的关联性"。在描述四季时，荷马与赫西俄德，跟后来的理论作家之
间存在着有趣的差异。如在希波克拉底医派的论著《论人体本性》中，其
作者提出了一个简洁的图式，其中，春又热又湿，夏又热又干，秋又冷又
干，冬又冷又湿（ch.7，L VI 46 9 ff.）。但与之相对，我们可以比较荷马
并不教条的描述，比如，当他提到 ὀπώρη，即秋季或晚夏时，他时而讲到
秋季的"干风"（*Iliad* 21 346 f.），时而又讲到秋季的"暴雨"（*Iliad* 16 384
ff.）。尽管如此，这并不意味着，在尚处于前哲学时期的古希腊人看来，热
和冷、干和湿这两对对立就没有与其他事物的重要联系，尽管就干和湿来
说，在它们身上建立的联系似乎至少有点两可。比如，跟我们一样，希腊
人也将"暖"既与生命本身相联，又与快乐和安慰这样的情绪相联。③ 与

45 之相反，冷就非常自然地与死亡、与恐惧这样的情绪相联。④ 就干与湿这
一对来看，有几种语言上的用法表明了，希腊人认为生者为"湿"，死者为
"干"。如在 *Od*.6 201，διερὸς βροτός（湿的、可朽的）这样的表达，显然
用作了 ζωὸς βροτός 同义词（例如 *Od*.23 187），意为"活的、可朽的"；似

---

① 在现存的哲学文本中，第一个明确提到这四种对立面的是赫拉克利特 Fr.126。但是在他
之前，毫无疑问，某些对立的实体在阿那克西曼德的理论中也起到了重要的作用（在他
的宇宙论一般学说和他讨论有生命者起源之类的主题的理论中），当然，我应该同意有些
学者的看法，他们认为，上述提到的实体更有可能是，如"火焰"（热）和"雾气"（冷），
而不是"热"和"冷"本身。详见 *JHS*, LXXXIV（1964），pp.95 ff.。

② 例如，赫西俄德就生动描述了一年中"天狼星晒干头和膝盖，皮肤被燃烧的热气烤焦"
的时期（*Op*.582 ff.，尤见 587 ff.）。也参见他对冬季酒神月（Lenaeon）的雨水和寒冷的
描绘（*Op*.504 ff.）。

③ 如 ἰαίνω 的基本意思应为"暖"（例如，参见 *Od*.10 359，参见"消融"，*Od*.12 175），但是，
比如，当用来描述 θυμός（血气）时，这个词就意为"安慰"，例如，参见 *Od*.15 379；
Il.24.119；参见 ἰαίνομαι，*Od*.19 537。

④ 荷马或赫西俄德那里，哈得斯（*Op*.153）、恐惧（*Il*.9 2）、战争（*Th*.936）和哭泣（γόος，
Il.24 524）就在 κρυερός 和 κρυόεις（寒冷或凛冽）这样的修饰语修饰的对象之中。

乎没有理由认为，此处的 διερός，其含义不同于这个普通的希腊语形容词的字面意思，"湿的"（如 Hesiod, *Op*.460）。① 与之相反，死亡或死物都是"干的"。显然，"死木头"（如 *Iliad* 4 487）就是如此，而身体的"死掉的"部分，如指甲，也被描述为"干的"（如 Hesiod, *Op*.743）。死人本身就被称为 ἀλίβαντες（如 Plato, *R*.387c），这个词的意思可以理解为"不潮湿的"，② 而老人也明显被认为是"干的"，如 *Od*.13 397 ff.，雅典娜正要把奥德修斯变成老人时，她说，她要将他柔美的皮肤"变干"。③ 很明显，这些用法，大体上都出自"死木头"的干枯、活物的"温暖"、死人的"冰冷"这样显而易见的经验事实。从这种生物学的角度来看，热和湿自然而然地联系在一起，与冷和干对立。但是，如我们之前所说，从另一个角度，即希腊气候的角度来看，另一种关联性也自然而然地呈现出来，希腊夏季的炎热和干燥，与希腊冬季的寒冷和潮湿对立。此外，如果天与地这组对偶在希腊宗教信仰中颇为重要的话，热与干也自然而然地同太阳相联，当然，也就与天相联。看起来，与"右和左"或"光和暗"不同，"热与冷"，"干与湿"**在自身之中**都具有强烈的肯定性或否定性价值，虽然它们是在不同语境中、**通过联系**获得了这样的价值。但是，一方面，热与冷以单一的方式分别具有肯定性和否定性的联系；而另一方面，干与湿，似乎具有两可的联系。一来，希腊人将热和湿与生者联系，冷和干同死者联系，在这方面，湿获得了某种肯定性含义，干获得了某种否定性内涵；但是，与之相反，在希腊人看来，对季节的观察自然而然地表明了一种不同的关联，干和热是肯定性的对立项，对立于否定性的冷和湿。

我提出的第二个问题是：在多大程度上，我们掌握的前哲学时期的材料表明了一种单一的无所不包的二元信仰体系？有大量的证据表明，如白、上、高，在某些语境中，分别与奥林匹斯神祇相联，而黑、下、低与

46

---

① 参见 *Od*.9 43，关于这些地方，见 Onians, pp.254 ff.。古希腊人也将性爱和欲望与潮湿联系起来，这方面的证据，见 Onians, ch.6, pp.200 ff. 的论述。

② 参见 Aesch.Fr.229，说死人体内没有潮湿（ἱκμάς）。在俄耳甫斯的 Fr.32（a）和（b）（见 DK 的 1 B 17 和 17a）中，死人开口说话，描述自己为"干的"，αὖος，而死人口渴这样的信念，也明显支持了希腊普遍存在的为死人奠酒的仪式。

③ κάρψω μὲν χρόα καλὸν（*Od*.13 398，参见 430）。如见 Soph.*El*.819，厄勒克特拉预见到自己的暮年，她说，"我会让生命干枯"（αὐανῶ βίον）。

克托尼俄斯神祇相联。^①但是荷马与赫西俄德没有在任何地方明确注意到这样的关联，他们没有这样做的理由，更不要说勾画一份全面的对立表。此外，我们刚才讨论的证据表明了，某些对对立，如干和湿，都很可能不得不排除出任何一个我们以收集于散见在个人文本中的信息为基础而勾画出的一般图式。大多数情况下，如希腊人在一对对不同的对立之间建立的关联，都反映出了明显的经验事实。一方面，光、东、白、天和上相联系；另一方面，暗、西、黑、地和下相联系，这些至少在一部分上取决于某些经验事实。再有，通常将土地理解为母亲、将天空理解为有生育力的父亲这样的想法，都显然立足于一个明显的类比：植物的生长类比于性的生育。^②但是，在我们发现的关联之中，有一个要更为随意。按照 *Iliad* 12 238 ff. 来判断，^③古希腊人就像其他诸多民族一样，也认为**东方**在**右**，**西方**在**左**，而这种信念却超越了直接的经验事实，但它又符合这些对立的象征

① 比如按照一般情况，祭祀奥林匹斯神祇的牺牲的颜色都为白，克托尼俄斯诸神的祭祀牺牲都为黑（见 *Il.*3 103 a，白公羊和黑母羊分别祭祀给太阳和大地）。与奥林匹斯神相关的仪式以及与克托尼俄斯神相关的仪式，这两者之间具有的其他一般区分，都收集在 Guthrie，4，pp.221 f.；这些区分中的若干情况都反映了种种成对的对立具有的象征联系，如上和下，高和低。

② 尤见埃斯库罗斯《达那俄斯之女》(*Danaids*) Fr.44，欧里庇得斯 Frr.898 和 839（在那里，苍穹(Aither)被说成"诸神和人之父"，而大地是"接受潮湿的雨滴者"，按照其中的说法，它"理应视为万物之母"）。在 *GA* 716a 13 ff. 中，亚里士多德指出："有生命者中，我们称雄性是在另一性别中进行生育的人，而雌性是在自身中生育的人。就世界整体而言，人们认为大地的本性如同女人和母亲，他们认为天空和太阳之类的东西是生成者和父亲。"（我把贝克尔的 νομίζουσιν 改为 ὀνομάζουσιν）毋庸置疑，这两种观念都源远流长。如详见 Guthrie，6，chs.1 和 2。

③ *Il.*12 238 ff. 中的赫克托耳的话就是如此，"我不会忧心或操心于预兆之鸟向右飞，向黎明和太阳，还是向左飞，向有雾的西方"有时，这也被视为是在指特洛伊人的队列，后者恰好面朝北方，但可以确定，赫克托耳的话更有可能是在描述解释鸟兆的通常方法："向右"(ἐπὶ δεξιά)等同于"向黎明"(πρὸς ἠώ)。赫尔茨反驳了"右等同于光，因为敬拜者面对着初升、之后向右运行、转向西方的太阳"这个理论（J. 圭兰德（J.Cuillandre）最近采纳了该理论）(n.86)。反对这一理论的关键论证就是，对于南半球的许多民族来说，如果他们面朝升起的太阳，那么太阳当然向左运行，因此，我们应该预料到，这些民族建立的关联是相反的，但事实上，情况并非如此。比如，对于澳大利亚的毛利族等原始社会，右是吉利的一边，与生命和光明联系，左是不吉的一边，与死亡和黑暗联系，如古希腊人的理解一样，与南北半球大多数民族的看法也是一样的。

价值。总之，尽管证据显然不允许我们认为，在荷马或赫西俄德那里存在着任何成熟或系统的对立表，但是，在早期阶段，在种种希腊人的信仰和实践中，一对对不同对立的对立项却毫无疑问又联系在一起；在某些例子中，希腊人建立的关联明显是由对立项具有的象征价值所决定，而非自然赋予的事物本身。

48

哲学家与其他人的思辨理论中的"宗教性对立"

目前为止，我已经考察了在前哲学时期的信仰中、早期希腊思想整体以及特殊例子里存在的、能够证明赫尔茨所谓的"宗教性对立"的证据：某些对偶（不朽者／可朽者，奥林匹斯／克托尼俄斯诸神）是希腊宗教的基础，许多自然对立（天／地，光／暗，等）标明了早期古希腊人理解的象征联系。但是在这一节，我们要仔细地考察哲学家和医学作家的著作对不同对立的使用。如果说一方面需要指出，某些对偶在"希腊宗教"中与在"某些记录自其他社会的二元论信仰"中发挥的功能具有一般的相似性；那么另一方面，前哲学时期的信仰与假设也许影响了公元前5—前4世纪的哲学家与科学家的理论：这方面，我不仅要论及这些人的宗教与道德信念，同时，我还要更集中地论及一些他们提出并用来阐述不同自然现象的解释。

首先，很清楚，在毕达哥拉斯派的对立表中，右、男、光处于"有限"和"善"这一边，左、女、暗处于"无限"和"恶"那一边，这种做法呼应了那些或多或少隐含在我们掌握的最早期的希腊材料之中的观念。此外，虽然尚不确定的是：多大程度上，我们在"之前作家"的不同文本语境中发现用来参考的种种二元论信仰，形成了一个标准如一的体系，但是，亚里士多德在 *Metaph*.986a 22 ff. 中提供的毕达哥拉斯派的对立表，却将十对对立项总合为一个单一的无所不包的图式，显然，它被认为以某种方式再现了为整个实在世界奠定基础的基本原则。亚里士多德记录的图表，突出地综合了新兴的与古老的信仰。之前提到的若干对立（如，奇数与偶数，直与曲）都反映了毕达哥拉斯派对数学的特殊旨趣；毫无疑问，这些对立与

49

将事物等同于数的倾向相关。① 但是，右与左、男与女、光与暗这些对偶也被认为完全包含在其中；对立表的这部分，将右、男和光安排在"善"这一边，它们的对立面安排在"恶"这一边；可以认为，这种做法明确表达了更古老的希腊信仰，而且它，用伦理学的术语来说，将后者进行了"合理化"（rationalisation）。② 应该补充的是，归于毕达哥拉斯派（或不如说，归于该派某一支）的所谓的口传（ἀκούσματα）或秘授（σύμβολα）中的若干内容，都强调了某些对立之间的象征区分，如右与左，白与黑。③ 在其他地方，在希腊哲学的与宗教和神话有关的文本语境中，我们也发现了种种彼此关联的对立。比如在柏拉图《理想国》（614c f.）的末世论神话里，就想象人们的灵魂被它们的审判官分为两组：正义者去往**右边**，**向上通天**，审判的记号放在**身前**；不正义者去往**左边**，**向下至地**，审判记号负在**背部**。④

50　　毕达哥拉斯派的对立表一部分反映了而且更为明确地体现了与"右／左、男／女、光／暗"相关的更古老的希腊信仰。但是，这些对立不仅出现在无所不包、明显被视为以某种隐晦方式再现万物原则的毕达哥拉斯派的图式之中，而且，也出现在那些特定的物理学和生物学理论中；尤其值得注意的是，之前更早期的希腊信仰与观念联系都存留在这样的文本语境里，其作者的目的就是对某些自然现象给出满意的解释。我首先要讲的，是一些为了解释两性性别而被提出的理论。如我们之前所见，巴门尼德谈到了胚胎在母亲子宫内居左或居右的位置；阿那克萨戈拉则提到了父亲种子分泌的侧位；⑤ 希波克拉底医派的论著《论重孕》（*On Superfetation*）也明确指出，右侧睾丸分泌的种子生育男孩，左侧分泌的种子生育女孩。⑥ 虽然这些作家，比如对

---

① 尤见 Aristotle，*Metaph*.A 5 985b 23 ff.。

② 参见 Hertz.n.50。

③ 比如，"穿鞋，从右脚开始；濯足，从左脚开始"（Iambl.*Protr*.21，DK 58 C 6，参见 *VP* 83，DK C 4）；"不要献祭白公鸡"（Iambl.*VP* 84，参见第欧根尼的解释，VIII 34，DK C 3，"白是善性，黑是恶性"）。

④ 也见《法篇》717ab，"偶数"和"左"是给克托尼俄斯神祇的荣耀象征；而更优越的对立面，"奇数"和"右"是给奥林匹斯神祇的。

⑤ 关于巴门尼德和阿那克萨戈拉的理论，见前，p.17。巴门尼德版的理论也见于几部希波克拉底医派的论著中（*Epid*.II sec.6 ch.15，L V 136 5 ff.；*Epid*.VI sec.2 ch.25，L V 290 7 f.；*Aph*.sec.5 ch.48，L IV 550 1 ff.；*Prorrh*.II ch.24，L IX 56 19 ff.）。

⑥ *Superf*.ch.31，L VIII 500 8 ff.；也见亚里士多德归于莱奥芬尼（Leophanes）等人的理论，

"父母双方谁是儿童性别的决定者"尚有分歧，但他们都认定，**男**与**右**相联，故而**女**与**左**相联。我们已经指出了种种二元论信仰，既有希腊人的，也有非希腊人的，它们都体现了一种倾向，即将种种对立中的肯定性一极关联或等同起来，将种种对立中的否定性一极关联或等同起来。有意思的是，这些早期希腊时期的、对两性起源的解释都采用了"男和女分别源于右和左"这一观点的种种变体形式。虽然我们难以说明，巴门尼德还有其他人使用了什么证据（如果有的话）来证明自己的理论，[①] 但是，似乎很清楚的是，这些对立的象征联系都有助于巩固肯定性或优越性对立项、男和右之间的联系，以及否定性或低贱性对立项、女和左之间的联系。在这一点，人们会注意到，古代中国人认为左比右更尊贵，而有些中国理论家也相信，胚胎在子宫的左侧，会是男孩，右侧则是女孩，他们提出了一套与古希腊人相反的理论，但他们依然与左和右相联系。[②]

若干前苏格拉底哲学家和希波克拉底医派的作家都提出了一些学说，其中试图将男与右、女与左相关联。但是，在公元前 4 世纪哲学中，在亚里士多德本人那里，出现了不同的理论，它们也反映了右与左这样成对的对立具有的象征价值。亚里士多德反驳了"左右之别无条件决定儿童性别"的观念。在 GA Δ 1，他批判了"雄雌（男女）形成于子宫不同部分"的学说，他也提到，其他人满足于假设：比如雄性（男性）形成于子宫右侧，雌性（女性）形成于左侧。亚里士多德举出了身体解剖方面的证据来证明，这种学说不可能绝对成立。[③] 不过，即使在这个语境中，他对解剖方面的决定性证据的使用，清楚地证明了他对之前理论家的超越，但是这也不能说明，在"右

GA 765a 21 ff.。在之后的医学文献中——比如包括盖伦在内（UP XIV ch.7 和 Kühn IV 172 ff.，尤见 175）——存留的种种对身体右侧与男孩之间的联系的信念，Lesky，pp.62 ff. 做了梳理。

① Aristotle, GA 765a 21 ff. 中有一段指出，有时候，为了证实这样的理论，人们会发明证据。这一段，下面会加以讨论，p.73。

② 见 Granet，1，p.370 和 2，pp.273 f.。

③ GA 764a 33 ff., 765a 16 ff.；详见下，pp.73 f.。但是，HA 583b 2 ff. 中有一段也应该注意，因为它也许表明了，在某个阶段，亚里士多德并没有批评"男性在子宫之右，女性在子宫之左"这样的理论。在这一段中，亚里士多德说，男性胚胎的第一次运动，通常在第 40 天时，发生于右侧，女性则在第 90 天，发生于左侧，尽管这个说法是有条件的（"但是，断不可认为，时间会如此之准"），而且他也提到了许多例外情况。

与左"以及其他对立这样的主题上，亚里士多德本人就没有任何先入之见。

52 他对右与左、上与下、前与后三对对立的使用，尤为引人注意：证明这一点的证据比比皆是，但下面，只能略微点出。

按照亚里士多德的看法，右与左、上与下、前与后，都并不仅仅是彼此关联的对立项。在 *Cael.*284 b 24 ff. 中，右、上和前不仅被认为是"宽、长、深"三维的始基（ἀρχαί），即起点或始点，也被认为是生物三种变化，即移动、生长和感觉的始基。如在 *IA* 705b 29 ff. 中，他试图证明，动物的移动都从右开始，尽管他举出的证据很弱，他对这一点的解释相当随意。① 之后，由于他假设，天体的运动（他认为天体是有生命的）必定"从右开始"（ἐπὶ τὰ δεξιά），因此，他推断，我们生活的北半球是两个半球中的较低者。② 再者，由于"向上"是相对于食物分布的位置以及生长开始的位置而被界定（如 *IA* 705a 32 f.），故而，植物的"上"部是它们根的所在，所以亚里士多德说植物是"上下颠倒的"。③ 再往后，他按照某些功能定义了右、上和前。但是，亚里士多德认为，作为始基，它们比自己的对立面要**更高贵**。很多地方都明确讲到了这一点。例如在 *IA* 706b 12 f. 中，他说，"起点更高贵，上比下更高贵，前比后更高贵，右比左更高贵"，这句话成为解剖学方面的重

53 要信条，亚里士多德相信，"整体上，除非有些更重要的东西产生干扰，否则，更佳、更高贵的事物，会更容易在上，而不是在下，在右，而不是在左"（*PA* 665a 22 ff.）。他用这种原则来解释一系列事实，比如气管和食道的相对位置，两颗肾的相对位置，等等。④ 他对心脏位置的评述也格外引人注

---

① 详见下，pp.72 f.。

② *Cael.*285b 22 ff.（也见 *Cael.*B 5，287b 22 ff.，谈到了诸天为何只以一个方向环行，而不沿着其他方向）。*Cael.*285b 20 用来描述环形运动的"从右开始"这个短语，其含义是个复杂的问题，关于这个问题以及对它的阐释，尤见 Heath，pp.231 ff.，Braunlich，pp.245 ff.。无论用来描述环行运动的"从右开始"是对应我们所谓的"顺时针"，还是我们所谓的"逆时针"，与右的联系都让它成为更高贵的方向。

③ 例如 *PA* 686b 31 ff.；*IA* 705b 6；参见 *PA* 683b 18 ff.，论述了有壳动物。

④ *PA* 665a 18 ff.，671 b 28 ff.（但事实上，亚里士多德错误地指出，右肾总是比左肾更高，因为，以人为例，左肾通常高于右肾）。参见 *PA* 667b 34 ff.，论述了"大血管"和主动脉的相对位置；672b 19 ff.，论述隔膜的功能，其功能被认为是分离了身体的更高贵的上部与不太高贵的下部。余下还有一些段落，亚里士多德在其中通过右、前和上的优越性解释了器官的相对位置及其他现象，奥格尔（Ogle）有所列举，见其对 *PA* 648a 11 的注释。

意。按照亚里士多德的看法，心脏是生命的始基，是动物一切运动和感觉的来源（*PA* 665a 11 ff.）。在 *PA* 665b 18 ff.，他指出，在人体内，心脏"位于身体中部附近，但，它居于身体上部，而非下半部，偏前，而不是靠后，因为自然"，他继续说，"让这个更高贵的部分处于更高贵的位置，在这里，没有什么更高的意图能够阻止这一点"。而当亚里士多德面对心脏位于人体左侧，①而非位于更高贵的右侧这一明显存在的困难时，他主张，这是为了"平衡左侧的寒冷"（*PA* 666b 6 ff.）。在这个地方，亚里士多德遇到了一个与自己的"右侧优越而更高贵"的理论相违背、却显而易见而又重要的事实，但是，他没有放弃自己的学说；相反，又提出了第二个随意的假设，完全臆想了身体两侧的温差。②

在 *PA* 684a 26 ff.，亚里士多德首先评论说，"在所有河虾（κάραβοι）和蟹（καρκίνοι）中，右爪（比左爪）更大，更壮"③，随后，他由此得出一个一般性的结论："所有动物在活动时都自然而然地倾向于使用右肢。"但是有时，他也注意到了一些在"右肢比左肢更强"这个一般规律之外的情况。考察一下他如何处理这样的例外，还是很有意义的。比如在 *PA* 684a 32 ff.，他论述说，在龙虾（ἀστακοί）中，右爪更大还是左爪更大，这是偶然的。但是，他继续说，其中的原因在于，龙虾是畸形，它并不是按照自然的意图（即，为了抓取）使用爪子，而是为了移动。④ 而在 *IA* 714b 8 ff. 这样的段落里，他承认，在有壳动物这样的种类里，右和左并没有明显的分别；⑤ 但是，对

54

---

① 亚里士多德在几个地方（参见 *HA* 506b 32 ff.）都错误地断定，只在人体之内，心脏才倾向于身体左侧。

② 但是在其他地方，身体两侧的温差被认为取决于心脏。值得注意的是，亚里士多德虽然认为，在人体内，心脏倾向左侧（因为这一点，我们自然而然地相信，他会认为，左边是更热的一侧），但是，他仍然主张，右边是更热的一侧；他给出的理由是，右心室含有最多、最热的血液（*PA* 666b 35 ff.）。

③ 这个说法不可能是无条件的：参见 *HA* 527b 6 f.，在那里，他至少对蟹作出了更谨慎的判断。

④ *PA* 684a 35-b 1，参见 *HA* 526b 16 f.。但是，所谓龙虾的一对螯（chelae）只是为了移动才使用，这个说法并不正确：在 *HA* 526a 24 f.，亚里士多德自己就论述说，龙虾天生就适应"抓取"。

⑤ 但是在 *IA* 706a 13 ff. 中，他又试图在凤螺类（stromboid）有壳动物中做出右与左的"功能性"区分，他说，它们是"右壳类"（即贝壳在右端，向右倾，螺旋向右。——中译注），因为它们并不顺着螺旋的方向，而是沿着相反的方向运动。在这里，他明显主张，因为

于这个"没有分别"，他给出的理由是，有壳动物是畸形种类（*IA* 714b 10 f.）。亚里士多德对诸多种类各异的动物做了广泛的观察，他对于许多种类动物的内外器官也做了尤为详尽和精确的描述。但是，他的研究并没有让他修改自己的"右天生而且本质上比左优越"这个学说。他相信，这一点对人来说也是正确的；人是他判断动物界其他成员的标准。例如在 *PA* 656a 10 ff.，他指出，只有在人身上，"自然部分才处于它们的'自然'位置，他的上部朝向宇宙中的上层者"，① 在 *iA* 706a 19 f.，他说，人"在一切动物中，最合乎自然（κατὰ φύσιν）。但是，天生地"，他继续说，"右比左更佳，并与之区别。所以，'人身中的'右者'都是最右的'（διὸ καί τά δεξιὰ ἐν τοῖς ἀνθρώποις μάλιστα δεξιά ἐστιν）"。因此，对于某些种类的动物其右和左缺少明显的区别这一点，他给出的解释是：它们是不完美或"畸形"的动物。他不仅相信，右和左之间存在着我们所谓的生理学上的区别（右边比左边更热）；而且还相信，"自然"通过做出这种区别来实现某种重要的意图。右与左的分别是动物界追求的**理想**，但它只在人身上充分展示出来。② 尽管亚里士多德掌握了与不同种类生物有关的详尽的知识，而且其中有许多都没有右和左的区分或没有明显的这样的区分，但这并不能让他放弃"右天生比左更强、更高贵"这个看法。相反，他掌握的知识却让他得出这样的结论：右与左的差别是人优越于动物的标志，是人具有的更高的完美性的标志。③

它们运动时顺着反螺旋的方向，因此，他必定认为，螺旋"向右"；参见 *HA* 528b 8 ff. 和 D'A. W.Thompson 对这个地方的注释。

① 也见 *HA* 494a 26 ff.。

② 所以，亚里士多德认为，较之更低级的生物，同生长和感觉分别相关的上与下的区分、前与后的区分都更为充分地存在于更高级的生物中（见 *IA* chs.2 ff.，例如 705b 6 ff.，论植物的"上"和"下"）。亚里士多德也认为，两性越区分，就越佳（如 *GA* 731b 20 ff.）。

③ 值得注意的是，希腊哲学中，右边在本质上具有优越性这一观念，屡见不鲜，但是，在右手更强势的自然发展中包含的社会因素并没有被希腊理论家忽视。在《法篇》794d f.，柏拉图尤其指出，童年训练让右手发挥了更强的作用；他建议，应该教导儿童平等地使用双手。他批评了右与左在用途上具有天生差异的看法，他指出，脚或下部的肢体都不存在这样的情况。他认为（794d 8 ff.），"但是，由于育儿者和母亲的愚蠢，我们的双手可以说全都成了残废"。他注意到，运动员双手都很灵巧，而且他还说，斯基泰人（Scythians）事实上就是如此。亚里士多德也承认，我们能双手同时灵巧（见 *HA* 497b 31 f.，他说，一切动物中只有人能如此），但是，他又认为，右手比左手天生更强（*EN* 1134b 33 ff.；参见 *MM* 1194b 31 ff.）。

在早期希腊思辨思想中，我们已经发现了一套理论，它清楚地反映了 **56** 右与左、男与女、光与暗、上与下、前与后这些对立具有的、古希腊人理解的象征价值与联系。在毕达哥拉斯派的对立表中，右、男、光放在善这一边，它们的对立面放在恶那一边。巴门尼德、阿那克萨戈拉还有几位希波克拉底医派的作者都提出了种种理论将男和右这样的优越的对立项关联在一起，将女和左这样的低贱的对立项关联在一起，虽然不能认为他们的理论立足于任何有说服力的经验基础。尽管亚里士多德反对"两性差异源于左右之别"这个说法，但是，他明确认为，右、上、前比它们的对立面更高贵；他还以这个原则作为自己的物理学和生物学理论的基础。但是，我们现在必须讨论的问题是：在什么程度上，将对立划分为肯定性和否定性两极的倾向，影响了早期希腊哲学和医学中对其他对立的使用？在什么程度上，除去我们已经考察的对立之外，其他对立也按照先入为主的对"适合性"的理解而非经验事实被关联在一起？我们之前注意到，在前哲学时期的文献中，热与冷、干与湿这样的对立，似乎并没有特别强烈的象征联系，或者至少来说，"干和湿"与其他事物的联系似乎具有某种两可性。当然，上述四个对立面构成了早期希腊思辨思想里全部对立之中的两个最为突出的对立，因而，我们必须考察：在什么程度上，哲学家倾向于认为这四个对立面也同样包含了肯定性或优越性一极，否定性或低贱性一极？

与右和左或男和女不同，热和冷、干和湿这两对对立并不存在于亚里士多德给出的毕达哥拉斯派的对立表中。而且，虽然它们在我们现存的理论材料里尤为突出，但是，它们的关系却被认为是连续、平衡的互动，没有 **57** 地方表明，每对对立中的某个对立面被认为以任何方式优越于另一个对立面。① 如果我们考察一下在这四个对立面与其他对立面之间表明的联系，那么，它们中的一些对立面似乎反映了"宇宙论的"观点，而其余那些则反映了"生物学的"观点。比如阿那克萨戈拉的 Fr.15 提到了"冷、湿、密、暗"（很可能与土地相联）与"热、干、疏"②（与天空（aither）相联）之间的区分；巴门尼德也很有可能将"热和疏"与"火和光"联系，将"冷、密和重"与

---

① 如见《论人体本性》中的宇宙论学说和阿尔克迈翁的病理学理论，见前，pp.19 f.。

② 残篇原文缺漏了"光"。——中译注

"夜或暗"联系。① 另外，有充足的证据证明，"生命与热和湿相联"这种流行的信念一直都在哲学家与医学作家的理论中有所表达。②

有时，热与干放在一起，与冷和湿对立，有时，热和湿又联系在一起；如我前面所述，有两个主要的观察结果似乎支持了上述两种关联：一是夏冬交替、日夜轮回的气象学现象；二是"有生命者之暖"与"死者之冷，以及某些情况下的'干'"这样的生物学现象。但是，当我们转向某些更为详细的立足于这两对对立的学说时，我们却发现了一些显然没有经验证据的理论。这些理论普遍认为，两性差异以某种方式与"热和冷"或"干和湿"的差异相关，即使哪个对立面对应了哪种性别，并未达成共识。亚里士多德在 *PA* 648a 28 ff. 中提出"男性比女性更热"的观点，并且将之首先归于巴门尼德。此外，这种理论之所以被采纳的主要根据不仅清楚地见于亚里士多德的记录，也见于希波克拉底医派的论著《论妇科病》（*On the Diseases of Women*）I（ch.1, L VIII 12 17 ff.）：月经被认为归因于（热）血的充盈，因此，月经也被认为是女性更热的标志。但是，如果有人提出这样的意见，那么有人也会持相反的观点，即"男性比女性更热"，比如恩培多克勒。③ 如果我们询问为什么这样的立场会被采纳，那么答案并不在任何可以举出并支持它的经验事实中，相反，是在这样的信念上：男性和热天生就比它们各自的对立面——女性和冷更优越。《论养生》的作者以及亚里士多德都认为有必要用论证来维护这样的观点，但是审视之后，就会发现，他们的论证大部分都可以视为诡辩（special pleading）。（1）在《论养生》I ch.34（L VI 512 13 ff.）中，其作者指出，男性更热、更干，（a）这既是其养生之道所致，也

---

① Simplicius, *in Ph.*31 3 ff. 记录了一段古注，其中明确表明了这一点；参见 Fr.8 56 ff. 的巴门尼德自己的话。

② "湿者受阳光作用、生物遂起源于湿者"这样的思想，归于阿那克西曼德，见 Hippolytus *Haer.*1 66（DK 12 A 11）；相似的理论也出现在狄奥多罗斯（Diodorus, 1 7 3 ff., DK 68 B 5, 1）记录的宇宙论中。再有，当亚里士多德讨论泰勒斯用水作为始基的原因时，他提到了"热本身从水中生成，而生命由此出现"的思想（*Metaph.*983b 23 f.）。在《希波克拉底派文集》中，《论养生》I chs.32 f.（L VI 506 14 ff.）中发展了"生成出现于热与湿（或火与水）的互动"这样的理论；《论血肉》（*On Fleshes*）也指出了潮湿与生命热能的联系（ch.9, L VIII 596 9 ff.）。

③ 见 Aristotle, *PA* 648a 31，参见恩培多克勒 Frr.65 和 67，前面曾提到，p.17。

（b）因为女性每个月都会从身体中清走"热的东西"。但是，（a）取决于作者对食物和训练效果的图式性的、**先入为主的**分析；（b）则明显是诡辩，因为，如果月经的结果被认为是女性变冷，那么同理，她们也应该由于缺血而**变干**。但是，按照这位作者的看法，**男性**更热，**更干**（符合元素火），而女性更冷，更湿（符合元素水）。这些对立面的安排，遵循了作者理解的"适合性"（热、干、男、火，每一个都是肯定性或优越性的对立项），而不是按照他对两性差异的经验观察。（2）亚里士多德也有相似的理论，但是，他用来支持理论的论证却并不令人信服。在 *GA* 765b 8 ff.，他用男性和女性能否"炼血"（'concoct' the blood）①区别了两者，他认为，在女性那里变成经血的东西，在男性那里成为了精液。他还提到（见 *PA* 648a 28 ff.），其他理论家认为月经是女性具有更高热量的标志，但是，他指出，这种观点并没有考虑下面这个可能性，即，经血只有几分纯，只有几分的精炼度；于是他主张，或者说，断定：虽然精液量更少，但比经血更纯，精炼度更高。②有意思的是，为了确定"热"，亚里士多德在这里提到的是"质"上的差别，而不是单纯的"量"上的差别，但是，他的"男性比女性更热"的观点，却首先取决于下面这个想法：精液和经血都是完全相似的过程的最终产物；其次，更重要的是，又取决于一个非常随意的假设：精液是炼制过程的**合乎自然的**产物，经血却是**不纯**的残余物。亚里士多德认为女性如同畸形的男性，③正是这种信念，而不是任何经验性的考虑因素，支持了他的"男性比女性更热"的学说。

我们已经考察了一个例子，它清楚地证明：某些理论家按照先入为主的对"适合性"和价值的理解，将热、冷、干、湿和其他对立面关联在一起；

①　concoct，希腊文为 πέσσω，名词 πέψις，通译为 concoction。指身体的热（火）对物质材料的调制与炼制，最终可以结出产物。这里是说对血液进行炼制，男性可以炼制出最纯的精液，而女性只能产出不纯的经血。所以男性体热比女性更高。——中译注

②　*GA* 765b 28 ff. 含混地比较了果实的生成["第一阶段，养分充足，但有用的产物很少"——普拉特（Platt）]。这个看法似乎就是：植物将自己的养料首先转变为叶子，再转变为果实，而与之相应，动物也将自己的养料首先转变为血，（在男性体内）再转变为精液（见普拉特对此处的注释）。

③　例如，*GA* 737a 27 ff.，"因为女性如同畸形的男性，经血就是精液，只不过不纯"（τὸ γὰρ θῆλυ ὥσπερ ἄρρεν ἐστὶ πεπηρωμένον, καὶ τὰ καταμήνια σπέρμα, οὐ καθαρὸν δέ）。

60　从公元前 5—前 4 世纪的作家中，还可以举出其他的例子。① 但是，对于这两对对立时而被处理成包含肯定性和否定性两极的方式，其最重要的证据毫无疑问来自亚里士多德，他的这方面理论应该在这里更详细地考察一番。首先，我们应该注意他是如何在 *GC* 329b 26 ff. 中定义了这四个对立项。"热"是"统合同类事物的东西"；"冷"是"既能将同质事物，也能将异质事物汇集和统合的东西"；"湿"是"容易限定（即，被其他东西）、但不会由自己的范围限定的东西"；"干"是"不易限定（即，被其他东西）、但会由自己的范围限定的东西"。这些定义十分抽象，而且可以肯定，其中并没有暗示：这些对立面在亚里士多德看来有任何肯定性或否定性价值。另外，在其他地方，他指出了这些对立项在日常希腊语中具有的歧义，而且他注意到不同理论家对"热物"、"冷物"等等主题并没有达成一致，尚有分歧。② 但令人惊讶的是，在几个地方，这几对对立都被明确理解为分成肯定性和否定性两极。这在热与冷两种情况中尤为明显。如我们刚才所见，亚里士多德相信

61　的"男性比女性更热"的看法，反映了他对"**男性和热**"的先入之见，不能认为其中具备了任何可以证实的经验基础。他还认为，身体右侧比左侧更热（*PA* 667a 1 f. 表明了这一点；这种差别取决于心脏右边和左边的温差），但是，这种学说仍然没有有效的基础，它还是出自某种先入为主的假设。在其他地方，他设定了身体上部和下部的温度和纯度的差异，③ 他还将人类与其他动物对比，并且在 *PA* 653a 27 ff. 中断定，比起其他任何动物，人体的心脏和肺部周边区域的血液都更热、更丰富；这又是一个可以质疑的一般性结论，它表明了亚里士多德相信"热度"和"完美度"之间存在着联系。

---

①　比如，有一个详尽的图式，见于 *Vict.*1 ch.33（L VI 510 24 ff.），其中，四种年龄段的人与一对对对立关联在一起。第一种年龄段是热和湿，第二种年龄段是热和干，第三种年龄段是冷和干，老人是冷和湿。但是，这个图式的动机似乎至少一部分在于，作者想要把第二种年龄段（青年）与"男性和优越的元素火"联系在一起、将老年与低贱的元素水（冷和湿）联系在一起；尤其是，他的"老人为湿"的观点违背了希腊人公认的看法（见前，p.45），虽然这个观点也见于 *Salubr.*ch.2（L VI 74 19 ff.）。

②　尤见 *PA* B 2 和 3，例如，648a 24 ff.，33 ff.。

③　*PA* 648a 11 ff.。还是在这一章（648a 2 ff.），他主张，不同种类动物在体力、勇气、智力方面的差异可以归因于它们血液的温度和纯度的差异；他提出，"一切动物中最佳者是那些血液发热、稀薄、清澈的动物：因为这样的动物身体条件上佳，足以令其兼具勇气和智慧。"

在亚里士多德的理论中，热明显是肯定性的一项，冷是热的"丧失"：这一观点在好几个地方都明确地表达了出来。① 不过，他对"干"和"湿"这对对立的态度却并不清楚。在 *PA* 670b 18 ff.，他将热和右关联在一起，将冷和左关联在一起；身体左边，为低贱，被认为是冷和湿的。而在 *GA* 766b 31 ff. 中，他说，身体条件"更湿，更阴柔"的父母，往往生育女孩；这表明，在他看来，湿也与低贱的女性相联系。② 但是，在 *GA* B 1（732b 15 ff.），他按照动物的繁殖方法（与它们身体条件的差别相关），定义了主要类别的动物，在这里，他认为，最完美的动物是胎生动物（Vivipara），它们"天生更热、更湿、没有土质"（732b 31 f.）；第二类，是卵胎生动物（ovo-viviparous）（如软骨鱼类），它们又冷又湿；第三类和第四类（孵化完全的卵生动物，孵化不完全的孪生动物，即卵），分别是又热又干，又冷又干；第五类，也就是最后一类（昆虫）是"所有动物中最冷者"（733a 1-b 12）。在这个图式中，更强的完美性明显在于更强的热与更强的"湿度"的结合。此外，在 *Long.* 466a 18 ff. 中，他说："我们必须认为，生物天生又湿又热，生命也是如此；而老年又冷又干，死者也是如此：这显而易见。"他还继续指出，动物"湿度"的量与**质**，影响了它们生命的长度："因为不仅必须具备大量的'湿'，动物也必须是'热的'"（466a 29 ff.）。这样，在亚里士多德的体系中，干与湿这对对立就处于了两可的位置；而在之前的希腊思辨思想中，它们在某种程度上也是如此。一方面，他注意到了湿度与生命的联系，干与死亡的联系（在这里，他发展了一种可以追溯到荷马与赫西俄德的观念）。但是，这并不妨碍他在其他语境中表明或暗示：湿者低贱，是丧失的一方；同时，又将之与女、左、冷关联在一起。

我们前面知道，在荷马和赫西俄德那里，某些自然对立通常象征了重要的宗教性或精神性的区分，并与之相联系；我们还找到了一些证据证明：存在着将一对对不同对立的肯定性一极和否定性一极分别关联的倾向，即使这些我们发现的对立项之间并没有明显的联系。虽然我们有可能觉得，这些联系很快就会在早期希腊哲学和医学中被忘得一干二净或无人理睬，但是

---

①　例如 *Cael.* 286a 25 f.；*GC* 318b 16 f.；*Metaph.* 1070b 11 f.：但是，比较 *PA* 649a 18 f.。

②　"男人干热，女人湿冷"的观点，也常见于伪托亚里士多德的《问题篇》（*Problemata*），如 879a 33 ff.。

相反，我们却发现，它们仍然在大量的理论和解释中发挥了重要的功能；而且，正是某些哲学家，首先明确阐述了某些对立的对立项之间的价值区别，也正是他们，扩展而且发展了对立的使用，将之变成无所不包的体系。对于当代的原始族群，很难通过人类学家的记录来确定，他们在什么程度上有意识地阐述了为其二元信仰奠基的体系：那些我前面提到的（pp.32 ff.）简洁的对立表之类的东西，通常只代表田野工作者本人对一系列复杂的信仰和实践的分析，它们不是逐字逐句地记录所考察的社会中的某个特殊成员持有的观念。而对于古希腊方面的证据，我们掌握的第一份这样的对立表，正是毕达哥拉斯派思想家的作品，这并不偶然。一方面，亚里士多德给出的毕达哥拉斯派的对立表，当然反映而且效仿了前人的信仰；但另一方面，似乎有可能、而且很有可能的是，这份对立表体现了第一次试图在一个图式中将这样的信仰加以定义和系统化的做法。在其他早期希腊哲学家中，也能追寻到这样的将种种对立整合入一个体系的尝试。巴门尼德"意见之路"中的二元宇宙论似乎就有这样的做法。另外，或许可以看出的是，恩培多克勒 Frr.122 和 123 中提到的几对"拟人形象"也代表了某种以神话方式表达出的、类似对立表的东西。① 但是，尤其值得注意的是亚里士多德，在某种程度上，他保存了试图将一对对对立整合为一个无所不包的图式的做法，即使他充分意识到了希腊理论家对于如热、冷、湿和干尚未达成一致，即使在几个地方，他都注意到了这些对立项的用法中存在的歧义。虽然他从没有以完整的"对

---

① 《净化篇》（*Purifications*）中的两段残篇包含了下列"拟人形象"："克托尼俄"（Chthonie）和"赫里奥普"（Heliope），斗争（Rivalry）与和谐，美与丑，快和缓，真与虚，生与朽，睡与醒，动与静，伟岸与污秽，无声与有声。我们没法确定这些拟人形象是在什么语境中被提出的（KR, n.1 p.353，称 Fr.122 为"一份披着神话外衣的目录，其中收录了种种对立面，都描绘了"Fr.121 提到的"烦恼人世"的"特征"——但 Fr.121 与 Frr.122-123 不同，前者中只出现了恶的拟人形象）。但是，这份目录读起来像是对立表。运动（Κινώ）与静止（Ἀστεμφής）这两个形象与毕达哥拉斯派的"静"（ἠρεμοῦν）与"动"（κινούμενον）相似。克托尼俄（地）和赫旦奥普（日）也许让人想起巴门尼德的"夜"（至少 Aristotle, *Ph*.188a 20 ff. 将之等同于"地"：参见巴门尼德 Fr.8 59，其中将夜描绘为密的和重的）和"光或火"。无声和有声这对对立也出现在"意见之路"（参见特奥弗拉斯托斯对巴门尼德知觉理论的解释，*Sens*.4, DK 28 A 46）。所有拟人形象中最值得注意的是"和谐"（Ἀρμονίη）和"斗争"（Δῆρις），毫无疑问，它们就是爱与争："和谐"在其他地方就用来指"爱"（Fr.27 3, Fr.96 4）；"斗争"似乎就代表了"争"，见 Fr.27a。

列"（συστοιχία）形式呈现自己的理论，但是，通过其物理学作品中散见的论述，我们还是能拼合出一个与毕达哥拉斯派对立表相似的"对立表"（亚里士多德用 συστοιχία 和 σύστοιχος 这样的术语来指他自己的某些理论，这种做法表明了，他承认自己的思想与毕达哥拉斯派的思想大体上是相似的）。①如右、男、上、前、热、干都当然位于一边，与左、女、下、后、冷、湿相对；而诸如光和重、疏和密等对立，或许也包含在对立表中，与"热和冷"或"干和湿"关联——整个对立表反映的因素，既有经验性的，也有在经验之先，先入为主的。②虽然我们已经看到，亚里士多德对某些对立的态度明显有点矛盾，但通过《形而上学》③中一再陈述的内容，可以清楚：他相信，全部对立项都无非是，每对对立中的一方是肯定性对立项，另一方（只是）肯定性对立项的"丧失"。

65

早期希腊思想运用以对立为基础的
理论时涉及的图式和证明

我们已经考察过了一组理论，它们明显受到一些教条的假设的影响，这些假设与某些成对的对立项的价值有关，但显而易见的是，还有其他很多

---

① 如在 PA 670b 17 ff. 中，亚里士多德首先解释了某些动物的脾脏里的"水"性，他使用了身体左边的本性一般"更湿和更冷"的说法，然后他继续说："对立中的每一方都遵循了其所属的'对列'，右与左对立，热与冷对立，它们以前面描述的方式彼此并列。"（即，右与热在一行对列；左与冷在另一行）

② 在 Cael.286a 26 ff. 中，"重"被认为是"轻"的丧失；在 Ph.217b 17 ff. 和 Cael.299b 7 ff. 中，"重"和"密"被联系在一起；而"轻"和"疏"也联系在一起（因为这个缘故，再加上"薄"和"清"的联系，故而，男性之血被认为比女性的血"更薄"，PA 648a 11 ff.）。但是，如果再算上"软"和"硬"这个对立，我们就发现，在不同语境中亚里士多德提出了不同类型的关联性：一方面，"硬"与"密"联系（如 Ph.217b 17）；而另一方面，它也与"干"相同（见 GC B 2 330a 8 ff.，在这一章中，亚里士多德将种种对立还原为"热"和"冷"或"干"和"湿"，同时，他也指出了这些对立项中存在的某些歧义）。通过其他段落（如 Ph.259a 6 ff.），也可以清楚，与毕达哥拉斯派一样，亚里士多德也认为"一"优越于"多"，"有限"优越于"无限"。

③ 例如 Metaph.1004b 27 ff.，1011b 18 f.，1055b 14。

理论，这样的假设在其中并没有发挥什么作用；本节，我们必须扩展我们的研究，去考察这些理论。当希腊思辨理论家试图认清整个人体或宇宙的组成元素、试图描述世界的形成、试图证明疾病的原因或提出治疗方案时，他们再一次提出了立足于一对或数对对立原则的学说。可以说，每个尝试处理这种问题的理论家面对的难题之一就是，如何尽可能将多元的现象还原为简单的原则；如果我们探询，为什么在这样的学说的不同语境里，对立面会一而再、再而三地被使用，那么我们能给出的一个明显的答案是：对立面提供了让其他事物与之关联的、简单明确的参照点。我们可以先稍微考察一下希腊作家们在宇宙论、物理学和生物学领域之外提出的众多二元分类中的某些例子，来看看它们体现出的这个参照点。亚里士多德在伦理学、政治学还有其他领域都使用了这样的分类，他提供了几个有趣的例子。在《政治学》中，他使用了不同的对政体的分类，但是，在其中一个分类里，他将一切政体都处理为要么是民主制的变体，要么是寡头制的变体。① 在 *Pol*.1290a 13 ff. 中，他指出，这基本上是流行的谈论政体的方式：他引用了两个与这种分类对应的例子，第一个就是通常划分风的方式，"北风"或"南风"（其他风相都被处理为这两种风的变异或变体）；另一个是划分音乐调式的方式，所有调式都在"多里斯"和"弗里吉亚"两个类别之下。② 在《修辞术》第二卷（chs.12-14）解释品性时，他又以相似的方式使用了一对对立范畴以及两个对立项之间的适度，他将品性划分为三组，"青年的"、"老年的"和"盛年的"。③

在宇宙论、物理学和生物学中，毫无疑问，对立原则的吸引力，也在于它们具有的抽象的清晰性和显而易见的无所不包的特点。比如，与试图划

---

① *Pol*. Δ-Z（"共和制"就是这两种政体的适度，1294a 30 ff.）。但是在其他地方，亚里士多德给出了六重的政体图式，三个是真正的政体（君主制、贵族制和"共和制"），三个是真正政体的"变体"（παρεκβάσεις）（僭主制、寡头制、民主制），如 *Pol*. Γ 7 和 *EN* 1160a 31 ff.。

② 之前，这个原则证明了寡头制和民主制是相反关系。亚里士多德表明，从相反的一方可以推导到另一方："在对立面之间进行推理，我们应该按照对立面民主制来计算并推导出每种寡头制"（*Pol*.1320 b 18 ff.）。

③ 他明确指出，老年的品性"大多数情况下，相反于"青年的品性（*Rh*.1389b 13 f.）。整个文本的目的是为演说家提供一些让他能影响听众情感的信息。

分政体的做法不同，当使用一组组对立是为了方便做出解释时，这些思辨理论却有意被视为对作用因的真正阐释。虽然使用一对或数对对立原则，其优点颇为明显，有利于清晰和简练，但是，我们要求的不仅是科学理论应该简单易懂，还在于，它应该得出一些能遵循实际检验的预测。所以，这会让我们针对种种希腊对立学说分别而且就其整体提出一系列问题：在何种程度上，它们的作者意识到了需要设计经验性的检验来确定或反驳自己的理论？他们事实上使用了什么方法来证实自己的学说？为了支持学说，他们举出的都是什么样的证据或论证？我们必须考察的，不仅是建设性地努力确立种种同属这一类型、但内容各异的理论的做法，还包括这些理论引发的来自希腊人自己的反驳性的批评。每一门关于某个特定论题的新理论都包含了对其他同类学说的含蓄的修正，但是，我们也发现了一些明确反驳前人观点的作家；这样的批评提供了有价值的证据，相关于一个普遍的问题：当不同的希腊理论家"解释"自然现象时，他们究竟想要从"解释"中获得什么，这个"什么"指的就是他们理解的、这样的理论所满足的标准。

　　种种立足于对立的理论，都提供了诸多例子，体现了早期希腊思辨思想中存在的教条性的倾向，这种倾向就是针对最普遍、复杂的问题建构各种简单、无所不包的学说。但是，从最早期开始，希腊思想中就明显存在着重要的怀疑和批评的张力。比如，虽然"预兆在右，就是好运；预兆在左，即为霉运"的迷信想法，在古希腊人中极为流行，但是，我们当然不应该认为，这种信念就从来没有被拒斥过。许多人类学家在描述他们从原始社会中得到的第一手经验材料时，都评述说：人们总是既对特定的巫术实践，又对传统的宗教信仰表达出深深的怀疑。[①] 而且当然，至少在荷马时代，这种怀疑态度就在古希腊人中屡见不鲜。《伊利亚特》（12 195 ff.）中有一段颇为著名，我在本书其他地方已经提过，[②] 其中体现了人们对传统信仰的不同态度。当鹰出现在特洛伊人左边时，波吕达马斯(Polydamas) 自然把它解释为恶兆。[③]

---

① 如见 Evans-Pritchard，*1*，p.193：" 需要注意的是，对巫医的怀疑并没有在社会中受到压制。由于缺乏正式的、有说服力的学说，阿赞德人（Azande）就可以指出，许多甚至大多数巫医都是骗子。" 也参见 pp.427，466 和 475 ff.。

② 见本书第 47 页。——中译注

③ 关于波吕达马斯解释这一预兆时涉及的" 类比" 因素，见下，p.182。

但赫克托耳却反对这个意思，他宣称，他毫不关心"预兆之鸟向右飞，向黎明和太阳，还是向左飞，向有雾的西方"（238 ff.）。当然，尽管赫克托耳并没有**审视**"右和左分别为好运和霉运"的看法，但是，他却一概加以**拒斥**。我们可以猜测，在这样的语境中，信仰者和怀疑者各自的看法通常都会陷入僵局。如果事件的结果恰好证实了之前做出的预测，那么怀疑者就会说，这完全是巧合。相反，当事件证实预言者是错误时，他也许仍然会声称，出毛病的不是解释方法，而仅仅是他在特殊例子中对这一方法的运用。

当我们转向哲学时，我们处理的，并不是宗教信仰，而是种种宣称可以解释某些现象的科学理论；我们有大量证据可以表明，存在着一些争论，围绕着某些我们之前一直考察的、立足于对立的学说，尽管我们还发现了几个例子，其作者虽然也拒斥某个特殊的学说，但目的却仅仅是为了提出另一套其模式大体相同的学说。尤为引人注意的，是各种立足于"热、冷、干、湿"的理论所激起的批评。按照普鲁塔克的记录（*de prim.frig.*7，947 f-948 a，DK 13 B 1），似乎很可能早在阿那克西美尼那里，"热和冷的本性"就受到了质疑。阿那克西美尼主张，冷和热分别等同于密和疏，为了支持这一看法，他提出，抿着嘴呼气和张大口呼气，会让呼吸的温度产生明显的差异。阿那克西美尼的方法，以及他提到的简单的试验，都值得关注，尽管他批评的结果无非是将一对对立（热/冷）又还原为了另一对对立（疏/密），并声称后者高于前者。不过，对"热、冷、干、湿"理论——至少是在用于医学时——的更具毁灭性的攻击，却出自《论古代医学》；其攻击采取的形式，以及其作者提出的另一套可以替换的理论所具有的本性，都值得我们细细考察。《论古代医学》的作者分别从一般和具体两个角度对他攻击的理论进行了批评。首先，在 ch.1，*CMG* 1，1 36 15 ff.，他反对说，医学无需"假设"，"诸如那些任何人试图谈论的模糊不定的主题，才不得不需要使用假设，比如，天上的物体，或地下的物体：因为，如果有人谈论和宣讲这些东西的本性，那么很清楚，对于谈论者或听众来说，无所谓真假，毕竟，用以获得明晰知识的标准，并不存在"。这一段提到了几个尤为重要的方法论上的要点。尤其是"医学应该放弃'假设'，即随意的设想或公设"这个看法。而且，这一段也近乎于表明：一般情况下，物理学理论必须可以证实（至少按照这位作者的对"可证实性"的标准），因为其中蕴含了如下观点：凡没有可行标准用以判断理论真假的地方，理论就没有价值。

另外，对医学理论中"热、冷、干、湿"的使用，这位作者也做出了一些具体的批评。在 chs.13 ff. 中，他攻击了"这四个对立面的任意一个可以成功作为治疗手段治愈疾病"的看法。他先设想了一个情况：饮食从生食变到熟食之后，病情得以痊愈；然后问道："对于这样的情况，我们应该说什么呢？是说，病人之前承受着寒冷，恰恰是摄取热食才得治愈？还是相反？依我之见，这个问题为我的对手带来了严重的困难。因为，当面包准备好之后，从小麦中分离出的，是热物，还是冷物，是干物，还是湿物呢？"(ch.13，*CMG* 1，1 44 25 ff.) 这些批评清楚表明了那些试图将"热、冷、干、湿"理论用于具体问题的人所面临的某些困难。但是，当我们转而考察这位作者自己的理论时，我们会发现，很明显，他也没有达到他本人提出的将一切随意假设从医学研究中排除出去的理想。诚然，他的生理学理论十分复杂：他承认在人体内，存在着诸多不同类型的、具有各种"力量"的东西（ch.14），而且，他在陈述理论时并没有按照"热和冷"这样的简单的自然对立，而是按照"咸、苦、甜、酸、涩、淡等等"味道。但是，将这些等同于身体之组合物的学说，却跟这位作者本人实际上反对的对手大体一样，都明显容易遭到反驳。再有，在他的病理学理论中，他认识到了疾病的复杂性，也许更重要的是，他强调：医学中很少能获得精确性。[①] 不过，比如，他又指出，疾病源自"饱满"和"消耗"（chs.9 f.），这种理论比他批评的理论还要笼统，我们可以斗胆认为，将这些含混的观念用于诊断和治疗中的具体问题的做法，比起"热、冷、干、湿"的理论来说，同样随意，同样模糊不明。

在针对立足于对立的特殊学说的批评中，有一些毫无疑问具有反驳力，但是，在某些情况下，反对这种理论的作家，却是为了提出另一种采取相似形式而且也容易受到相似的反对的学说。但是现在，我们必须细细考察各种类型的用来支持或反驳立足于对立原则之不同理论的证据。首先，我们应该注意，至少在某个阶段中，有一些理论家认为可以使用"实际的或设想的"词源学理论来支持他们的自然学说。比如曾经出现过的一场针对热和冷这个主题的争论，它一直持续到公元前 5 世纪后半叶，亚里士多德在 *PA* 648a 24

①　Ch.9，*CMG* 1，1 41 20 ff.，参见 ch.12，43 27 ff.。

ff.中有所提及，与身体的体液有关。通常的观点①是，粘液是冷的，胆汁和血是热的，但比如斐洛拉奥斯（Philolaus），他认为，粘液是热的；而按照"伦敦佚名者抄本"（XVIII 41 ff.）中的记录，他提出粘液（φλέγμα）在词源上来自 φλέγειν，"燃烧"。此外，在 *de An.*405b 26 ff. 中，亚里士多德记录说，有些人主张，灵魂是热的，理由是，ζῆν，"活"，源自，ζεῖν，"煮沸"；而其他人则认为，灵魂是冷的，理由是，ψυχή，"灵魂"和 κατάψυξις，"冷却"的联系。

可以肯定，包含对立的理论在更多的情况中往往由更可靠的证据来支持，即使那证据通常没有说服力。值得注意的是，"月经"这一事实，会被"巴门尼德那样的认为'女人比男人更热'的人"和"《论养生》I 的作者之类的持相反观点的人"同时用作证据（但阐释方式不同）。② 但是当然，月经这一事实并不能让我们知道男女的**相对**温度。另外，那些认为水生动物为冷（例如鱼，接触起来是冷的）的人，与恩培多克勒之类的认为水生动物为热并主张它们环境的冷中和它们身体条件之热的人，也都使用了相同的证据。③ 但是，在某些地方，用来支持立足于对立原则的理论的证据，却更为详尽，更为全面。有几个理论关涉的，是希腊科学家在公元前 4 世纪末以前为之做出大量研究的论题（尤其在生物学），即使这些理论对收集的证据的阐释有时颇为随意。当然，我们不应该看轻这些理论家，尤其是亚里士多德在自然科学中达到的研究水平，但是，我已经指出，当他的观察结果明显与他的先入之见相违背时（如，我们所见，心脏向身体左边倾斜），④ 他并不愿意放弃自己的意见。而在《论动物行进》（*On the Progression of Animals*）中，可以举出一个更深刻的例子，它表明了亚里士多德在生物学中有时会选择性地使用证据。这部短篇论著包含了许多针对动物运动方式的有趣、详尽的观察。但是，在 *IA* 705b 29 ff.，亚里士多德试图证明，一切运动都从右开始。他为这个观点提出的主要证据是：（1）人用左肩扛重物；（2）人迈步先

① 如 *Morb.*I ch.24（L VI 188 19 ff.）。参见 *Nat.Hom.*ch.7（L VI 46 9 ff.），那里提到了一个简洁的图式，其中，粘液是冷和湿的，血是热和湿的，胆汁是热和干的，黑胆汁是冷和干的。

② 见前，p.58。

③ Arist.*Resp.*477a 32 ff.；*PA* 648a 25 ff.。

④ 见前，pp.53 f.。

踏左脚——按照亚里士多德的看法，在这两种情况中，右都是发起运动的一边——（3）人用右边肢体自我防卫。① 但是，关于（2），我们可以说，在其他地方（*IA* 712a 25 ff.），亚里士多德指出，马用右前腿（off fore）迈步；既然原理是，发起运动的那一边是保持不动的一边，那么这表明了，至少对于马来说，左边才是"运动始因"（ἀρχὴ κινήσεως）。另外，还是按照这一原理，即"发起运动的一边是保持不动的一边"，那么吊诡的是，他举出的（3）"人用右边肢体自我防卫"的证据，却反而证明的是，右边才是"运动始因"。 **73**

　　目前为止，我专门考察的证据，都是没有借助谨慎的实验来获得的。下面，我们必须转向我们现存文本中的这样几段文字，从中可以看出，一些希腊理论家已经认识到，有可能通过简单的试验和实验来研究他们自己的一些立足于对立原则的学说。虽然缺乏实验往往被视为古代科学的主要缺陷，然而，无可辩驳的是，为了支持或反驳某些理论而实行简单的试验，这种做法出现在大量公元前5—前4世纪的作家中，即使他们对这种试验的操作通常并不严谨。比如，在 *GA* 765a 21 ff. 中，亚里士多德首先提到了一套论证，某些理论家试图用它来支持"胚胎性别由男性种子分泌于右侧或左侧睾丸来决定"的学说。莱奥芬尼（Leophanes）被认为是明显主张"男性交配时，如果某一边睾丸结扎住，他们就会生育出特定性别后代"的理论家之一。再下面，亚里士多德说，"有些人认为，某一边睾丸被切除的雄性动物，也同样如此。但是，此言不确，他们只是从可能的事情出发来猜测将会出现的事情；在还没有看到事实之前，他们就假设情况如此"。很清楚，这些理论家在**思想**上，当然都想让他们的学说接受可能的决定性试验：但是，他们明显假设了这种试验的结果就会是预定的结论，他们并没有进行实际操作。但是在其他地方，在做出驳论时，简单的试验还是得以进行，而且进行得很成功；这一点，比如，从亚里士多德本人对"男女胎儿孕育在子宫不同部位"这一学说的研究中，我们就能看到。在考察这一学说时，他引用了来自身体解剖学的决定性证据。如他在 *GA* 764a 33 ff. 中所言，"一雄一雌的双胞胎通常存在于子宫相同的部位：我们通过解剖所有胎生动物——陆生动物和鱼 **74**

----

① 亚里士多德也注意到（*IA* 705b 33），用左腿跳跃更容易，而在其他地方（*PA* 671b 32 ff.），他甚至说，人更频繁地扬起右眉，而不是左眉。

类——充分观察到了这一点"。①

提出"性别取决于男性种子出自哪边睾丸，或，取决于胚胎孕育时所处的子宫的侧位"的种种理论，都可以很容易地由活体解剖和死体解剖带来的决定性证据来判断。但是，毫无疑问的一个事实却是，我们在早期希腊思辨思想中发现的更多的立足于对立的理论，都相关于诸如"人或宇宙整体的组成元素"之类的普遍的物理学或生物学问题，而对于希腊人提出的这样的学说，很难或大多数情况下不可能设计出关键性实验来加以证实或反驳。尽管如此，我们仍然发现了几个作者，他们试图通过经验性方法来建立与这些问题以及类似的普遍论题有关的图式性理论。比如，《论人体本性》就断言，身体的组成物质是四种体液：血液、胆汁、黑胆汁和粘液（尽管这四种体液依次按照热、冷、湿、干来分析），②而《论人体本性》也主张，这四种体液在人体内依次按照春夏秋冬四季分别居于主导地位。在许多将种种对立整合入一个简洁、抽象之图式的理论家中，这种理论颇为典型。不过，当这位作者试图设计可以实际操作、（他希望）会证实其普遍学说的试验时，他却展现了一定程度的独创性。比如在 ch.5，他使用了一系列药物试验，来证实，四种体液的每一种都是身体内独立、天生的物质："如果你给一个人服用可以排出粘液的药，那么他就会呕吐出粘液"，胆汁和黑胆汁的情况相似，但血液的流出，当然是在人受伤之时（L VI 42 10 ff.）；他还补充说，这些结果，无论昼夜何时，无论何季，都总是会发生。接着，在 ch.7（50 9 ff.）中，他说，体内的体液随着季节变化的"最清楚的证据"（μαρτύριον σαφέστατον）就是，"如果你给同一个人在一年内服用同样的药物四次，那么，他的呕吐，在冬天最具粘液性，在春天最具液体性，在夏季最具胆汁性，在秋季是最黑的"。看起来，任何一种这样的实验都不可能精确地实现他所描述的结果：**假如**他进行这个试验，那么他的观察似乎流于表面，而且他当然将自己的

---

① 也见 GA 765a 16 ff. 和 HA 565b 13 ff.。

② 为了支持按照热、冷、湿、干四种对立面对四种体液的分析，这位作者使用了触觉提供的证据，如，ch.7, L VI 46 11 ff.（也见 ch.5, 42 3 ff.）。但是，虽然尤为明显的是，比如粘液，接触起来有冷感，但这位作者就想当然地认为，这就是粘液的本性或性质（它的 φύσις）。不过，值得注意的是，即使他没有手段精确地测量温度，但他确实使用了其所掌握的标准，也是唯一的标准，触觉。

结果图式化和简单化了；或许，他也不可能完全进行这个试验，尽管 chs.6 和 7 中对给人服药之后的结果的某些详细描述似乎来自作者的个人经验。但是，我们也应该注意到，**即使这些试验产生了他描述的结果**，它们也不会证明他试图要证明的内容。问题的关键在于，他想当然地假设了，在一个人的呕吐中他观察到的体液，或者说，他自认为观察到的体液，都是身体的天生的组成物质。他的方法是例证性的，因为他为了证实自己的学说而试图提出实际性的试验。他对于那些试验的操作（假设他至少实行了某些他描述的试验），显然都是随意的，按照我们的标准是这样，或许按照他那个时代的标准，也同样如此。但是，我们同时也应该认识到，他在解决的问题——身体的元素性组成物质的问题——是这样一种在没有现代化学分析法之时只能在研究中取得有限成功的问题。

《论人体本性》并不是唯一为了证实那些将对立纳入精制图式的普遍的物理学或生理学理论而试图设计实际性试验的作品。比如，《论血肉》（*On Fleshes*），也提出了四元素理论，四元素之一被等同于"热物"，其他三种与热、冷、湿、干以及其他对立面联系（ch.2，L VIII 584 9 ff.），但独特之处在于，它还解释了身体不同部分的形成，在形成中，"粘性部分"和"脂肪部分"起到了主要作用；前者与"冷物"（和脑部）相联系，后者与"热物"（ch.4，588 14 ff.）相联系。针对身体中这两种物质的区分，他提出了一个简单的试验作为"明确的证据"（τεκμήρια...σαφέα）。他指出，如果任何人烹煮身体的不同部分，他会发现，"粘性部分"和"肌肉部分"并不容易烹煮，而"脂肪部分"却很容易（ch.4，590 1 ff.）。

不过，能够体现"与图式性普遍对立理论有关的经验性研究之运用"的最令人感兴趣、最充分的证据，出自《天象论》（*Meteorologica*）第 4 卷。这部作品（其真实性有时受到怀疑，但公认的是，即便它不是出自亚里士多德之手，也是来自与之交往密切的同道圈）[①]，在现存希腊文献中，包含了第一份对种类广泛的自然物质之物理特性及其对某些简单试验之反应的详尽的描述与分析。比如，我们知道，哪种物质有柔性，哪种可塑，哪种易裂，等

---

① 《天象论》第 4 卷的真实性受到质疑，如 Hammer-Jensen（pp.113 ff.）和 Gottschalk（pp.67 ff.），虽然其他学者主张，没有充分理由不认可这一整卷，或其主体，是亚里士多德的作品；尤见 Düring，pp.17 ff.，Lee，*2*，第 1 版，pp.xiii ff.，以及第 2 版"序言"，p.vii。

等。各种物质对火、对水的反应，种种类型的液体的加热、煮沸、溶解，也都被记录在案。许多记录下的观察，毫无疑问，都是常识。有些更专业的知识来自于对当时工艺过程的熟知，比如炼铁。[①] 但是，这位作者的有些知识似乎出自谨慎的研究（无论作家本人是否为原始的研究操作者）。比如，他说，盐和苏打可以溶解于某些液体（比如水），而不会溶解于另一些液体（他专门举了橄榄油）（Mete.383b 13 ff.）。在那些他认为遇冷会冻结凝固的物质中，不仅有尿、醋、乳清、κονία（"碱液"，用来洗涤的碱性溶液），还有，ἰχώρ（"血清"，389a 9 ff.）；他还按照可燃性和易冻性区分了不同类型的酒（387b 9 ff.，388a 33 ff.）。鉴于这部作品的写作时代，其所包含的种种观察的广度，令人印象深刻。不过，种种现象在阐释时，从头至尾都遵循了四元素说，每个元素不是热就是冷，不是干就是湿。比如 384a 20 ff. 中提到，当无花果汁在乳液中起作用时，乳液的凝结被描述为"土质部分"（τὸ γεῶδες）的离析。大多数复合物都被认为由土和水组成，并且按照是土、还是水在它们之中发挥主导作用来分类；那些遇冷凝固、遇火融化的东西，被认为含有更高比例的水，而那些遇火固化的东西，被认为含有更高比例的土。但是，这种一般分类，也有例外，比如橄榄油，它遇冷不会凝固，遇火也不会固化；这位作者还完全认为 πνεῦμα（"气"）也是元素之一。[②] 按照《论人体本性》、《论血肉》，还有《天象论》第 4 卷的描述，它们对于普遍的对立理论，都施行了简单的试验，但是，这些试验都没有说服力。它们揭示了某些与种种物质的特性和反应有关的事实，但它们当然没有证实，也没有证伪那种"四种简单物质"的学说和"热、冷、湿、干四种元素性对立面"的学说。

　　不同科学研究领域中提出的种种立足于对立的理论，都使用了不同类型的证据，我要试图概括一下与这些证据有关的结论。首先，毋庸置疑，许多希腊研究者都认识到了谨慎的观察和研究具有的价值。即使实际引用的许多与对立理论有关的证据（至少）都没有说服力，或者，与计划要建立的理论的确毫不相干。其次，希腊人非凡的独创性，有时却会体现在"让证据适合理论"，或"当证据与先入之见矛盾时，解释证据使之适合"上。

① 见 *Mete*.383a 32 ff.（以及李（Lee）的有用的注释，2, pp.324-9），参见 383a 24 ff.，论陶器的制作；383b 7 ff.，论石磨的制作。

② *Mete*.383b 20 ff.，参见 *GA* 735a 29 ff.，论精液。

但是，在某些值得注意的地方，观察和实验的使用却有助于修正或反驳某些立足于对立的理论。"男热女冷"的学说就符合许多希腊人对这两对对立持有的先入之见，但是，巴门尼德等人却提出，女人是更热的性别；看起来，他们是让这一结论立足于经验因素，从女性来月经这一事实推出了结论。又如，尤其是亚里士多德，他反驳了大量前人的理论，其中就有我们前面提到的"男女胎儿孕育在子宫不同部位"的看法。这就是使用经验性方法得出**决定性**结果的例子。但是，更频繁出现的情况是，种种为了证实或反驳对立理论所进行的试验，却并没有达到预期的目的。而关于"人或宇宙整体的组成元素的本性"之类的问题，种种提出的理论，通常的确都在形式上颇为含混、并不精确，以至于，它们不能通过简单的实验来证伪。① 即使针对这样的理论，初步的试验得以实施——它们有时确实得以实施——但它们得出的证据，却价值寥寥，或根本毫无价值，没法用来证实或推翻该理论。比如《论人体本性》的作者针对自己的"身体组成物质"的理论提出的一系列药物试验。不过，如果我们设身处地地站在早期希腊科学家的位置上去询问他们怎样有可能从经验上着手研究这一问题，那么我们也很难说明，他们应该如何进展下去；因为，并不存在一种一劳永逸、简单而又清楚的试验，让他们能够操作，以能澄清，比如，身体中有机物和无机物的基本区别。我们可以因为他们操作过或号称操作过的许多实验缺乏精确性来批评他们。然而，当我们断定他们没能充分利用实验程序时，我们既不应该忘记，他们试图研究的许多问题都具有复杂性，也不应该忘记，可供他们使用的研究手段极为有限。其实很明显，众多希腊理论家都想让自己的学说接受经验方法的检验；《论古代医学》的作者就批评了那些总体上以随意假设为基础的理论，他表明，凡不存在判断理论真假之标准的地方，推测就是毫无意义。但是，如果这部论著包含了某些有趣、重要的方法论建议，那么，在这个方面，它恰恰就建立了一种理想，对于任何试图解决"生物元素组成或自然物质组成的本性"之类的普遍问题或类似的棘手问题的理论家来说，这种理想是难以达到的。

79

---

① 原子主义者的理论，或柏拉图的"由基本三角形构成的四种第一物质之组成"的学说（*Ti*.53c ff.）当然都是如此，另外，还有亚里士多德的立足于热、冷、干、湿的理论。

80   有许多因素似乎造成了立足于对立的理论在科技发展的不同阶段里、在如此之多的社会中甚为流行，引人注意。首先是这样一个事实：许多突出的自然现象都呈现出某种二元性：昼夜交替；太阳从天空的一个方位升起，又从另一个方位落下；大多数气候中，都有明显的四季反差（夏与冬，或旱季和雨季）；许多动物都有雄性和雌性的区别，它们身体两边的对称，也非常明显。其次，自然的二元性通常还获得了一种附加的意义，成为基本的宗教性或精神性范畴的象征显现：将种种现象划分为对立群的做法，也许反映了一套表达社会各种理想并用来规范整个社会的宗教信仰体系，而且这种做法本身也许还是这一体系的重要组成部分。再者，第三个因素也必须加以考虑：无论对立项是否分为"肯定性"和"否定性"两极，对立面均提供了一套"指涉框架"，借此，一切种类的复杂现象都可以描述或分类。对偶是任何分类中的元素；可以说，对偶的首要形式就是**两个群**的划分——这样，同理，分类的**极简**形式就是二元形式。

通过考察早期希腊思辨思想中的、各种系列的、立足于对立的学说，我们首先发现，大量这样的理论都受到了与各种对立的价值有关的、原始的前哲学信仰的影响。的确，似乎有可能的是，正是哲学家本人，首先阐述了某些为那些信仰明确奠基的假设，并将这样的对立的运用在无所不包的图式中加以系统化。但是，无论对立项是否具有象征联系，这种理论具有的一个明显的优势和吸引人之处就在于它们具有的抽象的明晰性和简单性。将实在
81 世界简化、在经验的无序中发现秩序，这样的做法在对外部世界的非科学和科学的描述中，都显而易见。毕竟，科学家寻求的就是通过最少量的假说来解释最大量的现象，虽然他们评价理论时，当然不仅根据其简单性，主要还是依据其用途、依据它得出可检验之预测的能力。虽然我们考察过的希腊对立理论中，很少有能符合这种"用途"标准的理论，但是它们并非全都是牵强附会的，也并非全都是含混肤浅的。就算是在本书考察的希腊思辨思想早期时代，物理学和宇宙论理论，随着时间的推移，也呈现出了将会建立成功，并更为精细地用于具体现象的倾向。一方面，在"意见之路"的 Fr.11 中，巴门尼德承诺去解释种种事物，包括大地、太阳和月亮，是如何生成的，不过，即使该诗的这一卷大部分散佚，但他也似乎不太可能详尽地揭示，或试图揭示不同的自然事物如何源自"光"和"夜"这两个第一实体：他的理论

不可能比那些认为万物源于"天"和"地"的前哲学神话更为精确。同样，生物在某种程度上都是"土和水"的观念，也毫无疑问是古老的信仰；当色诺芬尼（Xenophanes）说，"生成并生长的万物皆为土和水"（Fr.29）时，他似乎不可能构想出精确或详细的物理学理论。但另一方面，那种将"热、冷、干、湿"视为事物组成元素的理论，却首先明显而且直接可用于实在世界，因为任何自然事物都被视为，要么是"热"，要么是"冷"，要么是"干"，要么是"湿"，① 而比如亚里士多德，他也试图按照这四种简单物质和这四种第一对立面来详尽地分析各种复合实体。再有，密化（densation）和疏化（rarefaction），也是具有描述性的一般因素，它们广泛用于种种自然变化（即使古人引用的某些例子表明了他们的理论有点异想天开），② 我们还可以认为，恩培多克勒的"爱"和"斗争"的学说也是如此，这两者统一和分离了四"根"。这样的理论，也许不是能够产生预测并在经验上可以检验的假说，但是，它们并不同于大多数神话，因为它们并没有涉及人化的、人形的神明，此外，它们是立足于明显的经验事实的一般原理，而且能够广泛、精细地用来描述观察到的现象。

82

再有，如果大多数希腊对立理论在阐述时颇为教条，那么，它们通常都是引起重大争议的议题，一方为之辩护，一方攻击，既借助抽象论证，又诉诸经验证据。至少有些理论家意识到，他们需要通过实际试验来证实自己的学说；《论古代医学》就恰恰表达了将不可证实的假设清除出自然科学的理想，其中尤其还联系了热、冷、干、湿的学说。但是，与此同时，早期希

83

---

① 希腊人并不倾向于将"热"和"冷"视为单一温度范围中相对的状态，相反，他们认为这两者是分离的和不同的物质（比如阿那克萨戈拉 Fr.8 中，我们就看到，他明确主张，"靠斧子劈不开""热"和"冷"），这种倾向，毋庸置疑，受到了"定冠词加形容词中性作为实体性名词"这种日常用法的推动。也应该注意的是，希腊语的 ξηρόν——译为"干"——它用来指我们所谓的固体；ὑγρόν（湿）兼指液体和气体。

② 通常举出的用来例示这两类变化的例子，比如，水蒸发为 ἀήρ（"气—雾"）；ἀήρ 又凝结（condesation）为水。但是，频繁出现的所谓的"土"凝结于水 [提到这一学说的文本有，Melissus, Fr.8（3）；Anaxagoras, Fr.16；Plato, Ti.49bc；参见 Simplicius, in Ph.24 29 ff.；Hippolytus, Haer.1 7 3；DK 13 A 5 和 7，论阿那克西美尼的理论] 的说法就不太可信了：除了水冻结为冰之外，有些作者还想到了"海水蒸发，留下盐迹"或河口淤积的现象。反过来，"土凝结为石"的想法，则是直觉做出的猜测，它并没有立足于任何我们实际观察到的、生发出来的变化。

腊科学对实验的实际运用却仅仅取得了有限的成功，一部分原因在于，希腊理论家没能充分、仔细地让实验进行下去；但另一部分原因却是，那些解释希腊人试图研究的物理学、生物学、宇宙论的复杂而普遍的问题的试验，设计起来都极为困难。并不令人惊讶的是，对于"自然事物的终极组成"之类的问题，在与之有关的争论中，"抽象的论证"基本上比"诉诸实际试验"的做法要出现得更多。通过我们考察过的、与立足于对立的学说有关的证据来判断，理论家们很少注意到"可证实性"的标准，他们关注的都是理论的"抽象的明晰性、简单性和全面性"之类的因素。《论古代医学》的作者面临的窘境，特别具有启发性，因为，尽管他在第一章提出了方法论建议，但是，他自己的生理学、病理学学说，较之他攻击的、本身建立于某些随意假设的理论，仅仅是略微少了一些图式性罢了。有时候，希腊人在建构自己的理论时，还自觉地使用了我们应称之为**"简单性"**标准的东西，这一点，可以从亚里士多德在 GC B 2 中建立的"热、冷、干、湿"学说来看出。在那里，他考察了**最少量**的原则，它们是解释一切有形对立的必要条件。最后，在结束自己的讨论时（GC 330a 24 ff.），他说："很明显，其他所有差别都**简化**（ἀνάγονται）为这四种：这四种不可能再简化到数量更少了（αὗται δὲ οὐκέτι εἰς ἐλάττους）。"

希腊人提出的立足于对立原则的理论，其所相关的诸多问题，并非一开始就得到了满意的解决，这要等到 18 世纪化学发展之后才行；而有些问题，还要等到 20 世纪生物化学发展以后方能解决。最后有一点必须一提，它并非题外之言：我们一直在考察的种种一般类型的理论，它们在希腊—罗马时期之后，仍然长时间地在思辨思想中发挥了重要的作用。在炼金术文献中，[1] 我们就见到了以"硫和汞"这两个元素为基础的理论，它们公认是一组对立：硫是可燃之灵；汞是可熔之灵。[2] 在炼金术作品中，它们通常等同于雄性元素和雌性元素，还秘密地冠以太阳（Sol）和月亮（Luna）、王和后、奥西里斯（Osiris）和伊西丝（Isis）等称号。[3] 硫-汞理论的蓬勃发展，是在

---

[1] 尤见 Read，1 和 2（前者更充分地解释了炼金术时代）以及 Hopkins。

[2] 有些理论家，尤其是帕拉塞尔苏斯（Paracelsus），引入了盐作为这两个对立面的中介（如见，Read，1，pp.27 f.）。

[3] 这套理论通常被认为来自贾伯尔（Geber）（或 Jabir）的伊斯兰学派，但是 Hopkins（pp.84

16 世纪；而在更晚出的宇宙论作家中，其他立足于对立的空想理论仍然纷纷出现。在 17 世纪，比如托马斯·弗拉德（Thomas Fludd）就提出了一套详尽的对立图式：在宇宙论上，热、动、光、膨胀、稀薄（Attenuation）放在一起，它们对立于冷、惰、暗、收缩、浓厚（Inspissation）；在人这个微观世界中，父亲、心、右眼、生命之血放在一起，它们对立于母亲、子宫、左眼和粘液。[①] 这一图式具有的持久的吸引力显而易见。但是，当里德（Read）评论立足于对立的学说一再出现于化学理论的历史中时，他似乎过于强调了这些理论的相似性，而忽视或低估了它们之间重要的差别："太阳神和月神；阳和阴；阳性和阴性；硫和汞；正和反；质子和电子；的确，可以认为，化学理论，变化越大，它就越是保持同一。"[②] 虽然上述学说中的每一个（当然还有其他诸多这样的学说）都有一个共同点，即，试图将杂多现象简化为一对对立原则，但是，它们之间还具有着重要的，甚至根本性的差别，这些差别体现于：（1）这些理论如何应用于现象，或被认为如何应用于现象；（2）它们的作者如何有可能试图着手证实或证明它们；（3）倘若这些差异没有被注意到，那么，基于相似性的、对它们的类比，就会让人误入歧途。我希望我已经指明了希腊思辨思想中的种种对立理论所具有的普遍特点和反复出现的主题，也指明了让这些理论彼此区别的一些特征，尤其是这些理论在制定上的细节，以及用来支持它们的方法。比如，尽管在重要的方面，亚里士多德对对立的使用相似于前人的观念，甚至受其影响，但是，他的热、冷、干、湿的物理学说，也许而且应该不仅区别于现代科学方法的假说，**同时还**区别于前哲学神话和早期哲学宇宙论中常见的含混的解释：即使亚里士多德的学说不能视为提供了在实验上可以检验的预测，但是，它仍然远远不同于"认为万物源于天地"的神话，也不同于那些普遍处理整个实在世界的、象征性的二元分类。

85

---

ff., 115 ff.) 追溯到更早的亚历山大里亚学派。Read（1，pp.18 和 20 f.）也指出，这种理论中的有些内容，出自亚里士多德的湿干"蒸腾"的学说。

① 见 Pagel，pp.271 ff.。

② Read，1，p.21。（应该指出，里德之所以提到"质子和电子"，因为他这部作品写于 1936 年）

第二章
对不同对立模式的分析

导　论

　　早期希腊哲学家和医学作家在试图解释自然现象时提出的诸多理论，都以对立面为基础；在这方面，我已经指出，这种理论具有的一个普遍的值得关注之处，显然就是，对立面可以提供简单而又明显全面的框架，通过它，其他事物可以被描述或划分。接下来我想讨论的主题，相关于"逻辑性"发展，即，与对立本身（opposites qua opposites）之本性有关的思想是如何进化的；尤其是，不同对立模式的差别是如何逐渐廓清、逐渐被分析出来的。

　　英语"对立面"（oppcsite）和"对立"（opposition）这两个词，与希腊文的ἀντικείμενον和ἀντικεῖσθαι一样，都用来表示诸多类型各异的关系。首先来看一看各种成对"命题"之间的关系。按照出自亚里士多德的传统图表，① 我们可以区分矛盾（contradictories），相反（contraries，反对）和下相反（sub-contraries，下反对）。（1）"所有A是B"和"有些A不是B"，它们是矛盾关系（"有些A是B"和"没有A是B"的关系也是如此）：两个命题中，凡有一个必定为真，另一个不为真，必定为假。（2）"所有A是B"

---

① 详见下，p.164。

和"没有 A 是 B"是反对关系：如果一个命题为真，那么，另一个为假；但是，如果一个命题已知为假，那么，不能得出另一个命题为真 [因为也许还有两个命题都不为真的情况，也就是说，有些 A（并非所有 A）是 B]。（3）"有些 A 是 B"和"有些 A 不是 B"，是下相反关系：如果一个命题为真，那么不能得出，另一个命题为假（因为两者也许都为真）；但是，如果一个命题已知为假，我们可以推出，另一个为真。① 这一点上，最重要的区分就是"矛盾"和"反对（相反）"（1 和 2）的区别：如果两个命题是矛盾的，那么，当一个得到证明时，就可以充分地反驳另一个；但是，如果两个命题是反对的（不相容，但并不矛盾），那么，如果想要反驳一个，来证明另一个，这就不够充分了（因为也许，这两个都不为真）。

　　但是，opposition 这个概念，并不仅仅可以用来指"成对的命题"之间的某些关系。"opposite"和"opposition"在使用时，当然更频繁地与"成对的词项"相关。在这方面，某些重要的区别还是需要再次指出。可以考虑一下黑和白、奇和偶这两对词项，以它们为例。第一对词项允许中项（灰，还有其他颜色），但是第二对词项并不允许。并非所有的颜色，非黑即白，但是，所有整数，非奇即偶。不过，反过来说，奇和偶又区别于"奇"和"非奇"，后者是一对彼此相对的谓词，分别为肯定和否定，也就是一对矛盾。非奇即偶的情况，适用于某个特殊种类的事物（整数）的所有成员，但不适用于其他事物；对于任何给定的主词，我们必定要么肯定、要么否定任何给定的谓词。也就是说，比如，我们必定**要么**断定，是奇数；**要么**断定，是偶数。也应该指出的是，一对相反者（反对者）的成员，是在某些条件下，可以都谓述相同的主词并且为真，在某些条件下不可以如此。相反者不可以**同时**、在相同的**方面**、在同样的**关系中**谓述相同的主词并且为真，而且，补充这些限定条件，可以有助于避免混乱：考虑一下这个例子，琼斯可以相对于史密斯谓述为"高"，可以相对于罗宾逊谓述为"矮"，等等。奇和偶、黑和白、高和矮全都是成对的相反者。而直和曲、动和静、健康和生病，也都是如此，尽管其中，一个词项是相关于另一词项而被限定；而这两词项又处于

87

88

---

① 下相反关系不能同假，所以一个为假，另一个为真，但这与矛盾关系的一个为真，另一个必为假不同。——中译注

一与多的关系中（如既定两点间只有一条"直"线，但它们可以通过数量无限的、所谓的"曲"的方式连接在一起）。然而，在更一般的意义上，我们也用"opposite"这样的概念去描述任意一种我们会将之理解或设想为"相对或对偶"（contrast or antithesis）的成对的词项。尽管实体这一范畴中并没有严格意义上的相反者，例如，两个实体可以按照它们各自拥有的对立的性质被视为彼此对立。如日和月，它们并不相反，而是这样成为对立：对立的方面，即一个是我们白昼的主要光源，另一个是我们夜间的主要光源。与之相似，天与地也可以被这样视为对立者，因为，从一个站在地上的人的角度来看，天在上，地在下。我们应该指出，在这一点上，虽然一个性质只有一个真的反面（contrary），但实体可以拥有的对立项却不止一个，因为，它可以在不同的方面与若干其他对象相对：如王，它与王后对立（正如男与女），也与臣民对立（如统治者和被统治者）。

我上面描述的种种差别，其重要性，当然早已被亚里士多德认识到。诚然，正是亚里士多德第一次全面分析了不同对立模式的逻辑内涵。但是，这引出了一个问题：早期作家是如何使用对立的，尤其是在做出推论，或证成和反驳论点时。在何种程度上能看出，早期希腊哲学家意识到了在不同类型的对立或对立陈述之间存在着的差别，或者，这些差别在何种程度上被忽视了？

首先，我们应该再次提及人类学家记录的、在当今不同社会中存在的、对现象的全面的二元分类，因为在这些划分中，包含在唯一一个图式之内的、种种不同的成对的对立组，其彼此之间的关系，通常迥然各异。这样的划分中，有一个例子，我之前提到过（第32页），它来自东提姆比拉部落。尼姆恩达久为了说明该部落将自然万物分为两组，他举出了种种对立，其中有东与西，昼与夜，旱季与雨季。但是，除了这些相反者之外，还有**日**和**月**，它们的彼此对立也许是在我们刚刚说过的那种意义上的，如一个是"白昼时的主要光源"，一个是"夜间的主要光源"；**火**与**柴**，它们是"主动因"与"被动者"的关系；**土**与**水**，它们的彼此相对，也许主要在于固体与液体之别。这种分类还可以扩展到其他现象，它所立足的原则大体上显而易见。第一，一种事物之所以包含在某个组中，是因为，它与该组成员具有相似性。如，按照尼姆恩达久的介绍，各种黑色的或体现出明显黑色特征的动物，它们都划入"阿图克"之类，在这组中，我们还看到了"黑色"和"夜"。为了做出这种分类，任何种类动物的最重要特征都在于它的颜色，毫无疑问，这也带有了强烈的象征意义，尽管，一种动物具有黑色特征这一事实，通常来说，当然并非决定其生物学种类或科目的关键因素。第二，在分类中，有些事物之所以被安排到相应的位置，并不是因为相似，而是对偶。我们的例子中，柴被放入"阿图克"之类中，看起来是因为，它与火相对（火正如日与昼，也在"卡"中）。我们可以观察到，几乎任何相似性都能用于将事物联系在同一类中；而几乎任何对偶性都能做到将事物放入对立的类中。的确，看起来，"自然成对"的任意两个事物都可以分别放入这个图表中的彼此对立的一边。关于这样的种种分类，我们需要注意的第一点就是，虽然它们在更大程度上取决于对"对偶"的认知，但图式并不允许区分出不同类型的对偶。既然这两组事物（例如，卡与阿图克，陆边和水边等）一般被视为彼此相斥，那么结果往往就是，其他具有相对关系的模式，都被同化入相反的对立中。其次，这样的分类通常会用来穷尽一切事物，或者最起码要相当全面，以便能，对于任何事物，对于几乎任何事物，都可以询问它是（例如）"卡"，还是"阿图克"，假设的前提就是，它只能属于两者中的任意一方。倘若说东提姆比拉人从未使用过"既是卡，且是阿图克"和"既非卡，也非阿图克"这两个范畴，那么未免轻率，甚至很可能错误。但明显的是，分类越是用得全面，那么上述两个范畴就都更有可能会被忽视，而通常做出的假设即：卡和阿图克这两类，（1）不相容（并非既是卡，且是阿图克）；（2）是穷尽性的选项（要么卡，要么阿图克）。

90

"对立表达"的使用

当"对立"开始在艾利亚学派哲学家的明确论证中普遍成型时，我们方能精确地断定：形形色色的希腊思想家对于成对的对立项做出了什么样的设想。但是，在我们讨论巴门尼德及其之后的哲学家的论证之先，我们应该注意一下更早时期的用法。首先，值得关注的就是，自荷马以来的早期希腊文学中普遍存在的一种风格特征，即"对立表达"（polar expres-

91 sions）的使用，① 比如，"可朽者与不朽者"、"男人与女人"、"年轻和年老"、"奴役和自由"、"陆和海"、"开放和隐秘"等成对项。这样的成对项用于各种语境，其中不仅包含"相反"，还包括"言和行"、"用计和用力"这样的互补项。有时，这种成对项中的第二项之所以被提及，仅仅是为了表示强调，比如，*Od.*9 408 的"用计而不用力"（δόλῳ, οὐδὲ βίηφιν）。不过，还有两种用法更值得关注。（1）第一，我们发现有些成对项，它们通常用来**表达普遍性观念**，以取代单一的兼容性概念。如"陆和海"这一对，用来指整个大地，见赫西俄德的"地上满是恶，海中亦然"（πλείη μὲν γὰρ γαῖα κακῶν, πλείη δὲ θάλασσα）（*Op.*101）。[而在荷马那里，赫尔墨斯的便鞋载着他"越过潮湿的海洋和无垠的大地"（ἠμὲν ἐφ' ὑγρὴν| ἠδ' ἐπ' ἀπείρονα γαῖαν），见 *Iliad* 24 341 f.，也见其他表达，如 *Od.*10 458 f., 11 399ff.]；另外，"不朽者与可朽者"这一对，对"所有活人"来说最为普遍。荷马那里，黎明为"不朽者与可朽者"带来光明（ἀθανάτοισι...ἠδὲ βροτοῖσιν，如 *Iliad* 11 1 f.），而有时，"没有人"这个表达，会强调"没有神，也没有人"（如 *Iliad* 18 404）。不同语境里，对于"全体人"也会有不同的"成对的对立"来表达，比如，在 *Iliad* 2 789 和 *Od.*2 29 中，我们发现了"年轻与年老"这个成对项；在这两处中，语境都是召开集会（这种场合里，老人都有某种特权），② 而在战争和战斗的语境中，我们自然会找到"勇敢者和胆怯者"（如，*Iliad* 9 319），"骑手和步兵"（如，*Iliad* 2 810）等这样的对立。（2）第二，这样的成对项有时用来**表达选择**，尤其是用来提出选择性问句。如奥德修斯遇见瑙西卡时，他对她恭维地问道，"你是女神，还是可朽之人？"（θεός νύ τις, ἤ βροτός ἐσσι，*Od.*6 149）同样，当特勒马科斯

92 抵达斯巴达时，墨涅拉奥斯问他此行的目的，用如下问题催促他回答："你是为公务，还是为私事？"（δήμιον, ἤ ἴδιον；*Od.*4 314）

如我之前所说，这种对立表达广泛使用于荷马以来的早期希腊文学。

---

① 维拉莫维茨第一个列举了希腊文学中的这种表达，见其编订的首版欧里庇得斯《赫拉克勒斯》（*v.*1106，vol.II，pp.245 ff. 的注释）。德国学者用"对立"这个词描述这样的表达，比如 E. 凯默（E.Kemmer）的讨论该主题的专著 [《希腊文学中的对立表达方式》（*Die polare Atisdrucksweise in der griechischen Literatur*，1903)]，这个词后来在英语中也流行开来。

② 见 *Il.*9 53 ff.，*Od.*3 24。

希腊作家对于这种方式的成对的词项似乎有着特殊的喜爱，他们用对立作为推论的要点，以此来表明"类别整体"或标明一个类别中存在的差别，而有时，我们发现，两个对立项中，虽然只有一个对立项是严格相关，但两个对立项都会被提及。比如，*Od.*14 178 f.，欧迈尤斯（Eumaeus）提到了特勒马科斯，他说，"伤他心的，或者是某位不朽者……或是某个人"（τὸν δέ τις ἀθανάτων βλάψε φρένας...ἠέ τις ἀνθρώπων）。这里提到了常见的"不朽者 / 可朽者"这一对，虽然看起来，只有一项是相关的；之所以如此，因为大多数情况下，可朽者没法伤害任何人类的心（φρένες）。[①] 类似的用法也出现在某些并非相反关系的成对项中，如"言与行"。见 *Od.*15 374 f.，这两项被同时提道："从我女主人那里，听不到快乐的事情，无论是言，还是行"（ἐκ δ' ἄρα δεσποίνης οὐ μείλιχον ἔστιν ἀκοῦσαι| οὔτ' ἔπος οὔτε τι ἔργον），但动词 ἀκοῦσαι（听）显然是有限定的，尽管它既用来支配 ἔπος，也支配 ἔργον。

应该注意的是，大多数成对的对立所涉及的类别都灵活多变。荷马那里，对于"陆 / 海"、"勇敢者 / 胆怯人"、"友 / 敌"、"秘密地 / 公开地"等成对的对立项中的每个词项都有若干不同的表述，它们传达了不同的微妙的含义，它们并不仅仅是同一种观念的、可以相互替代的、出于韵律考虑的表达。[②] 更重要的是，有时，某些说法涉及了**中项**（intermediate terms）。虽然一般来说，两个对立项用来表示类别整体，但还是有例外存在。有时候，比如战场，被分为右、左和中（如，*Iliad* 13 308 f.），虽然划分为左右这种较简单的做法更为常用。类似的情况也见 *Iliad* 12 269 f.，提到了有些人并非特别勇敢，也非特别胆怯，就是说，他们在战斗中没什么特征（用

93

---

① 在后来的作家包括哲学家中，我们也发现了类似的与某些"对立表达"有关的观点。比如色诺芬尼 Fr.23，εἷς θεός, ἔν τε θεοῖσι καὶ ἀνθώποισι μέγιστος，"一神"（也即说，"神为一"），"诸神和众人中最大者"，这句残篇为那些试图回答"色诺芬尼是否为一神论者"的人带来了不小的困难。色诺芬尼本人显然并不认为所谓的"最高神"（单数）与 Fr.23 和其他地方（尤见 Fr.34）中的复数的"诸神"这两个表达有任何矛盾之处；但是，无论我们如何理解复数的"诸神"这种说法，"众人"这个表达都没有增添什么意义，只是修辞上的强调（也见赫拉克利特 Fr.30）。参见 Burnet，*3*，p.129，n.1；Deichgräber，*3*，pp.25-31；KR，pp.169 f.；Kahn，p.156，n.3；HGP，1，pp.374 f.。

② 比较如下两处，*Od.*14 330，用"公开地"与"秘密地"相对；1 296，用"公开地"与"用诡计地"相对。

的是 μεσήεις 一词）。而当建议在两个极端之间采取中道做法时，一对对立项的中项当然常常会被提出，如，*Od*.15 70 f.，墨涅拉奥斯说，过分的好客和过分的不好客对于主人来说都不得体，而得当（αἴσιμα）最佳（意味着两者的中道）。

最后，我们应该注意，虽然对立的成对项在荷马和其他作家那里常被使用，就为了提出选择性问题，但这种用法，也许而且应该区别于后来使用的论证性的提问，它们具有类似的形式，尤见于哲学家中。我们会看到，就一对对立的选项提出选择的问句，在若干希腊哲学家的论证中起到了重要的作用，在他们那里，提问者的目标是让人认同他提出的选项。而在荷马那里，这样的问句一般来说，很少有或完全没有**说服**效力；相反，它之所以被提出，是为了引出信息，比如 *Od*.4 314 中墨涅拉奥斯对特勒马科斯的询问，问他在斯巴达的事务是"公，还是私"。而在荷马还有悲剧家那里，回答这种问题的人，往往并不是用提问中的词项来回答。如独眼巨人们问波吕斐摩斯（Polyphemus），是否有人战胜了他，用计还是用力；回答是，"用计，不是用力"（*Od*.9 406,408）。但回答这种问题的人也许会完全使用自己的话，而不会直接提及提问者用到的选项，比如特勒马科斯的回答，就仅仅是间接地回应了墨涅拉奥斯的问题，见 *Od*.4 316 ff.。

毕达哥拉斯派和赫拉克利特

荷马以来的早期希腊文学中常常使用的"对立表达"是一种便捷的方法，可以指涉类别整体，也可以标明一个类别中划分出的部分：许多作家都喜欢这种表达，最明显的用法是，同时提及成对项中的两项，尽管只有一项是相关的；但有时，第三项或中项会添加到成对项中，这种做法也表明了，用来指涉类别的、所划分出的部分总是灵活可变的。而下面，我们要开始分析哲学家中的对立情况，这是更为困难的任务。我们可以在多大程度上确定出早期阶段的前苏格拉底哲学家在使用对立时所依赖的种种"逻辑假设"？在这方面，我们首先要考虑的证据材料是毕达哥拉斯派的对立表和赫拉克利特的残篇。

前面我曾指出，当自然现象整体被分为两组时，有两个普遍假设常会用到：(1) 两个类别组彼此不相容（并非既甲且乙）；(2) 它们是穷尽性的选项（要么甲，要么乙）。按照亚里士多德的记录，毕达哥拉斯派的对立表不同于人类学家描述的、当今社会中存在的、对现象的二元分类，而不同之处至少在于这个重要方面：诸如米沃克族或东提姆比拉族这样的社会所使用的"类别"具有强烈的本土和具体的内涵（陆边和水边，村庄中心和外围），与之相对，毕达哥拉斯派的首要原则明显是抽象的，如"有限和无限"，"奇和偶"。此外，如果我们还记得，毕达哥拉斯派被认为将万物等同于数（如亚里士多德，*Metaph*.985b 26 ff.），那么我们就能明白，一种穷尽的、对实在世界的划分，如何按照上述这些原则被提出。对于整数类来说，成对的奇数和偶数满足了"彼此相斥"和"成为穷尽性的选项"这两个条件（整数不会既是奇数，又是偶数；每个整数要么是奇数，要么是偶数）。① 一旦"万物为数"这个假设被接受，那么毕达哥拉斯派对奇偶的划分就无可辩驳地全面而无所不包（虽然将特殊之物等同于特殊之数② 的做法毫无疑问就像米沃克人将自然事物分为陆边或水边一样随意）。

有限和无限，奇数和偶数，这两个原则都是排除中项的对立；而对立表中另一些成对的对立也是如此（例如，直和曲）。但是，对立表还包含了其他逻辑类型迥然不同的成对的对立：右和左，光和暗，善和恶，它们都允许中项（如，"中"，"昏"，"道德中立"）。我们之前注意过，在二元分类中，尽管几乎所有对偶都用来将对立项放在相应的类别组中，但图式之中并不允许区分出不同模式的对偶。而毕达哥拉斯派的体系也是如此：即在单一的对立表中，将十对对立原则联系起来。这一做法的结果就是，

---

① 在某些毕达哥拉斯派成员看来，一本身（the Unit）是个例外，因为，按照士麦那的提奥（Theo Smyrnaeus）保存的（22 5 ff.，Hiller，DK 47 A 21）、散佚的亚里士多德论毕达哥拉斯派之作品（Fr.199）中的一段说法，"一"被认为是"奇偶数"，ἀρτιοπέριττον，但其理由看起来并不充分，即，当加到偶数上，它使之成为奇；加到奇数上，它使之成为偶（但倘若它并不具备奇数和偶数的本性，这就不会成为可能）。见 Stob.*Ecl*.1 21 7c（DK 44 B 5），见 KR，pp.317 f. 和 *HGP*，1，pp.243 f.。

② 这种等同做法的某些例子被亚里士多德提到过，他还提出了批评，例如，*Metaph*.985 b 29 ff.，990a 22 ff.，1078b 21 ff.；亚历山大也有所提及，见 *in Metaph*.38 10 ff.。见 KR，pp.248 ff. 和 *HGP*，1，pp.302 ff.。

至少在某种程度上，它让不同成对项的逻辑关系中存在的差别变得模糊不清；尤其是没有考虑这一事实，即，某些成对项并非穷尽性的选项（如奇数和偶数），它们允许中项：**至少是为了做到这种分类**，其他成对的对立项、两项之间的关系，都被同化入"有限和无限"、"奇数和偶数"这种成对关系中。

赫拉克利特哲学的两个特征对于我们当前的讨论尤为重要：（1）他对不同的对立事例之间的"类比"的理解；（2）他据称违反了矛盾律。

（1）在毕达哥拉斯派的对立表中，各种对立项之间的关系，如"右 / 左、男 / 女、静 / 动、直 / 曲"等，都很可能被视为等价或类比，最起码，它们每一对都以某种方式例示了"有限 / 无限"的关系。而赫拉克利特对"对立面"之间的关系，虽然理解有所不同，但也似乎取决于对不同"对立"事例之间的"类比"的认识。现存的残篇包含了许多例子，通过它们，赫拉克利特断言：一对对立是"一"或"同一"或"共通"（ξυνόν）。① 例如在 Fr.57，他说，昼夜是一；在 Fr.60，我们知道，向上和向下的路是同一的；Fr.103 说，圆周的开端和结尾是"相同的"。几乎可以肯定，在这些残篇中，赫拉克利特的目的并不仅仅是针对圆、路、昼夜变迁提出特殊的观点。在一部分意义上，这些以及其他表明"相同性"或"对立统一"的例子，似乎都可以用来证明赫拉克利特所认为的"普遍律"。当然有时，他还用非常普遍的描述来说明对立面的互相依存。在这方面，他用到的意象之一就是"战争"，Fr.80 说它是"普遍的"；Fr.53 说它是"万物之父，万物之王"。其他意象，如弓与琴，出现在 Fr.51，他在那里也用一般的描述提出了这样的学说："他们不理解它如何与自身相谐，却又不和"（οὐ ξυνιᾶσιν ὅκως διαφερόμενον ἑωυτῷ ὁμολογέει），② ；而其他残篇似乎也传达了相似的观念。Fr.10，他认为，"事物之间的联系（συνάψιες，或按基尔克的读

---

① 在某些残篇中，我们发现了若干对立都被认为是"同一物"。这方面最著名的例子是 Fr.67，在那里，神（不仅）是昼夜，（也是）冬夏，战与和，饱与饥。基尔克（Kirk）对 Fr.88（*1*, p.143）的评述应该注意："很难不得出这个结论：他相信'一'在明显彼此对立的万物中会显现出来……这几乎充分证明了无所不包的'一'：如果醒与眠是'相同的'，热与冷是'相同的'，那么确乎，醒与热也必定会有本质性的联系。"

② Kirk, *1*, pp.203 ff., 更赞同 συμφέρεται，而不是通常理解的 ὁμολογέει（这个词是对 MSS 的 ὁμολογέειν 修正），但意思不变。

法，读作 συλλάψιες，"被联合一起的事物"）是整体，也非整体，不和却又相谐，一致又不一致：一生于多；多生于一"（συνάψιες ὅλα καὶ οὐχ ὅλα, συμφερόμενον διαφερόμενον, συνᾷδον διᾷδον, καὶ ἐκ πάντων ἓν καὶ ἐξ ἑνὸς πάντα）。Fr.8（DK）说"对立者"或"对立"（τὸ ἀντίξουν）是"有利的"（συμφέρον）。

对立是"一"和"同"的学说通常被认为是赫拉克利特思想的关键特征。[①]但从当前讨论的角度来看，这一学说中最值得关注之处就是，它的应用范围达到如何广泛的程度。首先，有些残篇举出了一些常见的例子，比如，路（Fr.60）或弓（Fr.48），或写作（γραφέων，Fr.59），或海水（Fr.61），通过这些，赫拉克利特指出，同一个事物，在一个方面上，或从一个角度观之，它是一个事物；但在另一个方面，或从另一个角度观之，它就成了与之对立的事物。其他残篇还提到了普遍的物理或宇宙的变化：有两篇（Frr.57 和 67）之前已经提过，赫拉克利特提到了两对对立，它们属于单一的持续过程（昼 / 夜，夏 / 冬）；而 Fr.126 指出了热和冷、湿和干的交互关系。另外一些残篇提到了种种主要影响有生命之物的变化，例如 Fr.88，赫拉克利特似乎表明，醒与眠，生与死，年轻与年老，都属于某种意义上的交互过程；[②]Fr.111 提到了疾病与健康，饥与饱，疲劳和休息，这一篇的观点是，正是由于与对立面相对，因此健康、饱、休息才被视为好的和快乐的。最后，还有许多残篇，提到了彼此对立的价值，如纯洁和不洁，正义和不义，这些残篇中，有些强调了：一个对立面没有另一个对立面就不会存在（如 Fr.23），而另有一些则提到了如下事实：同样的行动可以从不同的角度、以不同的方式被判定（如 Frr.15 和 102）。[③]

这些残篇明显千差万别：它们提到的主题，来自整个自然界和人类经验领域；它们得出的显而易见的观点殊为不同，有些残篇仅仅表明了一对对立之间未被察觉的关联，另一些残篇则更大胆地提出了两个对立面是"同一物"

98

---

① 几乎可以肯定，"统一或对立相互联系"的观念是逻各斯学说的重要特征之一，甚至完全就是该学说本身。

② 详见下，pp.100 f.。

③ 参见基尔克（1，p.72，KR，pp.190 f.）和格思里（HGP，1，pp.445 f.）对赫拉克利特"统一"和"对立相互依存"学说中不同类型之关系的分析。

或"一",其余的残篇则关注了这一事实:同一个事物从不同的角度来看似乎会非常不同。① 但是,我上面提到的所有残篇,它们的共同之处在于:它们全都提到了某种成对的对立;它们全都指明了这些对立之间的某种关系,正是这一点似乎为这些形形色色的奇怪的言论建立了联系,也将这些残篇联系了8、10、51之类的、在一般意义上提到"不和者"或"对立者"的篇目。赫拉克利特对"对立面"之间关系的理解迥然不同于毕达哥拉斯派,不同之处在于:他反复强调的,不仅是对立的相互依存(如Frr.10,51,67,111),还有两个对立面之间持续的战争或争斗(Fr.80)。② 但是,这两者的哲学有一个方面是相同的:它们所包含的普遍的学说都立足于对"不同种类的成对的对立"之间的种种**类比**或**等价**关系认识;而尤其在赫拉克利特那里,他为了说明自己的一般观点而举出的、不同类型的与对立有关的例子,其范围最为广泛。

(2)下面,我们应该考察一下赫拉克利特违反矛盾律这一说法。在若干地方,③ 亚里士多德以不同的确定程度指出,赫拉克利特违反了矛盾律,但是,现存的残篇在何种程度上为这种说法提供了根据呢?有三类残篇应该加以研究:(i)第一类,用相反的属性谓述同一主词;(ii)第二类,将一对相反者等同或断定为"相同";(iii)第三类,针对同一特殊主词,赫拉克利特既肯定又否定同一谓词。毫无疑问,这三种类型中,有若干残篇,初看起来,可以认为赫拉克利特犯了自相矛盾的错误。但是,只要对残篇的解释合理清楚,我们总还是能看到,其中涉及的这种自相矛盾仅仅只是

---

① 至少可以证明的是,赫拉克利特本人充分意识到了不同成对对立之间的关系中存在着某些重要的差异。但无论他是否认识到了这些关系的**特殊**差异,他举出各种各样的例子所要达到的主要目的,就是表明**一般的**相似性,也即,所有事例都源于唯一一种普遍律。

② 关于赫拉克利特(Frr.51,54,也见Fr.8)与毕达哥拉斯派对άρμονίη的观念上的差异,如见*HGP*,1,pp.435 ff.。

③ 主要的地方见*Top*.159b 30 ff.,*Metaph*.1005b 23 ff.,1012a 24 ff.,1062a 31 ff.。在*Top*.159b 30 ff.,亚里士多德将"善恶同一"的说法归于赫拉克利特,他用了"如赫拉克利特所说"(虽然Kirk,*1*,p.95强调了这"未必意味着,引用是精确的,或转述特别准确")。在*Metaph*.1012a 24 ff.,亚里士多德举"万物存在又不存在",指其为赫拉克利特的学说,尽管在*Metaph*.1005b 23 ff.,他做出了这样的限定:"有人认为",赫拉克利特曾说,同一物既存在又不存在。最后,在*Metaph*.1062a 31 ff.,他表明,赫拉克利特采纳了意见,但并不理解其中的内涵:详见下,p.102。

表面如此。（i）比如，虽然赫拉克利特断定，"海是最纯洁和最污浊的水"（Fr.61），但他也以解释的方式补充说，"对鱼来说，它可以饮用，而且健康；但对人来说，它不能饮用，可以致死"。Fr.67 认为，"神乃昼和夜，冬和夏，战与和，饱与饥"，但我们在理解这句话时同样应该将它联系下面的内容："（神）变化如（火），当其与香料轮流混合，按每种香气而得名"。在这些还有其他例子中，① 很明显，相反的属性并没有按同一方面，也没有同时被断言为属于同一主词。（ii）Fr.60 这段残篇清楚地表明了将两个对立面等同起来的做法："向上和向下的路是同一的"。但这一残篇字面上的意义提到了一个事实：同一条路按对立的方向延伸，可以理解为，它按一个方向是"向上的路"，按另一个方向是"向下的路"；这个事实无可置疑（虽然我不应该否认，在赫拉克利特看来，这个残篇很可能具有其他象征意义）。Fr.88 更为含混。第一句就引起了特殊的困难："生和死，醒与眠，年轻和年老，（在我们身上）都是相同之事。"但是再一次，这句话的含义通过下文（一般也被承认是残篇的真实部分）也多少可以澄清："这些事情，一旦变化，就变成那样；再次变化，又变成这样。"似乎可以认为，之前提到的对立例示了交替变化的过程：事实上，赫拉克利特显然认为，变老和死亡的过程在某种意义上是交替的循环，就如入睡和再次醒来的过程。② （iii）最后，有些地方，他似乎肯定又否定了同一谓词对同一主词的谓述，但在这种情况中，通常还算清楚的是，他的肯定和否定都可以在不同的意义上被理解，或者，它们都用于了截然不同的方面。如 Fr.10，他谈到了"事物之间的联系"（或"被联合一起的事物"），说"它们是整体，也非整体"（ὅλα καὶ οὐχ ὅλα），但这很可能取决于我们是从它们"联系"的角度来理解它们，还是

101

---

① 如 Fr.48 ["弓的名字为生"——βίος，参见 βιός "弓"（译注：βιος 一词的不同音调可以表示不同的意思，或为生，或为弓）——"但它的活动是死"，这是另一个例子，赫拉克利特用一对相反者谓述一个主词]，但是这一篇中，他的含义足够清楚。也见 Fr.59。基尔克（*1*, pp.97 ff.）读作 γραφέων，译为："文字（或写作者）之路，既直且弯。唯路是一。"基尔克接着评述（*1*, p.104）说，"就算读作 γναφέων 或 γναφείῳ 是对的，意即梳理机，甚或压布机，那段残篇的意思也大体不变。"

② 虽然我不敢自称理解了 Fr.62 的确切含义，但或许，它所说明的也是类似的观念（"不朽者（是）可朽者，可朽者是不朽者，生其死，死其生"）。Fr.126 提到了其他展现"可逆过程"的例子（"冷物变暖，暖物变凉，湿变干，干变湿"）。

从相联事物的"分离"的角度来理解。①

赫拉克利特的言论中诸多看似矛盾之处，若细究其义，或可得到解决。如果我们还记得，相反的属性有时被同时谓述同一主词且为真——如从不同的方面来谓述——而矛盾律的原则表明，同一属性不可能**同时**、在相同的**方面**、在相同的**关系**上既属于、又不属于同一主词，那么，（至少）依据现存的残篇，我认为，并不能确定赫拉克利特违反了这一原则。从我们考察过的残篇来判断，字面上的不一致，下面却有前后一致的含义。但这当然不是否认，赫拉克利特表达思想的方式通常都如此含混，甚至会令人误入歧途。若干残篇中给出的表面上的自相矛盾之所以会出现，是因为，他没有清楚地说明一个特定属性被断定属于一个特定主词时所依照的方面或关系。许多他有意弄得含混的言论都可以而且的确理所应当也被视为违反了矛盾律。然而，有意思的是，亚里士多德表明"如果有人质疑赫拉克利特……，那么他或许会迫使赫拉克利特承认：矛盾的陈述并不能同时谓述相同的主题"（*Metaph*.1062a），这似乎表明，亚里士多德本人也许很清楚，赫拉克利特言论中看似的自相矛盾只是源于他含混不明的表达，而非因自其真实的意图。的确，很明显，赫拉克利特不可能有意否认矛盾律（尽管他有可能无意识地违反了它），理由很简单：这一时期还没有人表述过这样的规律。赫拉克利特写作的时代，矛盾的本性还没有被明确地加以分析，故而，他利用悖论产生了极大的效果，而这正源自模棱两可的话语；他的残篇尤其清晰地表明了这些含混之处都源自"对立项"的不加限定、不加限制地使用。最后，有两点结论。虽然我们之前考察过的残篇中，赫拉克利特本人的主要兴趣不能被描述为与纯粹逻辑有关，但毫无疑问，这些悖论的表达有助于打开新的研究领域，如矛盾本性的逻辑问题（比如，我们发现，赫拉克利特的"矛盾"频繁出现在亚里士多德对这一问题的处理中）。② 另外，我们应该注意，赫拉克利特之后的数年间，尚没有对矛盾本性的、令人满意的分析；我们后面会看到，对于成对对立项的含混的使用，首先而且往往是后世哲学家混乱的根源。

---

① 也见 Fr.32，"唯一的明智者既不想、又想要被冠以宙斯之名"。

② 在处理矛盾的 *Metaph*. Γ 和 K 的章节中，亚里士多德尤为关注赫拉克利特的论题（如 *Metaph*.1005b 23 ff.，1012a 24 ff.，1063b 24 f.）。也见亚里士多德提及的一些人，他们出于论证目的，维护了被引述的赫拉克利特的学说（*Top*.159b 30 ff.，参见 *Ph*.185a 5 ff.）。

艾利亚学派的论证：巴门尼德、芝诺和麦里梭

毕达哥拉斯派的对立表和赫拉克利特的"统一或对立相互依存"的观念都取决于对各种成对对立之间的**类比**关系的认识，但是，不同模式的对立组之间的差别却往往在某种程度上被忽视，或至少没有清晰地阐发出来。不过，当对立开始在明确的论证中加以使用时——比如巴门尼德和年轻的艾利亚学派人士的做法——我们就能更充分地研究对于"不同成对对立之间的关系"，有哪些设想时常会被提出。艾利亚学派的论证是非常重要，却多少被人忽视的研究主题。① 不过在这里，我们关心的是对立面用来证成或反驳论题的方式，尤其是它们时常被处理为"彼此相斥"和"穷尽性选项"的方式。首先，我们要考察一下在巴门尼德的"真理之路"（*Way of Truth*）中我们发现的一些论证。

"真理之路"的 Fr.2，巴门尼德说："来吧，我要告诉你……可以想到的、仅有的探究之路：第一条，存在不可能不存在，此乃说服之路，因为它伴随真理；第二条，不存在必定不存在，我告诉你，这条路完全不可理解。因为你不可能知道不存在的东西（因为这不可能），你也不能将它说出。""真理之路"中的动词 ἔστι，它的主语没有给出，而且这个词模棱两可，这些问题都是人们通常讨论的地方。② 但是，现代评论者很少注意巴门尼德提出选项时做出主张的方式，也很少注意这些选项采用的形式；而巴门尼德论证中的这两个特征，恰恰是我想要考察的。很清楚，在这段残篇中，他用"存在"（"是"）和"不存在"（"不是"）表示仅有的两个选项（αἵπερ ὁδοὶ μοῦναι διζήσιός εἰσι νοῆσαι）。在其他地方，他确实提到了第三条路，"意见之路"（Way of Seeming）。不过，虽然 Proem，Fr.1 30 ff. 提及了"可朽者

---

① 斯文德·拉努尔福（Svend Ranulf）的《艾利亚学派的矛盾命题》（*Der eleatische Satz vom Widerspruch*，Copenhagen，1924）是一部有用的专著，它讨论了艾利亚学派的论证以及柏拉图几部早期对话中的主张。也见 Calogero，2 和斯扎波（Szabó）的文章，收入《匈牙利科学院古典学报》（*Acta Antiqua Academiae Scientiarum Hungarieae*，1-4）。

② 见 Owen 最近的研究。

的意见"，Fr.6 又再次提到，[①] 但是，这不能改变如下事实：在整部"真理之路"，尤其明显的是在较长的残篇 8 中，巴门尼德将"存在"（"是"）和"不存在"（"不是"）[②] 处理为"彼此相斥"和"穷尽性选项"。[③] 我们应该注意到 Fr.2 中提出选择的方式。在那里，巴门尼德认为选项是**要么** ὡς οὐκ ἔστι μὴ εἶναι，**要么** ὡς οὐκ ἔστιν τε καὶ ὡς χρεὼν ἐστι μὴ εἶναι，即，**要么**"存在不可能不存在"，**要么**"不存在必定不存在"。之后，按照巴门尼德的说法，选择在于（1）"不会存在，是不可能的"（意即，"会存在，是必然的"）；（2）"不会存在，是必然的"，但是，我们会注意到，这里（或其他地方）都没有说明另外两个延伸出来的选项，即如下两个命题，它们彼此矛盾：（3）"会存在，不是必然的"（意即，"会存在或可能存在，是或然的"）；（4）"不会存在，不是必然的"（意即，"不会存在或不可能存在，是或然的"）。在 Fr.2，巴门尼德提出了两个选项构成的选择，似乎它们是唯一的、可以设想的选项。不过，即使我们忽略 ἔστι 的含混或两可，但巴门尼德表达的"两个命题"却并非矛盾（即一个必定为真，另一个就必定为假），而是"相反"——有可能同时否定这两者；显然，从严格的逻辑的角度看，它们并非穷尽性选项。

105　　　　Fr.8 进一步阐明了巴门尼德对"存在"和"不存在"这一选择的理解。Fr.8 11 中添加的 πάμπαν（wholly，完全），应该注意。这个词出现在"这样，必定要么完全存在，要么不存在"这句话中；只要我们看看 Fr.8 余下的部分，那里，巴门尼德主张，"存在"是不生不灭（vv.6-21），不动不变，[④] 那么，这个词的含义就显而易见了。相反，"不存在"被认为是不可理解的（8 f.，17，34 ff.）；我们也知道，"不存在"无所生成（7 ff., 12 f.）。在这个语境

---

① 在 Fr.6 中，这条路被描述为，在路上"可朽者漫无目的，一无所知，两头彷徨。因为无助引导着漫游的思想在他们心中……难以判断的群氓，他们认为存在和不存在是同一，又不同一"。

② 劳埃德在书中会交替使用 what is/what is not，being/not being，it is/it is not，中译一般译为"存在者 / 不存在者"（"是者 / 不是者"）和"存在 / 不存在"（"是 / 不是"）——中译注

③ 如见 Fr.8 11（"这样，必定要么完全存在，要么不存在"）和 15 f.（"对这些东西的断定就在于这一点：存在或不存在"）。

④ 见 Fr.8 26 的 ἀκίνητον；38 ff. 否认了各种变化。

中，巴门尼德想要提出的这两个选项，被表述为：一是**不变的存在**（unalterable existence）；二是**不变的不存在**（unalterable non-existence）。但如果是这样，这两个以命题方式被陈述出的、巴门尼德的选项，就再一次是一对相反的而非矛盾的断言；因为"不变地存在"，它的矛盾面是"并非不变地存在"（it does not exist unalterably）而不是"不变地不存在"（it is unalterably non-existent）。Fr.8 11 和 16（"存在还是不存在"）中，巴门尼德按照这种意义①，将"存在"和"不存在"理解为"穷尽性选项"，通过这种做法，他**强迫人们做出决定**。受制于变化的物理事物，不可能在巴门尼德明确要求的"不变的存在"这个意义上被称为"存在"；但是，既然除了"不变的存在"和"不变的不存在"之外，他不允许有其他选择，那么，按照这种论证，物理事物必然会被认为是"完全不存在"，当然，也就是"不可理解"。我们应该注意的是：当巴门尼德断定，我们必须在 ἔστι 和 οὐκ ἔστι 之间做出选择时，这一结论并不是在他考察了一切选项之后得出的，虽然他理应如此（无疑，对于有可能在一种意义或一个方面上谓述"事物存在"、有可能在另一种意义或另一个方面上谓述"事物不存在"的"存在"，他完全没有考察它的意义）。他的论证就基于这个未受置疑的假设。当他在 Fr.8 证明了 ἔστι 的某些属性〔它不生不灭，"肢体整全"（whole-limbed），不动，无终，无有现在，持续永存〕时，他所考虑的仅有的两个选项就成了"存在"和"不存在"，每一个的意义都并无限定。这样，比如在 vv.6 ff.，他着手证明"存在的不生"，他探究了存在可能会从哪里生成；而他讨论到的唯一的可能（v.7）就是，它被认为来自 μὴ ἐόν，即无限定意义上的"不存在"，不变的不存在。一旦这个可能性被否定掉，那么很明显，巴门尼德就相信，**他的论证是完全的**。与之相似，vv.42 ff. 中的证明"'存在'是'完全的'，'各边均等'"，也遵循了相同的思路展开：一旦巴门尼德否定掉了"不存在会阻止存在达到它的同类"这个可能性（46 f.），那么，他就得出了他想要得出的结论。比照亚里士多德来看，他举出了各种与"排中原则"有关的表述（如，"必然地，肯定或

106

---

① 即使我们按照谓述意义（predicative sense）来理解 ἔστι，而不是按照存在意义（existential sense），但巴门尼德的选择仍然是在一对相反断言之间，也即，"完全是如此如此"（it is wholly so-and-so）（比如，是黑的）和"完全不是如此如此"（比如，不是黑的）之间，而非在矛盾之间（"完全是如此如此"和"并非完全是如此如此"）。

否定，必定要么真，要么假"，*Int*.18b 4 f.），而在这方面，巴门尼德却使用了差不多可以称之为"无限定排中"的原则：要么"存在"（在必然和不变之存在的意义上被理解），要么"完全不存在"（不可理解）。

巴门尼德在"真理之路"中的大部分论证都立足于这一做法：将"存在"和"不存在"理解为穷尽性的，也即，是仅有的可能的选项。类似的在对立面之间做出选择的手法，也一再出现于几位后来的前苏格拉底哲学家的论证中。恩培多克勒和阿那克萨戈拉都接受了"无中不能生有"这种巴门尼德式的主张，[①] 但是，这两人的理论，并没有建立在"将对立（如 ἔστι 和 οὐκ ἔστι）处理为穷尽性选项"这一假设上。与之不同，后来的艾利亚学派人士，芝诺和麦里梭都提出了一些有趣的例子，将之立足于某些与各种对立项有关的假设上。

虽然非常遗憾，我们掌握的芝诺对"多"的反驳论证的证据相当稀少，不过柏拉图在《巴门尼德篇》中还是留下了极为珍贵的、对这些论证之一般目的的描述。在 *Prm*.128ab，苏格拉底指出，当巴门尼德断定：万物为一时；当芝诺否定"多"的存在时，他们"说的几乎是一回事"。对话中，芝诺不得不同意这一点，他说（128cd）：自己的著作"事实上，是在为巴门尼德的论证辩护，反对那些试图对之报以嘲笑的人，他们证明，如果万物是一，那么许多荒唐、矛盾的结论就会从这种论证中得出。而我的著作，反驳的是那些认为'存在着多'的人……它想要证明，比起'万物是一'这个假设，他们的'存在着多'这个假设会得出更为荒唐的结论"。芝诺为了维护巴门尼德而采用的方法，显然也是要反驳那些支持相反观点的人。在反驳"多"时，芝诺试图证实"一"这个假设；似乎很可能（就像他之后的麦里梭）[②]，他设想了，"一与多"是仅有的两个可选的选项。但是，从严格的逻辑观点看，至少，反驳了"多"（无论"多"的意义如何理解）当然并不等于证明了"一"，因为这两个是"相反的假设"，也许会同时为假。

芝诺的论证所采取的形式是原创的。他为了反驳"多"而证明或试图证明：彼此不相容的结果会从中得出。辛普里丘保存的一些论证，可以判断

---

① 见恩培多克勒 Fr.12（参见 Frr.11，13 和 14）；阿那克萨戈拉 Fr.17。
② 见下，p.109，论麦里梭的一和多。

他在多大程度上成功实现了这一目的。比如，在 Fr.3，芝诺断定，如果"多"存在，那么，它们都是有限的（πεπερασμένα）和无限的（ἄπειρα）。这个论证显然可以表述如下："如果'多'存在，那么它们必定就如自身所是那样如此之多，而不会比自身更多，也不会更少。如果它们如自身所是那样如此之多，它们就是有限的。（但反过来）如果'多'存在，则存在物就是无限的：因为，在存在物中，总是有其他事物；而在这些事物中，又有别的事物。由此，存在物就是无限的。"在这里，芝诺明显设想了：通过证明"多"是既"有限"又"无限"，他可以驳倒或质疑那个"假设"。但是，"多"本身的意义不仅含混不明，[①] 而且，"多"是在何种意义或方面上被证明为既有限又无限，也依然悬而未定。严格说来，当"多"在**相同的**意义或方面上被证明为既有限又无限时，芝诺是否证明了这个"假设"就是自相矛盾的，也还十分可疑。另一个论证出现在 Frr.1 和 2，形式相似，"多"被认为是既"大"又"小"，不过在这里，结论对于"多"来说，更具有破坏性，因为这两个相反者的意义更为明确，"如此之大，以至于尺寸无限"和"如此之小，以至于没有尺寸"。[②] 如我之前所说，芝诺的这些论证对于"建构的目的"来说并不充分，如果在我看来，情况也许是，他设想，反驳"多"就能必然证明"一"：但是，我们也会注意到，他的这些论证仅仅部分成功了，达到了"消解的目的"，破坏了"多"，因为他似乎设想，如果任何一对相反者能被证明为，在任何意义上都能谓述"多"，那么他就证明了，这个假设站不住脚。

　　麦里梭的论证同时处理了"一"和"多"（就像在芝诺那里）、"存在"和"不存在"（就像在巴门尼德那里）这两对对立。比如 Fr.8（2 ff.）中，麦里梭考察了"存在着多"这个假设，他对之做出反驳，理由就是，这会得出如下荒唐的结论："如果存在着'多'，那么它们就必定如我说的'一'一样存在"（2,

页边 108

页边 109

---

① 关于这段残篇中"多"的意义的不同解释，见 KR, pp.289 f.。比如，它可能指线上的点，指数，但是，正因为这两种解释都说得通，所以就表明这个词含义两可。也见麦里梭 Fr.8，不过在那里，"多"非常清楚地指物理事物。

② 该论证可以转述如下：一方面，它们不可能没有尺寸，因为任何没有尺寸的事物，当加入或减去其他东西时，都不增不减（因此，必定什么也没有添加，什么也没有减去）。但是另一方面，如果它们有尺寸，它们会是尺寸无限：每个东西都有尺寸和体积，它的一部分会与另一部分脱离；而同样的情况也发生在下一个部分，与之相邻的部分，这样以至无穷（因此，它们会是尺寸无限）。

也见 6)。但是，我们会说，他做出这个论证是为了这个"建构的目的"：证明"仅仅存在着'一'"。他明确主张这个论证是一系列"仅仅存在着'一'"的证据或证明之一 [见 Fr.8（1）：ἀτὰρ καὶ τάδε σημεῖα]，他似乎设想了，仅仅存在着"一和多"这两个选项，这样，证明了"一"为真，就能充分证明"多"为假。

麦里梭处理"存在"和"不存在"这一对立的方式也值得关注。如 Fr.7，它按照巴门尼德 Fr.8 的方法，一上来就陈述了大量"存在"的属性。"它永恒，无限，为一，均同。它不灭，不增，无有分殊，无痛，无苦。"证明这些观点的论证所基于的设想，在下面表述得一清二楚："因为，如果这些属性中的任何一个出现在它之上，**它就不复存在**。因为，如果它变化了，那么存在就必然不同（not ὁμοῖον，'alike'，或者，'the same'），而成了'之前的存在'，会寂灭，是**不存在**。"任何变化都被否定，理由即，若非如此，"不存在"就会存在。① 事实上在巴门尼德那里，"存在"和"不存在"被处理为穷尽性选项，尽管前者是在"不变的存在"的意义上被理解的，而后者是在"完全不存在"的意义上被理解的。最终，Fr.8 的论证也采取了与巴门尼德相似的形式，麦里梭认为"多"指物理事物，他明确认为这些事物受制于某些变化，比如，温度的变化，连最坚硬的东西也能损耗的缓慢的腐蚀等（Fr.8 3）。但是，他并没有改变之前的设想，他再一次说（Fr.8 6）："如果它变化了，那么寂灭者和不存在就生成了。"像前面一样，一切变化都被解释为"'不存在'从'存在'中的生成"；比如，这包括了让热物变冷、冷物变热的温度的变化。② 与巴门尼德一样，种种物理事物不可能被认为是"不变地存在"意义上的"存在"，因此，（按照这个论证）完全不能认为它们是存在着。

对于我们目前为止已经考察过的种种论证，还应该做一些一般性的评述。首先，显而易见，它们处理的理论极为不精确。艾利亚学派想要反驳的

---

① 也见 Fr.7（5）："健全者（ὑγιές）不会感到疼痛；因为健全者，即存在，如果毁灭了，不存在会生成。"

② 值得注意的是，在 Fr.8（3）中，麦里梭谈到了变化的事物："过去的存在与现在的存在，毫不相同（οὐδὲν ὁμοῖον）"，似乎，除了完全同一和完全不同之外，别无其他可能的选项。也见 Fr.7（2）对 ὁμοῖον 的使用。

"种种假设"（如"多"）以及他们想要让人接受的"种种假设"（如"一"、"ἔστι"）都同样如此。他们的大部分论证并不相关于命题、清楚限定的主词和谓词，而是相关于含混的一般概念；但是，那些论证在展开时，种种假设就仿佛成了要么真、要么假的命题。其次，他们的论证中，有一部分似乎立足于某些过分简化或错误的逻辑设想。虽然可以认为，艾利亚学派正在慢慢地逐步接近令人满意的"矛盾原则"和"排中原则"，芝诺试图证明某些成对的相反者属于"多"并以此来反驳它；但是，从后人记录的一些他的论证来判断，他并非总是完全清晰地说明，所论及的"相反者"是在何种意义或何种方面上被证明是：它们谓述了"多"；也许，他根本没有意识到，（比如）"有限"和"无限"这对相反的词项，在某些情况下，虽然谓述了同一主词，却彼此并不矛盾（如，是在不同的方面上谓述）。再有，虽然按照排中律，一个命题（p）或其矛盾命题（非 p），只能有一个为真，但艾利亚学派在他们的某些论证中似乎设想了：有一种类似的原则适用于"相反的"命题，"相反的假设"。这样，巴门尼德坚持的选择就在"会存在，是必然的"和"不会存在是必然的"之间；而麦里梭也似乎设想了："存在"（在不变的存在的意义上）和"不存在"（在不变的不存在的意义上）都是穷尽性的选项。另外，芝诺和麦里梭都明显相信："一"和"多"是真正的选项，也即，这两个假设，必定只有一个为真。可以看出，在他们针对"存在"和"多"的论证中，艾利亚学派往往使用过分简单的矛盾原则和排中原则，他们设想：（1）无论一对对立面在何种意义或何种方面上谓述一个特定的主词，它们都是彼此相斥；（2）它们是穷尽性选项——一对相反命题，就像一对矛盾命题，必定只有一个为真。

智者时期的立足于对立的论证

智者的原始作品几乎全部散佚，没有留存给我们。对他们思想的诸多方面的解释还是主要依靠推测。不过，我们有相当充分的信息来自柏拉图和其他资源，它们关涉了一些包含成对对立项的论题，主张这些论题的，都是公元前 4 世纪晚期到 5 世纪初期的各种思想家；通过高尔吉亚的论著《论不存在或论自然》（*On What is Not or on Nature*），我们有可能重建一位智者在证明或介绍"无物存在"这个悖论性命题时所使用的种种详细的论证。首先，我们要考察一些证据，它们表明了："一与多"、"存在和不存在"这些成对的对立所涉及的种种"两难"如何会一直都让前柏拉图时期的各色思想家感到困惑。

诚然，"一和多"的两难起源于艾利亚学派，但是，其他前柏拉图的思想家也发现了这一对难以回避的对立所引起的种种问题，从柏拉图和亚里士多德的作品中就能看到这一点。在 *Ph.*185b 25 ff. 中，亚里士多德记录说，有些思想家难以理解若干谓词可以全都被断定属于一个主词。"甚至古代哲人中离我们不远的人也会陷入这种困惑"，亚里士多德说，"他们不想让同一个东西既是一，也是多"；亚里士多德接着又描述了一些用来逃避这种两难的权宜之法。"因此，有些人，比如吕克弗荣，就省去了'存在/是'一词，而其他人则改变了表达形式，不说'那人是白的'（λευκός ἐστιν），而说'他白'（he-has-been-whitened，λελεύκωται）……以免，如果他们加上'存在/是'一词，会让'一'成为'多'"；亚里士多德得出结论（b 34 ff.）："关于这一问题，他们已经陷入困境，都承认，'一'是'多'；似乎同一个东西不可能既是'一'，也是'多'，尽管这两者并非对立。"柏拉图也在几个地方以最简单的形式提到了"一和多"这个问题，尤其是《智者篇》251a-c。① 那里，艾利亚的异乡人评述说：同一个东西可以被多种多样的名字指称；他又补充道，这为"年轻人和晚年有志于学的老人带来了乐趣。任何加入者都立刻会声明说，'多'不可能是'一'，'一'不可能是'多'：的确，他们乐于禁止我们说，一个人是好的，不过，我们也只能说，好是好，人是人"。在这里，还有其他地方，柏拉图都提到了这个问题，但他仅仅认为这无足轻重，可以摒弃。② 不过，从亚里士多德提到的人们试图解决这一问题的方法中可以看出，有些思想家不得不提出非常牵强的、语言上的权宜之计来避免称"一"为"多"。但是只要我们设想"一和多"在任何情况下都不会同时谓述同一主词而且为真，那么问题就仍然存在。事实上，这个两难问题的历史提供了

---

① 参见 *Prm.*129cd，*Phlb.*14cd。

② 在柏拉图看来，"一和多"之间真正的问题在于"单一理念"及其所在的"众多特殊事物"的关系上（如 *Phlb.*15b）。

很多值得注意的例子，它们展现了由于使用成对的相反谓词而导致的种种困惑，这之后，柏拉图本人才在《斐多篇》、《理想国》和《智者篇》中廓清了矛盾本性的问题。

以何种方式、在何种意义上可以认为"存在"从"不存在"中生成，则是另一个自巴门尼德首先提出之后很长时间以来，引起巨大困难的问题。在这方面，有两处文本值得考察。首先，是塞克斯都·恩披里克对科林斯的色尼阿德（Xeniades of Corinth）（*M*.VII 53，DK 81）的理论的记录，按照恩披里克的说法，色尼阿德主张："生成的万物，都生于不存在；而毁灭的万物，都毁灭为不存在。"面对"存在"是生成于（a）"存在"，还是（b）"不存在"这个两难，色尼阿德显然选择了巴门尼德描述为不可理解的那个选项："存在"生成于"不存在"。但是（如果我们认为，塞克斯都的简短记录没有误导人的地方）看起来，色尼阿德仍然没有解释那个问题，他没有分析这两个被处理为"不相容和穷尽性选项"的词项，也没有证明，在何种意义上，可以认为"存在"生成于"不存在"。相反，他显然利用了这两个词项以及巴门尼德提出的在两个词项间的选择来表达自己的观点；他也没有解释"存在"生成于"不存在"这个明显的悖论。第二处文本见于亚里士多德《形而上学》K 6，其中指出，有些思想家，为了避免不得不承认（按照他们的想法）：某个（白色的）东西生成于"不存在"（即，不白的），他们悖论地宣称，一个变白的东西首先既不白，也白。[1] 但是，就像"一和多"的问题一样，这个问题之所以出现，似乎是因为，ἔστι 和 οὐκ ἔστι 这两个词项被认为是不相容的，无论它们是在什么意义上谓述一个特定的主词。[2]

114

"虚假陈述"（*false statement*）的问题也可以视为从"存在"和"不存在"

---

① 这段文本颇为难解，但亚里士多德所提的观点还是很清楚的，这从 1062b 29f 的结论中可以看出：ὥστε ἐκ μὴ ὄντος γίγνοιτ᾽ ἂν κατ᾽ ἐκείνους, εἰ μὴ ὑπῆρχε λευκὸν τὸ αὐτὸ καὶ μὴ λευκόν（文本来自罗斯版）（"这样，按照他们的说法，除非同样的东西既是白的，也是不白的，它才会从不存在中生成"）。

② Kerferd, p.25，指出，在柏拉图之后的漫长的历史中，动词"存在／是"作为系词的用法，引起了一些思想家的兴趣：他举了 Cicero, *Tusc.Disp*.16 13 为例，那里说到克拉苏，当他去世时，人们会被问到，是更喜欢"M. 克拉苏不幸（Miser M.Crassus）"这个表达，还是"M. 克拉苏是不幸的（Miser est M.Crassus）"。

的两难中体现出的一个特殊情况，因为希腊语里的 ὄντα 和 μὴ ὄντα，不仅表示"存在"和"不存在"，也表示"是真"和"不是真"。一旦承认了不可能在"完全不存在"的意义上来描述或思考 μὴ ὄντα，那么有时就会得出这个结论：不可能做出"错误的陈述"。柏拉图那里有几段展现了这方面的论证，它们表明，至少在一段时期里，这个问题引起了广泛的困难。比如在《克拉底鲁篇》（429d）中，苏格拉底提到了"虚假陈述（ψευδῆ λέγειν，克拉底鲁将之等同于 μὴ τὰ ὄντα λέγειν）完全不可能"的观点，他说，"现在和以前，有许多人都肯定这一点"。此外，在《欧绪德谟篇》（283e ff.）中，柏拉图让智者兄弟欧绪德谟和狄俄尼索多罗代表这样的主张：不可能说谎，不可能以矛盾的方式反诘任何人；而苏格拉底说，他也听过这样的观点，很多人常用："确乎，普罗泰戈拉的追随者常常用它，还有在他之前的人"（286bc）。在这篇对话中，苏格拉底继续反击他的对手，也用相同的论证来强迫他们承认：不仅错误的陈述，还有错误的意见和无知，都是不可能的；而且反驳和出错都是空洞的概念。最后，还有一段，来自亚里士多德的《论题篇》（104b 20 f.），这段文本告诉我们：犬儒派的安提斯蒂尼（Cynic Antisthenes）就是"矛盾不可能"的主张者之一。毫无疑问，即使我们应该允许柏拉图在描述这种两难时略带夸张，但显而易见的是，"虚假陈述或言说'不存在'"的问题，都是第三个让若干思想家陷入严重困惑的论题，至少，直到柏拉图本人在《智者篇》（240d ff.）中澄清"虚假陈述"的本性之前，情况就是如此；显然，这个问题之所以产生，同样是因为人们往往将两可的 ὄντα 和 μὴ ὄντα 处理为"不相容和穷尽性选项"，而不管这两个词项是在什么意义上使用的。

正是通过柏拉图和亚里士多德的作品，还有其他地方，可以看出，某些涉及了诸如"一和多"、"存在和不存在"这样的成对词项的两难问题，给公元前 5 世纪后期或 4 世纪初期的一些思想家带来了严重的困难。不过，还有一个例子，我们掌握了有关的详尽的文本，它们表明了，其中收录了一位智者针对"存在和不存在"这一论题提出的原创的论证。我们掌握了两份非常翔实而且看起来彼此独立的引述，引述的对象就是高尔吉亚的那部被称之为《论不存在或论自然》的作品：一份来自塞克斯都·恩披里克（M.VII 65 ff.，DK 82 B 3），一份来自伪托亚里士多德的《论麦里梭、色诺芬尼、高尔吉亚》(*De Melisso, Xenophane, Gorgia*)。^① 这两份记录的相对价值尚有争议；而且显然，它们对高尔吉亚论证的重新表述，程度不同，有大有小。不过，在某些地方，两个版本还是有明显和确定的一致之处；它们都提供了合理、可靠的证据来展现原始论证的内容和形式。

de MXG（979a 12 f.）陈述高尔吉亚的论点如下："他说，无物存在；但 **116** 即使存在，也不可知；即使存在又可知，也不可能向他人说明"；塞克斯都描述了相同的论点，但使用了更为专业的术语。不过这其中，与我们最为相关的内容，则是用来证明该论点之第一部分（"无物存在"）的论证；我们掌握的两份材料都把**大体**一致的论证形式归于了高尔吉亚。这种论证就是，在反驳论点时，首先陈述大量选项，因为若论点为真，则某一个选项必定为真；然后，依次反驳每个选项；在这里的语境中，高尔吉亚很有可能使用了这种论证，而《海伦颂》和《为帕拉墨德一辩》中的证据可以相当有力地证明这一点，因为类似的论证过程非常明显地出现在这两篇通常被认为是高尔吉亚真作的演说中。^② 按照 *de MXG* 979b 20 ff. 的介绍，在反驳"一物存在"的论点时，高尔吉亚主张："如果一物存在，要么（A）不生成，要么（B）生成"，然后，他再依次反驳每个选项。相似的方法在 979b 27 ff. 中又一次使用，它反驳了两个选项中的一个，即，（B）它生成；因为在那里，他要依次考察和反驳如下两个选项：（B1）它生成于存在；（B2）它生成于不存在。

该论证的正确与否取决于所考察的两个选项是不是当论点为真时，必有一个为真，也即，取决于两个选项是否具有穷尽性。我们的两份材料在如

---

① 979a 11-980b 21（见第尔斯的文本，*3*）。对于高尔吉亚这篇论著的目的以及他所用的论证的价值，学者们的观点殊为不同；尤见 H.Gomperz，*1*，pp.1-35；Nestle，*1*，pp.551 ff.；Calogero，*2*，ch.4；Gigon，*2*，pp.186 ff.；Bux，pp.402 ff.；Kerferd，pp.3 ff.；Bröcker，pp.427 ff.。

② 如在《海伦颂》（DK 82 B 11）中，高尔吉亚举出了四种可选的解释来说明海伦为何有此行径，然后证明，无论采用哪种解释，海伦都不应该视为有罪。《为帕拉墨德一辩》中也有许多相似的地方，这篇演说想象帕拉墨德在审判官面前，提出一组与自己的案情有关的选项；然后证明，无论采用哪个选项，他都是无辜的（详见下，pp.120f.）。关于这两篇演说中的论证和《论不存在》中的论证的相似性，尤见 H. Gomperz，*1*，pp. 22 ff.；Gigon，*2*，pp.190 f.；还有最新的 Segal，pp.99 和 115。

117 下方面是一致的：高尔吉亚提到了"生成"和"不生成"（或"永恒"）、"一"和"多"、"存在者"（"是者"）和"不存在者"（"不是者"）这样的成对的对立，但是，后两对对立项是在何种意义上被理解的，一般来说却难以定论。① 事实上，与艾利亚学派一样，高尔吉亚似乎也设想"一和多"，"存在者和不存在者"是不相容的，无论它们是在何种意义或方面上被理解的。但是，虽然高尔吉亚的论证很明显对艾利亚学派的论证借鉴良多，但在某些特征上，他的论证却不同于我们之前考察的所有论证。首先，高尔吉亚提出选项的形式就产生了问题。我们的两份材料都一致指出，高尔吉亚使用了"生成"和"不生成"的对立，但塞克斯都版有时还提到了第三个选项，它同时包含了那两个对立项：如 Sextus, *M*.VII 66，要么是"存在者"，要么是"不存在者"，要么既是"存在者，又是不存在者"；在 68，"永恒的"或"生成的"或"同时永恒和生成"。如果塞克斯都版是正确的，那么这似乎暗示了下述设想得到了修改：即使在这两种情况中，塞克斯都版添加的第三个选项完全是正式的观点，但一对对立本身仍然构成了穷尽性选项。从 75 可以判断出，高尔吉亚并没有考虑"不存在者"（"不是者"）（如，"不是 X 的东西"）和"存在者"（"是者"）是在何种不同的意义或方面上都被认为是存在的，相反，他主张：如果"不存在者"和"存在者"都存在，那么就"不存在者"的"存在"（being）而言，"不存在者"等同于"存在者"；因此，这两者都不会存在。而再下面，并没有引出新的论证来反驳 68 和 72 提到的第三个选项"同时永恒和生成"。相反，高尔吉亚仅仅靠断定"对立面不相容"（如果它永恒，它就不生成，反之亦然，72）就反驳了这个选项；但是，虽然引入了第三个选

118 项，这却仍然没有考虑"永恒"和"生成"是在不同的方面上同时谓述的"存在"（即我们所谓的"存在的事物"）。

就高尔吉亚表面的目的来看，他的论证也是不同于我们之前考察过的艾利亚学派的论证。芝诺和麦里梭之所以着手反驳"多"这个假设，是为了推广或证明巴门尼德的"一"，而高尔吉亚使用相似的论证，则是为了既反驳"多"，也反驳"一"；既反驳"生成"这个假设，也反驳"不生成"这个

---

① 尤其是 τò ὄν 一词，对于如何解释和翻译它（是译为"Being"，还是"what is"），学者们莫衷一是，这反映出了该词的含混。如见 Kerferd, pp.6 ff.。

假设，他的目的在于，证明"无物存在"这个本质上带有否定性的论点。《论不存在》的表面上的结论显而易见，但是，高尔吉亚在这篇论著中的真实意图却仍然还是个问题，争讼颇多；尤其是，有人还提出了这个观点：整部作品仅仅是修辞术的习作，就像《海伦颂》和《为帕拉墨德一辩》。① 似乎最有可能的是，《海伦颂》的确首先是修辞作品：高尔吉亚本人称之为他的"戏作"（παίγνιον）或"玩笑"（21）。但是，《论不存在》的主题却并不是诉讼演说的主题，而是三重论点，相关于："存在"、"可知"、"可传达"，这就让该篇作品成为了截然不同的例子。基于我们掌握的既有内部、也有外部的证据，② 似乎没有理由怀疑高尔吉亚这部作品的意图是严肃的；它就是想要讨论这些问题，即使主要是以消解的方式进行。他得出的结论是悖论性的，但与巴门尼德在"真理之路"中提出的结论一样，其本身又不是悖论的。而就高尔吉亚证明第一部分论点时使用的论证来看，首先很清楚，他认为有可能将艾利亚学派的论证与其对手的论证联结在一起。的确，de MXG 的作者也注意到了这一点："为了证明无物存在，他联系了其他人的说法，有些人说'事物存在'，似乎断定了相反的意见；还有些人试图证明，有'一'，没有'多'；有些人证明，有'多'，没有'一'；而另一些人证明，存在着的事物不生成；另一些人则证明，它们生成。"③ 但是，虽然高尔吉亚明显认识到了自己如何在利用不同哲学家关于这些论题提出的种种论证，然而，没有地方表明，他知道如何避免这些论证引出的两难。他的论著的第一部分处理了艾利亚学派提出的种种问题，而且还进一步讨论了它们，因为它揭示了，艾利亚学派的论证如何能用来反驳艾利亚学派自己的论点，就像用来反驳他们对手的观点

119

---

① 如 H.Gomperz，1，pp.1 ff. 和 33 ff.，关于对其他观点的讨论，见 Untersteiner，p.163，n.2。最新的主张来自 Kerferd，p.3，他有力地提出了这种解释：《论不存在》是严肃的哲学作品："可以相信，它的一般论点是为了娱乐这样的人：他们认为尝试哲学本就荒唐透顶；但按照预期，这些人又不会细究构成这部作品内容的困难的论证。而认为'该作品完全是修辞习作'的观点，实不可信。"

② Gigon，2，pp.187 f.，指出，并没有什么古代的权威说法认为《论不存在》仅仅是"玩笑"。

③ 在 979a 22 f.，de MXG 专门提到了芝诺和麦里梭："有效论点，他（高尔吉亚）在证明时，试图遵循麦里梭，有时，他遵循芝诺。"甚至这位作者所说的高尔吉亚"自己的证明"（ἴδιον...ἀπόδειξιν，979a 23 f.）也类似艾利亚学派的论证，相似之处在于：高尔吉亚的证明也涉及了"存在"和"不存在"这一对对立。

一样。① 不过，尽管高尔吉亚利用了艾利亚学派的论证所引起的种种困难，但他并没有解决它们：他，或者其他任何这一时代的哲学家，是否清楚地理解了这样的论证所基于的设想，是否已能解决它们展现的两难，这还的确颇为成疑。

"在对立选项间提出选择"，"反驳对立论点（通常是相反论点）来支持另一个论点"，这都是艾利亚学派使用的技术，它们并不仅仅是在讨论那些围绕着"一与多"、"存在者（是者）和不存在者（不是者）"的哲学议题时才会出现，类似的技术也普遍运用于修辞术论证的广阔语境中，后者的目标是说服，而不是近似形式论证的东西，在说服这一方面，它们当然极为有效。在对立而非穷尽性的选项间提出选择，这在**形式上**并不正确；同样，对一个论点的反驳，**未必**就意味着，相反的论点为真，但是，在修辞术论证的领域中，演说者的目标并不是给出形式证明，而仅仅是说服反方，因此，上述的那些技术就具有相当强的说服力。例如，高尔吉亚的《为帕拉墨德一辩》，就提供了许多例子，展现了在纯粹的修辞术语境中运用"对立"论证的做法。在帕拉墨德的辩护演说中，他被想象成向审判官提出了一系列的选择问题；在提到每一个选项时，他都证明或试图证明：要么所提的选择并不可能，要么即使为真，他也应该被认为无罪。他首先提出了一系列无可非议的问题，涉及了他如何被认为犯下了所控告的背叛行为，比如询问：他被认为接受的贿赂，是许多人提供的，还是一个人（9）？是白天，还是夜间（10）？然后，他是一个人犯罪，还是有共谋（11 f.）？然而，从事这种罪行并非一个人能为。那么，谁是他的共犯呢？是自由人，还是奴隶？不过，如果是自由人，那么他的审判官应该认识他，而且与之有牵连。另外，他如果用奴隶当同谋，这肯定难以置信，因为奴隶们会告发他，要么是希求自由而自愿为之，要么是不得已如此。帕拉墨德提出的一系列选项就这么多；但是后面，他又提出了一个相似的问题，他明显用了不当的手段。他问（22 ff.），控告他的人是出于**精确的知识**，还是

① 布洛克指出，高尔吉亚的种种论证专门针对艾利亚学派的存在观；他还进一步认为：这些论证含蓄地证明了"可朽者的意见"，这与艾利亚学派的"真理之路"针锋相对（Bröcker, p.438）。但是，这种说法有些过度，超出了高尔吉亚在《论不存在》中的实际言论。其实，"无物存在"、"如果存在，也不可知"、"如果存在而且可知，也难以传达"这三个论点，都是一般性的本体论和认识论的论点，它们并不**仅仅**是针对艾利亚学派。

出于**臆测**（supposition）（εἰδὼς ἀκριβῶς ἢ δοξάζων）而控告他？第一个选项被反 **121**
驳掉，理由是，没有呈现第一手的证据。但之后，他主张，仅仅靠臆测来控
告，这个根据并不充分。不过，从一开始的问题（22 ff.）中，我们知道"臆测"
（suppose，δοξάζων）指的是"任何缺少完善知识的内容"，它与精确的知识构
成了两个选项，但是，在 24，当他开始考虑他们有可能通过臆测来控告他时，
在这里，"臆测"就并非与"精确的知识"相反，而是与"知识"（无限定意义
上的）相反；它被认为是不值得信任的。最终，在 25，出现了另一种类型的论
证，但它同样也包含了对立。帕拉墨德说，他被控告，既是因为他的"智慧"
[σοφία，这个词既表示智慧（wisdom），也表示聪明（cleverness），但在这里，
它理解为后一个意义]，也是因为他的"愚见"（μανία，folly）；"智慧"，是因
为他狡猾地完成了罪行；"愚见"，是因为他背叛了自己的城邦而由此伤害了自
己的朋友，有利于他的敌人。但是他说，这两点"极为对立"（ἐναντιώτατα），
而同一个人不可能同时具有这两种属性。那么他问道，当某人在众人面前控
告时，他"针对同一个人断定了对立的事情"，这些人应不应该相信他的指控
呢？在这里，除去 σοφία 一词中明显的歧义之外，帕拉墨德当然还没有证明，
指控他的人在形式上自相矛盾：在一般意义上，这些论证的目标并不在此，而
仅仅是尽可能看似合理地表明：反方使用的论证中存在着**一定程度的**不一致。
而在这里，我们发现了一个包含对立、用于说服、并不是以证明为目的的论
证。无疑，在哲学家以及其他作家那里，还有许多这样的文本，它们都体现
了对亚里士多德所谓的"对立论题"（τόπος ἐκ τῶν ἐναντίων）的使用，而这样
的用法既存在于柏拉图之前的时代，也存在于他之后。

在最后，我们应该关注一下其他一些在前柏拉图时期出现的、典型的
争议，它们主要是针对两个极端选项展开的争论，即使这两者并没有包含 **122**
成对的对立项。有两种这样的争议，尤为值得一提：（1）围绕理性和感觉；
（2）围绕约定（Νόμος，Convention，礼法）和自然。① 在这两种情况中，两
个词项都不是相反关系；但做出的论证有时却仿佛是，两种观点彼此相斥，
都是穷尽性的选项。

---

① 前柏拉图时期会以相似的方式进行处理的、其他重要的对偶论点，尤见 Heinimann，*1*，
标题为"言与行"（Wort und Tat）、"名与实"（Benennung und Wirklichkeit），"显像与存在"
（Schein und Sein）。

（1）首先，"理性提供知识"和"感觉提供知识"这两种竞争的主张之间存在着争论。毋庸置疑，我们应该说，"源自抽象推理的判断"与"基于感觉证据的判断"，都各自是要么为真，要么为假；我们或许也会在数学计算上出错，正如在解释感觉信息时出错，尽管在这两种情况中，我们验证自己判断的方法，以及承认这些判断为真的标准都多有不同。但是，在希腊思想的不同阶段中，我们发现了两种极端的立场：（a）只有理性提供真知，而 αἴσθησις（感觉—知觉或感觉）不仅做不到这一点，相反，还天然地具有误导性；（b）只有感觉—知觉提供真知。这两种观点可以简要地列举如下。（a）例如巴门尼德 Fr.7，将理性与感觉相对，而且不仅如此，巴门尼德建议，我们不仅应该使用理性，还应该反对感觉提供的证据。① 麦里梭也提出了类似的主题，在 Fr.8 讨论感觉提供的证据的结尾处，他提出："那么显然，我们不会以正确的方式来看"（δῆλον τοίνυν ὅτι οὐκ ὀρθῶς ἑωρῶμεν）。麦里梭明显采纳了这种立场，因为我们知觉的种种事物受制于变化，因此，它们并不满足麦里梭的与"存在"有关的标准，但是，我们应该看到，他的结论并非是"我们不会以精确的方式来知觉事物"（他或许会说，οὐκ ἀκριβῶς ἑωρῶμεν），而是"我们不会以正确的方式来看"（οὐκ ὀρθῶς），这似乎暗示了：感觉完全是具有误导性的。而在智者派那里，我们看到了归于色尼阿德的观点：一切 φαντασία（很可能既包括"所知觉者"，也包括"所想象者"）都是假的（Sextus，M.VII 53，DK 81）。但（b）至少按照柏拉图和亚里士多德的记录和解释，普罗泰戈拉的立场却是"只有感觉—知觉提供真知"而且它不会出错。② 纵览早期希腊知识论的讨论，可以看出，有一种趋势是：将知识问题处理为两

123

① "不要让源于经验的习惯迫使你、让自己心不在焉的眼睛或回响的耳朵或舌头沿着这条路迷失，要用理性判断……"
② 例如在《泰阿泰德篇》152a ff. 中（泰阿泰德之前表明了将知识等同于感觉或感觉—知觉），苏格拉底引用了普罗泰戈拉的说法："人是万物的尺度，既是它们存在的尺度，断定它们的存在；也是它们不存在的尺度，断定它们的不存在"，他接着说："他的看法难道不是这样吗，每件事物对我来说就是它所显现的那样；对于你，也就是对你来说显现的那般?"他以两个人为例，同样的风吹在两人身上，一个感觉冷，而另一个人并没有；他得出结论：按照普罗泰戈拉的观点"感觉总是针对了存在，它作为知识，是不会出错的"（αἴσθησις ἄρα τοῦ ὄντος ἀεί ἐστιν καὶ ἀψευδὲς ὡς ἐπιστήμη οὖσα，152 c f.）。也见 Cra.385e f. 和 Arist. Metaph.1062b 13 ff.。

个极端选项之间的争论，即，显像为真、显像完全具有误导性。①"理性"和"感觉—知觉"这两种认知模式通常成为相对的选项：凡是主张某个模式能提供知识的人，往往倾向于忽视对另一个模式的主张，或者，甚至谴责后者是极为错误的；类似的倾向一再出现于柏拉图对知识问题的某些讨论中。②

（2）而 νόμος 和 φύσις，有时也不仅仅视为竞争关系，在不同语境中，还被认为是两种可选的理论，有时在伦理方面的讨论中，有时在知识论、语言论以及文明起源论的语境中。③ 这两种观点时常彼此相对的方式，可以见柏拉图的《克拉底鲁篇》，赫墨根尼（Hermogenes）和克拉底鲁分别主张 νόμος 和 φύσις 的语言理论。克拉底鲁的观点是，名字以自然的方式正确，即，它们符合它们所指的事物；他也反驳了这个看法：人们对事物的约定称呼就是事物的名字（383ab）。而赫墨根尼采取如下观点：名字只是靠约定才正确，"在我看来，任何人命名任何事物的任何名字都是正确的；如果他将之改变成另一个名字……那么第二个名字与第一个名字都是正确的。"（384d 2 ff.）如这里所说，这两种观点都是极端的：为了反驳"自然论"，可以主张不同语言使用不同的名字来指涉同一个事物（cf.383b）；但同样，为了反驳"约定论"，可以强调名字并非如赫墨根尼解释的那样完全随意。在这篇对话中，这两种语言论都得到了全面的考察；而关于"我们如何获取知识"这一主要问题，苏格拉底在《克拉底鲁篇》结尾表达的观点，代表了一种新的方向，它远离了这两种在**名字本身**中发现某种"正确性"的理论，无论是"自然的"还是"约定的"。④ 但是，值得注意的是，这篇对话中原本的问题是以**两难**的

---

① 当然，除了这种普遍情况，还有些重要的例外。德谟克利特就是一例，他既承认理性，也承认感觉是知识形式；前者"真"，后者"模糊"（Fr.11；如果 Fr.125 是真作，那么他也认识到，在某种程度上，心灵依赖于感觉）。

② 参见《斐多篇》65a ff. 的论证，那里表明，感觉完全具有误导性。苏格拉底提出了如下问题："视觉和听觉对于人们来说是否具有真正的实在（ἆρα ἔχει ἀλήθειάν τινα ὄψις τε καὶ ἀκοὴ τοῖς ἀνθρώποις），还是像诗人常常告诉我们的那样，我们并不能以精确的方式听到或看到什么事情（οὔτ' ἀκούομεν ἀκριβὲς οὐδὲν οὔτε ὁρῶμεν）"；然后苏格拉底又说，灵魂实际上受身体的蒙骗（ἐξαπατᾶται 65b 11），只有通过推理（ἐν τῷ λογίζεσθαι）才能理解真理。

③ 对 νόμος 和 φύσις 历史以及使用这组对偶的不同语境的充分讨论，见海尼曼（Heinimann）的专门研究（1），也见 Pohlenz，2。

④ 在《克拉底鲁篇》结尾，苏格拉底有力地主张：为了获取知识，我们必须首先研究事物本身，而不是它们的名字；尤见 435d ff.。

125　形式呈现。在383a，赫墨根尼邀请苏格拉底加入他们的讨论，他与克拉底鲁陷入了僵局：对于名字的"正确性"，他们各自主张了不同的观点；而赫墨根尼的迷惑（在384a，他提到了这一点；384c f. 再次提到）主要源自于如下事实：他认为这两种观点是仅有的可能的选项。① 对于理性和感觉，就像对于自然和约定一样，人们会得出这样的结论（就像艾利亚学派以及其他哲学家的涉及了"一与多"这样的对立的论证）：这场争论通常在进行时，就仿佛，必须只能在这两个词项之间（即在这两个词项用来代表的、两种极端的观点之间）做出选择。②

　　下面我要简单地概述一下我们发现的、前柏拉图时期使用的、涉及对立的种种论证。第一，在对立的选项间设立选择，为了强迫对方承认（比如在巴门尼德和麦里梭那里）；第二，反驳某论点的对立面（通常是相反项）来证明该论点本身（尤见芝诺和麦里梭）；第三，证明某论点可以得出对立的结论（通常还是相反者）来反驳该论点（芝诺）；第四，为了反驳某论点，首先陈述某两个选项，若论点为真，其中一个必定为真，然后，依次

126　反驳这些选项（高尔吉亚）。针对大多数我们考察过的论证，可以做如下批评。（1）一般来说，这种论证中使用的词项都有歧义，如"存在"，"多"。（2）似乎某些"假设"常常被处理成，仿佛如命题一样，要么真，要么假。（3）很明显，不同种类的对立项之间的关系有时被错误地理解或者过分简化。如（i）有时会设想：当证明"相反的属性属于同一个主词"时（而不管两个属性是在什么方面或关系上谓述并属于该主词），则证明了"两个属性自相矛盾"这个"假设"。另外（ii）通常会在并非穷尽性选项的对立面之间设

---

① 赫墨根尼在384d 6 ff. 提出自己理由的方式表明了这一点："并非以自然的方式，任何名字才属于任何事物，相反，是人们的约定俗成，他们习惯性地为之命名"（οὐ γὰρ φύσει ἑκάστῳ πεφυκέναι ὄνομα οὐδὲν οὐδενί, ἀλλὰ νόμῳ καὶ ἔθει τῶν ἐθισάντων τε καὶ καλούντων）。

② 亚里士多德那里还有其他证据，证明了"自然"和"约定"之间的论证产生悖论和两难的方式。SE 173a 7 ff.，他描述了自然和约定这两种标准的使用，说这是"最为广泛的、用来迫使对手陷入悖论的论题"。他说，这两者是对立项（ἐναντία）；可以用对手某一角度的陈述来反对他另一角度的陈述，以子之矛，攻子之盾，使之陷入悖论之中。尤其有趣的是，亚里士多德应该也会推荐为了让对手陷入悖论而有意使用"自然"和"约定"这对对偶；但显然，他的做法遵循了前人的普遍的趋势，也是将这两种观点彼此相对。亚里士多德不仅引用了一个《高尔吉亚篇》（482e f.）中的例子，他还进一步指出："所有之前的作家"都认为悖论是以这种方式产生的（173a 9）。

立选择。① (iii) 有时，从对一个论点的反驳中轻易就得出：这一论点的相反者为真。在这些情况中，论证在形式上无效，尽管它们毫无疑问也具有某些说服力（而我们后面会看到，亚里士多德为了修辞的目的，不仅使用类似的论证，还加以推荐）。但是，据我们所知，对于不同类型的对立之间的关系，尚没有人进行充分的分析。即使大量词项被不同的前柏拉图时期的作者用来指称一般的对立（如包括 ἀντίος，ἐναντίος，ὑπεναντίος，和 ἀντίξοος），② 但这些词项并没有严格限定，而且在这一阶段，这些丰富的词汇，并不是用来指称不同种类的对立。尤其是，尚无证据表明，"相反的对立"和"矛盾的对立"这两者之间有人明确做出了重要的区分；的确，如我们前面所见，之所以许多悖论和两难问题在这一时期纷纷出现，正是由于这种区分没有得出，另外，这也归因于将所有对立处理为"不相容和穷尽性选项"的趋势。而下面，我们必须考察柏拉图，看看他是在何种程度上令人满意地分析了不同的对立模式。

柏拉图

我之前已经表明，在前柏拉图时期，艾利亚学派和其他人提出的某些论证都依赖于一个无人质疑的设想，即："一与多"、"存在和不存在"这样成对的对立，都必定是不相容的，而且是穷尽性选项。但柏拉图，他在不同类型的对立之间做出了一些重要的区分，他廓清了矛盾问题；尤其是证明了：断定"一个事物（在某种意义上）存在"以及断定"它（在另一种意义上）

---

① 但是，我们已经注意过，高尔吉亚很可能意识到了"典型的艾利亚派的、在一对对立选项间设立选择的选言问句"容易遭受的非议：至少，如果塞克斯都版《论不存在》的论证是正确的，那么高尔吉亚在他的问句中有时会引入第三个选项，它将两个对立全都包含其中。

② ἀντίος 和 ἐναντίος 这两个词在荷马那里就已经在字面的意义上常用，"面对面"（通常指人群，比如对垒的军队，见 *Il*.11 216，但有时也指事物，如海港入口处横跨的两座彼此相对的海角，*Od*.10 89），但是在巴门尼德的"真理之路"那里（Fr.8 55 和 59，提到光和夜），ἀντίος 这个词首先用在宇宙论的语境中；而 ἐναντίος 和 ὑπεναντίος 则被医学作者用于了"以对立治愈对立引起的疾病"这种理论语境里（例如 *VM* ch.13，*CMG* 1，1 44 20 and *Flat*. ch.1，*CMG* 1，1 92 8）。ἀντίξοος 首先出现在赫拉克利特 Fr.8（见上，p.97），之后常见于希腊爱奥尼亚人的作品中。

不存在"这两个明显矛盾的陈述并非完全是矛盾的。不过，在讨论柏拉图对对立的分析之前，我们首先应该关注这样的几段文本：它们主要来自早期对话，其中，我们发现了种种与我们之前考察过的"前代希腊哲学家的论证"具有相似形式的论证。当然，柏拉图对话中，还有很多地方，对话人在成对的对立选项间设定了选择并以此为形式提出问题，而问题采取这种形式，却很少或并没有影响到对既定论题的讨论。不过，通常来说，提问人设定这种选择，却是讨论之中的重要因素，它能促使提问者得到某种承认或证明某些结论（即，当他的对手感到警惕，而且第三个或其他选项被抑制，没有受到注意时）。有时候，例如，出现这种选言问句的语境是"驳诘"（elenchus），其中的论证首先带有消解的目的。但是，类似的论证技巧也在一些文段中被柏拉图用来提出"正面的"学说，如在"理念论"（theory of Forms）的语境中，这引起了更为有趣的解释问题。我们首先要考察第一种情况的例子，苏格拉底在构建**驳诘**时提出了一系列问题。

众所周知的一段文本见于《普罗泰戈拉篇》（329c-332a），其中包含了引人注意的、苏格拉底和普罗泰戈拉针对德性这一主题的讨论。[①]普罗泰戈拉断定（329d 3 f.），德性是单一的东西，而正义、节制、虔敬等都是它的部分。之后，苏格拉底问道（d 4 ff.），这些部分是像脸的部分一样，还是像一块金子的部分一样，除了尺寸有别之外彼此并无差异？可以说，苏格拉底提出的选项就是，德性的各个部分是等同的，还是彼此有别的？但是第三个选项当然也有可能，即，各个部分并不彼此相同，也非迥然不同，相反，是在某些方面相同，在另一些方面不同；尽管这个选项可以充分描绘不同种类的德性的关系（这些德性并不相同，但可以说，就它们都是德性而言，它们彼此相似），但它并未被加以考察。在329d 8 ff.，普罗泰戈拉选择了如下回答：德性的各个部分就像脸的各个部分；而苏格拉底又对他说（330a 4 ff.）：那么德性的各个部分是彼此不同了；普罗泰戈拉表示同意。接下来的一段引起了学者们的广泛讨论，[②]因为其中，苏格拉底公然混淆了"相反"和"矛盾"。

---

① 对这一段的讨论，如见 Ranulf, pp.94 ff. 和 Sullivan, pp.13 ff.。

② 最新的论述，见 Sullivan, p.14 [他指出，在通常的对话中，司空见惯，苏格拉底经常采取此处的做法，将矛盾项（"not just, 非正义"）用作相反项（"unjust, 不正义"）]，也见 Gallop, pp.91 f.。

他问道（330c 4 ff.），正义是"正义的"，还是"不正义的"？普罗泰戈拉接受了苏格拉底提供的答案，即，它是正义的（"正义既非正义，也非不正义"这种可能性并没有被提到）。按照之前承认的"德性的各部分彼此不同"，苏格拉底接着提出（331a 8 f.）：例如，正义并非"像虔敬一样，而是像不虔敬"（οἶον ὅσιον ἀλλ᾽ οἶον μὴ ὅσιον）；之后，他又表明（a 9 f.）：反过来，虔敬"就像非正义，而是不正义"（like what is not just, but is, then, unjust，οἶον μὴ δίκαιον, ἀλλ᾽ ἄδικον ἄρα）。在这里，普罗泰戈拉没有提出任何反驳，尽管"非正义"显然被理解成了意味着"不正义"；① 他没有制止苏格拉底，让他继续。在 331b 3 ff.，苏格拉底又得出结论：他自己对于德性的观点是正确的，即，"正义要么与虔敬等同，要么极为相似"（ἤτοι ταὐτόν...ἢ ὅτι ὁμοιότατον）。再一次，所考虑的选项，又是两个极端。一旦"正义与虔敬彼此对立"这个可能性被排除，那么苏格拉底就断定：它们"是等同的或极为相似"。但"它们在某些方面相同，某些方面不同"这一可能性却未做考虑。但值得注意的是 b 5 加上的"要么极为相似"（ἢ ὅτι ὁμοιότατον），因为这句话似乎向普罗泰戈拉表明了：他如何可以逃脱苏格拉底设下的两难，即"等同"和"迥然不同或对立"。但是，普罗泰戈拉并没有利用这样的机会，即，有可能在"等同"（ταὐτόν）和"极为相似"（ὅτι ὁμοιότατον）之间做出重要的区分。的确，他首先承认：正义"以某种方式"（τι）与虔敬相似（d 1 f.），但是之后，他的一些言论又削弱了这个说法，那些言论表明：他并没有认识到"既不同于'等同'，也不同于'对立'的'相似关系'"的重要性；因为他接着说（d 2 ff.），"的确，任何事情都以这种或那种方式（ἀμῇ γέ πῃ）相似于其他任何事情。**甚至白色也以某种方式相似于黑色**，硬相似于软，其余那些看似彼此极为对立的东西也是如此"。他最后提出请求，不要把"那些彼此有任何相似性的东西"叫作"ὅμοια"；也不要把"那些彼此有任何差异的东西"叫作"ἀνόμοια"。尽管苏格拉底明显坚持要在"等同"和"对立"之间做出选择，但普罗泰戈拉在自己的立场上，与之相同，也倾向于将"相似关系"纳入"等同关系"

130

---

① 正义与非正义是矛盾关系，与不正义是相反关系。汉语里，"不"字既可以表示矛盾项（对应 not，如"不白"），也可以表示相反项（如"不正义"）。本书中，在不用区分的情况下，"不"有时表示矛盾关系，有时是相反关系，但无论哪种情况，它们都适用于有条件的矛盾律。凡当对比这两种关系时，前者用"非"，后者用"不"来译。——中译注

之中；将"不相似"关系纳入"完全差异或对立关系"中。

《普罗泰戈拉篇》里的这一段包含了若干例子的设定"选择"的论证，这样的选择在一对彼此对立而事实上并不具有穷尽性的选项之间，不过当然，我们无需设想：柏拉图本人也完全受到了他让苏格拉底欺骗普罗泰戈拉时使用的那些论证的欺骗。在很早期的对话中，有若干地方，柏拉图都明确区分了"不具有属性"（not having an attribute）和"具有相反属性"（having the contrary attribute），比如在《会饮篇》（Symposium），①；而就在《普罗泰戈拉篇》中，两次提到了一对相反项之间存在着"范畴上的中项"②；因此，柏拉图绝不可能没有意识到如何从形式上反驳 331a 9 f. 中，苏格拉底将"非正义"转换为"不正义"时所做出的举措。但是，如果柏拉图有意将这一段中一系列（往最好了说是）针对人身的论证归于苏格拉底，那么值得注意的是，他就将普罗泰戈拉这位著名的智者描述成：他连这样的论证都无法有效地做出驳斥。普罗泰戈拉并没有质疑苏格拉底在一对并不穷尽的选项间设立的选择，先是 329d 4 ff.，之后又是 330c 4 ff.（此处的选项是：正义是正义的，还是不正义的？）；然后是 331b 1 ff.，此处，苏格拉底做出结论：他本人对德性的观点才是正确的。当 331a 9 f.，苏格拉底将"非正义"转换为"不正义"时，普罗泰戈拉也没有对此反驳。在 331d 1 ff. 的一番话中，他也倾向将"相似关系"纳入"等同关系"，他没有认识到希腊语单词的 ὅμοια 具有的潜在的歧义（这个词要么意味着"相似"，要么意味着"等同"）；直到整个讨论的结尾，他依然混淆不清，愤怒不已。③ 柏拉图借苏格拉底之口说出的论证很可能并未欺骗柏拉图本人，但是，至少他认为，将这种论证归于苏格拉底，归于被苏格拉底弄得困惑、一败涂地的普罗泰戈拉都是合理的。④

131

---

① 见 Smp.202b 1 f.（"不要强迫不美者变丑，也不要强迫不善者变恶"）。也见 Men.91c 8-d 1；详见 p.147，论 R.491d，等。

② 在 Prt.346cd，苏格拉底指出，所谓"一切没有混杂黑色的东西都是白色的"是荒唐的；351cd，普罗泰戈拉也提到了某些令人痛苦的事情，如他所说：既非善，也非恶。

③ 在 332a 2 ff.，苏格拉底中断了讨论，因为他说，看起来普罗泰戈拉生气了（ἐπειδὴ δυσχερῶς δοκεῖς μοι ἔχειν πρὸς τοῦτο）。

④ 《普罗泰戈拉篇》的另一段论证值得注意，它揭示了希腊语单词的 ἐναντίον 的多种用法，这个词有时严格地用来指"彼此相反者"，有时不严格地指任何彼此对立者。在 332a ff.，苏格拉底主张：(1) 愚蠢（ἀφροσύνη）和智慧（σοφία）是完全对立的（πᾶν τοὐναντίον）；

苏格拉底参与的对话中还有其他几段，他也在一对彼此对立却并无穷尽性的选项之间设立选择，为了在进行"驳诘"的过程中获取对手的承认。但更值得的注意是，类似的论证技巧也被用在了这样的地方：柏拉图的目的更具有建构性，如，提出种种与"理念论"有关的论点。（1）例如《斐多篇》，苏格拉底在两个极端选项间设立选择，为了得到认可，即承认"殊相的世界，在某种意义上，是相当不定的"。首先在 78d 1 ff.，对话达成一致：存在本身，平等本身，美本身等等都是永远恒常不变（ὡσαύτως ἀεὶ ἔχει κατὰ ταὐτά d 2 f.）；然后苏格拉底问道(d 10 ff.)，"众多美者，比如人，马或衣……如何呢？它们是恒常的，还是与它们的对立一样，可以说，要么各自不是自身等同，要么在某个方面彼此不同？（ἆρα κατὰ ταὐτὰ ἔχει, ἢ πᾶν τοὐναντίον ἐκείνοις οὔτε αὐτὰ αὐτοῖς οὔτε ἀλλήλοις οὐδέποτε ὡς ἔπος εἰπεῖν οὐδαμῶς κατὰ ταὐτά;)"。我们可以认为，这里并没有提及第三种可能性（即，诸多美者或平等者受制于偶然而非恒常的变化），而当以"永远相同"和"**从不**相同"（*never* the same）这一对相反者为形式（而非"永远相同"和"并非永远相同"为形式）提出选项时，那么效果显然是有助于得出如下结论：殊相的世界"可以说"是**相当不**定的。

（2）还是《斐多篇》，在最下面一段中，看起来，苏格拉底又一次通过在一对对立选项间设定选择来强迫对方做出选择。首先，在 79a 6 f.，他区分了两种事物，"可见者"和"不可见者"；然后，他得到了凯柏斯（Cebes）的认同："不可见者"总是恒常的，"可见者"绝非如此(a 9 f.)。虽然已经承认，身体"更像是"或"近似于"（ὁμοιότερον, συγγενέστερον）"可见者"（b 4 ff.），**但是之后**，在 b 7，苏格拉底又询问：灵魂是"可见的，还是不可见的"（ὁρατὸν ἢ ἀιδές)？再一次，这个问题仍然采取了在一对对立间设立选择的形式。但是显然，"可见"和"不可见"是在特殊意义上使用的。承认"灵魂是'不可见的'"，其实是承认：它"像"或"近似于"不可见的、不变的实体，即理念（d 1 ff.，e 2 ff.）。

（3）某些与"理念和殊相"、"灵魂和身体"之别有关的论点，都在《斐

132

多篇》中加以介绍，而且借助了种种设立在相反选项之间的选择。但是，类似形式的问题也出现在其他讨论理念的、柏拉图的对话中；值得注意的一段，见于《蒂迈欧篇》51b 7 ff.。那里，蒂迈欧问道："是否存在着'依于自身的'（αὐτὸ ἐφ' ἑαυτοῦ）火，还是存在着其他任何我们总是称之为'依于自身'而存在的东西？或者，只存在我们看见或以其他方式、用具有这种实在性的身体来知觉到的东西，而除了它们，其他东西都完全不会存在？"蒂迈欧之后继续表明（d 3 ff.）："如果理性和'真意见'是两种东西，那么毫无疑问，这些理念就是'依于自身'而存在，我们不可知觉，它们仅仅是理性的对象。但是，如果在一些人看来，真意见在任何方面（τὸ μηδέν）都不会与理性不同，那么，我们必须设想：一切通过身体知觉到的东西都是最稳定的。"蒂迈欧区分理性和真意见时给出的理由与我们此处的讨论无关。而关于这一段，我们需要注意的，则是蒂迈欧两次在某些选项间设立选择的方式。在 51b 7 ff.，两个选项陈述如下：要么除了感性事物之外，别无事物存在，要么理念自身是实在的。对于此处明确提到的"理念论"，替代它的唯一一个选项就是极端的"质料主义"观点。之后，蒂迈欧在 d 3 ff. 再一次提出了选择，仍然是在两个对立的极端之间：理性和真意见是不同属（δύο γένη），还是等同，"无有差别"？但是，第三个可能——我们称为"理性"和"真意见"的东西并不相似，但在"属"上又并非不同——却并未加以考虑。陈述选项的形式再一次强迫对方做出决定，它又表明了一个在两个极端观点之间的选择：要么理性和真意见是等同的，要么它们以如下方式彼此不同：它们各自的对象必定在种类上不同，理念不可知觉，不变；殊相可以知觉，可以生灭。

在我们已经考察过的、柏拉图的这几段文本所展现的某些语境中，我们发现了在"对立却并不穷尽的选项间"设立的选择。柏拉图如何评价这样的论证，这是复杂的问题，但是，我们已经看到，他使用它们，不仅是为了"消解"的目的，即苏格拉底通过有时似是而非的论证来压制对手，也是为了"建构"的目的，他的目的就是让他自己的正面的论点（如与"理念"有关），而在这种语境中，他明显认为，自己的论证具有说服力，即使没有理由相信，他本想表明，这些论证是"证明性的"（demonstrative）。不过，如果柏拉图在种种语境中为了各种目的准备使用这种形式的论证，但又对其不作质疑，那么在他的对话的其他地方，我们却发现，有一些形式大体类似的论证，都受到了广泛地嘲弄和模仿，还有批评。下面我们必须考察那些反对这种论证的批评的性质。在何种程度上，柏拉图从逻辑的观点、在整体上分析了这样的论证？我们应该考虑的第一个证据出自《欧绪德谟篇》。这部对话非常有价值，因为它提供的证据，一方面相关于在柏拉图之前不远和同时代对某些类型的论证的使用，另一方面也表明了柏拉图本人对这些论证的态度和评价。需要注意的是，在他让智者兄弟欧绪德谟和狄俄尼索多罗做出的论证中，有不少都立足于艾利亚学派的"在一对对立选项间设立选择"的技巧。①

这对智者兄弟（275d 2 ff.）一上来就提出了大量问题，他们要求在给定的对立选项中选出一个作为回答；而他们已经承认了自己的意图，即，无论某人从这两个选项中选择哪一个作为回答，他们都会加以驳斥（e 4 ff.，见276d 9 ff.）。（1）如275d 3 f.，他们问道："学习的人，是何种人？是聪明人（the wise 或 the clever, οἱ σοφοί），还是蠢人（οἱ ἀμαθεῖς）？"当回答是"聪明人"时，可以指出，学习的人，尚未知道教给他们的内容，因此，他们是"蠢人"（276a 1-b 5）。但是，"蠢人"这个回答也可以驳斥，因为一般来说，正是聪明人，而非蠢人，才善于学习，而且学习敏捷（c 3-7）。显然，此处有"两可"：在276a 3 ff.，"聪明"（wise）和"愚蠢"（foolish）是在此处的特殊的含义中被使用；而在 c 4 ff.，它们又被理解为指"一般能力"。但是自始至终，这两位智者却将"聪明"和"愚蠢"作为意义单纯的选项。（2）第二个问题形式相似，两位智者还是在对立选项间设立了选择。"学习之人，他们学习他们知道的（ἐπίστανται），还是他们不知道的?"（276d 7 f.）克莱尼阿斯答道，他们学习他们不知道的（e 8 f.），但是这个回答被驳斥了，因为（在某种意义上）当他们学习其他事实（他们不知道的事实）时，他们已经知道了所使用的字母。但是，第二个选项也可以反驳（b 3 ff.），通过如下明显的事实：人们学习的内容就是他们还未知道的东西。不过在这里，苏格拉底向克

①　Sprague，如 pp.5 ff. 和 12 ff.，他将我们要考察的论证分为"两可"和"片面"（secundum quid）这两种谬误推理。这里，我想要关注的这些论证，它们的独特特征在于，其看似的可信性（尽管只能如此），首先来自"它们在对立选项间设立了选择"这一事实；其次，来自于"其中一个选项应该可取"这个预设。

135

莱尼阿斯施以援手（d 1 ff.），他指出在第一个问题中"学习"一词的"两可"：它首先是在"获取知识"的意义上使用，之后又用来表示"拥有或运用知识"（他认为，更常用的 συνιέναι，"理解"，可以表示这层意思）。他说，这两位智者表明了：同一个词可以用于状态相反的人，即，"（一个意义上的）知道的人"和"（另一个意义上的）不知道的人"。他将智者的论证描述为一种儿戏（παιδιά，278b 2 f.）；他将他们比作搞恶作剧的人，等别人快坐下时，就拉走椅子。通过自己典型的反讽，苏格拉底指出，毫无疑问，他们马上就会转向严肃的问题了（278c 2 ff.）：他们马上就会表明，他们应该鼓励克莱尼阿斯投身于智慧和美德（d 1 ff.）；接着，他又开始展示他所考虑的那种讨论形式。而两位智者依然使用他们之前的方式。之后，又出现了两个论证，其中使用了 ὄν 和 μὴ ὄν 的歧义。（3）首先（283c f.）狄俄尼索多罗得出结论，由于苏格拉底想让克莱尼阿斯变聪明，也就是变得不同于他现在，故而，他想让克莱尼阿斯"死去"（be dead，μηκέτι εἶναι，"不再存在"，这里没有"愚蠢"这个限定词）。（4）之后在 283e f.，那里表明，错误的陈述和矛盾都是不可能的，因为人们不可能说出"不存在"（见上，p.114），而苏格拉底成功地将这个论证调转过来反对两位智者（286b f.），让他们承认：假意见和无知也是不可能的；而反驳和犯错同样都是如此。

接下来的间歇中，苏格拉底和克莱尼阿斯以严肃的方式讨论了对知识的追求，这之后，两位智者提出了更多的问题，这一次轮到苏格拉底以更为防守的姿态回答他们，他要对自己的回应加以限定，以便试图阻止智者从回应中得出明显矛盾的结论。（5）他被问道，他是否知道任何事情（293b 7），他的回答是"当然，许多事情，但都不重要"。当被问道，他是否"有知"（ἐπιστήμων c 2），他说："当然，就在那个方面"。苏格拉底限定了自己的回答，但这没有阻止住欧绪德谟；他说，如果苏格拉底"有知"，那么他必定知道一切。自然，苏格拉底会对此加以反驳，他说，有许多事情，他还不知道，由此，欧绪德谟试图得出如下结论（c 7-d 1）：苏格拉底既"有知"又"不知"（not-knowing）；因此，"针对同一件事，在同时"（κατὰ ταὐτὰ ἅμα），他既是同一个人，又不是他。苏格拉底嘲笑了"他知道一切"这种论断；他将思路相同的推理用到了其他人身上，以此扭转局势，压制智者。他问："其他所有人是否都知道一切，还是一无所知？"（294a 5 f.）但是，按照对话的描述，狄俄尼索多罗认为这个问题是合理的，他重申说：总是有些事情，他们就不可能知道；因此，他们同时既"有知"，又"不知"。接下来的论证，类型相同。如"有知"和"不知"，"兄弟"和"非兄弟"，"父亲"和"非父亲"，"母亲"和"非母亲"都依次被用到（297e 5 f., 298a 1 ff., d 1 ff.），每一对词项都表现得仿佛是：无论它们在任何方面或关系上被使用，它们都互不相容，都是穷尽性的选项。一系列荒唐的结论不仅由两位智者得出，而且他们的对手也会以嘲笑的方式做出这样的结论，如苏格拉底所说（303e 4 ff.），他们很快就会精通这种类型的论证。

对话远没有结束，但我们不必再对智者耐心地考察下去了；我们就是想知道，柏拉图为什么选择去大量地展示，而且以嘲讽的态度模仿这种类型的论证。可以认为，他这样做，也许要表明的不仅是：这种论证曾经或一向就在某些智者中流行，而且还有，在某个阶段，这样的论证造成了严重的困难。不过，我们应该注意的是：虽然《欧绪德谟篇》以嘲弄的方式模仿了种种类型的智术式的论证，但是，它并没有从逻辑的角度对之进行一般意义上的分析。此外，对话将苏格拉底展现为，他之所以反驳智者们的论证，是因为它们**微不足道**，而不是因为它们是**谬误的**。在 277d ff.，他的一番言论针对智者们做出了主要的批评，即，他们把时间都花在了争论毫无意义的主题上，而全然不顾最为严肃的道德问题。不过，尽管在这篇对话中，智者们受到批评的出发点，首先与"道德"相关，但是，在论证过程中，若干重要的、与"逻辑"有关的观点也同时被提出。我们已经注意到，例如在 277d 1 ff.，苏格拉底明确指出了在两位智者的第一个两难中的"学习"一词的歧义。然而之后，293b 7 ff. 的论证也提供了重要的、与"逻辑"有关的教训。在那里，苏格拉底被问道：他是否知道任何事情，而他对自己的回答做了限定："当然，许多事情，但都不重要"，他接着说，还有许多事情，他并不知道。但是接着，欧绪德谟试图指出，苏格拉底已经承认，他既"有知"又"不知"；他也承认："针对同一件事，在同时"（κατὰ ταὐτὰ ἅμα），他既是同一个人，又不是他。事实上，"针对同一个方面，他既'有知'又'不知'"这一点，当然并没有被智者证明，也没有被苏格拉底承认。不过，读者可以充分清楚的一点是：想要逃避智者的两难，就需要"限定"智者提出的**简单的选项**。之前（pp.107 f.），我们已经知道：芝诺在试图破除"多"这个假设时，他很可能认为，例如"有限"和"无限"这对相反者必然不相容，无论它们是在何种关系或方面上，谓述同一个特定的主词（"多"）。与"一和多"、"存在和不存在"有关的智术式的两难提供了进一步的证据，它表明：通常来说，有个设想已经暗中成立，即，将任何一对对立在**任何**意义、关系或方面上谓述同一个主词，就会陷入自相矛盾；而在《欧绪德谟篇》中，相似的预设也频繁地被欧绪德谟和狄俄尼索多罗利用。但 *Euthd*.293b 7 ff. 中的一段非常重要，因为在现存文本中，它第一次暗示而且承认了：在决定"两个相反属性谓述同一个主词"而形成的"两个断言"是否彼此矛盾时，**"方面"**和**"时间"**这两个因素必须加以考虑。

　　《欧绪德谟篇》以嘲弄的方式模仿并批评了某些常见的、立足于对立的论证；而在讨论的过程中，上述对于理解"矛盾本性"尤为重要的一点也浮现出来。但是在其他地方，在《斐多篇》、《理想国》和《智者篇》①，柏拉图也明确讨论而且廓清了"一对对立被谓述'属于或不属于'同一主词"时、所依赖的规则或条件，而这些地方都包含了柏拉图对于不同模式之对立的重要的分析。第一，在《斐多篇》（102d f.），有一段提到了"相反者"的不相容。苏格拉底说，"大"本身不会容纳"小"；②他接着表明了一个与"相反者"有关的一般规则："相反者中的两者，尽管它们各自始终是其所是，但都不会允许自身同时也变为和成为自己的相反项，相反，它要么消失，要么毁灭……"（e 7 ff.）。应该注意的是，在这里，柏拉图感兴趣的问题，并不

139

---

① 关于柏拉图早期和中期对话里，对"自相矛盾"（αὐτὸς αὑτῷ ἐναντία λέγειν）这个概念的使用，Robinson，2，pp.26-32 有充分的讨论；这里无需赘述他的分析，只应注意这个重要的观点：当通过援引直接的证据，而非证明某人的陈述不相容，从而将之驳倒时，"自相矛盾"这个短语常常会在这种情况下被使用。*Grg*.482bc 也是尤为值得关注的一段，那里，苏格拉底提醒卡里克勒斯，注意"矛盾"在个人生活中的效果："倒不如让我的里拉琴，或我训练过的合唱队，都走调和不谐（διαφωνεῖν），或者大多数人都跟我不一致，而非让我一个人与自己走调，自相矛盾（ἕνα ὄντα ἐμὲ ἐμαυτῷ ἀσύμφωνον εἶναι καὶ ἐναντία λέγειν）"。这里的"自相矛盾"，并非是从"被断定的命题的关系"，而是从灵魂中引起的某种"心理无序"的角度来使用的。

② "在我看来，不仅'大'本身不会同时成为大和小，我们心中的'大'（τὸ ἐν ἡμῖν μέγεθος）也不会容纳'小'，而且不会允许自己被克服，只有两种情况会出现：要么它退去，在接近自己的相反者'小'时消失，要么，当'小'接近'大'时，它会毁灭"（102d 6 ff.）。

在于词项间的逻辑关系，而是在于实体之间的关系。事实上，《斐多篇》的这一段是为下面"灵魂不朽"的论证做准备：在 105c ff.，那里主张生命是灵魂的伴随物，而因此，灵魂不可能接受生命的反面，即死。

《斐多篇》这段无条件地证明了，相反者彼此相斥。而在《理想国》中，对"对立关系"问题的讨论进行得更为深入。436b 8 ff.，苏格拉底提出："显然，同一个东西不会'去做或承受'一对至少在相同的方面、相同的关系上、并且同时彼此对立的东西。"两种可能的反对意见会产生，但可以对其辩驳。首先，反例是"静止站立、但又移动手和头的人"，但若说"同一个人同时既静止又运动"，则不正确；相反，我们应该说"他的一部分静止，一部分运动"（c 9 ff.）。其次，需要处理的反例是转动的陀螺（d 4 ff.）。我们应该说，就直线而言，它是静止的（因为它并没有向两边倾斜）；而就圆周而言，它在转动。苏格拉底重复说，没有什么能说服他，让他相信"同一个东西会'承受或成为或去做'一对同时、在同一个方面、同一个关系上彼此对立的东西"，这就是他的结论（e 8 ff.）。与《斐多篇》那段一样（102d f.），此处强调的，也是"事物关系"的问题，而非"词项或命题的逻辑关系"。在处理 *R*.436cd 中提出的反对意见时，[①] 苏格拉底确实提到了正确之言和不正确之言，但在这里，他首先关心的是与一个事物的"所做，或所成为，或所承受"有关的问题。我们应该注意到，虽然这一段第一次表述了"矛盾律"而且通常会因此被提及，但是，它出现在讨论灵魂本性的开始处。柏拉图接着就推断：由于我们通过经验发现灵魂在做和承受"彼此对立的东西"，那么它必定包含了不同的"部分"，即"理性能力"、"血气能力"、"欲求能力"。尽管如此，这一段当然也提出了重要的逻辑观点，因为它表达了已经一部分蕴含在《欧绪德谟篇》中的内容，并将之作为规则，即，在决定"一对对立项谓述同一个主词"而形成的"两个陈述"是否不相容时，**时间**、**方面**和**关系**等因素必须加以考虑。它阐明了一个简单却又重要，而且常常被前代希腊作家忽视的观点，即，将对立项谓述同一个主词时，未必就会陷入自相矛盾。

《理想国》中的第二段（453b ff.）进一步阐明了对立在论证中的使用，尤其是"同 / 不同"这一对对立。苏格拉底设想了一种可能的反对意见，针

140

---

① 　如 λέγοι 436c 9，λέγειν d 1，φαῖμεν e 1。

对他自己提出的"让女性与男性接受同等教育"的政策，该反对如下：他们已经同意，不同本性（即掌握不同技能的人）应该有不同的职业；而男人和女人的本性不同；但是，现在，他们又主张，这些不同的本性应该有相同的职业（453e）。这促使苏格拉底思考"争辩之术"（eristic art）。"许多人似乎堕入此中，甚至违背自己的意愿……这归咎于他们不能划分种类……他们似乎仅仅追求词项间言辞上的对立，彼此进行争辩①，而非施行辩证法"（κατ' αὐτὸ τὸ ὄνομα διώκειν τοῦ λεχθέντος τὴν ἐναντίωσιν, ἔριδι, οὐ διαλέκτῳ πρὸς ἀλλήλους χρώμενοι）（454a 4 ff.）。所以在当前的讨论中，他们必须考虑所涉及的"相同的本性"或"不同的本性"。苏格拉底举出了一个极端的例子，即如下这种论证，它被用来（以争辩的方式，eristically）反驳他们：有人会问，秃头者和长发者的本性是否相同呢，或者，他们是否截然对立呢；然后，那人声称，如果秃头者是鞋匠，那么长发者就应该不是（c 1 ff.）。他继续指出，他们并不是在绝对的意义上（πάντως）使用"同"和"不同"这两个词，相反，他们想的只是那种与职业本身有关的差异和相似；这样，男性医师和女性医师都有相同的本性，而医师和木匠则本性不同（c 7 ff.）。人们也许会注意到，这里描述的"纯粹追求言辞对立的、只好争辩的人"极为符合那种以欧绪德谟和狄俄尼索多罗为代表的智者；尤其是 454c 1 ff. 举出的特殊的争辩性的论证——它立足于这个选择问句"秃头者和长发者的本性是相同，还是对立？"——它与我们这一章之前考察过的许多这样的论证极为相似，它也是在一对含混或两可的对立选项间设立了选择。

　　最后是《智者篇》，柏拉图进一步地澄清了许多与"存在和不存在"等其他成对对立有关的混淆之处。在 251d ff.，那里证明了"有些理念是联合的，有些则不然"这一论点，其所借助的论证值得我们稍作留意，因为它也涉及了在某些选项间设立的选择。不过，如艾利亚的异乡人所说，他们必须选择的选项并不是两个（并非如艾利亚学派通常的论证一样是两个选项）而是三个；事实上，这些才是穷尽性选项：要么理念彼此不联合，要么所有理念与其他所有理念联合，要么第三，有些理念联合，有些则不然。

---

① controversy，原文为 ἔριδι，即 ἔρις，呼应上面的 eristic art，劳埃德的英文没有译出这个联系。——中译注

前两个选项被排除，因此艾利亚的异乡人得出结论：第三个命题必定为真（252 e 1 ff.）。然后，他选了五个"非常重要的'种'"①来专门加以探究，即，"存在"（τὸ ὄν），"静止"（στάσις），"运动"（κίνησις），"同"（τὸ ταὐτόν），"不同"（τὸ θάτερον）；②而在 254b 7 ff.，他考察了这些事物的关系。255e-258c 这段篇幅很长的文本主要是在证明："存在者"（在某种意义上）如何可以被称为"不存在者"（在另一种意义上）；"不存在者"（在某种意义上）如何可以被称为"存在"（仍然是在另一种意义上）。在 255e 11，他一上来就证明了一系列成对的断言：③（1a）变化不是静止（255e 14），但（1b）变化又存在（Change is）（它分有"存在"，256a 1）；（2a）变化不是"同"（the Same）［它不同于"同"（Sameness），256a 3 ff.］，但（2b）变化又是"相同的"（相同于自身：在这个意义上，一切事物都分有"同"，a 7 f.）；（3a）变化是"不同的"（不同于"不同"，256c 5 f.），但（3b）变化又不是"不同的"（它不是"不同"，c 8 f.）；（4a）变化不是"存在"（256d 5 f.），但（4b）变化又存在［它分有"存在"，d 9，参见上面（1b）］，等等。在 256a 10 ff.，艾利亚的异乡人更充分地解释了第二对断言："那么，我们必须同意：变化既是'同者'（the same）又不是'同'（the Same）；我们不用对此不安。因为，当我们说，变化是'同'又不是'同'时，我们的意思已经有了变化：说'同'时，我们之所以这样叫它，是因为它分有了指涉自身的'同'；而说'不是同'时，是因为它分有了'不同'，正因此，它脱离了'同'，成为了'不是同'，而是'不同'；这样，就可以再一次正确地说：变化不是'同'。"在 256c 8 f. 和 d 8 f. 中，他进一步陈述了种种明显的矛盾："所以，按照我们当前的论证，它（变化）在某种意义上既不是'不同'（Different），而又是'不同的'（different）"，而"那么显然，变化实际上既是某种'不存在的'（οὐκ ὄν）东西，也是某种'存在的'（ὄν）东西。"在一段更为充分地研究 τὸ μὴ ὄν 的文本之后，异乡人在 258cd 指出，他们自己的观点如何与巴门尼德的观点不同。巴门尼德断言（Fr.7）："不可能证明出，'不存

143

---

① 应该注意的是，所谓"'非常重要的种'指的就是理念"这一观点，并没有被一些学者接受，如 Peck（4 和 5），但是，这方面的争议实际上并不影响当前的问题。

② ταὐτόν 既指"同"，也指"同者"；θάτερον 既指"不同"，也指"不同者"。

③ 参见 Cornford，5，pp.285 ff. 的分析。

在的事物存在'”，“但是我们”，异乡人继续说，“不仅证明了‘不存在的事物存在’，我们还说明了‘不存在’的真正本性（τò εἶδος ὃ τυγχάνει ὂν τοῦ μὴ ὄντος）。”他在 259ab 概括了他的结论，说，“不同”、“存在”还有其他一切“种”，无论是分别来看，还是整体来看，它们都在许多方面上“存在”，而在许多方面上“不存在”（πολλαχῆ μὲν ἔστι, πολλαχῆ δ' οὐκ ἔστιν）。他最后表明（b 8 ff.）：“如果有人怀疑这些矛盾，那么就让他再考虑一下问题，然后做出比我们所给的还要上佳的解释”：他接着说，值得去做的——尽管这也很困难——就是追寻，在何种意义上，“不同者”被说成“同”，或，“同者”被说成“不同”：“在某种未作说明的意义上（in some unspecified sense, ἀμῆ γέ πη）宣称‘同者是不同’，‘不同者是同’，‘大者是小’，‘相似者是不相似’，并且总是喜欢用论证来展现这种对立的过程，这样的做法，并不是真的驳诘……”（259cd）。

几乎无人否认，《智者篇》是早期逻辑发展史上的转折点，而尤为值得关注的问题是：这部对话在何种程度上澄清了与“论证中运用对立的做法”有关的种种问题？曾经，艾利亚学派坚称，必须在“存在”和“不存在”之间做出选择，尽管动词“存在 / 是”的含义以及它所指的主词并未被清楚地说明。此外，与之类似，人们也倾向于设想：“一和多”、“大和小”、“有限和无限”等其他成对的对立都必然不相容，而且是穷尽性选项，无论这些词项在何种意义或方面上被使用。类似的设想也是高尔吉亚某些论证的基础，他证明了“无物存在”这个反面的论点；而在柏拉图本人那里，尤其是《欧绪德谟篇》——当然并不仅限于这篇对话——我们发现了许多论证的例子，它们在对立选项间设立了选择。但是之后，在《理想国》436b ff.，柏拉图强调了重要的一点，即，要去说明与明显的矛盾有关的“方面、关系和时间”等因素；在 453b ff.，他指出，人们应该反对那些立足于“同和不同”之两可用法的、争辩性的论证。在《智者篇》中，他提到了“一和多”的两难问题（251a ff.），但这仅仅是因为，他认为这个形式极简的问题微不足道；他也揭示了希腊语 λέγειν τὰ μὴ ὄντα（“说不存在之事”）一句的歧义，以此澄清了“虚假陈述”这个两难（259d ff.，尤见 263b-d）。但更重要的是，在 254b ff.，他举了五个“种”：存在、静止、变化、同和不同；他考察了这些事物的关系，尤其指向了巴门尼德的与“存在和不存在”

有关的论点。他对这"五种"事物之关系的分析，澄清了三点：第一，整个一系列明显矛盾的陈述，却并不矛盾，而是像艾利亚异乡人认为的那样，是前后一致而且成真的；第二，在这些情况中，之所以会出现表面上的矛盾，因为"存在、同、不同"等词项是在"未作说明的意义上"使用的；第三，虽然很容易就能发现包含这些词项的言辞上的对立，而这也无足轻重，但是，值得去做却又非常困难的研究就是，去发现这些"种"之间真正的关系，也就是确定，一对对立项是在何种不同的意义上谓述同一主词、却又并不自相矛盾。

　　柏拉图当然清除了"存在和不存在"、"一和多"、"说不存在之事的虚假陈述"等两难问题造成的主要的困难，因为他指出，所涉及的这些词项都是两可的，他还举出了一些例子，其中，一对对立的两个对立项都可以谓述同一主词而且同时成真。但是当然，柏拉图在《智者篇》中所获得的，并不是一种"完全在逻辑方面的"与"对立和对立陈述"有关的理论。不可掩饰的是，在他对五个非常重要的"种"的关系的解释中，还是存在着若干局限。对于柏拉图是否或在何种程度上区分了动词"存在 / 是"的"表示存在、表示谓述、表示同一"（existential, predicative and identitative）三种用法，[①] 学者们众所纷纭，意见各异。不过，在《智者篇》还有其他任何地方，柏拉图都没有充分、明确地分析这些用法的差异。比如在我们上面考察过的（p.142）255e 11 ff. 的四对陈述中，显然，每一对中，动词"存在 / 是"是在两种不同的意义上使用的：但也很明显的是，每种情况中暗含差别的，动词"存在 / 是"的两种意义，并非总是**相同**。如在（1a）（变化不是静止），"是"是"表示同一"的，而（1b）（变化存在），这里"表示存在"；但是，在（2a）（变化不是"同"），"是"再一次"表示同一"，而在（2b）（变化是"相同的"，相同于自身），这里"表示谓述"。"表示同一"这个用法遂被独立出来，命名为一种"理念"（"同"），而 ἐστι 的"谓述和存在"这两个用法的差别并没有明确地给出。但至少还有一个地方，这两种用法似乎彼此同化：在 256e 2 ff.，异乡人说，他们会正确地认为：除了"存在"之外，其他一切事物都是"不存在"（每一种都不同于"存在"）；而由于它们分有"存在"，故可以

---

① 除了 Cornford，5，pp.296 f. 之外，也尤见 Ackrill，pp.1 ff.；Runciman，2，pp.83 ff.。

认为，这些事物"拥有存在而存在"（have being and are，εἶναί τε καὶ ὄντα），

146 而最后一句话一般被认为指的就是 εἶναι 的"存在"用法，并无模棱两可之处。但是，当这句陈述被同意时，异乡人接着立刻说："所以，对于每种理念，'存在'有很多，'不存在'的数量也无限"（πολὺ μέν ἐστι τὸ ὄν, ἄπειρον δὲ πλήθει τὸ μὴ ὄν，256e 5 f.，更字面的意思是：有众多的"存在"和无穷无尽之多的"不存在"）；这里的"存在"应该显然不能在"存在"的意义上，而是在"谓述"的意义上来理解。[①]《智者篇》里，对于所选的五个"种"的关系，柏拉图做了必要的解释，这是为了证明，各种成对的看似矛盾的陈述都并非矛盾，而是前后一致且同时为真，但是这部对话，并没有详尽地分析动词"存在/是"的不同意义，而柏拉图自己的使用中，有些地方则表明了他的用法存在着一些混乱。

最后，我们应该考察一下在何种程度上可以认为，柏拉图明确区分了不同类型的对立。我已经指出，在若干地方，"并非具有某种属性"和"具有相反的属性"已经被区分开来。如在 *Smp*.201e ff.，狄娥提玛说，爱若斯既不美也不善；苏格拉底问道："狄娥提玛，你是什么意思？爱若斯难道又丑又恶吗？"狄娥提玛问他，是否他相信，凡是不美的东西，就必定丑吗？他首先回答，"当然"（202a 1），但是之后，狄娥提玛对他指出，例如在智慧（wisdom）和愚见（folly）之间，还有中项（"真意见"），这样就得不出：不聪明（not wise）就必然愚蠢（foolish）。在这一段里，柏拉图明显要努力做出一个简单又重要的、逻辑方面的区分（可以比较 *Prt*.331ab，苏格拉

147 底被允许做出、却又可疑地、将"非正义"转换为"不正义"的举措）。但是，狄娥提玛的教导仅仅是为苏格拉底指明：在智慧和愚见、可朽者与不朽者等等之间，存在着某个中项，严格意义的中项，分别是"真意见"和 τό δαιμόνιον（"精灵"）；没有明确说出的进一步的观点是（也许是因为在这里，他们主要关注的是如何描述爱若斯）"既不聪明，也不愚蠢"也可以谓述许多其他的事物，也即，谓述"理性的动物"这一类之外的一切事物。之后，在《理想国》491d 4 f.，类似的区分也被做出，苏格拉底说："恶与善对立

---

① 见 Runciman, 2, pp.84 f.，他得出了结论：在 256d 12-e 6 的整个讨论中，动词"存在/是"的"'存在'和'系词'这两种意义彼此同化"。但是朗西曼接着指出（p.86），柏拉图"更为精确地将'否定性的存在意义'与'否定性的表示同一和谓述的意义'区分开来"。

(ἐναντιώτερον)，而不是与'非善'。"再一次，柏拉图表明，他意识到了"并非具有某性质"与"具有某相反性质"之间的差异，尽管他表达自己看法时所用的词汇并不太严格；恶并非与"非善"相反，因为"非善"当然包含着恶，尽管它与恶并不具有"共同的外延"。但是在《智者篇》中，这种区分第一次明确地、以一般性的表达被做出。在257b 3 f.，异乡人说："当我们使用'不存在'这样的表达时，我们指的不是'存在'的反面，而仅仅是指不同于它的东西"。"所以，那么"，在 b 9 ff.，他继续说，"当说，一个否定（ἀπόφασις）指的是'反面'时，我们不会同意，我们只会同意这样的看法：前缀'非（not）'指的是某种不同于'该词之后部分'的东西，或不如说，某种不同于'这个否定词之后所说之词的所指之物'的东西"。我之前说过，在我们现存的前柏拉图时期的文本中，并没有对不同对立类型的、明确而一般的区分：对那些恰恰排除或没有排除中项的种种对立类型，人们往往忽视了对它们做出重要的区分。那么《智者篇》中的这一段，它的一部分重要意义就在于：它针对对立本身，迈出了第一步，试图划分不同类型的对立。而显然，我们之前考察过的散见于柏拉图对话中的几段，它们都没有做出这样深远的划分。但是在任何地方，柏拉图都没有明确区分不同种类的"相反者" **148** （有些允许严格意义上的中项，有些不允许），他也没有系统解释不同类型的对立陈述。诚然，柏拉图解决了许多困扰之前思想家的两难问题，他澄清了矛盾本性，从逻辑的角度对"词项的否定"和"词项之相反者的肯定"做了重要的区分：不过在任何地方，他都没有去——或者我们也许应该说，在任何地方，他都没有选择去——对各种模式的"对立和对立陈述"做出详尽的分析。

划分的方法：柏拉图、学院派和亚里士多德

在许多艾利亚学派的论证中，我们发现：诸如"存在和不存在"、"一和多"这样成对的词项都被处理为不相容和穷尽性选项，无论这些词项是在什么意义或方面上被使用。虽然柏拉图解决了这些词项在使用时涉及的困难，但是，我们看到，在各种对话中，不仅有苏格拉底的对话，也有《斐多篇》

和《蒂迈欧篇》这样的作品，^① 对话者中的一员，会在一对彼此对立、却又严格来说并不穷尽的选项间设立选择，以此来强迫对方做出决定。"在一对对立间设立选择"这一做法，也出现于一种主要在若干柏拉图后期对话里成型，并被其他学院派哲学家接受和发展的"论证方法"中，而且成为了其反复出现的特征，这就是"划分方法"（method of Division）。从亚里士多德那里的证据来看，有些哲学家试图将这种方法用作"证明方法"，亚里士多德表明，这种论证方法的有效性首先依赖于那种被呈现为选项的对立。但是，我们首先应该考察，这种方法是如何被柏拉图本人使用的？在柏拉图那里，"划分"方法采取了什么形式？对于这种方法又有何主张？

我们应该如何阐释《智者篇》和《政治家篇》中对"划分"的使用，对于这个问题，还是争论纷纭。^② 但是，某些事实是清楚的。（1）在许多地方，划分在运用时采取的形式都是"两分法"（dichotomy）：属划分为两个低一级的属或种，通常是一对相反者；之后，这个过程继续重复。^③（2）当描述正确的"划分方法"时，总是会强调，划分应该"按照自然表达的""种"来做出（*Phdr*.265e 1 ff.），而同样，柏拉图似乎通常想到的，就是两分的划分法。^④ 尤其在《政治家篇》，艾利亚的异乡人说，他们应该"从中间"一分为二，这是更稳妥、尽管漫长的过程（262b 6，265a 4）。正确划分的例子，柏拉图举了一些（将人划分为男女；将数划分为奇偶），与之相对的是种种错误的

---

① 除了上面讨论的几段之外（*Phd*.78d 1 ff.；*Ti*.51b 7 ff.），还有后期对话中的几段，其中也使用了在一对对立或极端选项间设立选择的做法，并将之作为说服方法，如 *Sph*.247b 1 ff.；*Phlb*.29c 5 ff.，e 5 ff.，44d 8 ff.。但是，值得注意的是，在后期对话的许多重要的地方，"选择"是设立在三个、而非仅仅两个选项之间（"A"或"B"或"有的 A 和有的 B"）。还有一个例子我们已经注意过（*Sph*.251d ff.，pp.141 f.），也见 *Sph*.261 d 5 f.；*Phlb*.36c 6 f.；*Lg*.893b 6 ff.；在 *Phlb*.46a 11，虽然"选择"设立在一对选项间，但是在回答中，选项是**联合在一起的**。

② 当代关于这个问题的最为重要的讨论，如 Stenzel，*3*，pp. 89 ff.；Cornford，*5*，pp. 171 ff.；Cherniss，*2*，pp. 27 ff.；Skemp，*2*，pp. 67 ff.。

③ 《智者篇》中很多地方提到了"一分为二"的划分，最有代表性的是划分出"捕鱼"（219a 8，d 4，9，e 5，220a 7 等），对"智者"的初步划分（225a 4，b 3，226c 10，e 1，227c 8，d 1 等），也许在对"智者"的最终划分里极为频见（264 d 10，265a 11，b 4，e 5，8，266a 5，11，c 5，d 2，5，e 4，267a 1，b 4，268a 9，b 1）。同样，在《政治家篇》里，两分法也是实践的规则。

④ 例如，这一点可见《斐德若篇》265e 4 ff. 中分为右边和左边的身体的意象。

划分，它们没有使用严格的相反（将人划分为希腊人和蛮族人；将数划分为"一万"和其他数）。正确的方法是，"按照'种'、一分为二地"（κατ' εἴδη καὶ δίχα，*Plt*.262e 3 f.）划分。（3）但是，两分法的划分当然不是柏拉图使用的唯一一种划分法，[①] 在 *Plt*.287c，柏拉图显然认识到了，需要使用更为复杂的划分形式（即使这一段表明，两分法始终被认为是理想的划分形式）。[②]

　　上述关于正确的"划分方法"的描述，已经再清楚不过，而且还有大量的例子可以用来判断，这种方法在实践中是如何运用的。但是，有一点，学者们还没有达成共识，即，在《智者篇》和《政治家篇》中，有些有意采取的划分措施，在何种程度上是严肃的。学者的注意力集中在几段幽默和讽刺的文本上，那里对"智者"和"政治家"进行了初步的划分。斯坎普（Skemp）（*2*, p.67）将这几段解释为"人性使然的玩笑……但它主要是以温和的方式讽刺了学院派中的某些成员对'划分方法'的过分狂热的使用"。他指出了这几段中试图对"智者"和"政治家"进行初步定义的做法是失败的，然后说（*2*, p.68），"划分本身显然并非绝对可靠。对于《政治家篇》，我们真正要关注的，是其中表达的对划分的批评"。与之相对，斯坦泽尔（Stenzel）对于划分方法做出了不同的评价，其指出（*3*, p.92），"整个方法引起了人们对它的反感，而其中的'炫学'却完全是下决心不要为了简练而忽视划分中任何简单的步骤……相反，是要借助'排他的相反者'，在它们的引导下，按照必要的阶段，推进到我们想要的概念"。对于这两种截然相反的阐释思路，在何种程度上，可以做出选择呢？尤其是，如何有可能判断出，《政治家篇》中，柏拉图是在何种程度上讽刺了对"划分"的过分狂热的使用呢？

　　在《智者篇》（227a f.）和《政治家篇》（265b-266d）中，异乡人不得不注意到一个事实：在进行划分时，他们达到的结论是滑稽可笑的。[③] 但是，

---

① 尤见 *Plt*.287c ff.，参见 *Phdr*.265b。

② 异乡人说，"让我们按照肢体来划分它们，比如划分祭祀的牺牲，既然我们不能一分为二（ἐπειδὴ δίχα ἀδυνατοῦμεν）"（*Plt*.287c 3 f.），他继续补充说，它们应该总是可以分为最小的、可能的部分。

③ 在 *Sph*.227b，用兵之术和捉虱都成为了"捕猎"之下等同的分支，而在 *Plt*.265b f.，可以看到，"王"成为了"无角畜群的牧人"。

应该看到的是，在这两处地方，异乡人都进一步提醒他的听者，在探求定义时，他们不应该考虑高贵这种不相干的因素从而受到误导，比如他们提到的类别是相对重要，还是不重要。① 之前举过的种种与划分有关的特殊例子，尽管滑稽可笑，甚至荒唐透顶，但并不影响异乡人表达的一般的方法论观点的效力，甚至有所加强。柏拉图将军事将官的技艺与捉虱子并列在一起，或许是想调侃他们，但是，那个一再重复的一般性的提醒——"他们不应该考虑高贵这种不相干的问题，从而止步不前"——确实需要严肃对待。例如，可以参见 *Plt*.283b-287a 中离题的部分，② 那里再次讨论到了方法论上的重要观点，即，他们的阐述是长还是短，并无所谓，只要让听者能更充分地发现"种"就行。③ 至少在《政治家篇》中，对政治家的初步定义，虽然是不成功的尝试，但却为异乡人提供了机会，让他可以对划分方法的使用提出一些重要的教诲。而在这两篇对话里，我们知道，"垂钓"和"编织"之所以被赋予例示性的定义，是为了实践那种他们必须用来考虑更重要的对象的方法。如在 *Sph*.218cd，异乡人说，在将这种方法用于"智者"之前，他们必须先在更简易的东西上加以实践；而在 *Plt*.285d f.，他证明了对"编织"进行例示性的定义是合理的，因为，这会为辩证法家提供他所需的训练，使之能理解更高层次的实在。④ 人们也许会同意康福德和斯坎普的看法：在初步划分"智者"和"政治家"时，对话的语气是轻松的，而青年苏格拉底不

---

① 在 *Plt*.266d 4 ff.，异乡人提到了之前在"研究智者"时就得出的这个观点，即，他们不应该关注主题是不是或多或少地高贵，也不应该认为小事不如大事值得考虑（参见 *Sph*.227ab）。

② 另一段我们也许可以参考的文本，是 *Prm*.130e，在那里，苏格拉底否认了头发、泥土等有理念存在，因为这样荒唐可笑，而巴门尼德说，这是因为他还太年轻，而当哲学"抓住他"时，他就不会轻视这样的东西了。

③ 尤见 *Plt*.286e 1 ff.，对比苏格拉底在 *Prt*.335a-c 和 *Grg*.449bc 对"长篇大论"（μακρολογία）的反对。

④ 异乡人说，"理智的人不会想去追查'编织'的定义，最起码，不会以它为目的"（*Plt*.285d 8 f.）。他之后继续指出，尽管对于许多东西，当有人要求解释它们时，它们都具有容易指明的感性上的相似者，然而，"对于最重要、最高贵的事物"来说，它们并没有感性上的相似者。"因此，我们必须这样做，以便有能力对每个主题，都可以给出和接受理性的解释。对于不具形的实在物，最美妙和最重要的实在物，只能通过理性解释来清楚地将之呈现，除此别无他法；正是这些实在，才是我们当前所有讨论的目标。但是，在每种情况里，处理不重要的事物，比处理重要的事物要更容易"（286a 4 ff.）。

止一次贸然得出"政治家的定义已然完满"① 这一结论的方式，却可以作为一个重要的提醒，即，还需要辩证法家来判断划分的结果。另外，当柏拉图推荐划分方法来提供辩证法的训练时，他显然是严肃的。此外，尽管异乡人（不像青年苏格拉底）没有明确声称，他们用划分证明了"种"，但是，他的确表明了，《智者篇》中最终的划分会**揭示出**智者自身的真正本性。② 而可以主张的是，《政治家篇》中的那几段明确区分正确和不正确划分的文字（*Plt.*262a-3），恰恰都是重要的证据，证明了柏拉图仍然相信：划分方法是揭示"种"之间交互关系的手段。

按照柏拉图在《智者篇》和《政治家篇》中的描述和做法来看，划分方法始终是灵活可变的：划分采取的形式通常——尽管并非总是——是两分法，而且显然，只有在辩证法家的手中，这一方法才会产生可靠的结果，也就是在领会一个"种"所归于的"属"时和提出特殊的划分时，都会出现错误。但是我们下面必须考察的证据都表明了：学院中的划分法，尤其是两分法，都发展成为了教条式的定义和分类方法。在这方面，我们尤其要看一下亚里士多德那里的证据。在《工具论》、《形而上学》和生物学著作的很多文段里，亚里士多德用了很长的篇幅讨论了"划分"（διαίρεσις）或"两分"（διχοτομία），但是，其中出现的首要问题则是：亚里士多德所考虑的对划分的使用，究竟出自何人？如何确定？在 *PA* 642b 12，他提到了某部"已经公开的《划分》"（参见 643a 36），而不同的解释都认为这指的是斯彪西波的著作，③ 或者就是《智者篇》和《政治家篇》。④ 在其他地方，亚里士多德也提到了一部《划分》，他明确将之归于柏拉图（*GC* 330b 16），⑤ 而《第十三封信》也提到了一本叫《划分》的书（360b 8），它的作者，就算不是柏拉图本人，看起来也至少是一位对学院活动了如指掌的人。很可能，在

153

① 见 *Plt.*265d，267cd 和 277a 1 f.。
② 见 ἐπιδείξωμεν，*Sph.*265a 1，也参见 *Plt.*292ac，在那里，异乡人接受了他们之前对"政治家"的划分，视之为既定结果。
③ 见 Chemiss，*2*，pp. 54 ff. 和 Skemp，*2*，pp. 70 ff.。Stenzel，*2*，cols. 1638 ff. 收集了证明这是斯彪西波作品的证据，该文收入《大保利古典学百科全书》。
④ 见奥格尔（Ogle），对 *PA* 642b 5 的注释。
⑤ 学者们做出了不同的努力，试图将这里的所指，与现存对话中的某处相关联，但是，这样的联系十分不确定：如见，Joachim，*2*，对此处的注释，他认为这指向 *Ti.*35a ff.。

学院中，流传着大量名为《划分》的集子，*PA* 642b 的"已经公开的《划分》"或许指的就是其中某部。但是，对亚里士多德所引的种种划分进行分析之后可以看出，无论其作者是谁，它们都受到了柏拉图《智者篇》和《政治家篇》中实际提出的划分的深刻影响。诚然，通常来说，可以注意到，亚里士多德在 *PA* A 2-3 中反驳的某些划分，其原型都可以在这两篇对话中找到。但是，倘若说，亚里士多德在 *PA* 和其他地方，以及《工具论》和《形

154 而上学》中批评的所有划分都是如此，那这种看法恐怕并不尽然。当亚里士多德在 *Metaph.Z* 12 和 *APo.B* 5 中批评这种方法时，他举出的典型的"划分"是对人的定义，定义为，"动物，可朽，有足，两足，无翼"（*APo.*92a 1，参见 *Metaph.*1037b 33，1038a 21 f.）。但是，在这个定义中用到的所有划分都可以联系《智者篇》和《政治家篇》中的段落，或许前者最终就是出自后两者。比如艾利亚的异乡人提出了，"有足"划分为"两足"和"四足"；"两足"又划分为"无翼"和"有翼"，由此，他得出了自己所谓的达到"政治家"定义的"捷径"（*Plt.*266e 4 ff.）。① 此外，在 *PA* A 2-3，亚里士多德暗示了种种在"已经公开的《划分》"中使用的特殊的划分，即，划分为"水中动物"和"陆上动物"，划分为"步行者"和"飞翔者"，划分为"温顺"和"野性"，每一对对立同样都可以在柏拉图那里找到对应。② 尽管的确，只有"黑与白"的两分，是亚里士多德在 *PA* 中明确批评过，而且在柏拉图那里找不到原型的。③ 但是，这不一定意味着，亚里士多德在批评这些对立时，想到的就是《智者篇》和《政治家篇》中对应的某一段或某些段。相反，正如

---

① 也见在柏拉图对话的不同语境中（*Sph.* 219e 7 ff.；*Plt.* 261 b 7 f.，292b 12 f.）出现的"有生命"和"无生命"的划分；在 *APo.*91b 18，亚里士多德批评划分时，他也用这个划分作为例子。

② "温顺"和"野性"也都出现在 *Sph.*222b 5（是陆上动物的再划分）和 *Plt.*264a 1 f.（是对动物整体的划分：可以注意到的是，这一段之前，异乡人恰恰举出了许多例子，它们表明了如何做出正确的划分，262a-e）。"步行者"和"飞翔者"（πορευτικά☒πτηνά，在 Arist. *PA* 643b1）大体上对应了 *Plt.*264e 6 使用的 πτηνόν 和 πεζόν（而又如，*PA* 643b 2 提及的"有翼"和"无翼"，似乎也在 *Plt.*266e 5 ff. 中被用到，也见 276a 4）。最后，"陆上动物"和"水中动物"的划分，也出现在 *Sph.*220a 7 ff.（参见 221e 2 f.）和 *Plt.*264d 1 ff.（ἔνυδρον，ξηροβατικόν）。

③ *PA* 643b 21，参见 643a 20 f.。除了 *PA* 之外，亚里士多德批评的划分中，只有 *APr.*46b 30 的"成比例"和"不成比例"，在柏拉图那里没有对应的原型。

赫尼斯（Cherniss）等人表明的，这些划分在柏拉图那里出现的语境有时候截然不同于亚里士多德批评它们时的语境。① 但是，"亚里士多德反驳的划分"与"柏拉图后期对话中的划分"之间的紧密对应关系，却表明了，《智者篇》和《政治家篇》中的初步划分的确对学院派产生过深刻的影响。柏拉图那里表明的种种有着不同联系的"划分"，它们当然并非原本是有意用来作为对物种的完整分类的基础，② 只是后来，它们才被用于了这样的目的。的确，不仅是学院派其他成员似乎接受了立足于两分法的生物分类系统，而且在某个阶段，亚里士多德本人或许也没有认真地反驳那种方式相似、通过相反的种差来定义动物属种的做法。③

155

156

亚里士多德对于划分的批评，表明了这一方法的鼓吹者想要借此达到的目的，尤其是揭示了，为什么划分通常采取两分的形式。在若干地方，他记录或暗示了：划分被用作一种**证明方法**。如在 *APr*.46a 35 ff.，他说，那些使用这种方法的人"都试图让人们相信，有可能给出一种关于实体和本质的证明（ἀπόδειξις）"。这个评述出现在讨论划分的一章中（*APr*.A 31），而仅在这一章之前，亚里士多德详细讨论了三段论（推论）。他批评"划分"是三段论方法的"细枝末节"，"可以说，是弱的三段论"（*APr*.46a 31 ff.），而显然，亚里士多德认为划分在某种程度上是他自己的三段论方法的对手。④ 但是，他又指出，划分假设了应该证明的内容，即，对划分者所提出的选择问题的回答（如 46a33f.，b 11，也见 *APo*. 91 b 14 ff.），而且，事实上，划

---

① 尤见 Cherniss，*2*，pp.54 f.。

② 比如，我们可以对比 *Sph*.220ab 和 *Ti*.39e-40a 和 *Ti*.91d f.，在第一处，动物被分为"步行的"和"凫水的"，后一组再分为"有翼的"和"水中动物"，这个划分旨在将"垂钓"定义为"狩猎"的一种；在第二处，动物分为四个种类："诸神"，有翼动物，水中动物，陆上动物；更详细的列举在第三处，除了人类之外，还有三种主要类别的动物：鸟类，"陆上野生动物"（四足的，多足的，无足的），"水中动物"（鱼类，贝壳类等等）。也见《法篇》823b，那里暗示了动物的三分："水中动物"，"有翼动物"，"陆上动物"。

③ 我在一篇文章中收集了与亚里士多德有关的这方面的证据，见 *Phronesis*，VI（1961），pp.59 ff.，尤见 61-64，70-71。

④ 尽管亚里士多德将划分描述为三段论方法的"细枝末节"，但我们不应该认为这一说法表明了，他将自己的方法视作对柏拉图划分方法的发展。相反，这一说法应该联系他在之前一章中的主张：三段论方法是普遍有用的（即，其他证明方法都从属于它）。关于三段论"起源"这一棘手的问题，见 Shorey，*1* 和 *2*，Ross，*3*，Soltnsen，*2*，以及 Mansion，*2*。

分所证成的内容并非需要定义的事情的本质，而是"人必定要么可朽，要么不可朽"或"人们必定要么有足，要么无足"这种类型的选言命题（46b 10 f.，17 ff.）。但是，如果在《分析篇》的某些章节里，他严厉地批评了作为证明方法的划分，那么在其他章中，他却承认，这一方法对于得出定义反而是有用的，在这样的语境中，他明确推荐了可以使用的划分类型。首先在 *APo*.91b 28 ff.，他提出，某些对划分的反驳是可以排除的，只要某种条件得到满足，比如，只要人们仅仅考虑种种本质因素，而且按照正确的次序，只要他们看到，所划分的东西已经充分被划分，而且没有遗漏。他接着又重复说，划分依然不能证明它的结论，但是，"它以另外的方式提供了知识"（b 33 f.）。之后，在 *APo*.96b 25 ff.，他以肯定的方式推荐了划分，让它用于定义的目的，这首先是为了确保谓词遵循正确的次序（如，动物，温顺，两足，而非两足，动物，温顺），其次是为了避免遗漏任何需要定义的事物的本质因素。的确，亚里士多德说，划分的使用是唯一可以保证不会遗漏任何东西的方法（96b 35 f.，97a 4 ff.）。但是，如果他支持在定义时使用这一方法，那么，他也就明确规定了划分应该采取的形式。尤其是，他认为，人们必须确保划分可以穷尽整个"属"，而且只要划分的结果是排除中项的对立（ἂν

157 ἦ ἀντικείμενα ὧν μή ἐστι μεταξύ，97a 19 ff.，参见 35 ff.），那么"穷尽"这一目的就可以达到。①

在这一段中，亚里士多德推荐划分的意义显而易见，只要我们想到在柏拉图与亚里士多德那里整个划分方法所立足的设想是什么。在《智者篇》和《政治家篇》中，艾利亚的异乡人为泰阿泰德或青年苏格拉底展现了一系列的选项。在首先进行的、例示性的对垂钓者的划分中（*Sph*.219a 4 ff.），这些选项是匠人/非匠人，生产性/获益性，靠交易/靠捕获，公开地/暗中地，无生命之物/有生命之物，等等。通常来说，划分都以问题的形式提出，是一对选项间的选择（如 219a 5 f.）；我想，人们会想到，在其他许多地方，在柏拉图和前代作家那里，我们都发现了一种选择性提问，它被用作论证性方法来强迫对方做出选择。在柏拉图的划分中，提出的选项形式各

---

① 也见 *Metaph*.1037b 27 ff.，在那里，亚里士多德再次主张了定义中使用划分的做法，他还设定了进一步的与这一方法有关的条件；如，人们应该连续通过种差来划分（1038a 9 ff.），应该避免用偶性来划分（1038a 26 ff.）。

异，有的是成对的"相反者"，有的是"矛盾者"，有的也同样并非严格意义上的相反者，有时，如我们之前所见，选项在数量上不止两个。但是，在每种情况中，必定做出的设想就是：所展现的选择都是穷尽性的。有时，这一点会明确提出，比如异乡人说，一个属的所有成员都会纳入这个或那个划分中（如 *Sph*.219d 1 f. 和 221b 2，那里讨论了"技艺"的划分，它分为生产性的和获益性的）。① 在对应该使用的划分类型有所推荐的《政治家篇》中，异乡人再次表明，他们应该"按照'种'（Forms）"来划分，"从中间"一分为二（262b 6，e 3，265a 4），而事实上，所举出的正确划分的实际例子则是种种涉及"排除中项的相反者"的划分，即，奇数和偶数，男性和女性（262de）。但是柏拉图并没有提出这样的一般规则，即，划分应该使用特殊逻辑类型的相反者，而异乡人也没有宣称要证明、而仅仅是去揭示他们要定义的对象的本性（如 *Sph*.264d-265a）。但在亚里士多德那里，我们知道了，划分的鼓吹者对它的要求更有抱负，而且用它去"证明""实体和本质"；亚里士多德的评述和推荐可以帮助我们理解，这种要求是如何针对这种方法做出的。在 *APr*.91b 18 ff.，该方法的鼓吹者被认为是像艾利亚的异乡人在《智者篇》和《政治家篇》中通常的做法一样进行划分的，也即，他在一对对立选项间提出选择："人是有生命之物，还是无生命者？"他提出了问题，然后，按照亚里士多德的描述，他设想的回答是"有生命之物"。显然，划分者宣称，他证明了人的定义，这基于两个假设：（1）每种情况中的选择都是穷尽的；（2）每个问题的回答都是不证自明的。而亚里士多德对《划分》的主要反驳则是，它假设了应该证明的内容，即，对在某些选项间提出的选择问题的回答，② 由此，他反对将划分作为证明方法。但是，他又接受它作为一种方法，如我们之前所见，它可以用来达到定义；而在这样的语境中，他明确阐述了应该用来确保"划分之中毫无遗漏"的对立类型。他提出，应该通过"排除中项的对立"来进行划分，从而设定了确保划分具有穷尽性的条件，尽管可以注意到，这一条件完全符合柏拉图本人在《政治家篇》(262a-e)

158

---

① 但是在 *Sph*.226bc，这个划分似乎有所改动，因为又引入了"分离性的"技艺。

② 如 *APo*.92a 1 ff.，亚里士多德认为人的定义是"动物，可朽，有足，两足，无翼"，他说，在定义的每一步，我们都会问"为什么"这个问题。但是，他接着说，划分者会表明——而且按照他的看法——会通过划分来证明，所有动物要么可朽，要么不可朽。

中的建议。

在《工具论》中，亚里士多德提出了某些规则用来确保柏拉图式划分的形式有效性，但是，他的生物学论著却表明，他很快就认识到了当这种方法在实践中用于动物分类时所存在的局限。值得注意的是，在亚里士多德讨论划分法的种种文段里，他所考虑的大多数例子都是来自动物学领域。如 *APr*.A 31 出现的两个定义，按照它们的结论，它们将人定义为可朽的、有足的动物；在 *APo*.B 5，他提到了人的完整定义是"动物，可朽，有足，两足，无翼"（92a 1）。此外，当他推荐在定义中使用划分时，他所举出的例子也全都是动物学方面的。在 *APo*.B 13，他举了"动物，温顺，两足"作为例子，为了表明谓词的正确次序（96b 31 f.），他还提到了有翼的动物划分为"整翼"和"分翼"（b 38 ff.）；而在 *Metaph*.Z 12 中，他举了这样的例子：有足的动物划分为"分趾"和"不分趾"（1038a 14）。显然，这一方法尤其适用于动物学的分类问题，而且，很可能在一段时期，亚里士多德本人就打算在这一领域提倡使用这种方法。但是，当我们转向亚里士多德自己的生物学著作时，他对于动物分类问题的处理却明显不同。在 *PA* A 2-3，他再次考虑两分法。他重提了他曾经在其他地方做出的若干观点，但是在这里，针对这一方法在生物学中的使用，他提出了重要的、全新的反对意见。在 *Metaph*.1038a 17 f.，他曾经顺便谈及，"最低种（infimae species）的数量"与"划分中使用的种差的数量"相等，但是现在（*PA* 643a 7 ff.），这一点却被用来证明将划分方法用于动物分类是荒谬的，因为很难想到"种"的数量事实上会成为"四或二的其他次方"（a 22 f.）。而 *Metaph*.1038a 19 f. 中指出的"定义包含属和最终种差"这一事实，现在却被用来反驳划分方法，亚里士多德指出，每个种都会获得不止一个种差（*PA* 643b 28-644a 10）。另外，当他对这一方法提出全新而且非常根本的批评时，他反对说，它割裂了动物的自然种类，比如鸟和鱼。[①] 在 *APo*.B 13 和 *Metaph*.Z 12，他曾经推荐过两分法，将之作为发现定义的有用的方法，但与之相反，在 *PA* A 2-3，他完全反对这种方法，尤其是用于动物学上，在

---

① *PA* 642b 10 ff., 643b 10 ff.。比较 *APo*.97a 1 ff., 35 ff.，在这两处，"动物"这个属以及"鸟"和"鱼"这两个种类似乎都被认为是两分法的潜在的主题。

论述结尾，他断言（*PA* 644b 19 f.）：他已经证明了，两分法如何在某个方面上是不可能的，而在另一个方面上是无用的。①

在亚里士多德之前的时代，划分法也许被认为是最值得注意的、设计证明方法的尝试。按照柏拉图的使用，这一方法并不遵守严格的形式规则，而且始终是非常灵活的。但从亚里士多德的批评来判断，有些鼓吹划分的人，他们将划分视为证明方法，比如，他们希望对动物进行划分和再划分，将之分为对立的种类，通过必要的步骤来达到某些结论(如特殊种类的定义，或对动物的完全分类)。在大多数情况下，这一方法就是在一对对立之间设立选择，但是首先，用作选项的对立的"逻辑状态问题"却并未明确地加以考虑。而亚里士多德分析了作为划分法基础的种种设想，他指出，为了确保划分是穷尽的，对立应该出自某种逻辑类型，即，排除中项的相反。但是，如果说这种规定，正如它有时候的操作一样，其结果是去除了针对这一方法的某个正式反驳，那么亚里士多德也证明了，将两分法用于动物分类的努力是误入歧途的；而在生物学作品中，他彻底反对两分法，而选择更为复杂的分类学，而且更为密切地关注动物的自然种类。

161

亚里士多德

尽管柏拉图在逻辑学领域里做出了更为重要的推进，如澄清了矛盾本性，区分了"对特定主词否定谓词"与"肯定相反谓词"，但是，他从未系统分析对立与对立陈述的不同模式。而亚里士多德首先做出了这样的分析，我们下面要对他加以考察。在《工具论》和《形而上学》的若干地方，② 亚里士多德区分了四类对立：(1) 关联性对立（如，双倍和一半）；(2) 相反

① 毫无疑问，亚里士多德在 *PA* A 2-3 中的首要攻击目标是他在学院中的对手，但是，有一些他对划分的反驳似乎也适用于他本人早期的、但已经修正的做法，即，接受这一方法、将之作为发现定义的手段。详见 *Phronesis*，VI（1961），p.72.

② 例如 *Cat*.ch.10（11b 15-13b 35）；*Top*.109b 17 ff.，113b 15 if.，135b 7 ff.；*Metaph*.1018a 20 ff.，1054a 23 ff，1055a 38 ff.。在 *Metaph*.1018a 20 ff.，除了通常的四种类型的对立，他还提到了"生成和毁灭的源头和归宿这两个极端"，但是，在这里，还有其他地方，这两个极端在亚里士多德的分析中并没有起到重要的作用（见罗斯对此处的注释）。

（如，善与恶）；（3）正项和负项（如，视和盲）；（4）矛盾，或肯定命题和否定命题（如，"他坐"和"他没坐"）。① 这种对对立的分类，有一个值得注意的特征是，命题（肯定命题和否定命题）对立的处理遵循了词项的对立（相反，关联性对立，正项和负项）。但是，这种分类能让亚里士多德揭示出"允许中项的对立"与"不允许中项的对立"的重要差别。他对于"在……中间"（μεταξύ）和"居中"（ἀνὰ μέσον）这两个表达的使用的确有些不严格。有时候，他提到了我们所谓的"真中项"（他举出的常见的例子是白和黑之间的灰和其他颜色），② 但是，他也使用这两个表达仅仅指这样的"中项"：它位于两个词项之间，但这两个词项都并不谓述它为真（他举的例子是，"非人非马"者，见 *Metaph*.1011b 31，这里也区分了 μεταξύ 的两重意思）。之后，他指出，有些成对的相反者允许许多"真正或严格意义上的"中项（如白和黑之间的其他颜色，或善与恶、或正义和不正义之间的没有命名的中项，我们称之为"非善、非恶"，"非正义、非不正义"，*Cat*.12a 20 ff.）。但是，其他成对的相反却并不允许这个意义上的中项（在 *Cat*.12a 4 ff.，他举出的例子是奇数和偶数，健康与疾病），不过，尽管如此，它们却允许第二个意义上的"中项"，因为对于某些主词，相反者中的任何一个都不谓述其为真。在这个意义上，正项和负项，关联性对立，也就都允许"中项"存在，因为除了眼睛之外，没有其他东西要么能视、要么会盲。之后，亚里士多德证明了，只有一种命题，完全不允许"中项"，即，矛盾，或肯定命题和否定命题。例如在 *Metaph*.1011b 23 f.，他提出，"矛盾项之间不可能有任何中项；相反，针对任一主词，必然要么肯定、要么否定任一谓词"；③ 而在 *APo*.72a

---

① *Cat*.11b 23 举了这个例子。在其他地方，如 *Metaph*.1055b 9 f.，亚里士多德有时会认为"等"和"不等"是矛盾性对立的例子（正如我们也会倾向于这样认为）。但是，在 *Cat*.13b 10 ff.，他指出这一类对立，与其他三种对立不同，它不是简单词项的对立，而是"或真或假的语词的联合"，即命题。（他指出过"句子"，即语词的有意义的联合，与非真即假的"命题"的区别，如见 *Int*.17a 1 ff.：祈祷是句子，但不真也不假）

② 例如 *Cat*.12a 17 ff.。在 *Metaph*.1057a 18 ff.，亚里士多德定义了 μεταξύ，他认为，它是这种严格意义上的"居中"，因为他得出的结论是（b 32 ff.），"中项都在同一属中，在相反项之间，都由相反项构成"。

③ 在 *Int*.17a 34 ff.，他指出，对于两个彼此矛盾的命题来说，主词和谓词必定各自相同，而且并非相同却有歧义；他注意到，矛盾命题还具有其他的条件可以抵挡智者的诡辩，也见 *SE* 181a 36 ff.。

12 f.，矛盾的对立是"其自身本性排除中项的对立"，而在其他许多地方，他也提到并且使用了所谓的"排中律"这一原则。

他对于对立的分析清晰而且直接。虽然第一眼看去，遵循词项的对立划分出矛盾这种做法似乎有些奇怪，但是，我们可以看到，这允许他能强调如下一点：只有在一对矛盾中，才会必然地当一项为真，一项为假（*Cat*.13b 2 ff.，33 ff.）。在考察前代希腊作家的论证时，我们就一再注意到，对于种种对立，一个预设的假设就是：两个对立项必定一个为真，一个为假。而亚里士多德的成功之处，就是揭示了这一假设成真的确切条件。对于某些相反者，即不允许严格意义上的中项的相反者，它的其中某一项必定谓述其应该正确谓述的主词而且成真。但是，只有对于矛盾来说，当它的一个对立项必然为真，则另一个必然为假。

亚里士多德是第一位试图划分不同类型对立的哲学家，他也充分分析了不同类型的对立陈述。首先，他以如下形式表述了矛盾律，即"同一属性不可能在同一个方面上、同时属于又不属于同一主词"（*Metaph*.1005b 19 f.，参见 1061b 36 f.），而且将之描述为"所有原则中的最确定者"（1005b 17 f.，22 f.），他在《形而上学》中用了很长的篇幅去反驳那些否认这一原则的人，但并没有证明它（因为他认定，证明是不可能的）。① 但是，在《前分析篇》和《解释篇》的若干重要章节中，他用了很长的篇幅考察不同类型的肯定性陈述和否定性陈述。比如在 *APr*.A 46，他区分了"不是如此如此"（not to be so-and-so）和"是非如此如此"（to be not-so-and-so）："是白色"的矛盾面为"不是白色"；而不是"是非白色"（它的矛盾面是"不是非白色"）。亚里士多德详尽地澄清了"是 A"，"不是 A"，"是非 A"和"不是非 A"之间的关系。② 在其他地方，他进一步地区分了不同种类的对立前提。尤其是在 *APr*.B 15，他在一段文字中考察了四对前提：(1)"所有 A 是 B"和"没有 A 是 B"；(2)"所有 A 是 B"和"并非所有 A 是 B"；(3)"有些 A 是 B"和"没有 A 是 B"；(4)"有些 A 是 B"和"有些 A 不是 B"，这一段为传统的"对当方阵"奠定了基础。(2)

164

---

①   *Metaph*.Γ chs.3-6 和 K chs.5-6。

②   亚里士多德分别设"是善"、"不是善"、"是非善"和"不是非善"为 A，B，C，D，他证明了，A 和 B 是矛盾；C 和 D 亦然；A 和 C 不相容（相反），而 B 和 D 是相容的：A 蕴含 D，但不被 D 蕴含；C 蕴含 B，但不被 B 蕴含（*APr*.51b 36 ff.）。

和（3）中的前提各自是彼此矛盾的；① 而（1）中的前提，他认为是"相反"；（4）中的前提，他称之为"仅仅在语词上的"（κατὰ τὴν λέξιν...μόνον）对立（*APr*.63b 27 f.）。接着，他又指出，相反命题（如1）是不相容的；而对于矛盾（2 和 3），必定一项为真，另一项为假；对于下相反关系（如4），两个前提是相容的（也见 *Int*.17b 23 ff.，20a 16 ff.）。

165　　目前为止，我们的描述已经相当充分，足以清楚地证明：在对不同对立模式的分析史上，亚里士多德的确做出了决定性的贡献。但是在最后，我们应该指出，他对不同类型之对立的形式分析，究竟在哪些方面与各种他在《工具论》及其他地方所推荐或使用的论证方法有着密切的关联。首先，我们应该考察所谓的"归谬法"（*reductio ad impossibile*）这种证明方法。这包含两个步骤：（1）证明一个命题（p），首先假设其矛盾面（非 p）成立，将之与其他已知前提联合，然后推断出一个结论；（2）若由此推出的命题是错误的，且推断又是有效的，而如果前提之一已知为真，那么另一个前提，即原本的假设（非 p）为假，由此，它的矛盾面为真。② 在处理各种"三段论的'式'"时，亚里士多德举了许多这种方法的例子。③ 比如 Barbara 式（"如果所有 B 是 A，且所有 C 是 B，那么所有 C 是 A"）就可以用"归谬法"证成：首先假设结论的矛盾面成立，即"有些 C 不是 A"；然后将之与既定前提"所

---

① 亚里士多德做出的区分清楚至极，但他用来指涉不同种类的对立和对立陈述的术语却指称不定。如 ἀντικείμενον，ἀντικεῖσθαι 这两个词在一般的意义上用来指对立，如 *Cat*.11b 16；但在此处的这一段里，即 *APr*.63b 30（见 *Int*.20a 30），它们专门用来指矛盾；而如在 *Metaph*.1011b 34 f.，它们又专门指相反。通常来说，亚里士多德用 ἀντίφασις 指一对矛盾，如 *APo*.72a 12，或指这一对矛盾中的成员项之一，如 *APr*.34b 29（也见与 ἀντικεῖσθαι 一同使用的 ἀντιφατικῶς，*Int*.17b 16 f.）。此外，ἐναντίον 一词，不仅指相反词项和相反命题（如 *APr*.63b 28），它至少在某个地方（*APr*.59b 10 f.），同时指相反命题和下相反命题（即，"所有 A 是 B"和"没有 A 是 B"这一对，以及"有些 A 是 B"和"有些 A 不是 B"这一对）。

② 如见 *APr*.41a 23 ff.，61a 18 ff.。*APr*.40b 25 f. 认为"归谬法"属于假设（hypothesis）推理的一部分，尽管亚里士多德将"假设"考虑为哪个环节，还尚有疑问。罗斯（4，p.372）根据 *APr*.41a 32-4 和 50a 29-32 认为，它是上面描述的两个步骤中的第二步，即 ἐξ ὑποθέσεως；但是，在 *APr*.B 11-14（如 63a 19）的整个讨论中，亚里士多德似乎都始终一致地认为"假设"指第一步。

③ 在 *APr*.B（11-14），他用了四章澄清了归谬法的有效形式；他还指出，同样的结论，既可以通过明显的论证证明出来，也可以用这种方法加以证明（如 *APr*.62b 38 ff.）。

有 B 是 A"联合，那么可以得出（用第二格的 Baroco 式）："有些 C 不是 B"。但是，这为假（假设既定前提"所有 C 是 B"成立）。但是，如果这个推断是有效的，且所推出的命题为假，那么，给定的前提之一（"所有 B 是 A"）为真，则另一个前提（原本的假设"有些 C 不是 A"）必定为假。因此，它的矛盾面"所有 C 是 A"为真，这正是我们打算证明的结论。① 我们已经知道了，比如艾利亚学派，是如何有时候通过反驳"一"的反面"多"来试图证明前者。但是，虽然艾利亚派的目标是通过反驳自己论点的对立面来证明论点，然而，对于他们的论证，是可以提出某些反驳的。首先，有关论点通常十分含混，未有界定；其次，即使（比如）"多"得到了"反驳"，但这未必就能推出：其相反论点"一"就为真。值得注意的是，亚里士多德的"归谬"证明方法，尽管也有着相似的目标，但是，在《前分析篇》的、处理这种方法的章节中，有不止六处，他都指出，为了用归谬法证明一个命题，就必须假设并证明它的矛盾命题而非相反命题为假。② 比如，为了证明 A，E，I，O 四种结论，就要假设并证明对应的 O，I，E，A 四个命题分别为假。如，为了用归谬证明"所有 A 是 B"，我们就必须假设"有些 A 不是 B"，并证明其为假：若假设"没有 A 是 B"并证明其为假，就不充分了，因为这个命题仅仅表明了"有些 A 是 B"。

"归谬法"体现了排中律在"形式证明的论证方法"中的应用。但是，亚里士多德的论证，比如在物理学论著中，其常见特征却是呈现一组对立选项；在这方面，将他与之前作家对比一下，还是很有意义的。通常，为了消解的目的，亚里士多德使用这样的论证技巧，即，为了反驳一个论点，首先陈述大量选项，如果论点为真，选项之一必定为真，然后依次推翻每个选项（我们已经看到过，高尔吉亚就使用相似的论证模式，用来证明"无物存在"）。如在 *Ph*.237b 23 ff.，亚里士多德证明了，一个事物不可能用无限的时间经过有限的距离（假设它不会每一次都经过相同的距离），③ 他的方式是

①　见 *APr*.63a 25 ff.，参见 62a 22 ff.（我改变了亚里士多德使用的符号，而且按照它们通常与 Barbara 式相结合的形式加以引用）

②　见 *APr*. 61b 1 ff.，17 ff.，30 ff.，62a 28 ff.，b8 ff.，25 ff.，尤其是 62a 11-19。（"显然，在所有三段论中，必须假设的不是反面，而是矛盾面"）

③　指圆周运动。——中译注

考察和反驳如下两个选项：（a）运动是匀速的，（b）运动不是匀速的；我们可以注意到，至少在这个例子中，两个选项的确是穷尽的。另外，出于建构的目的，他有时也会提出一系列选项，用排除的方式证明其中一项成立；这种论证方法，当然也可以在之前的哲学家那里找到对应（尤其是柏拉图）。① 如在 Cael.305a 14 ff.，在证明了元素经历"生成"之后，他提出，它们要么（A）生成于无形之物，要么（B）生成于有形之物；如果生成于有形之物，则要么（i）生成于某个其他物体；要么（ii）彼此相生；他证成了每一个环节中的第二个选项（B ii），同时证明了第一个选项是不可能的。② 为了让这两套论证有效，所考察的选项必须是穷尽的。就事实而言，亚里士多德提出的选项通常还是满足了这一条件（比如，他在 Cael.305a 提到的有形和无形是"排他性的相反"）。尽管毫无疑问，亚里士多德充分意识到了"允许严格意义的中项的相反"与"不允许严格意义的中项的相反"的区别，但他仍然有时候会提出那种"选项并非严格意义上具有穷尽性"的论证。如在 GC 326b 6 ff.，他对支持"不可见之孔"理论的人提出了一个两难，其指出，"孔"必须被认为是要么充盈，要么空虚；他主张，在这两种情况中，没有必要为了解释事物的彼此施动或受动而假定"孔"的存在。但是，"充盈"是在"非常充盈"③ 的意义上来理解的，而"空虚"是在"非常空虚"的意义上来理解的，那么反对者会采取的一种辩护就是：两个选项（非常充盈，非常空虚）并不是穷尽的。④

168

在物理学论著中，亚里士多德有时候提出的立足于对立的论证，引起了某些正式的反驳。而在《工具论》中，出于某些目的，他也不仅描述，而

---

① 有一个例子来自柏拉图，Sph.251d ff.，前面曾经考察过，见第 141 页以下。

② 见 305a 31 f.："因为元素既不可能生成于无形之物，也不可能生成于其他物体，则只能相信，它们彼此相生。"

③ 否定面为"并非非常充盈"，否定的是副词"非常"，不同于"充盈"的矛盾面"非充盈"。——中译注

④ 亚里士多德本人通常回避这个让之前希腊哲学家迷惑的两难，他的方式是对这两个假定为穷尽和不相容的选项做出修改。如 GC 315b 24 ff.，他考察了物体的"第一组成"是可分的，还是不可分的；然后指出了这两种观点各自具有的困难。但他还是试图解决这个特殊的"疑难"（ἀπορία），为此，他提出了"潜在性"和"现实性"的区分，而且表明，"第一组成"是"潜在地可分，而现实地不可分"（316b 19 ff.，参见 317a 2 ff.）。

且推荐了各种类型的、立足于对立的、看似合理却带有迷惑性的论证。《辩谬篇》(*Sophistici Elenchi*) 中有两段格外有趣，因为它们表明了，亚里士多德其实清楚地意识到了在论证中存在的"将任何种类的一对对立面假设为不相容和穷尽性选项"的常见倾向。在 *SE* ch.5, 166b 37 ff.，他处理了"片面"(*secundum quid*) 谬误 (παρὰ τὸ ἁπλῶς τόδε ἢ πῇ λέγεσθαι καὶ μὴ κυρίως)，他注意到了当一对相反属性属于一个特定主词时会出现的一些问题 (167a 9 ff.)。(他说) 在某些情况下，很容易察觉这种谬误 (他提到了"白牙埃塞俄比亚人"的例子，参见 167a 11 ff.)。但是通常，(他继续说) 这种谬误却难以察觉，他注意到，这样的情况尤其出现在两个彼此相反的属性"同时"以相似的方式 (即，在相似的方面) 属于主词时："因为通常的共识是，必须承认，要么这两个谓词同时以绝对的方式使用，要么都不是以绝对的方式如此：如，一个东西半白又半黑，那么它是白还是黑?"① 但是，在后面的段落里，我们发现，他实际上恰恰推荐使用了"在一对 (不穷尽的) 相反项之间设立选择"的问题形式，这是一种"赢得对手承认的修辞伎俩"。在 *SE* 174a 40 ff.，他说，"为了获得你的前提，你应该在问题中将之对比于它的反面。比如，如果必须确保让对方承认：'人应事事从父'，那么就这样提问'人是应该事事从双亲，还是事事不从'? 又如，为了确保'增长数倍的就是大数'，则这样提问'应该同意它是大数，还是小数?'……因为，将一对相反者并列在一起，可以让事情在人们眼中看起来相对又绝对地变大②，或变好和变坏。(παρατιθεμένων γὰρ ἐγγὺς τῶν ἐναντίων, καὶ μείζω καὶ μεγάλα φαίνεται καὶ χείρω καὶ βελτίω τοῖς ἀνθρώποις.)"亚里士多德是第一个充分分析了不同对立模式的哲学家。但是，我们还可以认为，也是他首先成功注意到了"按照在一对对立又极端的选项间设立的选择来陈述问题"(如针对白和黑提出问题) 的常见倾向，他也成功揭示了，以这样的说法来陈述问题会如何具有误导性。

169

---

① *SE* 167a 18 ff.，也见 *Ph*.240a 19-29。*SE* 168a 7f. 提到了另一个类型相似的论证：有些东西是好的，有些不好；则提问者问"这些东西整体上是好的，还是不好的?"

② 原文是比较级的"大"和原形的"大"的连用，劳埃德意译为相对大和绝对大。——中译注

结　论

　　在对不同对立模式的分析史中，亚里士多德做出了决定性的贡献，但是，在这一章结尾，我们可以约略评述一下我们之前考察过的种种逻辑学上的推进所具有的本性和重要意义。首先，在前柏拉图时期，不同类型的对立尚没有加以区分。相反，从我们讨论的文本中可以判断，存在着一种将不同类型的对立混同在一起、强调其"属"上的相似性（都是对立）、无视它们"种"上之差异（如相反和矛盾的差异；"允许中项的相反"和"不允许中项的相反"的差异）的倾向。在这个时期，尤其在两种语境中，出现了困难和两难：（1）处理矛盾或看似矛盾时；（2）使用选言论证时（论证中，在一组选项间设立选择）。我们已经看到，这两种困难最终得以澄清和解决，但是在前柏拉图时期，这一点并没有做到。柏拉图做到的，则是揭示了：在什么情况下，有可能或不可能用一对对立谓述同一个主词。之后，亚里士多德系统分析了不同类型的对立和对立陈述，他尤其表明了一对对立构成"彼此排斥和穷尽性选项"的确切条件。

　　毋庸置疑，这些都是形式逻辑上的重要推进。但是，我们还可以问如下问题：就后人运用的实际论证来看，这些推进的效果究竟如何呢？显然，在不同类型的对立和对立陈述之间做出某些区分的做法，并没有阻止那些（比如）与我们在艾利亚派或某些柏拉图早期对话中发现的论证具有相似形式的论证继续使用下去。的确，即使这样的论证并未被视为具有证明性，但尽管如此，它们通常还是保留了某种具有说服力的可信性。诚然，柏拉图和亚里士多德的作品让某些两难变得可以避免（即使后来它们并没有总是被避免掉）。然而，我们之前看到，柏拉图本人仍然在使用那种"在（严格意义上）并不穷尽的选项之间设立选择"的论证，如《蒂迈欧篇》这样的对话中相关于理念论的论证。即使亚里士多德明确研究了使用对立的逻辑学，但他也阐明了与对立使用有关的心理学，他认识到了某些与我们发现的、在之前希腊作家那里使用的、立足于对立的论证技巧。确实，我们看到过，在"修辞"论证的语境中，他明确推荐了将相反者并列的手段，以之来确保掉以轻心的

对方做出承认。最终，我们可以得出结论，尽管从形式逻辑的角度看，对不　**171**
同对立模式的分析颇为重要，但是，对于我们上面考察过的、种种形式逻辑
上的推进来说，它们的效果，却并不是排除了某些类型的立足于对立的论证
的使用，而是能够在"那些自称具有证明性的论证"与"那些在最好程度上
具有说服性、而最坏程度上则直接具有误导性的论证"之间做出了划分。

第二部分

类比

第三章

前哲学时期的背景

导　论

作为推导模式和发现方法的类比，自培根开始，它的命运就在相关科学 172 方法问题的争论中起起伏伏：对于类比的定义，对于类比与归纳的关系这一重要问题，人们均未达成普遍的共识。首先，很明显，我们对任何一般概念的使用，都依赖于我们对这一概念所用于的事例之间的相似性的认识。例如施奈尔（Snell，3，p.191）就认为："我们习惯于用具体的名词来指称我们周边的世界对象，而这种习惯立足于比拟① 活动，立足于得出类似物。通过将'马'这个名词安在不同时期的各种动物身上，我将它们等同起来，尽管它们具有诸多迥然不同的特征。"杰文斯（Jevons，p.628）以更一般的方式表述了这一观点："语言的整体结构，与各种符号、标志、象征、图示和表象的整体使用，都依靠类比。"而其次，哲学家们也已经关注了所有推理中的类比元素。休谟② 就认为："各种从原因或结果得出的推理，都立足于两个特殊事物，即，一切过去经验中任意两个对象的持续结合，以及现在的对象同这

---

① comparison，劳埃德在本书第二部分常用的概念，等同于类比，它不仅表示比喻或譬喻，也表示比照或对比，还指拟人或拟物，因此一般译为比拟，有时也译为比喻和比较。——中译注

② Hume，Book 1，part 3，sec.12（I，p.142）.

173 两者中任意一个的相似关系……如果没有某种程度的相似，以及联合，就不可能做出任何推理。但是，既然这种相似性允许不同的程度，那么推理的可靠性和确实性也成比例地有的多，有的少。"又如穆勒，① 他相信，按照对类比的最一般的表述（"两个东西在一个或更多方面彼此相似；对于一个，某个命题成立；因此，对于另一个，该命题也成立"），各种类型的基于经验的推理都是类比。此外，在他分析三段论的过程中，他提出了如下观点：②"事实上，当我们从个人经验中做出推导时……比起借助任何一般命题，让它发挥中介的作用，我们更通常的做法则是，从特殊事物到特殊事物来得出结论"，而他的结论是：③"所有推导都是从特殊事物到特殊事物；一般命题仅仅是记录这种已经做出的推导，是为了得出更多公式的、简短的公式。"

　　类比在科学方法上的合适地位问题，尤其是它与归纳的关系问题，都导致了种种难题，它们有着漫长又错综的历史，而且在今日，依然活跃于科学哲学家的争论中。如培根和穆勒那样的哲学家，都反对在科学研究中使用"完全"或"完满"的归纳（Inductio per enumerationem simplicem），但他们通常又赋予了那些依靠"类比"、依靠"分析事例的相似性"的方法以它们应有的位置。凯恩斯（Keynes）在《论可能性》（*A Treatise on Probability*）里讨论归纳和类比时，④ 曾经评述说，培根的以使用"排除和反驳"为基础的归纳法与穆勒的"一致和差异法"，都旨在确定特殊事例之间的相似与差异，旨在确定凯恩斯所谓的"肯定和否定类比"。⑤ 但是，培根和穆勒都认为，他

174 们的归纳法应该而且的确能得出确定的结论，而在处理错误或误导性的类比时，他们又都发现了特殊的困难。例如培根，他注意到了依靠"偶然和看似的"相似性所导致的风险，这种相似性对立于那些"真实的"、"实质的"和"实

---

① Mill，Book 3，ch. 20，para.2（II，p. 88）.

② Book 2，ch.3，para.3（I，p.215）.

③ Book 2，ch.3，para.4（I，p.221）.

④ Part 3，pp.217 ff.，尤见 pp.265。

⑤ 如在培根详尽运用归纳法的唯一一个例子中（研究热的形式），他一上来就列出了"本质和存在表"（*Tabula Essentiae et Praesentiae*），这张表收录了一切有热存在的事例；该表之后是"减弱或几乎缺少之表"（*Tabula Declinationis, sive Absentiae in proximo*），它包含了与第一张表对应的事例，但这些事例尽管对应，其中却缺少热。见 Bacon，I，pp.236ff. 和艾利斯（Ellis）的序言，I，p.33。

在的"相似性。① 不过，还是将穆勒的试图按照所得出的"结论之真假"来区分"充分和不充分归纳"的做法与后来凯恩斯对归纳问题的处理对比一下，会有更突出的启示意义。凯恩斯批评了穆勒，因为后者说，"所有天鹅都是白的，这不可能是充分归纳，因为这个结论最终是错误的"，而凯恩斯强调，所有归纳论证（包括所有类比论证）都要相对于前提而言，也即，相对于证据来看。他以数学为例说明这一点。考虑 5，15，35，45，65，95 这六个数字，我们会得出结论：所有数字的结尾都是 5，它们可以被 5 整除，没有余数（这完全成立）。但是，考虑 7，17，37，47，67，97 这六个数字，我们会得出结论：所有结尾为 7 的数字都是素数（这为假）。但是"作为'可能性'之基础的经验性论证，其有效性不可能受到其结论之实际真假的影响。如果基于证据，类比是相似和相等的，如果一般归纳（generalisation）及其结论，它们的范围是相似的，那么两个论证的价值必定也是相等的"。② 与培根和穆勒不同，凯恩斯并没有要求"归纳"应该证成某些结论，他要求的是，归纳应该证成某种可能性，③ 而且，他在归纳法中为"事例的增加程序"（他称之为"纯归纳"）和"对事例相似性的分析"（"类比"）赋予了应有的位置。④

　　看起来，某种术语的混乱一直存在于自凯恩斯以来的、关于"类比"和"归纳"之关系的争议中。如斯特宾（Stebbing，p.249）指出的，有时，类比被视为一种归纳；有时，归纳又被称为立足于类比；而有时，类比又被认为是辅助归纳的推导过程。本书中，我会在广义上理解"类比"，用它不仅指"比例性类比"（a:b:c:d），也指任何"将一个对象或复合对象比作或比拟为另一个对象或复合对象的推理模式"（对于两个可以认为或可以看出其彼此之间具有相似性的特殊事例，一个通常不可知或并非完全可知，而另一个实际上或可以设想为更充分可知），我会使用凯恩斯的"肯定性"和"否定性"类比来指涉两个被比拟的事物之间的相似点和差异点。如果人们将"类比"

175

---

① Bacon，I，p.280（也见"偶像"说，I，p.163）。

② Keynes，p.243.

③ "归纳性论证肯定的内容，不是'某个事实如何如何'，而是'相对于某个证据，存在着它所支持的可能性'"（Keynes，p.221）。

④ 这两个程序中，凯恩斯似乎认为"类比"在科学研究中更为重要，比如他说（p.241）："科学方法……主要致力于发现那种增强已知类比的手段，这样，我们就会尽可能地不使用'纯归纳'的方法了。"

判断为一种论证方法，那么很清楚，两个事物间的特殊相似性是进一步推导出它们之间其他相似点的"弱基础"：作为蕴含形式（如果 X 是 A，而 Y 与 X 相似，那么 Y 是 A），类比明显是无效的。但是，许多哲学家和科学史家，都与凯恩斯一样，也都接受了如下观点：对不同对象间相似性的理解，可以构成科学方法的重要部分，它是假说的来源，会服从检验和验证。①

176　　我所谓的类比，当然是一种极为普遍的推理模式；在各个时期，它都是以某种形式使人所共知。而我关注的特殊主题则是这种推理模式从早期希腊思想至亚里士多德之时的运用，这一时期，既有自然哲学的兴起，也有形式逻辑的推进。两个彼此不同、却又相互关联的论题值得在这里加以研究，第一是所提出的类比的"内容"，第二是这样一个问题：在多大程度上，这段时期的古希腊人充分分析了他们在运用类比时涉及的"逻辑"？首先，我们要辨识出反复出现的某些类型的意象化和类比，并考察它们在不同的理论作家那里有何种不同的用法，借此，我们要试图阐释这段时期古希腊人的普遍的宇宙论学说，还有某些对特殊自然现象的解释。其次，我们要考虑，自早期到亚里士多德时代为止的希腊人在多大程度上意识到了种种在类比运用中涉及的"逻辑问题或方法论问题"，这样的类比要么是假说的来源，要么是推导的方法。

在我们转向所掌握的与早期希腊哲学家有关的材料证据之前，有两个准备工作是必需的。首先，我们应该简要地提及一些在原始思想中的、对类比的不同的使用，人类学家已经对此做出过描述和评论。其次，在前哲学时期希腊文学的对比拟和意象化的使用中，有某些方面也值得加以充分关注和详细考察。

某些比较性证据

有一个事实众所周知，许多巫术信仰和活动都依赖于对相似性的认知，

---

① 如 Stebbing，p.255：" 未曾解释的相似性，尤为显著，因此不能被视为偶然，它可以构成假说的基础，而这假说又可以解释相似性。" 斯特宾举了拉普拉斯的星云假说（Nebular Hypothesis）为例，认为它是通过类比而提出的重要的理论；阿伯尔（Arber）讨论了其他的例子。最新的对科学方法中的模型和类比的论述，见 Hesse，2。

而一些人类学家已经表明，他们认为类比的运用是原始思想中的特别重要的特征。比如，G. 林哈特（G.Lienhardt）[①] 就认为，"诸多非科学的思想似乎恰恰存在于对类比的理解中——比如这样的类比，天之于地，如神之于人，如雨之于农物……等等"，尽管他接着说："只有当我们认为（这些类比）不同于它们自身时——比如断定雨和神的等同，而非断定它们的类比关系——我们才开始想要知道，理性的存在者如何能'相信'它们。"在林哈特看来，频繁的利用类比是非科学思想的独特特征，但与此同时，他又适时地提出了警告：我们应该小心，不要当两个对象仅仅是可以比拟时（或在不同对象的种种关系之间可以提出比拟时）就设想它们是可以等同的；而"两个对象是可以等同，还是仅仅在某些方面可以比拟"这一问题，必定会随着古希腊人的证据而反复提出，尽管对这个问题，我们并没有明确或确定的回答。

　　为了说明存在于原始思想中的（虽然并不仅限于原始民族）、对类比的某些更为重要的用法，我会提及伊文思–普理查德在他对阿赞德人（Zande）信仰的描述中举出的某些例子。比如，在论述阿赞德人关于疾病的观念时，[②] 伊文思–普理查德评述说，疾病的名称通常取自阿赞德人认为的、与病症具有相似性的自然事物［就像我们也会说的"象皮病"（elephantiasis）］。他继续说（*1*，p.487）："在原始的思想模式中，表面相似的对象通常由命名法（nomenclature）和仪式连接在一起；它们在神秘的思想模式中相互联结。在赞德人的疗法中，这种神秘的联系存在于关涉病因和药方的观念里。'癣'表面上相似于禽类的粪便；而禽类的粪便与此同时又是癣的病因和药方。下垂的眼睑（blepharoptosis）与鸡蛋相似，而鸡蛋是眼睑下垂的药方。一般来说，治疗的逻辑就是：'选择最为显著的外部症状'，按照'与病症相似的自然对象'来为疾病命名，再使用该对象作为治愈疾病的药物的主要成分。甚至可以说，这个循环就是借助如下信念得以完满的，即，症状不仅服从'与之相似的对象'所施加的治疗，它还是由这样的对象作为原因促成的。"这一段非常清楚地说明了类比能起到的三个迥然不同的功能。第一，一个对象可以通过指涉另一个与它相似的对象来加以命名或描述（这并不意味着，

177

178

---

① 　见 Evans-Pritchard，*2*，pp.106 f.。

② 　Evans-Pritchard，*1*，pp.479 ff..

两个对象间存在着因果联系，尽管通常来说，实际上可以设想它们之间存在着因果联系）。① 第二，对两个对象间相似性的认知可以作为解释其中一个对象的基础，也就是说明这个对象的原因。按照上面举过的例子，某些疾病可以设想为是由某些与它们相似的对象导致的。第三，可以认为，事物间的种种相似性形成了它们之间的具有魔力的联系，故而为了控制或影响某些对象，可以试图操控其他一些与它们相似的对象：阿赞德人就希望通过使用与特殊疾病相似的自然对象来达到治愈的结果；这种"顺势疗法的"（homoeopathic）② 巫术活动当然广泛存在于世界上的各个地方。

179　　从这些例子中，我们能看出，在现今对我们来说主要作为——但又并非仅仅是——科学的领域中，类比如何实现了如下两个功能，即，提供解释和控制现实。就第二个功能来说，科学与巫术的最重要的差别也许完全在于它们的相对效力。尽管巫术在实践中并未生效，但是，它的一般目标却与应用科学类似，也是控制事件；而为了达到这一目的，它所希望的手段之一就是，"对它所相信的、由事物间的相似性构成的联系"加以利用。此外，应该指出，原始社会的成员有时候也清楚地意识到了巫术中的类比元素，他们举出了某些对象间的相似性，以之作为巫术程序的根据。阿赞德人（还是用他们作例子）说，"'我们就用如此这般的植物，因为它类似如此这般的事物'，他们就这样为仪式所指向的对象命名"。③ 就类比的第一个主要功能"为解释提供基础"来看，"相似的结果出自相似的原因"这一原则，在或多或少的程度上为所有因果解释（不仅是原始或非科学思想的因果解释）提供了支持。在其他情况下，"常识"也是使用类比进行解释，因为当面对着含混

---

① Evans-Pritchard（1, pp.486 f.）记录说，阿赞德人认为，为了治愈患上象皮病的腿，可以在腿上切开口子，将烧尽的象腿的灰揉搓进其中。但是，他们也称兔唇为"豪猪病"（porcupine-sickness）（因为豪猪被认为也有兔唇），但看起来，他们并不相信豪猪与这方面有什么联系。

② homoeopathy，即以同治同疗法（similia similibus curantur），或同质疗法，汉译常为顺势疗法，即，A 物引起疾病 B，则稀释或缓和处理过的 A 物可以治疗疾病 B，A 是 B 的病因，也是药物。——中译注

③ Evans-Pritchard，1, p.449。他注意到，"通常来说，药和对象之间、仪式和想要发生的结果之间的相似性表明在咒语之中，如众所周知，大量生长在耕地上的高草（bingba）……是油瓜（kpagu）的药。人们扔这草，就像投掷飞镖，让它穿过油瓜的宽叶子。在扔草之前，他会这样说：'你是瓜，你会果实累累，就像果实累累的 bingba'"。

或难以解释的现象时，我们一般来说都试图将之与"更为熟悉的经验之事"进行比拟或联系。这方面，常识与科学的差别似乎在于，一个倾向于在没有进一步观察的情况下就设想"它所理解的类比和联系是有意义的"，而另一个却能证明事件之间的联系。如凯恩斯所言，"种族的常识之中已经带有了弱类比的印记"，但是他的另一个说法——我们往往贬低我们不再接受的过去的可能信念——却与我们对类比的评价尤为相关，因为在我们看来，类比似乎十分肤浅。[①]

　　这些来自原始思想的简要的例子既可以揭示出类比是有用的（用作描述和解释事物的手段），也可以表明这样一个事实：类比很容易产生误导性。这两个与类比使用有关的特征，在我们要研究的这一段希腊思想史中得到了充分的体现，但是，我们不仅要考察早期希腊思辨思想中反复出现的种种类型的类比和意象，还要考察，当使用它们的作者渐渐意识到了所涉及的方法论问题时，对它们的运用是如何变化和发展的。而我们要讨论的问题之一就是，在多大程度上，希腊人详细解释了或试图去审视和证实他们在不同语境中提出的类比？我们首先要考察类比在他们的一般宇宙论学说中的使用，其次要考察类比在他们试图解释特殊自然现象时的运用，这之后，我们再讨论对类比论证的用法和分析。不过一开始，为了立足于背景来追寻类比的发展，我应该先谈一下前哲学时期在类比使用中的某些特征，也即，"对相似性的认知"在某些迷信信念中发挥的作用，以及比拟、隐喻和意象化在前哲学时期文学中的使用。

早期希腊文学中的证据

（a）顺势疗法的巫术和对预兆的解释

　　与其他许多民族一样，而且的确与过去或现在的大部分民族一样，古希腊人也明显相信，相似性关系有时候构成了两个事物之间具有魔力的纽

180

---

① Keynes, p.247.

带，由此，两者之中一个东西遇到的事情，也许会对另一个东西的遭遇产生影响；这一事实应该予以关注，尽管我们不会在这一点上过多停留。的确，相比从当今社会中收集来的材料之丰富，与古希腊人的"顺势疗法的巫术活动"有关的证据，其范围或许有点狭小，而且我们还应该记住的是，与其他古希腊习俗一样，我们掌握的与这方面有关的信息都几乎完全来自文学资源。但有一点无论如何都是众所周知的：从现存的不同时期的希腊文学之中，均可以引用出许多涉及"顺势疗法的巫术"的文字。① 比如，我们可以注意《荷马史诗》中的一段，它不仅提及了这种活动，还表明了其背后的理念。在 *Iliad* 3 259 ff.，墨涅拉奥斯和帕里斯决斗之前，阿卡亚人和特洛伊人的领袖订立协约。首先，阿伽门农宣誓说，决斗的获胜者会拥有海伦。之后，举行祭祀，从调制的钵中取出酒，倒在地上。酒一倒出，按照描述，阿卡亚人和特洛伊人都祈祷说："啊，最尊贵，最伟大的宙斯，还有你们，其他那些不朽的诸神；无论哪一方首先毁弃誓约，他们和他们的子女，都会肝脑涂地，就如这酒；他们的妻子也会被他人占有"（298 ff.）。从这次祈祷中可以判断出，在这种场合下，"倒酒"的行为有着专门的巫术的意图：它模仿了违约者脑部的流血；它既象征，又确保了这一想要得到的结果。毋庸置疑，许多古希腊人的习俗和活动都起源于对"顺势疗法的巫术"的信仰，② 但是，上面所说的这一段之所以值得注意，是因为它的文本还描述了进行这种仪式的参与者的想法。

有一种常见的解释超自然征兆的技巧，是另一个绝佳的例子，它同样体现了类比在希腊宗教或迷信信念中的重要性。与其他许多民族一样，古希腊人也设想某些先兆可以象征未来，通过类比来解释先兆就可以将未来预知。如在 *Iliad* 12 200 ff.，一个预兆呈现在特洛伊人面前：有只鹰飞过他们的队列，鹰爪下有一条蛇，但蛇在反击，迫使鹰将它丢落。在 217 ff.，波吕达马斯（Polydamas）对这一先兆的解释就联系了眼前的战斗形势，即，特洛伊人已然将阿卡亚人赶回了后者的船上，而且就要进攻后者的护墙。他预言

---

① 如几个值得注意的例子出现在相对较晚的文学作品中，如 Theocritus, *Idyll* 2 (17 ff., 22 ff., 27 ff.)。

② 比如赫西俄德《劳作与时日》（如 744 f., 746 f.）中某些晦涩的行为准则，还有一些与毕达哥拉斯派有关的准则（如 KR 注释，p.226）。

说，正如鹰似乎控制着蛇，但却受骗，失去了猎物，因此，特洛伊人也会失去胜利，尽管这只是看起来一定如此。[①] 这种解释超自然征兆的方法当然在希腊极为流行，自荷马之后长时间里都是如此。比如在公元前 5 世纪，希罗多德收录了许多例子，其中就有人解释了神谕，梦或先兆，其方法就是领会"所解释的东西"与"自身所处形势"之间的相似性。[②]

顺势疗法的巫术活动和那种依靠类比解释先兆的技巧，都取决于这样一个假设：相似的情况之间存在着具有魔力的或超自然的联系。我们上面考察过的来自古希腊人的证据并非是特例：相反，在众多的社会中，都存在着类似的证据。不过，那些证据表明了，与其他诸多民族一样，古希腊人有时候也会设想：事物之间的相似性既可以用来控制或影响事件，也可以预知未来。在与这两种迷信活动有关的语境中，早期阶段的古希腊人在发现不同对象间的相似性上体现了独创性，他们欣然相信，这样的相似性是富有意义的。

(b)　明喻和比拟在前哲学时期文学中的使用

如果"古希腊人信奉某些立足于对相似性之认知的迷信活动"这一点已经无须多论，那么"比拟"在早期希腊文学，尤其是在荷马本人那里的功能，则在某些方面上值得予以特别关注。从类比的使用在后来希腊哲学中的发展来看，与我们的主题有密切关系而且值得关注的"荷马式的明喻"，[③] 其首要

---

① 虽然在 *Iliad* 12 231 ff. 的著名的发言中（"只有一个预兆最正确——就是为国而战"），赫克托耳拒绝了预兆的意义，无论是一般的预兆，还是此处这个特殊的预兆，但是，这并不能否定这一段是证明了某种"解释先兆的正统方法"的证据（我前面已经指出，p.67，在原始民族中，针对迷信信念有时也会表达出怀疑的看法）。

② 例如 1 67-8，利卡斯（Lichas）解释了一条神秘的神谕，它关乎了俄瑞斯忒斯的尸骨会在何处寻到，其中提示了铁匠铺：这条神谕说，那个地方有"两股风吹动……一击响应着回击，苦难在苦难之上"；"两股风"可以解释为"两个风箱"；"一击和回击"指砧和锤；"苦难在苦难之上"，指锻造的铁。也许值得注意的是，希罗多德本人并未对利卡斯解释的真实性提出质疑。

③ 对荷马式明喻的最为出色和全面的研究仍然是 H. 弗兰克尔（H.Fränkel）的《荷马式明喻》（*Die homerischen Gleichnisse*，哥廷根，1921）。对于其他研究，我尤其还会提及里茨勒（Riezler）和 Snell，*3*，pp.199 ff.。

特征恰恰就是比拟的频繁使用，它被用来描述场景中的本质或重要的方面。如撤退中不时地攻击追赶者的埃阿斯，被比作让拿着棍杖的男孩赶出庄稼地、但却已经吃得饱饱的驴（*Iliad* 11 558 ff.）。冲上费阿吉亚海岸、随着海浪拍打、紧紧抓住岩石的奥德修斯，被比作八爪鱼（*Od.* 5 432 ff.）："就像一只八爪鱼从它的巢穴中被拖出，许多卵石依附在它的吸盘上，所以奥德修斯健壮的手握住岩石，皮肤从手上剥落。"众所周知，明喻在《伊利亚特》的战争场景中尤为常见；对于现代读者，这也许意味着，史诗诗人有意使用它们作为文学手段来让重复的描述变得生动。但就算这是对的，也并不全对，因为明喻并不仅限于荷马诗歌中的司空见惯的场景，我们下面会看到，除了被笼统地称为风格手法之外，它们还有助于其他重要的目的。

184 虽然在荷马那里，明喻的一个普遍功能正是描绘场景的显著特征，但是，若对某些明喻的专门用法加以分析的话，则可以看出，比拟在传达某些观念上也起到了根本的作用。明喻被用来描绘某些性质和特性，虽然这种用法的方式浅显易知，但它仍然有着重要的意义。在荷马那里，比如"白色"在表达时就比作太阳（*Iliad* 14 185）或雪（*Iliad* 10 437）或锯掉的象牙（*Od.* 18 196）①，还有一些类似的常见的例子，形容甜（蜜）、硬（石头、铁或角）和其他许多物理和心理性质。虽然种种用来展现不同性质的例子，在不同文学作品之中迥然各异，但是，有一些这样的用法却必定普遍常见。不过，如果我们自己熟悉这一类"比拟"的话，那么我们不应该忽视古希腊人的用法与我们自己的用法的差别。此外，早期希腊人还将动物用作某些心理特性的象征，我们应该考察一下那些看起来支持这一做法的信念，这会对我们有所启发。在荷马那里，狮子和野猪代表勇敢和凶残，鹿和鸽子代表胆怯，驴代表倔强，等等；而从抒情诗人那里，也可以举出一长串用法相似的动物。② 但是，这些"比拟"的一个显著的特征——施奈尔③ 已经有所

---

① 参见萨福的"白胜于卵"（167 LP）或品达的"白过于帕罗斯的大理石"（*N.* 4 81）。

② 例如在阿吉洛克斯（Archilochus, 81 D）那里，狐狸是狡猾的化身；而在福吉利德（Phocylides）和塞蒙尼德（Semonides）那里，各色动物被用来当作各种女性的原型：福吉利德的母狗、蜜蜂、母猪和牝马（2 D）；塞蒙尼德的八种不同的动物（包括地上和海里）（7 D）。关于原始思想中类似的用动物来代表某一类品性的做法，见 Lévi-Strauss, 4。

③ "荷马的狮子永远是好战的野兽，……甚至在撤退时，他依然斗争不已……其他各种明喻中的动物：放肆的狗，倔强的驴……都体现了同样恒常的品性"（Snell, 3, p.201）。

关注——却是，狮子**永远是**凶残的；鹿**永远是**胆怯的。似乎，早期希腊人认为，动物不仅象征了某些特性，还**永久地体现了**它们；品达诗中的一段显然证实了，事实上，有时候，这种设想就是如此。在 *O*.11 16 ff.，他对缪斯承诺，当她们造访西洛克里斯人时，她们会发现后者的好客、高贵、聪慧和高尚；他接着说："黄褐色的狐狸，大声咆哮的狮子都不会改变他们天生的品性（τὸ ἐμφυὲς... ἦθος.）"品达的直接观点就是，西洛克里斯人永远具有某种性质，而且会持续地展现它们。但有意思的是，他使用动物作为范例，让它们来体现恒常的本性和品性。他所提到的动物种类显然被设想为种种不会改变的特性。这样的设想极大地增强了这些"用动物来描绘人之品性"的"比拟"的力度；我们可以相信，这一观点也同样包含在其他许多"动物明喻"之中，尤其在荷马那里，动物被设想为具有种种永久的特性。①

　　下一个我们要考察的比拟的功能特征则是，它们被用来传达与距离和时间有关的观念。与之前一样，荷马的用法与我们自己的用法还是略有不同，因为，凡在我们倾向于指涉抽象的尺度系统的地方，荷马则通常更会使用具体的比拟。显然，对某长度的测量，通常都包含了"比拟"这一物理行为（比如所测量之物放在一脚之长的标准旁）；而毫无疑问，没有抽象的长度单位系统的社会，往往只能权且使用人体作为尺度（脚、步、"跨"、"肘"，等等）。从荷马与赫西俄德那里提及长度的例子可以看出，早期希腊人会使用"臂"（ὄργυια，臂展长度）、"肘"（πῆχυς，cubit：前臂长度）和"脚"这样的长度单位，虽然我们并不能确切知道这些单位是在哪一个时期联合在一起构成了标准化的尺度系统。② 但是，这些例子在荷马那里相当罕见，他

① 值得注意的是，《动物志》（*Historia Animalium*）608a 11 ff.（参见 A 1 488b 12 ff.，Θ 1 588a 16 ff.）用了很长的篇幅讨论了不同种类之动物的心理特性，但是在 588a 20 f.，亚里士多德评论说，较之动物来说，这样的特性在人身上更能明显地表现出差异。

② 希罗多德（如 2 149）中的几段文字告诉我们，在公元前 5 世纪，"一百尺"（πλέθρον，参见荷马的 πέλεθρον，如 *Il*.21 407）[中译注：πλέθρον 等于"一百 πούς"，πούς 意为"脚"，与英语 foot（英尺）一样，也表示长度，但比后者长八分之一英寸]。与更短的"臂（ὄργυια）、肘（πῆχυς）、脚（πούς）、掌（παλαστή 或 παλαιστή、παλάμη）"等长度单位之间，就已经建立了联系，但是，我们不能确定，这些关系是在什么时代固定下来的。毋庸置疑，标准的长度单位随着科技发展越来越重要，而值得注意的是，在赫西俄德那里（*Op*.423 ff.），有一段描述各种工具的文字，早已全面提及了长度单位：他谈道了"三脚长的"臼，"三肘长的"杵，"七脚长的"轴，"三跨长的"轮辋，和"十掌长的"货车。

185

186

通常会用比拟来表达距离，而这些比拟指向了其他更为模糊的标准，比如常见的"远如矛飞"（如 *Iliad* 21 251），或"远如群骡之距"（*Iliad* 10 351 f.，*Od*.8 124）这样含混的表达，① 或"远如铁饼之距"（*Iliad* 23 431 f.）。与之前一样，这样的明喻的用法也许会让我们觉得它们主要是一种"诗歌技巧"；诚然，其中某些明喻点缀着严格来说无关紧要的附加内容。但是，既然抽象的标准化尺度系统在当时很可能还没有得到什么发展，故而这样的比拟明显在表达距离这方面发挥了重要的功能，它们达到了生动的效果，甚至还殊为精确。

　　而在表达时间上，比拟的功能在某些方面上也颇为相似。对于主要的时间划分来说，先除去"天"不论，"年"和"月"则很容易地、至少可以近似地通过观察太阳和月亮来确定。② 而在白昼之内，黎明、日出、正午、日落和黄昏都标定了不同的时段；在荷马那里，夜晚（如白昼，参见 *Iliad* 21 111）被分为三个部分（*Iliad* 10 252 f.；*Od*.14 483：这两段里，都提到了星辰的运动）。但是有时候，荷马用比拟来指称一天中的时候："就当樵夫在山谷中准备餐饭之际……"（*Iliad* 11 86 ff.），或"当某人 [审判官] 起身离开集会去吃晚餐之时……"（*Od*.12 439 ff.）。这两个明喻都相当精细；尤其在第一个例子中，比拟具有戏剧化的目的，它强调了这样一个对比：当阿卡亚人正竭尽全力击溃特洛伊人的队伍时，就在一天中的这个时候，樵夫却享受着理所应得的休憩。但是，这两个明喻的主题仅仅是一天中的这个时候。而我们应该想到的是，荷马从来没有计算过一天的"具体时辰"。但我们不应该低估这些比拟的纯粹实际的功能，即，它们可以用来表达一天中的时候。我们可以参考手表的分针，精确地说出时间，而古希腊人有时也可以借助一种指涉"某个与一天中的特殊时段相关的事件"的"比拟"来正确地（但并不精确）表明时间。

---

① 这个表达通常被理解为指群骡一天时间内犁耕过的土地的幅度（假设每条犁沟的长度确定而且恒定）。

② 我们无法断定前哲学时代的希腊人所理解的"太阴月"（the lunar month）或"太阳年"的真实长度。但对我们有用的是，希罗多德（2 4）曾记录说埃及人的一年有 365 天，他用这一点对比了古时希腊人的历法，后者每隔一年就有一个闰月。不过，还可以注意到的是，赫西俄德早就使用了详细的"年历"：一月的时日——计数（这具有神奇的意义，*Op*.765 ff.），而二至点和星座升降都被用来确定一年的主要季节和其他重要日期的划分。

更困难的任务则是去说明，早期希腊文学如何使用比拟来表达、领会或构想"未知之事"或"难解之事"。H. 弗兰克尔找出了荷马的明喻所用于的种种目的，在其中，他注意到（*1*, pp.98 f.），它们被用来"为不可见者披上感性意象的外衣"，"让难于构想之事变得更清晰、更易解"。例如，明喻通常在使用时，会联系神或奇迹。众所周知，一些明喻都将神的运动比拟为鸟的飞翔，但是很难根据"鸟也许是神的显现或化身"这种字面上理解的想法来评定这样的证据。^① 不过，这种有意使用比拟来构想和表达神的方式，也许可以通过其他类型的明喻来加以阐明。例如在 *Iliad* 4 75 ff.，突然出现在战场上的雅典娜被比作"克罗诺斯之子派来的明亮的流星……星光四射"；又如 *Iliad* 5 864 ff.，场景中消失的阿瑞斯被比作一团"黑色的雾气，从灼热过的云后浮现，狂暴的风随之激荡"。在上述两个地方，诗人都借助具体的意象领会和描绘了神的奇迹般的显现或消失。但是，这并非明喻被用来理解"难解之事"的唯一语境：比拟也被用来描绘心理状态。如 *Iliad* 14 16 ff.，精妙而具体的意象传达了涅斯托尔在两种做法之间的犹豫不决："就如无声的浪涌让大海昏暗；海预示着疾风的路向，但它安然不动，既不向前，也不向任何一侧翻滚，直到稳定的风从宙斯那里吹来。"在另一个更复杂的例子中（*Od*.20 13 ff.），奥德修斯目睹了他府中的女仆行为放荡，我们读道，"这颗心在体内吠叫（ὑλάκτει）。就像一条母犬徘徊在它的幼犬旁，朝着它不认识的人狂吠，想要厮斗，所以它心中吠叫，对它们的污行感到愤慨。"这里的明喻发展了 20 13 的"ὑλάκτει"一词的隐喻用法背后的观念，但是，值得注意的一点则是这个具体的意象之所以能让诗人传达出对"内在心理状态"的印象的"方式"。另一个更明显、但又含混的明喻，出现在 *Iliad* 23 597 ff.，^②它描绘了当安提洛科斯（Antilochus）承认他本来应该在战车比赛中获得第二名时墨涅拉奥斯的开心："他的心'惬意'，仿佛田地中茎秆竖立之时露水消融在生长的谷物的穗上"（τοῖο δὲ θυμὸς | ἰάνθη ὡς εἴ τε περὶ σταχύεσσιν

¹⁸⁸

---

① 有些段落描绘了以鸟的形式显现的神（如 *Od*.3 372，参见 22 239 f.），其他段落仅仅是用鸟比喻神（如 *Il*.5 778，13 62，15 237；*Od*.5 51 f.），但是，很难理解这种差别的重要意义，甚至很难理解这两种情况之间是否明显做出了迥然的区分。

② 参见 Onians，pp.46 ff.（在那里，他也评述了其他几段早期希腊文学中的文本，其中出现的心理现象，也都明显使用了具体的表达加以构想）。

ἐέρση |ληΐου ἀλδήσκοντος, ὅτε φρίσσουσιν ἄρουραι）。598（参见 600）中形容墨涅拉奥斯之"心"（θυμòς）的 ἰαίνω 一词，表示"惬意"（cheer），但这个动词的字面意义（如见 Od.10 359 和 12 175）是"温暖"或"消融"；当该动词在第二句配合"露水"（ἐέρση）一词时，比起派生的"惬意"来说，这个意思才是主要含义。这样，墨涅拉奥斯之"心"（θυμòς）的"惬意"，被认为如同谷穗上消融的露水；与之前一样，"具体的比拟"又让诗人能够领会模糊的心理反应。①

　　为了进一步说明"比拟"用来理解"未知之事"的功能，我们可以考虑荷马那里出现的一些"言论"。种种言论能让我们研究，当诗中的人物面对某种离奇或新异之事时所发生的情况；在这样的状况中，他通常的反应都是将陌生的人或物比作某种东西。E. 弗兰克尔第一个关注到了希腊文学中某些这样的段落，其中，两个或两个以上的人，在一些社会语境中，尤其是初次见面时，都将彼此做了比喻。② 荷马那里，有几个这方面的例子。如 Od.6 150 ff.，奥德修斯初会瑙西卡时，他说，"倘若你是女神……凭着美貌、身材、形体，我把你比作近乎阿尔忒弥斯一般……"；而瑙西卡回答道（187），"异乡人，既然你不像魔鬼，不像蠢人……"。而在费阿吉亚的竞赛时，欧律阿洛斯（Euryalus）嘲笑奥德修斯，因为后者拒绝参赛："异乡人，我认为你不像（liken you not to）有比赛经验的人……你也不像竞技的健儿"（Od.8 159 ff.），对此，奥德修斯回应说（166 ff.）："异乡人，你所言不确：你就像莽夫。"后来的作者中，也有一些段落的文本表明了这种习惯仍然在遵循，半是严肃，半是玩笑，其社会语境也各有不同。③ 但是，这种用比拟描绘陌

---

① 荷马那里，还有一个例子，它展示了明喻还被用来说明模糊的生理过程（Il.5 902 ff.），派厄昂（Paeon）为阿瑞斯的伤口敷上了药物，伤口的痊愈比作让无花果汁凝结的牛乳。的确，这个明喻的主要目的是描绘阿瑞斯伤口痊愈的"速度"。但是，我们还想知道，牛乳的凝结是否可以被认为也说明了血液凝固的"方式"。尽管在荷马那里，这一明喻的功能是描述性的，不是解释性的，但我们可以注意到，正是这样的比拟，被后来的哲学家和医学作家使用，用它协助解释复杂的生理过程；牛乳凝结的特殊例子通常也被后来的理论家使用（例如恩培多克勒，Fr.33，Morb.IV ch.52，L VII 590 9 ff.，亚里士多德那里也常见，如 GA 729a 9 ff.）。

② E. Fraenkel，1，pp. 171 ff.，参见 2，II，pp. 101 f.，III，pp. 575 ff.，773 f.。也见 Rivier，pp. 51 ff.。

③ Plato，Smp.215a f. 和 Men.80a，都尤其值得关注。

生人或不熟悉的人和物的做法，并不仅限于习惯的或常见的社会交流。在 *Iliad* 3 161 ff.，当普里阿摩斯要求海伦为他辨认阿开亚人的领袖时，他指向了其中一人（奥德修斯），说（197 f.）：“我把他比作羊毛厚密的公羊，上上下下，穿过一群白色的绵羊。”这似乎也密切呼应了诗人在描写“言论”之外频繁使用动物明喻的做法。之前，荷马用这样的比拟来表达单个人物的品性，或描绘整个场景，而这里，普里阿摩斯用它来表明对奥德修斯的印象。但是，当普里阿摩斯用公羊这个比拟描绘这个人时，他对此人的身份、地位和品性一无所知。一方面，比拟是描绘“已知之事”的手段；但另一方面，它们也可以用来（如此处这个例子所示）理解“未知之事”，将之比作某种已知或熟知之事。① 的确，荷马并未使用比拟来提供或表明对自然现象的解释（当然，对于这方面，他从未打算做出解释）。但是，在其他某些语境中——我之前已经试图指出其中一些语境——比拟常常（在荷马，也在其他作家那里）被用来构想和描述“未知之事”的种种方面，即，新出现的或怪异的或难于理解之事，比如，神或我们内在的心理状态和反应。

我之前从比拟所实现的功能的角度考察了荷马那里的比拟，但是，在它们的用法中，还有一个方面，应该在这里加以提及。人们通常指出，《伊利亚特》和《奥德赛》中有些更具有装饰性的明喻与它们明显要有意说明的主题毫不相关；有时候，这些比拟中的若干细节之处似乎还不仅无关，而且无疑具有误导性。例如在 *Iliad* 17 389 ff.，那里有一段有趣的描述，涉及了早期希腊人制皮的方法，即，将之拉伸，涂擦油脂：“他们站在四周，围成一圈，拉伸着皮革：然后水分渗出，油脂浸透，随着众人拉扯，它的四面充分伸展”，不过，这并非一个令人愉快的例子，它表现的是众人争夺帕特洛克罗斯的尸体。但是，与之相对（这一点正是我想要关注的），在许多地方，荷马式比拟中的两个部分（本体和喻体）在细节上紧密呼应。只举一例，在 *Iliad* 17 61-7，当墨涅拉奥斯杀死了欧福尔波斯（Euphorbus），剥下他的甲胄之后，有一段长长的比拟，喻体是捕猎的场景，它几乎在每一个细节上都反映出了战斗的状况：“如同山中之狮，坚信自己的力量，扑向食草的牛群

191

---

① 参见里维埃尔（Rivier）对动词 εἰκάζω（既表示“比拟”，也表示“猜测”或“臆测”）用法的论述。

中最为健美的小母牛；它用尖锐的牙齿抓住它，先咬断它的脖子 [事实上，欧福尔波斯是被长矛击中而死，矛刺断了它的脖颈，见 17 49，不过应该注意到的是，提到狮子杀牛的词句却并不新鲜，参见 *Iliad* 11 175]，之后，他撕扯，吞噬它的血和内脏 [这很可能是想呼应欧福尔波斯的甲胄，也见 *Iliad* 11 176]；犬和牧人围在它四周，聒噪不已，但远离不前；它们不想靠近狮子，因为苍白的恐惧控制住了它们。特洛伊人也是如此，没人敢靠近光荣的墨涅拉奥斯……”通常，比拟的两个部分的相似点可以通过词句的重复来加以强调（这方面的例子，如 17 67 和 69 的 ἀντίον ἐλεθέμεναι）；而且无需赘述的是，在大多数荷马的明喻中，存在某种形式上的平衡，因为 ὡς 和 ὥς 这两个词，分别引入了 “as...” 和 “so...” 的从句，它们通常位于每句诗的开头。在这方面，从后来的希腊哲学使用 “类比” 的历史来看，值得注意而且颇为重要的一点就是如下这一事实，即，在荷马那里，我们发现了一些非常精细的比拟，其中，比拟的两个部分各自的形式和内容的呼应都明显处理得相当细致。我们后面会看到，比拟的两个部分具有细致的相似点，这也是一些希腊哲学家使用比拟时体现出的重要特征；而这些相似性有时候会通过词句的重复来加以凸显，比如在荷马那里。

192

（c）前哲学时期的世界图像中的隐喻和意象化

虽然，关于 “明喻或明确的比拟是什么或不是什么” 已经毫无疑问，并无混淆不清之处，但是，通常来说，还很难确定 “隐喻是什么或不是什么”。比如，对于 “shepherd” 一词的两种用法，我们区分起来并无困难，一个指牧羊人，一个指君王或牧师，他们被称为民众的牧人，但是，在许多情况中，一个词的 “字面用法” 和 “隐喻用法” 的边界却含混不明。此外，通常来看，还有一个极为微妙的问题，即，在多大程度上，一个特定的作家有可能或没有可能意识到一个词的 “字面用法或一级用法” 与 “隐喻用法或二级用法” 之间存在着任何差别？奥尼恩斯（Onians）举了希腊文学中的一个例子（pp.303 ff.，尤见 p.331），他讨论了与之有关的、在荷马史诗和其他地方中的几段文本，其中，命运的活动被描绘为 “纺线、编织和系扎” 的过程；他指出，早期希腊人很可能恰恰就把命运理解为这一过程（这样的信念在其他社会中也能找到对应）。然后，他想要否认如下这一看法，即，命运的"系扎"从原本上可以理解为隐喻。但是，如果我们说，这样的词汇是在字面意义上使用的，如果我们认为，它暗示了（当然事实并非如此）荷马和他的受众并没有在"一个具体的老女人的纺织"（他们实际上也能看到这个女人）与"命运的纺织"（他们只能想象）之间做出任何区别，那么，主张这种阐释会带来一定的风险。命运的纺线、编织和系扎是虚构或神话，因为它是想象性的，即使，对于相信或设想这确实是命运之活动方式的古希腊人来说，它并不是虚假意义上的虚构。尽管在这一点上，我们不能说，其中有意表明或提出了类比，但是，我们可以注意到，对于模糊的命运活动的描述，也使用了具体的、源自日常人类活动的意象。

　　毫无疑问，无论在荷马，还是在赫西俄德那里，都不存在融贯完整的、关涉"宇宙之种种组成元素以及它们相互关系"的宇宙论。但尽管如此，他们对于诸神活动的阐述，对命运活动的评述，对我们所谓的自然现象的描述，也都传达出了相关"世界及其活动方式"的生动的直观和信念。一方面，显而易见，就诗人个体而言，这样的信念一般来说都不是有意的理论化或自觉的类比建构的结果；但另一方面，有一点也非常明显，这些信念所包含的意象，既源于"特殊的早期希腊社会的特征"，也源自"一般的人类经验的特征"。（如，很确定，对奥林匹亚诸神的构想并非从原本上就是使用人作为模板的、有意的建构：但他们的许多属人的特性却显而易见）关于这个主题，可写的内容很多，不过，其中只有某些方面与之后的希腊哲学的发展有着突出的关系，我会仅仅论述这些地方。在希腊宇宙理论历史中，有三个观念至为重要：（1）有关宇宙秩序的构想，构想成（或类似于）社会或政治秩序；（2）有关世界的构想，构想成（或类似于）生命体；（3）有关世界的构想，构想成理智、有规划力的能动性的产物。尽管这些观念均未出现于前哲学时期的希腊文本中，但是，有一些材料能让我们决定，在多大程度上，某些前哲学时期的神秘信念可以被认作是这三类宇宙论观念中的每一个观念的先导，对于这样的材料，不妨在这里做一汇总。

　　的的确确，荷马的英雄世界是由诸神来统治和控制。他们常常会影响物理现象，如海、风、暴风雨、雷电，影响要么直接，要么间接；他们能支配人，影响人的身体力量、斗志，甚至思想和欲望。他们也许还导致了我们

193

194

所谓的偶然事件（如透克洛斯的弓弦在关键时刻绷断，*Iliad* 15 461 ff.），而更为重要的是，他们还引导着事件的整个结果。但是，如果很明显，在荷马对"事物如实发生的原因"的描述中，诸神发挥了特殊的功能，那么，荷马对诸神的构想中的某些方面就需要加以评述。一般来说，不仅奥林匹亚诸神被构想为人形，而且荷马对诸神的描绘——对他们生活、行为、控制行为之动机，甚至基本的政治组织的描绘——都恰恰忠实地反映了荷马的社会。"诸神形成的社会相似于人类社会"这一观念当然不仅存在于古希腊人之中，也存在于许多民族之内，而且在某些与古希腊人相邻至近的民族中，它还具有了成熟的形式。比如托吉尔德·雅各布森（Thorkild Jacobsen）[①] 就讨论过这样的证据，其中表明了，在古代美索不达米亚，宇宙被构想为一个国家，在国家之中，每一个自然现象都具有意志和它自己的品性，它们被视为公民，或者更确切地说，被视为神性的立法议会的成员。诚然，希腊人很可能率先指出了，人们不仅倾向于按照自己的形象来构想神，而且他们还将神的生活方式也想象成与自己一样。但色诺芬尼注意到（当然意有反讽），埃塞俄比亚人和色雷斯人的神就具有埃塞俄比亚人和色雷斯人自己的身体特性（Fr.16），而亚里士多德也认为（*Pol*.1252b 24 ff.），"人人都说，诸神有一个君王，因为他们自身要么是，要么曾经是，在一个君王的统治下：因为

195

他们不仅想象了诸神的形式，还想象了他们的生活方式，与人一样的生活方式"。所以在将诸神想象为"可以形成一个与人的社会一样的社会"这方面，希腊人仅仅做了其他许多民族都做过的事情。不过，就荷马那里的诸神与人的类比来说，它的特殊细节却是（或似乎是）非常例外。[②] 比如，诸神的家园和财产，主要而且尤其是荷马英雄的府邸和典型财物（马车、珠宝等）的绝佳范本。诸神的职业也是荷马社会中的各色成员的职业（也包括妇女和低端人口）。[③] 此外，奥林匹亚神与人类一样，也遵守荷马社会的习俗。例如，

---

① 见 Frankfort，2，ch.5，pp.137 ff.。在雅各布森引用的一个文本中（p.147 和 n.12），火被构想为审判官："灼热之火，好战的天之子，｜你，在你的兄弟中猛烈至极，｜就像日月，你也裁决着诉讼——就请你裁断我的案子吧……"也见 Kelsen 和 Frankfort，1。

② 尤见 Guthrie，4，ch.4，pp.117 ff. 和 Finley，pp.142 ff.（芬利将荷马那里的诸神的人化视为宗教的新发展，"大胆、惊人的一步"，p.146）。

③ 例如 *Od*.5 61 ff. 和 10 220 ff.，卡吕普索和喀耳刻（Circe），都被描绘为在织布机旁劳作（我们还读到，就连雅典娜本人，也制作袍子，*Il*.14 178 f.）。赫淮斯托斯是诸神的铁匠，他

当迎接神间的访客时，诸神与人类迎接自己的客人一样，方式相同：按照习俗，在询问造访的缘由之前，先给他们送上椅子和脚凳，奉上吃喝。① 荷马那里的神与人的对应，细致而又复杂，② 它似乎已然可以匹敌希腊哲学家在微观和宏观领域之间建构的、那种最为精细的类比。

有许多情况，表面上来看，都是众神的生活反映了荷马英雄的生活。不过，有一点更为重要，应予关注，即，诸神与他们行动根源之间的关系是如何被描述的。名誉(τιμή)、荣耀(κῦδος) 和声望(κλέος) 都是主要的动机，是众神行动的基础，就像它们是人的行动基础一样。③ 此外，当一个神请求另一个神帮助时，他所使用的请求方式也与人在相似的环境下使用的方式相同。事实上，众神形成了一个关系极为密切的社会；"亲缘"或"给予和接受的礼物与帮助"建立起了一个由相互责任构成的复杂的网络，这个网络成为了众神行动的决定因素，就如它也同样决定了荷马英雄的行动一样。④ 另外，最高的神，宙斯的力量被构想为政治权力。有两个意象通常被用来描述

196

不仅造铠甲，还造椅子和脚凳这样相对低级的东西（*Il.*14 238 ff.）。

① 例如，见 *Il.*24 97 ff. 描述的众神迎接忒提斯的方式，或 *Od.*5 85 ff.，卡吕普索迎接赫尔墨斯；参见对墨涅拉奥斯接待特勒马科斯的叙述（*Od.*4 30 ff.），或对阿尔吉诺斯接待奥德修斯的叙述（*Od.*7 167 ff.）。关于"给新来客人提供食物和饮品"这一做法的重要意义，见 Finley，pp.134 f.。

② 按照通常的论述，诸神，即使是不朽的，也同样具有人的某些更为脆弱的特性：他们也哭，也睡，也流汗（*Il.*4 27），他们甚至也受伤，如 *Il.*5 855 ff. 的阿瑞斯，明显因为身体疼痛而哭号。

③ 如见 *Il.*7 451 ff.，15 185 ff.，*Od.*13 128 ff.：这三个地方非常关键，波塞冬都意识到了自己的声望和名誉。

④ 有些段落可以引用一下来说明这一点。在 *Il.*5 857 ff.，可以看到，众神偏袒和扶助自己的不朽的亲属。在 *Il.*1 503 ff.，忒提斯请求宙斯的帮助，她提到了自己过去为宙斯效力的事情"无论是言辞上，还是行为上"；之后，她恳求宙斯，抓住他的膝盖。在 *Il.*14 233 ff.，赫拉要求"睡眠神"相助，她提到了过去的时候，睡眠神曾经听从过她的命令（这表明了如下要点：在荷马社会，给予帮助这一做法被认为既向受益者，也向施惠者传达了一种责任）。她接着向睡眠神承诺了谢礼；当睡眠神依然犹豫时，她提高了报酬，承诺把"优雅女神"中的一位给他做新娘。在 *Il.*18 368 ff.，忒提斯造访赫淮斯托斯，想让他给阿喀琉斯打造武器铠甲；赫淮斯托斯想起了自己被抛下天庭时忒提斯如何救他；他说（406 f.），他有责任报答忒提斯的救命之恩（ζωάγρια，救命之恩的代价）。（当然，人类也试图用相似的方法影响众神。如 *Od.*5 101 ff.，那里指出，众神应该答谢人间的祭祀，但通常可以知道，向神祭祀未必能保证想要的结果）

他的地位和权威，即，父和王：他统治众神和众人（如 *Iliad* 2 669）。力量和出身是一对他的权力的基础（正如它们也是荷马的君王的权力基础一样）。他是众神中的最强者，如若众神不服从，哪怕看起来如此，他都会频繁地用身体的暴力来威胁他们（如 *Iliad* 8 5-27，402 ff.，450 ff.）。不过，至少在荷马那里，[1] 他还凭借长子继承权处于统治地位。如 *Iliad* 15 158 ff.，他命令波塞冬不要帮助阿卡亚人，他举出了两个理由来解释波塞冬为何要服从（165 f.）："因为我自认力量更强，出身更年长。"

197　　宙斯属于最高的统治者：但是在很多地方，尤其在《伊利亚特》中，其他一些神背叛过他，而且至少还一时成功扭转战局，违逆宙斯的意志。通过考察这样的事变，比如 *Iliad* 8 350 ff. 中赫拉和雅典娜的叛乱，以及 *Iliad* 15 184 ff. 中波塞冬不服从宙斯一事，我们可以想到，在这方面，宙斯的地位也可以比拟荷马的人间君王，因为他们都没能永久地命令自己的亲属和臣民毫无异议地服从。毕竟，阿喀琉斯就反对为阿伽门农作战，后者可是阿开亚人的最高王者。而宙斯也面临过相似的困境，他难以得到众神心甘情愿的支持，尽管与阿伽门农不同，他最终还是得其所愿，因为他能靠自己非凡的力量实现自己的决定。虽然宙斯至高无上，但在荷马那里，完全没有这样的观念，即，宙斯可以凭借个人力量每时每刻控制世界之中发生的一切。其他的神则不断地自行其是，而且的确，宙斯有时候还被描绘为鼓励他们这样行事（*Iliad* 7 455 ff. ；*Od*.13 143 ff.）。在许多情况中，他都咨询过其他神，无论是通过正式的会议（如荷马那里的元老会）还是其他方式；尽管有时候，将众神召集，只是为了听从宙斯已经做出的决定，但是，还有另一些地方表明，宙斯并非毫不关心其他众神对他自己计划的看法。例如，当他考虑是否应该救萨尔珀冬（Sarpedon）一命时，赫拉就阻止了他，她说，"其他众神未必都会赞同"（*Iliad* 16 443，参见 22 181）。[2] 简言之，宙斯与其他众神的关系，在许多重要的方面上都忠实地再现了荷马那里的"首领"与"效忠他的民众，尤其是首领家族的内部圈子和元老会"之间的关系。宙斯有时候会

---

[1]　如 *Il*.13 355。但是在赫西俄德（*Th*.478 f.）那里，宙斯就像他的父亲克罗诺斯一样，是最小的儿子。

[2]　也见，当宙斯的某个计划与赫拉的意愿（*Il*.1 518 ff.）或波塞冬的意愿相违背（*Od*.1 76 ff.）时，他表现出了明显的忧虑。

在控制众神时遇到困难（按照描述，宙斯已经明确认识到了这样的困难，如 *Iliad* 1 518 ff. 和 5 893），他会关心如何得到他们的支持，他偶尔还对行动的过程犹豫不决，因而要求和接受他们的建议，所有这一切都符合荷马的首领的形象。

198

宙斯的最高权力是荷马与赫西俄德那里反复出现的首要主题；但是，众神之间的关系却并不仅仅受制于宙斯的任性。尽管宙斯被描绘成一个专断和暴虐的统治者，但是，在自己与众神的关系上，他还是受到了某些责任的约束，而且其他诸神也拥有一些权利和特权。在 *Iliad* 1 524 ff.，他向忒提斯保证，一旦他做出承诺，就不会收回；而从 *Iliad* 19 107 ff. 可以看出，他受到了自己发过的誓言的约束，无论他后来有多么懊悔。更重要的段落是 *Iliad* 15 185 ff.，在那里，波塞冬暗示，他与哈得斯是他们各自王国的主人。这三位兄弟，每一位统治世界的一部分领域：天、海、地下世界（大地与奥林匹斯山为三位神共有）；波塞冬还宣称，他与宙斯"同尊"（ὁμότιμος）和"等同"（ἰσόμορος）（186 和 209）。这样的对世界领域的划分并非宙斯的命令，而是不受个人影响的抽签。命运① 控制着特权的最初的划分，但这是三兄弟都应该尊重的"分配"，就像尊重契约一般。② 而在赫西俄德那里，我们发

199

---

① 荷马对宙斯与命运之关系的描述既复杂又含混。宙斯的意志和命运有时是相反的，比如在著名的一段中，宙斯自己跟自己争论，当萨尔珀冬命中注定就要死去时，是否该救他（*Il.*16 433 ff.，参见 22 168 ff.，赫克托耳就要死去）。这一段似乎暗示了，只要宙斯选择去做，他就能改变人的命运（尽管事实上，他并没有这样做；我们可以对比 *Od.*3 236 ff.，在那里，雅典娜告诉特勒马科斯，对于一个为神所钟爱的人，当"不幸的死亡、致死的命运抓住他时"，就算是神，也不能拯救他）。但是，有几个地方，命运和宙斯的意志是相等的，例如 *Il.*21 82 ff.，在那里，吕卡翁（Lycaon）对阿喀琉斯说："致死的命运（μοῖρ' ὀλοή）再一次将我送到你的手上。我必定受到了父亲宙斯的憎恨，他第二次将我弃绝于你手"；可以对比提到"宙斯之命运"（Διὸς αἶσα）的几段，*Il.*17 321，*Od.*9 52，参见 μοῖρα θεοῦ 或 θεῶν，*Od.*11 292，3 269。此外，"命运"有时候似乎表达了"宙斯的意志"，而且，"命运"是在宙斯直接的控制下，如 *Il.*6 357 ff.，那里，海伦说，宙斯将厄运（μόρον）"加于"（ἐπὶ…θῆκε）她和帕里斯身上［参见 *Il.*24 527 ff.，在那里，宙斯分发了善礼和恶礼（δῶρα），这两种礼物都在他府邸地上的两个罐中］。"命运"和"宙斯的意志"在一种意义上相互补充，在另一种意义上又可以彼此替换，都能解释事情为何如此发生。如见 Onians, part 3, chs.6-8，那里用了很长的篇幅讨论了有关的证据。

② 参见 Cornford, *1*, ch.1，那里对莫伊拉（Moira）、拉克西丝（Lachesis）和诸神的"大誓言"的讨论值得关注，虽然我认为，康福德的解释如今看来，大体上可以认为太过臆断。

现了有关宙斯如何获得权力的描述，在这段描述中，他完全依靠其他神的帮助，成功战胜提坦神，由此，他才成为了君王。胜利之后，其他诸神"在地神（Earth）的建议下""怂恿"宙斯统治、称王；然后，他将种种特权分配给他们（*Th.*881 ff.）。在这个版本的故事中，显然，宙斯是通过其他众神的赞同才得到了至高无上的地位。

　　荷马与赫西俄德都至为详尽而且极其写实地刻画了由至高无上的宙斯之王统治的、众神社会的图景。但是，在什么程度上，这种构想可以被认为蕴含了宇宙理论的胚芽呢？我们之前讨论过的种种意象的主题并非是宇宙论元素或第一组成实体，它们都只是完全人格化的神祇。此外，"诸神形成社会"这一观念很自然地源自"诸神以人为形式"这一构想。但是，既然我们已经注意到，"前哲学时期文学中的诸神社会的观念"与"前苏格拉底时期的社会意象的使用"之间存在着上述这一主要差别，那么，我们可以进一步提出，在哪些地方，我们考察过的种种意象相似于后来宇宙论学说中的"社会秩序观念的使用"。我们至少不应该忘记某些奥林匹斯主神与我们所谓的自然现象之间的种种联系。虽然宙斯、波塞冬和赫淮斯托斯难以被视为宇宙论的"始基"，不过，他们密切地联系了天、海和火。诚然，他们对与这些现象的关系并没有严格地加以界定，而且的确，在不同的场合，这样的关系似乎多有不同。虽然大多数情况下，众神被说成是控制现象的存在者（如，宙斯被描绘为能让云聚散，波塞冬被描绘为可以让大海翻涌），但是，在某些情况中，神的名字也被用来指称现象本身，就仿佛这两者有时候是等同的（如，"宙斯"代表天，赫淮斯托斯代表火）。例如，可以认为，对克罗诺斯之子们抽签的描述，就是在用神话描绘那种对"天、海和地下世界之中存在的种种力量之间的关系"——甚至就是这三个世界领域本身之间的关系——加以调控的"安排"过程。毫无疑问，"宙斯至高无上"这一观念，以及，与之相反但又具有根本性的"契约控制众神的某些关系"这一理念，都是荷马与赫西俄德那里尤其具有道德和宗教意义的信念。但是，在某些语境中，可以认为，"诸神社会"这一构想也具有某种"类似宇宙论"的意义，这至少是因为，有一些神联系了或甚至等同于世界领域或我们所谓的自然现象。

　　我们已经考察了一组信念——即，"众神形成社会"这一构想——它反映了与人类自己的社会组织有关的经验。而这里我想考察的第二组信念，它最终源自对生命本身的经验。通常所知的是，古希腊人（就像大多数原始民族一样）往往会认为我们所谓的"无生命物"仿佛有其自身的生命和意志，但是，想要说明这样的提法究竟有何含义，则尤为困难。[①] 在什么程度上，前哲学时期的古希腊人区分了生命领域和无生命领域，如果他们这样做过？的确，人们一向总是能认识到种种对不同存在模式的划分。没有人认识不到死亡这一事实（以及有生命的动物和死去的动物的区别），但习以为常的做法是削弱死亡的意义，信仰死后的存在，相信"死"在尽可能多的方面上都相似于"生"。在荷马那里的某个地方（*Iliad* 24 54），死人的身体被称为"哑土"（κωφὴ γαῖα），但魂灵可以逃脱死亡。荷马那里关于生命的词汇是 ψυχή，它也表示"魂灵"；前一个意义只用于人和动物（如 *Od*.14 426）。但是，即使荷马没有用 ψυχή 一词指称过其他事物，他还有赫西俄德，也都没有在任何地方说"无生命物"是 ἄψυχα。如果我们举各种事物和现象，如石、土、河、海、风、闪电、星辰，并且询问每一个这样的东西是否或在何种意义上被认为是"活着的"，那么我认为，我们有可能做出的回答则是纷纭各异。[②] 在荷马与赫西俄德那里，许多自然现象，尤其是那些与某种运动相联系的东西，都当然是"拟人的"，但是，仅凭这一点，我们却很难知道事物是如何被构想的。[③] 我们应该记得的是，在早期希腊文学中，除了自然现象之外，其他许多东西也都被拟人化，比如道德品质和行为（"违法"、"谋杀"，Hes.*Th*.226 ff.），甚至还有"痛苦"和"饥饿"这样的感觉（Hes.*ibid*.）。我们不应该低估这些拟人中对寓言做法的自觉程度，比如 *Iliad* 9 502 ff.，菲尼克斯（Phoenix）发言中对"祈求"和"迷乱"

201

---

① 关于希腊人对拟人的普遍用法，参见 Webster，*1*。

② 人工物品会引起更多的问题。诚然，在荷马那里，矛被描绘为"渴食肉身"（λιλαιομένη χροὸς ἆσαι，如 *Il*.21 168），铜是"冷酷无情"（*Il*.3 292），但是，这两者似乎都是司空见惯的表达，已经失去了原有的效果；参见 KR，p.97，n.1。

③ "拟人"一词也许有误导性。法兰克福特（*2*，p.14）对此提出了反驳，至少，它不适用于原始信仰："原始人完全不知道无生命的世界。值此之故，他们并没有将无生命的现象'拟人'，他们也没有用死人的魂灵来填充空虚的世界，比如像'万物有灵论'让我们相信的那样。"我还会保留这个词，但在使用时，并不意味着拟人是一种将生命赋予无生命之物的自觉过程。

(Infatuation)的精微的描绘。① 我认为，就我们所谓的自然现象来说，假如设想早期希腊人对每种现象都必然提出了唯一的定义精确的构想，那么这样的想法是错误的。相反，在描绘某一种单一现象时，他们通常会使用整个一系列的、在我们的思维方式看来毫不匹配的意象。例如，睡眠，被拟人化为"驯服一切者"，它将人抓住（αἱρεῖ 或 λαμβάνει），是"死亡"的孪生兄弟（*Iliad* 24 4 f., 16 672，等等）：但是，我们也发现，睡眠可以"倾洒"在人身上（τῷ δ' ὕπνον...χεύῃ ἐπὶ βλεφάροισιν，*Iliad* 14 164 f.）或将人周身"裹住"，将之"束缚"（ὕπνου...ὅς μ' ἐπέδησε φίλα βλέφαρ' ἀμφικαλύψας，*Od*.23 16 f.）。这些都不能理解为对睡眠的定义性描绘。每个意象都表明了这个现象的不同方面，尽管每个意象，若是加以追问，它们似乎暗示了各种略有不同的、对睡眠本性的构想。但是，在一段文字，仅在这一段文字中，这些不同的意象就可以结合在一起，其结合的方式恰恰表明，将它们调和起来并非难事。② 那么，它们应该被理解成"相互补充的"，而非"彼此排斥的"对同一现象的构想。③ 对于其他自然现象的描绘也是如此：同一个现象既可以称为生命体，有其自己的意志；也可以称为由其他存在者的意志引导或控制的物质体。例如在 Hes.*Th*.139 ff.，闪电和雷，它们被拟人化为大地的两个孩子：但是在其他地方，它们往往被描绘为宙斯的"箭束"（βέλη 或 κῆλα）或"武器"（ὁπλά），他或是握在手中，或是射出（如 *Th*.707 f.，853 f.）。

有一种用来构想许多特定的自然现象的方式——但并非总是仅有的方式——就是将之构想为具有自己意志的生命体。在荷马那里，河、风、太

---

① "'祈求们'（λιται）是伟大宙斯的女儿：她们跛足，脸有皱纹；她们眼光旁视，小心地跟随'迷乱'的脚步。'迷乱'（ἄτη）强而有力，步伐迅捷，以至于她远远地超过了所有祈求，走在她们前头，先行来到所有地方，将人带向毁灭。"对于这个寓言的细节阐释，见利夫（Leaf）对 *vv*.502 和 503 的注释。

② 如 *Il*.23 62 f.，也参见 *Il*.14 252 f.，在其中的发言里，拟人化的"睡眠"称自己在"倾洒"宙斯的心智。

③ 参见 Frankfort，2，pp.53 f. 中威尔逊（Wilson）的观点。威尔逊指出，古埃及人同样认为天由柱子支撑，或由神擎举，或立于墙上，天或是母牛，或是女神，她的双臂和双脚触着地面。"按照古埃及人的方法，这些图景之中的任何一个都符合他们的要求；在一个图景中，他们也许揭示了两种不同的天的支撑者：一是女神，她的双臂和双脚接触着地面；二是托举天空女神的神。"也详参见 Frankfort，1，"方法多样性"一节的索引。

阳、天和地都是神祇，他们被要求见证誓言，或是表达祈祷的对象，就仿佛他们有能力影响事件。① 除了将种种现象加以拟人化的文本段落之外，还有其他地方，更为含混地提到了世间的生命体的存在。② 某些难解或罕见的现象，尽管本身并没有拟人化，但通常来说，都被归于神的存在。比如在很多地方，地震或地下的波动都联系了神，尤其是波塞冬。③ 但是，如果"生命体"出现在前哲学时期对我们所谓的自然现象的描述中，而且突出地起到了若干不同的功能，那么，我们应该注意到，荷马和赫西俄德那里，都不存在任何积极的证据，表明世界本身被构想成生命物。早期希腊人很可能设想，世界之所以是"活的"，仅仅是因为，它栖居着生物，而非是因为，它形成了一个有机整体：后一种观念，隐含在若干前苏格拉底时期的宇宙论学说中，它也许是"个别现象是活的"这一信念的自然而然的延伸，但是，就我们所知，在古希腊，在哲学家之前的时代，这个一般化的表述并未有人做出。

如果众多自然现象曾经或有可能被构想为"活着的"，那么，我们也应该考察一下"万物起源"如何有时候会按照"生物生殖"来加以描述，因为这一点对于我们后面理解宇宙论也颇为重要。对于这方面来说，前哲学时期最为全面的例子无疑是赫西俄德的《神谱》。在 *Th.*108 ff.，赫西俄德召唤缪斯们"讲述太初之时，诸神、大地、河流、大海……闪耀的星辰、广阔的上天如何生成的（γένοντο）"；④ 他接着解释了这些事物还有其他东西的起源。宙斯和奥林匹斯神，河、风、星辰、斗争和它的子女（"痛苦"、"遗忘"，等等）都在一株巨大、复杂的谱系树中彼此相联。反复提及的"性交"毫无疑问地表明了，这些不同形象的"生成"通常都是按照简单的生物意象来加以设想。例如在 378 ff.，"黎明"与阿斯特赖俄斯（Astraios）诞育了某些风和星辰，黎明是"女神与男神相爱交合"。κύεσθαι 和 ὑποκυεσθαι 两词都

204

---

① 如 *Il.*3 276 ff.，15 36 ff.，19 258 ff.，23 194 ff.，*Od.*5 445 ff.。

② 当然，我们掌握的早期希腊文本中，有许多段落都提到了栖居于海洋、山峦、树林、泉水、草场、洞穴之中的宁芙，如 *Il.*6 420，18 37 ff.，20 7 ff.；*Od.*12 318。

③ 如 *Il.*20 57 f.（"那时，从下面，波塞冬撼动巨大的地面和陡峭的山峰"），参见 *Il.*13 18 f.。

④ 在此处，就像《神谱》中其他地方一样，可以认为，γίγνομαι 一词保留了"出生"这个原始的含义。

被用来指女神们的"有孕"（125，308，405，411），①γείνασθαι 和 τίκτειν 则用来指她们生育子女（如 133，139）——后一个词也指男神育得子女，如 287——而 ἐν φιλότητι μιγῆναι（"相爱交合"，如 375）以及其他表达，都用来指相爱结合的父母。这样的种种表达并非仅仅限于那些涉及奥林匹斯神或其他神祇——他们一般来说都被构想为人形——的段落。在 129，大地"生育"了山峦；在 381 f.，"黎明"生育了星辰。的确，有某些段落，可以认为它们是"有性生殖"这个一般规则的例外。在 126 ff.，大地生产了众多后代，包括天空本身，但"没有愉悦之爱"（ἄτερ φιλότητος ἐφιμέρου，132）；而在 211 ff.，"夜"生产了死亡、睡眠等其他孩子，却"没有与任何神共眠"（οὐ τινι κοιμηθεῖσα，213）。但是，在这两个地方，其意象仅仅是略有差异，但依然是生物学上的意象。"大地"和"夜"都"生出"了自己的后代，这里用的动词还是 τέκε（131 和 213）。事实上，其中的形象似乎是一种单性繁殖（parthenogenetic）。我们可以对比 927 ff. 所说的赫拉生育赫淮斯托斯的方式，"未尝有爱而结合"（οὐ φιλότητι μιγεῖσα）。②唯有一处，意象是否与生物学有关，尚有疑问，即神谱叙述的开端，116-22 那里描绘了混沌（Chaos）、大地和爱洛斯（Eros）的"生成"：这一段的意义也的确尤为难解。③不过在 123，

---

① 甚至更引人注意的是，在 184，"大地"（盖亚）生出了厄里倪厄斯（Erinyes）还有其他后代，这是因阉割过的乌拉诺斯的血而成，περιπλομένων δ' ἐνιαυτῶν，即，经过孕期之后。

② 也见雅典娜生于宙斯这一常见的神话（尽管在赫西俄德的版本中，Th.886 ff.，"明智"，μῆτις，与宙斯先孕育了雅典娜，之后，在她即将生子时，被宙斯吞食）。

③ "混沌"可以理解为"裂隙"或"裂开的间隙"，但是，该词是否明确指涉天地原初的分裂，还应当存疑。诸如康福德的阐释（10，pp.193 ff.）——KR，pp.24 ff. 大体接受了其观点——虽然很吸引人，但其中的问题不可忽视。（1）赫西俄德那里，并未明确说，混沌是天与地的间隙。而正是按照这种观点，KR 指出（p.29），我们必须设想，这两者原本是一体，这样的观念习以为常，故而赫西俄德也会理所当然地接受。（2）如果混沌被理解为天地的间隙，那么所谓的混沌之后大地的"生成"（Th.116 f.）这样的说法就似乎有点奇怪了；而大地生出天这一说法，也难以接受。康福德强调了 127 中限定"天"的那个修饰语——ἀστερόεις，"布满星辰"（"布满了可见的天体"，这是康福德的看法，10，p.195），以试图避免这个重要的问题。但是，这并不能令人满意。ἀστερόεις 一词是形容天的常见的修饰词（参见 Il.4 44），而当《神谱》中其他地方使用它时（106，414，463，470，891），并无特殊的含义。除此之外，371 ff，381 f. 都明确描绘了日、月、星辰的生成；如果这一段就像它看上去的那样，是《神谱》的整体的一部分，那么，它与康福德的如下看法就难以调和：126 f. 的意义在于它提及了天空中天体之存在。但是，即使康福德对于"混沌"

厄瑞波斯（Erebos）和"夜"从混沌中"生出"，之后，夜与厄瑞波斯因爱而结合，夜有孕，生育埃忒耳（Aither）和"昼"（124 f.）；从这里开始，意象化无疑与生物学有关。在上述任何语境中，在什么程度上，赫西俄德有可能使用"有孕"和"生育"这样的表达作为有意的"隐喻"呢？在什么程度上，它们是在"字面上"来理解的呢？对于这样的问题，我们并不指望能做出回答。不过，无论赫西俄德是不是有时"自觉地"采用了生物学的模式来表达"生成"，这种模式都是《神谱》对万物起源之描述的唯一基础；就《神谱》本身而言，尽管其意象粗朴、神话随意，但它可以视为在希腊著作的漫长历史中第一部主要用生物学表达来解释万物起源的文本。

除了频繁出现而又颇为重要的"某些事物在某种意义上是活着的"这样的假设之外，我们还应该考察一下某些难解的现象如何构想成我们所谓的物质体，在这方面，并没有明显地暗示出，该现象具有自身的意志。我已经说过，这样的两种意象可以用于同一种现象，如睡眠，它不仅被拟人化为有意志的存在，还被描绘为某种"倾洒"在人身上的东西。但是，许多毫无疑问地难以理解的自然事物和现象，都似乎可以在一定程度上构想为相似的物质体。如将天描绘为"铜"或"铁"，这表明了，天被理解为明亮的固体。① 当然，通常来看，这样的意象传达了某些与"诸现象所推动的神性目的"有关的观念。许多事物都被想象成诸神的"工具"。最为明显的一个例子就是赫西俄德那里（*Th.*853），闪电和雷，被明确称为"武器"或"工具"，不过，同样值得注意的例子则是，疾病和死亡被理解成阿波罗或阿尔忒弥斯的"飞箭"。在 *Iliad* 1 43 ff.，当瘟疫侵袭阿开亚人的军营时，有一段文字生动描绘了从奥林匹斯山上降下的阿波罗，他"心中愤怒，背着弓和封好的箭囊。他的双肩上，箭铿铿作响……他的银弓也传来可怕的锵锵声。他先是攻击了骡子和飞速的犬，然后瞄准，将利箭射向人群。而不计其数的焚尸的柴堆持久地燃

206

的阐释是可以反驳的，那么必定要承认的是，无论按照其他什么观点，χάος γένετο（"混沌生成"）的意义都是含混不明的，尽管也许，这一表达同其他诸多声称描述了"万物最终起源"的神话叙述一样，都是如此。

① 如 χάλκεος，*Il.*17 425；πολύχαλκος，5 504；σιδήρεος，*Od.*15 329。如 KR 指出的（p.10），"这些与金属有关的修饰语也许传达了固体性和明亮性"。也见对擎举辽阔之天的阿特拉斯的描绘（*Th.*517 ff.）。

烧着"。的确，这一幕形象的场景中，大部分细节都是诗人想象而成，但是，用来描绘瘟疫的基本意象却并非完全是异想天开：飞箭（darts）的意象传达出了疾病发作的突然，还有它引起的痛苦 [我们也会使用"刺激的"（darting）痛苦这样的隐喻]。荷马完全相信，瘟疫的起源和目的与神有关（阿波罗想要惩罚阿开亚人，因为他们轻视了自己的祭司克律塞斯），尽管在这里，就像荷马那里通常的情况一样，所强调的是现象发生的原因，然而，他的描述也传达出了对现象本身的本性的构想：① 飞箭的意象不仅符合所设想的"疾病的神性目的"，而且表达了对疾病本身之性质的一般观念。② 在荷马那里的其他地方，当突然、无痛的死亡被展现为由神或女神的"温柔之箭"导致时（如 *Od.*11 172 f.），飞箭的意象有所改动；我们还发现，描绘死亡本身的具体意象，形态各异，如绑住人的锁链，抑或，缠绕或覆盖他的绳带或包裹。③ 在这个阶段，毫无疑问，这样的种种意象在表述时，并非是要有意提供一种对相关现象之本性的、合乎要求的形象；它们的实际起源通常难以猜测。但是显然，一般来说，正是通过取自日常经验的、简单又具体的意象，诸如死亡和疾病这样难解的现象之本性才得以理解。

最终，我们会注意到，在某些地方，各种事物不仅被展现为物质体，还更为明确地表现成"人工制品"。在荷马或赫西俄德那里，我们并没有发现这样的观念，即世界本身是一件人工制品，由工匠之神创造，就如我们在后来希腊哲学中看到的那样。但是，在某些有限的语境中，这种意象化方法已经在前哲学时期的文本中有所使用，它被用来描绘特殊事物的起源。也许，最为引人瞩目的例子是潘多拉的故事，她是第一位女性，在赫西俄德那里出现了两次（*Op.* 59 ff.；*Th.* 570 ff.）。在这两处，潘多拉是由工匠神赫淮斯托斯创制而成。首先，他将水和土混合在一起，之后，他将这一人物"塑

---

① 我们应该注意到一个符合事实的细节：瘟疫先攻击的是军营中的动物，骡子和犬，之后才是人。

② 参见 Hes.*Op.*102 ff.，那里展现了疾病的另一个方面——不可预知性："它们随心所欲地（αὐτόματοι）闲逛，一语不发地将灾厄带给人，因为宙斯拿走了它们的嗓音。"

③ 一个引人关注的死亡意象出现在 *Il.*16 502 f.：ὡς ἄρα μιν εἰπόντα τέλος θανάτοιο κάλυψεν | ὀφθαλμοὺς ῥῖνάς θ'。无论这里的 τέλος 一词是什么意思，但显然，它被想象为某种物质性的东西，它"蒙上了眼睛和鼻孔"。关于这个还有其他死亡意象，见 Onians, pp.327 ff., 422 ff.。

造"而出：所用的动词，在 *Op*.70 是 πλάσσειν，在 *Th*.571 是 συμπλάσσειν；这个词也许表明了这样的意象，如，陶工"塑造"陶器，然后再将之烧制，或面包工捏制面团。类似的技术性意象，有时也用来描绘某些自然现象的起源。例如在 *Hes*.Th.140 f.，那里说拟人化的雷、闪电和"阿尔戈斯"（Arges，闪亮者）都为宙斯提供了雷霆，为他"制作"或不如说"锻造了"（τεῦξαν）霹雳。能看出，荷马与赫西俄德都对日常的技艺怀有强烈的兴趣（许多荷马的明喻都证明了这一点）。但是，早期希腊社会中匠人的地位却在一定程度上决定了，[①] 至高无上的宙斯神并没有总是被展现为匠人（可以注意到，在潘多拉的故事中，他只是引导赫淮斯托斯如此去做）。但是，既然在前哲学时期的文学中，种种现象确实很少被构想为人工物品，故而，我们上面提到的几段文本可以认为是最早地体现了一种类型的意象化方法，而且后来在希腊哲学中得以发展，并被广泛使用。

我们当前研究的是早期希腊人对世界以及特殊自然现象的表述，但有很多内容不得不略去，不过，我已经举出了一些主要类型的、在这些表述中出现的意象。我们已经知道，前哲学时期的希腊人"对外部世界的信念和直觉"是由种种"构想"建构而成，这些构想均（自觉地或无意地）源自他们拥有的不同方面的经验，无论是属于普遍的人类经验，还是来自早期希腊社会的特殊环境。与大多数甚至所有原始民族一样，古希腊人通常将生命，或更突出的是，将影响事件的力量，归到许多我们应该划分为无生命者的事物上；而且通常，他们也将难解的现象展现为某些常见的物质体（例如，我们已经注意到，一些对死亡和疾病的描述就是如此）。此外，"诸神以及主要控制事件结果的超自然力量形成了与人类一样的社会"这一观念，它以不同的形式普遍存在于所有民族。但是，我们也注意到，早期希腊社会的"特殊环境"也反映在他们对于世界的信念中。在荷马那里，对最高统治者宙斯的描绘紧密符合了对地上的专制君王的描绘。我们还注意到，荷马的世界图景与荷马的社会之中并没有任何与"民主制"或甚至真正的"寡头制"政府有关的观念。还有，考虑到荷马社会中工匠的地位之低，那么对于"至高无上的神并非工匠——造物主"这一事实，我们不会感到惊讶。另外，荷马的首

209

---

① 见 Finley，pp.71 f.。

领都擅长作战的技艺，而若干现象都被表现为宙斯和其他神祇的武器或投射物。

在讨论前哲学时期文学中的明喻和比拟的功能时，我主要关注了它们如何用来构想和描绘未知之事——新异之事、离奇之事或难以理解之事。对于一些早期希腊人针对外部世界的信念，我们的研究提供了许多详细的例子，它们揭示了，难解的现象以及万物整体之中隐匿或潜在的关系，如何借助种种从日常经验的不同方面中得来的"具体意象"而能被构想和理解（无论这些意象中是否存在着自觉的比拟成分）。前哲学时期的文学中，对意象化和比拟的使用广泛存在，正是在这一背景下，我们下面才必须要研究哲学家对类比的使用。我们要首先考察哲学家的一般宇宙论学说中使用的某些类型的隐喻和意象化，尤其要关注它们是在哪些方面脱离了、又在哪些方面可以说遵循了"前哲学时期确立的信念模式"。

第四章
希腊宇宙论中的隐喻与意象化

社会性与政治性意象：宇宙作为城邦

我要考察的第一组意象，描绘了种种"宇宙论意义上的实体"之间的 **210** 关系，而描绘它们的用词都取自社会或政治组织。① 如我们之前所见，在描绘诸神关系时，前哲学时期会广泛、细致地使用具有社会性的意象。既然一些奥林匹斯神密切联系了诸如天和海这样的意象，那么因此，可以认为，这样的意象化方式是被用来描绘"种种存在于并控制着某些世界领域的力量"之间的关系，甚至还有世界领域本身之间的关系。另外，毫无疑问，这些神通常都被构想成人形：统治、权利、特权、相互责任等观念，并未被用于抽象的宇宙论因素，而是用于构想成人形的诸神；毋庸置疑，正是因为他们被构想成人形，故而这些社会性和政治性意象才会很容易地用于诸神。而在哲学家那里，有一个重要的发展应该即刻予以关注。众所周知，对于将诸神进行人形化构想的做法，色诺芬尼曾经给予过摧毁性的一击。② 这之后，例

---

① 弗拉斯托斯（Vlastos）（*2*和*5*）的两篇文章讨论了许多属于这一类型的、最为重要的意象；也参见 Gomperz，*2*。

② 如 Fr.15（"如果牛、马、狮子也有手，也能与人一样，用手绘制和创作出艺术品，那么马也能画出马形的神，牛画出牛形的神，它们会让神的身体如同它们各自的样子一般"）。也见 Frr.14，16 和 23。

211 如，我们发现恩培多克勒也反对将人形归于"神圣、不可言说的"、"随迅捷的思想飞驰寰宇的努斯"。① 但是，如果哲学家或是明确，或是含蓄地反驳了"人形神"这一传统观念，那么前苏格拉底哲学家和柏拉图却仍然在自己的宇宙论学说中广泛使用了"意象化方法"，这样的意象来自社会组织的不同方面；的确，可以主张，某些重要的宇宙理论，其发展都紧密联系了使用特定类型的社会性和政治性意象这一做法。那么首先，我们要考察：借助这样的意象，什么观念得以表达出来？然后，我们必须处理一个更为困难的问题，即，这些意象本身的地位问题：当哲学家将社会性和政治性概念用于宇宙论问题时，在什么程度上，他们认识到了这种"移用性"？若干评论者已经指出，在某些古代近东社会（尤其是美索不达米亚和埃及地区），"自然"不仅被理解为社会，而且人们并没有自觉地区分"自然"领域和"社会"领域。② 在希腊，直到公元前 5 世纪末，有一种区分至少已经做出，即，区分了"自然者"（φύσει）和"习惯者"或"约定者"（νόμῳ）；在众多不同语境中，这两个范畴的边界都是激烈争论的对象，这样的语境，不仅有纯粹的伦理领域，也联系了各种与文明起源、语言起源等问题有关的理论。③ 但是，我们此处关注的问题为：是否，或，在何种意义上，前苏格拉底哲学家认识到了那些他们在自己的宇宙论中用来作为"意象"的"政治性和社会性观念"。在许多例子中，我们的证据并不允许我们对这个问题给出确定的回答。

212 但是，如果我们考察一下，在现存的前苏格拉底哲学家的文本中，这些还有其他类型的"意象或形象性阐述"是如何被使用的，那么对于这个问题，会多少有所揭示。

以社会性概念来表达宇宙论学说的第一个例子，出现在阿那克西曼德的残篇 1，这是我们掌握的现存最早的哲学著作。其关键一句（以及残篇的主干部分；残篇的真实性相当确定）④ 如下："因为它们为自己的不义受到

---

① Fr.134。参见 Frr.27-9，论球体（Sphere），由"爱"统治的世界。

② 凯尔森（Kelsen）发展了这种阐释，尤见 pp.40 ff.，也参见 Frankfort，*1* 和 *2*，pp.12 ff.。

③ 尤见海尼曼的专著（Heinimann，*1*），波伦茨的论文（Pohlenz，*2*）。（在前面，pp.124 f.，我已经考察了一些证据，它们表明了，有时候，当争论展开时，似乎其中的两派观点是彼此排斥的选项）

④ 残篇的范围尚有争议。我所引用的一句通常被视为出自阿那克西曼德本人，尽管有些学者（如弗拉斯托斯）认为最后五个词有疑问。见最新的研究 *HGP*，1，pp.77，n.1。

惩罚，一方赔偿一方，遵循时间的评定"。（διδόναι γὰρ αὐτὰ δίκην καὶ τίσιν ἀλλήλοις τῆς ἀδικίας κατὰ τὴν τοῦ χρόνου τάξιν，Simp.*in* Ph.24 19 f.）尽管这一句的主题颇有疑问，但通常的共识是，这段残篇在宇宙论方面具有重要意义。看起来，该句指出的是，某种平等对立的因素，它们彼此之间重又恢复了均衡［对立的实体构成了分殊的世界，如 KR（p.118）所言］，但不计其数的世界与"无限"之间却不可能如此，特奥弗拉斯托斯（Theophrastus）就是这样认为的。[①] 但是，"宇宙均衡的恢复"这一观念的表达却完全使用了社会性或法律性的术语：犯下不义（ἀδικία）时，惩罚（δίκη）和赔偿（τίσις）必须付出，这遵循时间的评定或安排（τάξις）。虽然完全不清楚，阿那克西曼德所考虑的宇宙论过程究竟是什么，[②] 但他所陈述的字面意义还是足够清楚的。通常，在前哲学时期的文本中，正是按照某些社会性关系，其他事物（在此处，是宇宙论因素）之间的关系方得以理解。不过，在"阿那克西曼德的残篇"与"我们关注过的、之前的希腊人对社会性意象的所有用法"之间，如若存在着这种一般意义上的相似性，那么，也同样存在着根本性的差异。首先，而且最为重要的是，残篇处理的不是超自然的人形神，而是某种宇宙力量；其次，特定的意象都是全新的。阿那克西曼德并没有提到专制君王的（如荷马与赫西俄德那里的宙斯）至高无上的力量，相反，他提到了"法的统治"，法调控着"若干地位一律平等的因素"的彼此之间的关系。而人们也应该注意到，阿那克西曼德使用的意象，其本性的重要意义远不是偶然的，因为它能让阿那克西曼德表达（也许是历史上第一次）"自我调控的宇宙论关系"这一观念，即，"宇宙论秩序"这一理念。[③]"正义"和"补偿"的交替循环并不依赖于专制统治者任性随意的奇怪念头：它由法的统治来保证，而法在种种"平等者"中发挥作用。

　　再后来的哲学家，他们的证据更为充分，更为确定，因此，我们可以区分出三种不同类型的政治性意象，它们传达了不同的有关宇宙实体之关系

213

---

① 与之相反，见 Vlastos，*2*，pp.170 ff.，他指出（p.172），"重新归入'无限'是唯一的确保对立之间实现完全补偿的方式；偿还损害，不是给'无限'，而是给彼此"。

② 如伯奈特（Burnet，*3*，pp.57 f.）和其他人指出的，阿那克西曼德的残篇看起来描述了一种"互动作用"，而季节的循环很有可能是这种作用的最合适的例子。

③ 尤见 Vlastos，*2*，pp.168 ff. 和 *5*，pp.361 ff.。

的构想。第一，"斗争"或"战争"的意象；第二，"正义"的意象，或平等者之间的"契约"的意象；第三，"唯一始基的至高无上的统治"这一意象。大体来讲，人们可以说，这三点都描绘了"世界"或"某些在世事物之间的关系"：第一点将之描绘为不断承受侵犯的城邦，甚至是一个无政府状态的城邦；第二点将之描绘为寡头制或有限民主制的城邦；第三点将之描绘为君主制城邦。

（1）在阿那克西曼德的残篇中，某些事物为另一些事物付出的"惩罚"是对它们犯下的"不义"的偿还；而这已然表明，按照阿那克西曼德的想象，可以认为，宇宙力量中，一方侵犯另一方，因此犯下了罪行。在恩培多克勒那里，"斗争"（Νεῖκος）促使"根"或元素之中出现瓦解，[1] 但是，斗争的活动通过与之对立的宇宙始基——"爱"而达到平衡。不过，正是赫拉克利特有力地表达了宇宙中"战争"和"斗争"的功能观。许多残篇都陈述或说明了"对立统一"学说，尤其还有"对立之相互作用"的观念。我们只举两个例子，Fr.126 说，"冷物变暖，暖物变凉，湿变干，干变湿"；Fr.51 更一般地指出："他们不理解它如何与自身相谐，却又不和。"但是，这种对立间的相互作用却是以"战争"（πόλεμος）和"斗争"（ἔρις）这两个隐喻来描绘的。在 Fr.80（它很可能是有意修正了阿那克西曼德的 Fr.1，参见 KR，p.195），赫拉克利特说："人们必须认识到，战争是普遍的（ξυνόν），正义（或正当，δίκη）是斗争；万物因斗争和必然而发生。"在 Fr.53，战争隐喻再次出现："万物之父，万物之王……"[2]

赫拉克利特这些残篇中的学说是明确的：战争或斗争是对立间的相互作用，它是普遍的。但是，赫拉克利特也使用第二组意象，从另一种不同的角度来说明对立间的相互依存。按照 Fr.80，"万物因斗争和必然而发生"，而与之相反，其他残篇则提到了正义和法在世界中的功能。Fr.94 提出，"太阳

---

[1]　但是同时，斗争又将同一元素的不同部分组合在一起。尽管现存的恩培多克勒的残篇中并未明言，但是，亚里士多德（*Metaph*.985a 23 ff.）却表明，斗争和爱各自具有两种功能。（即，爱统合不同元素，但也促成同一元素的不同部分瓦解）

[2]　也见亚里士多德 *EE* 1235a 25 ff.，DK 22 A22："赫拉克利特斥责了写下这种话的诗人：'诸神或人之间的斗争会消亡'［Il.18 107］；因为高音和低音不可能和谐，不可能存在没有男性和女性这对对立的生命。"

不会越出他自己的种种界限；否则，正义（Δίκη）之仆厄里倪厄斯（Erinyes）会识破它。"这些界限（μέτρα）的重要意义恰恰是难解的，而且也不确定这里的"太阳"是代表天体，还是代表"火"这种宇宙始基，还是同时代表两者。① 但是显然，在这段残篇中，赫拉克利特使用了 δίκη 一词——正义，或正当，或更简单来说，即事物的存在方式——来指某种准则，它控制着物理世界中种种事物的运行。而在 Fr.114 中，还有这样一段："所有人间之法皆由神性之法滋养。因为它的力量随心所欲，满足所有人，还绰绰有余。"很有可能，这主要指的是"对立统一"的学说。尽管"万物因斗争而发生"，但是，对立间的相互作用在某种意义上是有序的；而 Fr.30 中，赫拉克利特对 κόσμος 一词（"秩序"/"世界秩序"）的使用，似乎证实了这一点。②Fr.80中的 δίκην ἔριν（即 εἰδέναι χρή）这个短语可以同时按两个意义来解读，① 修正阿那克西曼德的学说：事实上，阿那克西曼德所谓的"正义"就是斗争，对立间持续的相互作用；② 肯定"斗争"统治的规律性：斗争是习惯、正确、正当之事；当然，可以认为，这种歧义是有意为之的。③ 赫拉克利特对社会性隐喻的使用是复杂的。"战争"和"斗争"这两个隐喻描绘了对立间的相互作用，他相信这种作用普遍存在于世界；但是，这种相互作用本身就是规范，所以，我们听从"正义"在世界上的活动，听从唯一的神法。

（2）在前苏格拉底哲学中，"正义"、"统治"和"权力"这样的术语往往用来描述不同种类的宇宙实体之间的关系，但是，这些术语所用来传达的概念却各有差异。一方面，众多宇宙实体可以想象成"同级的存在"（它们的关系，比如，受它们之间的某种契约的调控）；而另一方面，只有一个实体被想象成具有至高无上的权力（尽管它可以仁慈地行使这种权力；它可以作为至高无上的裁决者确保世界上的"正义"）。前一个观念似乎已然隐含在阿那克西曼德的残篇中，但是，首先清晰地将之表达出来的，是巴门尼德；

---

① 见 Fr.30，"世界秩序"本身被认为是"永生之火，按尺度点燃，按尺度熄灭"（此处，"尺度"一词即 μέτρα）。

② 关于 κόσμος 一词的意义在早期希腊哲学中的发展，尤见 Kranz，2 和 3；Kirk，1，pp.311 ff. 和 KR，p.159；Kahn，pp.219 ff.；HGP，1，pp.206 ff. 和 454 f.；Kerschensteiner，2。

③ 也见 Fr.23，参见 Fr.102，那里否认了人们使用"正当"和"不正当"这种范畴的做法："对于神，万物皆美、善、正当，但是，人们却认为，有些事情不正当，有些则正当。"

然后，更为详细地对其加以表述的，是恩培多克勒。①

在"真理之路"中，巴门尼德两次提到了拟人化的 Δίκη，② 但这两处文字并不能让我们精确地界定他的构想。在开端（Fr.1 14）中，巴门尼德提到了"报复的正义"，他控制着"昼夜之门"。在 Fr.8 12 ff.，他说："除了存在之外，确信的力量不允许任何从'不存在'中而来的东西生成。为了这个目的，正义不会松开它的锁链，不会让存在生成或毁灭，而是将之牢牢抓住。"在其他地方，当他提到了自己所"确信的"："'存在'不可能不同于存在"时，他提及了命运（Μοῖρα）和必然（Ἀνάγκη）"捆绑"或"抓住"存在（Fr.8 30 f. 和 37）；而看起来，巴门尼德相信，必然、命运和"正义"联合在一起，确保"存在"之为存在：确保"'存在'的不生、不灭、不变等等"都不仅是必然、命中注定的，而且，还是正当、正确、理所应当的。

虽然在现存的"意见之路"中并没有指涉"正义"的文字，但是艾提奥斯（II 7 1；DK 28 A 37）认为"引导"万物的 δαίμων 就是"正义"和"必然"，最起码，Fr.10 6 f. 提到了"必然"。此外，在巴门尼德诗的这一部分中，只要考察一下他对两个第一宇宙实体"光"和"夜"的阐述，那么我们就能看见，有一个地方，它与"正义"观有着密切的关系。在 Fr.9，这两者被描绘为平等者："当万物被命名为光和夜，事物就按照它们的力量（δυνάμεις）分别分派给它们；万物同时充盈着光和黑夜，这两者平等（ἴσων ἀμφοτέρων）。"这两者中，没有哪一个具有至高无上的力量；看起来很可能，它们的关系被认为是"一方尊重另一方的权利"：也许，这种关系被构想为，它受到（比如）

---

① 阿尔克迈翁也强调了对立间平等的重要性，但据我们所知，不是在宇宙论语境中，而是在医学理论的语境中。艾提奥斯（Aetius，V 30 1，DK 24 B 4）记录说，他认为，身体中不同"力量"（如，湿、干、热、冷等）的 ἰσονομία（权利平等），维系着健康，而这些力量中的一种 μοναρχία（至高无上的统治）导致了疾病；这之后，"身体中具有过多力量而导致疾病"这一观念（如，τὸ κρέσσον，也见 κρατέειν 和 δύναμις 的普遍用法）成为希腊病理学理论中的老生常谈（如，VM chs.14，19 和 22；CMG 1，1 45 18 ff.，50 13 ff.，53 1 ff.）。此外，希波克拉底医派中的某些提出宇宙论的作者，也使用了政治性意象，这些意象相似于在同样的语境中哲学家使用的意象。例如，《论呼吸》的作者提到了气，他说：它是"万有的最高之主（δυνάστης），它在万物中"（CMG 1，1 92 21 f.）。详见 Vlastos，5，pp.344 ff.，363 ff.。

② 就像在赫拉克利特那里一样，这里也很难讲，巴门尼德用 Δίκη 一词是指"正义"，还是更为简单地指"事物的存在方式"。

这两者共同承担的某种"契约或协议"的调控，尽管现存的"意见之路"内容太少，让我们难以确定这是不是真的就是巴门尼德的构想。

　　恩培多克勒那里的证据更为充分。他的六个宇宙始基（土、气、火、水、爱和斗争）都在 Fr.17 18 ff. 有所言及；之后，在 27 ff.，他进一步提到了它们的"地位平等"（至少是"爱和斗争"的地位平等）：① 它们是"平等的，同龄，各自都有着不同的特权（τιμή），有着自己的特性；当时间到来，它们轮流占据优势"。此处的意象可以让人们想到荷马中的一节（*Il.*15 185 ff.），那里描述了宙斯、波塞冬、哈迪斯三兄弟的关系。但是，与克罗诺斯的三个儿子不同，恩培多克勒的"爱"和"斗争"这两种宇宙力量被构想为平等的，而且同龄。一个重要的差异就是：没有一个至高无上的统治者（如宙斯，靠长子身份和卓越的力量来统治），相反，爱和斗争各自、轮流在世界上占据主导位置。②Fr.30 进一步描述了这两者的关系，它们受"誓言"的控制：斗争，"当时间一到，它就凭普遍的誓言，先行宣明自己的种种特权（τιμάς），而这时间轮流为它们确定"。尽管恩培多克勒现存的"自然诗"中，只字未提"普遍的誓言"，③ 但是，"誓言"似乎代表了某种爱和斗争之间的契约，一种它们自愿、平等地承担的协议，它不是更高的权威强加给它们的规则。④ 在

---

①　大部分学者都遵循了 DK 的看法，认为 Fr.17 27 的 ἴσὰ τε πάντα 指的是所有这六种宇宙论始基。但是，应该指出，虽然 v.29（"当时间到来，它们轮流占据优势"）非常清楚地指爱和斗争，但它是否也在任何意义上指四根，还尚存疑问。同样的诗句再一次出现于 Fr.26 1，不过这里，主题依然不清楚：虽然 Fr.26 3 明显指四根，但 1-2 似乎更应该理解为仅仅指爱和斗争。但是，如果 Fr.17 29 指的不是四根，那么也许，v.27 也仅仅指爱和斗争；而且，我们或许应该认为这一句中的 πάντα 是副词（不是"它们全都平等"，而是"它们——即爱和斗争——在所有方面是平等的"）。

②　也见《净化篇》的 Fr.128，提到了库普利斯（Kupris）成为"女王"的时刻。（库普利斯指阿芙洛狄特——中译注）

③　但是，在《净化篇》（Fr.115）中，提到了"古代的神之律令"，它"由普遍的誓言封存"，从这里，恩培多克勒又继续谈及了等待那些 δαίμονες 的惩罚，这些 δαίμονες 都犯下罪行，受血液玷污。此处的"誓言"明显指宗教规则；这里与 Fr.30 都使用了相同的修饰语"普遍的"，这表明，显然有可能，这两处是有意呼应。不过，应该注意的是，虽然在 Fr.115，用于 δαίμονες 的"律令"是由诸神强加给它们的，但是在 Fr.30，"誓言"似乎更代表了一种爱和斗争承担的协议（加下一个注释）。

④　KR（p.332）反驳了"'爱'和'斗争'宣誓"的阐释，并且设想，恩培多克勒的表述中出现了未被人们发现的混乱："有时，他断言只有四元素，爱和斗争是终极的，有时，又

219   此，这两种宇宙论因素之间的关系是用社会性表达加以构想的。

    与巴门尼德的光和夜一样，爱和斗争是平等的。此外，它们的关系受到了"誓言"或严肃的宗教契约的调控；在他的宇宙论阐述中，这种社会性意象的重要意义已经显而易见，我们可以想到，正是通过这种方法，恩培多克勒才描述出了"爱的统治"和"斗争的统治"的交替。①

    （3）与第三种宇宙论学说相关的语境，也使用了政治性意象，即，"唯一一个至高无上的始基控制和引导万物"这一观念。当哲学家放弃了对人形神的信仰之后，很长时间以来，"至高无上、具有引导力的始基控制世界"这一理念就持久不衰。有时，我们发现，描述宇宙始基的哲学家所使用的表达，都一下子会让人想起传统的宙斯的称号，例如赫拉克利特 Fr.53，战争被称为"万物之父，万物之王（βασιλεύς）"，尽管可以认为，此处带有有意的反讽味道。而权力（身体力量和政治权威）和理智通常也归于了宇宙因素。比如在色诺芬尼那里，"一神"被描绘为"用他心中的想法"来"摇动"或"晃动"（κραδαίνει）"万物，而无需费力"（Fr.25）；他是"众神和人中的最大者"（Fr.23），毫无疑问，这表明了，他兼具至高无上的力量和至高无上的权威。阿那克萨戈拉（Fr.12）和阿波罗尼亚的第欧根尼（Diogenes of Apollonia, Fr. 8）也强调了他们的始基"努斯"（Mind）和"气"（Fr.5，第欧根尼认为它们是"具有理智者"）所具有的力量和理智；而他们在描述自己的始基时，所使用的某些其他的表达，也具有或也许具有更为明显的与政治有关的含义。如Fr.12，阿那克萨戈拉称"努斯"是"自治的"（αὐτοκρατές）；他还说，它"控

220   制"或"支配"（κρατεῖ）"一切具有生命的事物"，它"控制整个流转，以至于，它从一开始就在流转之中"。第欧根尼也使用了 κρατεῖν 一词，用它兼指"气"的力量和权威，他说，"由此，所有人受它引导（κυβερνᾶσθαι），它支配万物（πάντων κρατεῖν）"（Fr.5）。

    说，有律法为它们设立，使它们不能违反。"但是，尽管我们觉得"誓言"这个意象并不能令人满意地解释"爱的统治向斗争的统治转变"，不过，我们也无需设想，恩培多克勒犯下了前后矛盾的错误。没有哪个地方提到了爱和斗争受制于强加给它们的律法。当然，"誓言"的关键之处在于，它描绘了它们之间的关系，而且并未提及任何更高的权威：它们的交替受到了契约或协约的控制，契约和协约让它们成为虽然对立但又平等的力量。

① 详见下，p.228。

　　但是，毫无疑问，这一类隐喻中最值得注意的都在柏拉图那里，他反复使用它们，来表达他所确信的"理性而具有引导力的始基在世界中发挥作用"这一信念。在《蒂迈欧篇》（47 e f.）中，世界被称为源自理性和必然的联合；理性被展现为"说服必然，从而将其控制（ἄρχειν），引导大部分生成的事物，使它们朝向至善"。在另一处语境中，政治性意象的使用与"造物主"（Craftsman）有关，例如，说造物主颁布条令（διαθεσμοθετεῖν，见διατάττειν，42de），之后，再由较低的神祇执行。在《斐勒布篇》28c 中，苏格拉底说，"所有有智慧的人都同意……理性是天地之王"，他继续证明这一信念，说："奇妙的理智""安排和引导"万物（28d），"智慧和理性"就是"那布置和安排年、季、月的原因"的名字（30c）；我们还读道，"借助那原因的权力，就有了君王般的灵魂，君王般的理性"，"具有宙斯的本性"，（30d）。在《法篇》（896de），灵魂也被认为治理着（διοικεῖν）天，"最佳的灵魂""照管着全宇宙，驱动它运行"（ἐπιμελεῖσθαι，897c，参见 ἐγκρατές，897b）；再后面，又简要地提到了"我们的王"，他"照管一切"（904a），万物由它安排，旨在保全一切，让一切最佳（903b）。①

　　显而易见，我们前面考察过的政治性和社会性意象绝不仅仅是空洞的 **221** 风格修饰，但现在，我们还必须试图更为精确地界定它们在希腊宇宙论发展中起到的功能。当然，许多所考察的意象都具有伦理或宗教上的意义。用来指世界的 κόσμος 一词，往往暗示了而且通常肯定总是传达出"整体安排有序"这一信念；而"宇宙正义"（如在阿那克西曼德）这一观念和"至高无上的理性始基控制世界"（如阿那克萨戈拉的努斯）这一理念，都以不同的形式表达出了相似的确定的意见。以赫拉克利特为例，他明确将人的"诸礼法"（νόμοι，法和习俗）同"独一的神法"联系在一起（Fr.114）；而柏拉图则相信，世界由理性控制，这一信念，当然频频反映在他的道德哲学中。②

---

① 《政治家篇》（268e ff.）中的神话传达出了一种相当不同的观念。描绘成宇宙"领袖"的神（ὁ τῶν κινουμένων…πάντων ἡγούμενος，269e 5 f.）被认为引导（συμποδηγεῖν，269c 5，见 270a 3）和统治着（ἄρχειν，271d 3）宇宙循环之第一部分（"克罗诺斯统治"，269a 7 f.）的世界的运转，而循环的第二半部分，他"放任不管"，世界自动地沿着相反的方向运转，我们就生存在这一周期。

② 尤其值得注意的是，《蒂迈欧篇》（47bc）中表达了如下学说：我们应该模仿"明显存在于天中的理性的运转"，以能让我们自己漂泊不定的理性安稳下来。

但是，除去伦理或宗教上的含义，法、斗争、统治等意象，均提供了一种手段，能让早期希腊哲学家表达出各种各样的宇宙论学说。而在前苏格拉底哲学家和柏拉图那里，宇宙论因素的本性，或它们之间的关系都被理解为具体的社会性或政治性状况。在阿那克西曼德那里，意象是犯罪和犯罪的补偿；在赫拉克利特那里，他提及了普遍的战争和斗争；在恩培多克勒那里，他的构想是，地位平等的宇宙始基轮流统治；而巴门尼德在"意见之路"中也描述了平等的宇宙实体。阿那克萨戈拉和第欧根尼都认为，理智始基具有至高无上的力量，凌驾于万物之上；柏拉图也描述了理性始基，他相信，这种始基在世界上发挥着作用，他使用了政治性的隐喻，如"王"这样的称号，还有"君王般的"这样的修饰语，这可以描述那个万物的"照管者"、"治理者"和"控制者"。

这些哲学家中的每一位，都至少在一定意义上，是按照具体的社会性或政治性状况来表达自己的宇宙论学说。我们要探询的第一个问题是，在什么程度上，每个哲学家在宇宙论中使用的意象，呼应了我们所知道的、他自己的政治信念？最起码，柏拉图反对雅典式的民主制，这是众所周知的；他的反民主、威权式的偏见，明显反映在他所使用的、用来描述宇宙中理性之角色的、"至高无上的（但又仁慈的）统治者"这一意象中。但是，对于前苏格拉底哲学家的政治观点，我们掌握的证据既匮乏，又相当不可靠。关于赫拉克利特和恩培多克勒，我们的信息最为充分，但是，在这两者中，他们使用的宇宙论意象似乎并不完全符合我们所知道的他们的政治信念。据说，赫拉克利特出身贵族家庭（D.L.IX 6；DK 22 A 1）：按照许多他自己的说法，他憎恶无知的平民之众；他还有两段残篇，如果具有政治意义的话，那么它们似乎直白地表露出君主制的态度。[①] 但是，尤其有趣的是，在若干残篇中，他强调了"人间的"法和习俗的重要性（Frr.44，114），这样一种学说，在我看来，非常怪异地相反于"战争和斗争的普遍性"这一宇宙论观念（即使我们看到，他也使用了 δίκη 和 νόμος 来传达斗争的常态，Frr.80，114）。他的宇宙论也许能让人们预想，他会为自己的人类同胞制订出斗争和无政府的

---

① Fr.33（"νόμος，法或习惯，就是服从一的意志"）和 Fr.49（"对于我，若一人最佳，则敌万人"）。

方案；但是，在值得注意的 Fr.43，他又说，傲慢（ΰβρις）应该被扑灭，它"胜过熊熊的烈火"。对于恩培多克勒，按照说法，我们知道，他是坚定的民主派（如 D.L. VIII 63 ff. 和 72；D K 31A 1），但是，他在自己的宇宙论中使用的"爱和斗争的连续统治"这一意象，又符合了寡头制或贵族制的意识形态，而且的确，比起民主制的意识形态，它与这两者更吻合。 **223**

如果针对一个个前苏格拉底哲学家，试图在他们的宇宙论意象和政治倾向之间建立精确的对应关系，那么这种做法失之鲁莽。但是，我们考察过的种种意象，都在若干重要的方面上，清晰地反映出了公元前 6—前 5 世纪的希腊政治生活的普遍环境，尤其是当我们将这些环境与之前时代的环境做一对比时，就能看到这一点。尽管在荷马史诗形成结集的时代，诗中呈现的"王"或 βασιλεύς 的形象都毫无疑问主要是理想化的；而在赫西俄德那里，βασιλεῖς（诸王）的权威也并不是毫无争议、不容置疑的，但是，从《劳作与时日》中可以看出，βασιλεῖς 仍然是正义的唯一的知识权威，（从赫西俄德通常的不满可以判断出）他们的治理方式很容易变得腐坏、专横。不过，在公元前 7 世纪晚期到公元前 6 世纪初期，希腊社会经历了根本性的转变。传统的统治家族的权威受到了进一步的削弱；在雅典，对立的政党之间为权力进行着激烈和持久的斗争，而这样的城邦又并非只有这一处。另外，通过编纂法律，起草宪章，城邦之中，司法行政不再像赫西俄德时代那样是随意妄为之事。尤其是梭伦之诗，颇为有力地证明了公元前 6 世纪初期的新型的政治理想。[1] 在我们从哲学家的宇宙论里发现的、各种类型的政治性意 **224** 象中，都有与这些发展相呼应的内容。当然，公元前 6 世纪后期的动乱，也反映在了赫拉克利特构想的战争和斗争的普遍性中。不过，更为重要的则是，尤见于阿那克西曼德、巴门尼德和恩培多克勒的宇宙论中的新型的"正义"观。在大多数情况下，对于这些哲学家的政治观，我们并没有可靠的证据；但是，他们中的每一位都表达过某些相关于宇宙的法、正义或契约的观

---

[1]　例如在诗篇 3 D（4 B）中，梭伦坚决主张了"良好秩序"（εὐνομία）在城邦中的重要性（他指责了民众领袖没有尊重"正义"）。但是，尤其应该注意的是诗篇 24 D（36 B）。在那里，梭伦说："依循时间的裁断"（ἐν δίκη χρόνου，参见阿那克西曼德的 κατὰ τὴν τοῦ χρόνου τάξιν），大地会为他作证。在他的种种成就中，他提道："他为平民和贵族撰写了法令，为每个人匡正正义。"

念，它们不依赖于个人的随意和任性。在这些哲学家的宇宙论中，关键的政治意象并不是专制君主（如宙斯）的至高无上的统治，这样的君主，他的权力最终立足于他的卓越的力量；相反，关键的意象是非个人的正义，它调控着平等者的种种关系。控制这些关系的，并非任性统治者的随意的决断，而是不变的律法或契约，是阿那克西曼德的时间的"评定"、巴门尼德的"正义"和恩培多克勒 Fr.30 的"誓言"。那么可以不过分地说，在城邦兴起的时期，针对正义和法律统治的态度出现了种种发展，而这些发展在宇宙论的发展中（不同于宇宙起源论和神谱）具有首要的意义，因为，正是借助法律和正义的意象，这些早期阶段的前苏格拉底哲学家才得以表达出这样的观念，即，影响宇宙第一实体的种种变化是有规则的，受理性始基的控制。

如果"若干宇宙论因素具有平等的权力和地位"这一观念，贯穿于阿那克西曼德、巴门尼德、恩培多克勒的宇宙论中，那么，其他哲学家，如阿那 **225** 克萨戈拉、阿波罗尼亚的第欧根尼①，尤其还有柏拉图，他们在自己的宇宙论中则更加利用了与君主制或威权制有关的意象。至少，表面看来，这些意象更相似于荷马和赫西俄德那里的、传统描述中的宙斯的角色。但是，其中的差异是显而易见的，而且具有根本性。在哲学家那里，权力和统治的意象并不是用于神性人物，而是理性本身，就是世界中发挥作用的理性始基——在阿那克萨戈拉那里，是控制万物的努斯，包括天体的运转；在第欧根尼那里，是等同于理智的"气"，没有它（如他在 Fr.3 中所言），夏与冬、昼与夜等其他万物都不会像它们现在这样处于最佳的可能状态中。柏拉图那里，他也用了一些隐喻来指涉（例如）"显现于天体运转之中"的理性始基，而"控制、统治和治理"这样的隐喻就在其中。在这些哲学家里，与至高无上的权力有关的、威权性的隐喻，在风格上截然不同于（例如）恩培多克勒构想的"平等的宇宙论因素之间的契约"；但是，它们依然有助于从另一种不同的角度、在不同的含义上强调了宇宙论变化中的秩序和规则因素。

---

① 我们完全不知道阿波罗尼亚的第欧根尼的政治观，也对阿那克萨戈拉的政治观知之甚少。当然，阿那克萨戈拉与伯利克里的关系密切，据说还是他的老师（Isoc.XV 235；DK 59 A 15），不过，在大部分提供给我们的、与阿那克萨戈拉有关的、传记信息的叙述中（通常都是可疑的），他被描绘成更喜欢钻研自然现象的原因，而不是政治（如，Plu. *Pericles* 6；DK A 16；也参见，Plato, *Phdr.* 269e f.；Arist. *EN* 1141b 3 ff.；*EE* 1216a 10 ff.）。

在早期希腊宇宙论的发展中，社会性和政治性意象发挥了至为重要的作用，尤其是在表达种种与宇宙秩序有关的理念上。但是，我们现在必须要考察，在什么程度上，我们能确定出哲学家们针对自己的"社会性隐喻或意象"所持的态度？这些隐喻或意象，我前面已经描述过了。从什么时候开始，希腊哲学家明确承认了他们将自己的社会性或政治性观念"移用"到他们的宇宙论学说之中？我们可以从柏拉图着手，因为只有他，我们掌握了相当充分的证据。在若干地方，尤其是《高尔吉亚篇》和《法篇》第十卷中，柏拉图与"那些将人为习俗（convention，νόμος）和自然（φύσις）对立起来的人"展开了交锋，他强调了人或社会的秩序与宇宙整体秩序之间的联系。[①] 不过，这当然不意味着，柏拉图完全混淆了社会性和宇宙性秩序；也不意味着，他没有意识到他在这种语境中使用的意象所具有的"形象性成分"。相反，他与《法篇》第十卷中无神论者的争论，其要旨并不在于，他们区分了νόμος和φύσις（因为柏拉图也默认，这两个领域是不同的），而是在于，他们将之对立开来，并且错误地认为，自然是无序和随意的（τύχη，889ab）。此外，在若干地方，他还在一般意义上区分了"意象或神话"（εἰκών，μῦθος）与"非形象性的阐述或证明"（λόγος，ἀπόδειξις），并且指出，关于某些主题，我们必须满足于前者，[②] 而且毫无疑问，当他提到"照管"整个世界的"君王"时，他意识到了自己对εἰκόνες（意象）的使用，比如他提到"造物主"或"万物之父"时，他就是如此。[③] 但是，即使我们必须总是要通过取自人世的意象才能谈论它，但他仍然确信，宇宙的秩序是存在的。他所展现的图景就是，人间秩序是神性秩序的一部分，而且前者依赖于后者。不过，他的构想并不是对社会领域和自然领域不作任何区分。但是，他又不同意那些将νόμος和φύσις对立起来的人，因为他认为，世界在真正的意义上是世界秩序（κόσμος）。他的语言是"隐喻性的"，因为通常来说，他使用这样的表达

226

---

① 例如 *Grg*.507ef，苏格拉底说，不受约束的人在任何城邦中都发挥不了作用，所以，他得不到神的宠爱，他继续说："卡里克勒斯，有智慧的人说，共同感、友爱、有序（κοσμιότης）、节制、正义让天地、神人联合在一起；值此之故，他们称世界整体是'秩序'……不是无序……"

② 如 *R*.505a ff.，506d ff.；*Phdr*.246a；*Lg*.897de。

③ 详见下，pp.284 f.，论 *Ti*.28c。

时，超出了它们首先所指的领域（人的社会），但是，在柏拉图看来，显然，这些隐喻不是空洞的语言修辞，这是由于，他相信，人的领域中秩序或正义是更广阔的宇宙秩序的一部分。

在当前的问题中，更为困难的是确定前苏格拉底哲学家的态度。我们完全没有其他证据来证明，例如，阿那克西曼德如何还有可能采取其他方式来表达 Fr.1 中"相当诗性的语言"里传达出的"侵犯和补偿侵犯"的观念。① 但是，赫拉克利特在 Fr.114 中确实将"人间法"与"唯一神法"联系在一起，显然，赫拉克利特并没有混淆人的社会与宇宙秩序，即使他在这段残篇中表明，人间法在某种程度上依赖于（按他的说法，"受……滋养"，τρέφονται）唯一的神法。但是，当我们转向恩培多克勒时，我们第一次掌握了相当确定的证据，它可以证明，恩培多克勒认识到了"爱"和"斗争"这两个宇宙始基是抽象的，也即一般化的，或者差不多可以说，它们是从某种经验中外推出来的。在 Fr.17 20 ff.，他谈到了"爱"，他告诉包萨尼阿斯："用你的心思量她，不要坐着、用双眼凝视；因为她被认为，天生于可朽者的肢体之中；通过她，可朽者拥有了温和的气质，得到和平，他们就用'快乐'和'阿芙洛狄特'来唤她。"显然，在恩培多克勒看来，爱绝不仅仅是隐喻，因为日常经验中生物间彼此的"性吸引"不仅是"那种他所相信的、在宇宙整体中发挥作用的力量"的类比或模型，而且是与这种力量相关的实际经验。② 不过，他明显承认，如果要将"爱"这个概念用于四根，那么可以说，这还需要某种解释，因为对这个概念的使用，至少是在一个新的语境中，甚至带有

---

① 但值得一提的是，就在阿那克西曼德之前不久，梭伦还有两首诗，其中，自然现象被用来说明社会现象。在诗篇 1 D（13 B）中，宙斯对不义者的报复既确定又迅速，这个过程被比作春天里风将云忽然吹散；在诗篇 10 D（9 B）里，他说："强烈的雪和雹出自云间，雷霆来自明亮的闪电，城邦中，毁灭源自豪强……"。这两首诗都将自然和社会中的因果联系在一起；毫无疑问，宙斯被认为在某种意义上是自然秩序和道德秩序的推动者；不过，我们不能说，梭伦将这两者融合成了一体。相反，如果我们询问，为什么他在这些诗中提到了自然现象，那么原因也许是，与道德秩序不同——在这方面，他明确承认宙斯的作用是难以理解的（诗篇 1 63 ff. D）——自然因果的次序是确定的，而且向所有人显现。在他之前，在希腊文学中，可以发现，例如赫西俄德，已经认识到了自然领域和人类社会领域之间的区别。在《劳作与时日》（276 ff.）中，他将"拥有了宙斯赐予的'法和正义'（νόμος 和 δίκη）的人类"与"失去这两者的鱼、野兽和鸟"做了对比。

② 关于恩培多克勒的"爱"的生物学方面的联系，见下，pp.242 f.。

新的含义。

　　尽管在柏拉图的作品中，εἰκών 一词的用法往往有各种不同的意义（如，相似或再现），但尚有疑问的是，在公元前 4 世纪之前，人们是否已经有意识地而且明确地在一般意义上区分了一个词的"字面用法"与"隐喻用法"？赫拉克利特的"神法"或恩培多克勒的"爱"和"斗争"都不应该完全理解为语言的修辞。不过，恩培多克勒的 Fr.17 才具有重要意义，因为它表明了，在公元前 5 世纪，至少有一位哲学家，已经认识到了，他在宇宙论学说中使用的某些词汇越出了它们日常所指的领域。但是，对于恩培多克勒的宇宙论来说，其中的社会性和政治性观念的功能还具有一个更为深刻的特征需要加以关注。亚里士多德曾经批评过恩培多克勒的对"爱的统治向斗争的统治转变"的论述，他的批评很有启发。在 Fr.30（如我们前面所见），爱和斗争的关系被简单地描述为受"普遍的誓言"的控制，当亚里士多德在 Metaph.1000b 12 ff. 中引用这段残篇时，他指责道，恩培多克勒并没有给出"爱的统治"向"斗争的统治"转变的理由。如果亚里士多德的说法没有错，那么恩培多克勒对于这个问题的阐述似乎仅仅是表明了两个平等的宇宙力量之间的誓言或契约这一社会性意象。而按照亚里士多德的观点（毫无疑问，也是我们的观点），这个意象本身并不能解释它所涉及的宇宙论"转向"。但事实是，在现存的前苏格拉底哲学家的残篇中，我们一再发现，有一些与自然现象有关的理论和阐述似乎仅仅包含了意象或比拟（更多的例子在本书后面的章节中会加以关注）；这当然表明了，前苏格拉底哲学家在整体上都完全不会预见到亚里士多德在这一处或其他地方[①] 提出的、那种针对恩培多克勒的意象的批评。在他们看来，对于一个难解的问题，只要表明一种来自更为熟悉的经验的意象，也即，用具体的社会状况来展现宇宙论的转变，那么这样的"解释"就足够了。我们没有理由相信，任何希腊哲学家会完全将社会与自然合并在一起，尽管许多前苏格拉底哲学，还有柏拉图，都将社会秩序构想为一个更广阔的宇宙秩序的一部分，而且还用来自前者的概念描述后者。另外，前苏格拉底哲学家的宇宙论学说似乎仅仅包含了具体的意象。据我们所知，正是柏拉图，首先对意

229

———————

① 　详见下，p.403。

象和证明性阐述做了明确而且具有一般性的区分，他指出，前者缺乏后者；随着我们继续研究他们的意象和类比，我们后面就会看到，有一点是可以主张的，即，前苏格拉底哲学家不仅没有表述这种区分，而且实际上还往往忽视了它。

我们已经探寻了前苏格拉底哲学家和柏拉图的宇宙论中的对社会性和政治性意象的使用。柏拉图在宇宙论语境中使用的政治性隐喻，虽然颇为重要，但较之他的生物学或技艺论方面的意象来说（我们后面会简要地考察一下），却并不突出，或至少出现得不是太频繁。在亚里士多德那里，政治性意象在他的宇宙论学说中仅仅起到了微小的作用，而且的确，它们几乎完全没有被使用，除了一个最为重要的例外，见于《形而上学》Λ 的最后一章。在那里，当他考察"整体的本性如何具有善"（无论是作为分离和独立的东西，还是作为各个部分的安排）这一问题时，他首先使用了军队的例子（这表明整体会同时以他提到的这两种方式具有善，1075a 13）；然后又用了家庭为例（这表明不同物品会在不同程度上分享秩序，1075a 19 ff.）。在同一章结尾，有一段著名的文字，他否定了"存在种种多元的第一始基"这一观念，并且指出："诸事不可恶治"（things should not be badly governed, τὰ δὲ ὄντα οὐ βούλεται πολιτεύεσθαι κακῶς）；他还引了荷马的话表示赞同："多人之治不佳：还是一人为治者"（the rule of many is not good: let one rule, οὐκ ἀγαθὸν πολυκοιρανίη: εἷς κοίρανος ἔστω, 1076a 3 f.）。但是，亚里士多德的第一推动者，虽然有生命而且具有神性，但并不像柏拉图的理性或最佳灵魂一样也控制或治理整个宇宙；它促成运动，但它不是动力因，而是目的因，是"欲望的目标"（1072b 3 f.）。

不过，即使在亚里士多德的宇宙论中，政治性意象不再具有重要意义，但我们也不应该就此离开这一问题，我们还要简略地关注如下这一点，即，就整体而言，希腊原因理论（包括亚里士多德本人的理论）在某种程度上也受到了某些关键概念所具有的社会性和政治性联系的影响。其中，最为明显和重要的几个概念是 δύναμις、αἴτιον 和 ἀρχή。的确，δύναμις 一词，原本要么指政治权力，要么指身体的力量：但比如当医学作家用它指有机活体的各种物质成分的效果时，它有时候也保留了某些政治含义，体现这一点的，就是这些作家将 δύναμις 与 δυνάστης 和 δυναστεύω 这样的词相结合的做法，在后两个词中，政治内涵显然处于支配地位，[①] 不过这样的含义在亚里士多德那里并没有证据可以证明，独特的亚里士多德式的 δύναμις 的意义——对立于"现实性"的"潜在性"——并未与该词的政治意义相联系。[②] 在 αἰτία 一词普遍用来指"原因"之前，它的意思是责任或罪责：τὸ αἴτιον 的意义等同于"责任者"。而 αἴτιον 一词的这种可能的指涉范围在某种程度上有助于我们理解 Ti.28c 中的一段，在那里，柏拉图首先注意到了"必然生成的所有事物"都 ὑπ' αἰτίου τινός（由某种原因）而生成，这句话之后，接着，他又提到了下一句"全世界的创造者和父亲"。[③] 不过，对于指涉原因的各种希腊文概念来说，最值得关注的、能够证明其政治性联系的证据，也许来自 ἀρχή 一词，这方面，某些最引人注意的例子，出自亚里士多德。[④] 毋庸置疑，ἀρχή 主要既指"始点"，也指"权位"；在 Metaph. Δ 1，亚里士多德讨论这个词时，他当然将这两个意思与其他含义区别开来；重要的是，他还注意到了 ἀρχή 一词的所有意义的共同因素："其为所有 ἀρχαι 共有"；在 1013a 17 ff.，他接着说："它们是始点，事物或由其而存在，或由其而生成，或由其而被知晓……所以，物性（φύσις）和元素（στοιχεῖον），思想（διάνοια）和意愿（προαίρεσις），实体（οὐσία）和目的因（οὗ ἕνεκα），都是 ἀρχή。"此外，很明显，亚里士多德本人关于"始基"的思想也受到了 ἀρχή 一词具有的"职位"这个涵义的影响。如，当他说右、上、前是 ἀρχαι 时，他似乎想到的既有"始初"这一观念，也有"权威"这一观念（我们可以想到，在这样的语境中，ἀρχή 被认为是高贵的，IA 706b 12 f.，见上，

231

---

① 除了上面提到的这几段之外，也见 p.216, n.1；也如见 VM ch.16, CMG 1, 1 47 13；Flat. ch. 15, CMG 1, 1 101 19。

② 苏伊耶（Souilhé）对早期希腊思想中该词的各种用法的历史进行了专题研究，也见 Jones，2，pp.93 ff.。

③ 也见 Phlb.26e-27a。这两段在下面会详细讨论，p.282。

④ 阿那克西曼德是否早就用 ἀρχή 一词指"无限"（有些学者基于辛普里丘的几段文本做出了这样的看法，其中有些还来自特奥弗拉斯托斯，尤见 in Ph.150 23 f. 和 24 15 f.)，尚有争议（见 KR, pp.107 f.；比较 HGP，1，p.77 和 n.4）。既然亚里士多德在 Ph.188b 28 提到前人时，使用了"他们所谓的始基"（τὰς ὑπ' αὐτῶν καλουμένας ἀρχάς）这一表达，那么令人惊讶的是，在现存的前苏格拉底哲学家的残篇中，ἀρχή 一词却颇为少见：的确，如果我们排除了有可能伪托的斐洛拉奥斯（Philolaus）的残篇，那么我们发现，这个词的含义仅仅指时间或地点上的"起始"（但也见第欧根尼 Fr.1）。

232 pp. 52 f.)。当他说，心是动物成长或本性的 ἀρχή 时（如 GA 738b 16 f.），"权位"这个意义再一次同（生命和运动的）"始初"并列在一起。例如在 *GA* 740a 7 ff.，他说，身体中必然有 ἀρχή，身体的所有安排（διακόσμησις）随后才由此而成；在 *PA* 670a 24 ff.，他说，心必须保护妥善，又说，它可视为身体之"卫城"。最后，在更为一般的宇宙论语境中，也有一段，我们之前已经注意过，来自《形而上学》Λ（1076a 3 f.），在那里，他先说，不应该有许多 ἀρχαι，然后又说，"诸事不可恶治"，与之前相同，ἀρχή 一词的双重含义再次可以证明。有一点颇为重要，需要强调一下，我们不能绝对地说，亚里士多德没有发现这个词的歧义，因为如我们之前所见，他在 *Metaph.* Δ 1 中明确区分了 ἀρχή 一词的不同意义。不过，尤为值得注意的是，尽管他成功地区别了 ἀρχή 一词可能具有的不同意义，但他的观点并不是说，该词在任何情况下都是两可的，而是说，这同一个词的指涉范围，可以很适合地兼有"权位"和"始初"这两个含义；这些不同意义之间的类比关系是有效的，而且颇有收获。

活力论观念：宇宙作为有机活体

早期希腊文学中，在若干地方，许多自然对象和现象都被描绘为仿佛它们在某种意义上是有生命的，而且具有自己的意志——但是这不意味着，所涉及的对象就总是一成不变地被构想为生命体。此外，万物起源有时候被阐述为万物的出生和生殖，最为明显的例子就是赫西俄德《神谱》中的众神、自然现象、道德品质、各种类型的社会行为等的广阔的谱系。在哲学

233 家那里，我们发现的不是神话式的神谱（如果我们排除锡罗斯的斐瑞希德（Pherecydes of Syros）），而是一系列纯理性的宇宙起源论，其中，万物的起源以及它们之间的交互关系都通过生物学或活力论的概念来加以解释。有两个主题从前苏格拉底时期开始就反复出现于希腊哲学中，它们是如下两种观念：第一，万物的第一实体在某种意义上充盈着生命；第二，世界整体是（或至少像是）一种有机活体。首先，我们必须考察一下，在早期希腊宇宙理论史中，不同时期的不同思想家以何种形式主张这些信念；其次，我们也应

该考察，活力论思想的使用如何影响了希腊思辨思想的不同分支的发展；最后，"万物的第一质料或世界整体充盈着生命"这一设想，如何以不同的方式既有助于又阻碍了宇宙论和物理学理论的发展。

众所周知，我们掌握的与几位米利都人有关的信息都是残篇，[①] 不过，可以相当确定的是，他们每一位都主张，万物的第一实体是有生命的，而且具有神性。[②] 亚里士多德告诉我们（*Ph*.203b 13 ff.；DK 12 A 15），阿那克西曼德相信"无限"是"不朽的"、"不灭的"。艾提奥斯（1 7 13；DK 13 A 10）记录说，阿那克西曼德认为气具有神性。亚里士多德归于泰勒斯的两个观点也应该在这个语境中加以考察，尽管对于这两处，有关它们的解释颇为不明：（1）"万物充盈着诸神"（*de An*.411a 8；DK 11 A 22）；（2）磁石具有"灵魂"，也就是"生命"（*de An*.405a 19 ff.；DK *ibid*.）。但很难立刻看出，在将生命归于磁石时，泰勒斯是否认为这也是其他事物的典型特征（是否推断出，它们也具有生命），或者说，他是否认为磁石是特例（其他不具有"磁石或摩擦过的琥珀"所拥有的吸引物体之力的东西，是否也具有生命呢）。[③] 但是，前一个看法更有可能清楚，这似乎从第一句主张就可以看出，"万物充盈着诸神"，尽管这句话也会有略为不同的解释。如 KR（pp.96 f.）[④] 指出的，"充盈"的意思，可以是"绝对充满"，也可以是"包含众多"。如果后一个意思也许更有可能成立，那么泰勒斯的构想就不太可能有异于看起来在前哲学时期流行的希腊人的观念。但尽管如此，他的这两个主张还是无可争辩的。首先，如果许多前哲学时期的文本暗示了"某些事物（包含了许多我们应归为无生命者的东西）是有生命的"这一看法，那么泰勒斯也完全有可能是第一位以一般形式说出这一观

234

---

① 但是，D.R.迪克斯（D.R.Dicks）对泰勒斯这方面的证据的评定，似乎怀疑过度；对比 KR，pp.87 ff. 和 *HGP*，1，pp.54 ff.。

② 除了 Jaeger，2，ch.2 的阐述之外，也尤见 *HGP*，1，pp.63 f.。

③ 如 Burnet，*3*，p.50 指出："说磁石和琥珀有生命，这也许意味着，其他事物没有生命。"但是，伯奈特不同意——我认为，没有必要——将另一个看法"万物充盈着诸神"归于泰勒斯。对比 *HGP*，1，p.66，n.1。

④ KR 提出了这个主张的第三种可能的含义，即，世界是一个单一的有机活体；尽管几位早期阶段的前苏格拉底哲学家似乎都对世界本身提出过构想，但这第三种含义似乎不太可能用来解释"万物充盈着诸神"这一主张（神是复数）。的确，这个主张还有另外一个版本，即，万物"充盈着灵魂"，但当亚里士多德在 *GA* 762a 21 引用这一版本的主张时，他只字未提泰勒斯；我们应该认为《论灵魂》版更为精确地记录了亚里士多德的看法。

念（"万物充盈着诸神"）的希腊思想家。其次，更重要的是，他对于磁石的观察表明了，他已经开始对这一看法的基础进行合理化的阐述，在这个例子中，他将生命与促成运动的力量联系在一起。[①]

泰勒斯是否将整个世界构想成有机的活体，这还尚有疑问，不过，有充分的证据证明，阿那克西曼德和阿那克西美尼都主张这样的信念。伪托普鲁塔克的 Strom.2（DK 12 A 10）记录了阿那克西曼德的"世界从无限中进化而来"的理论，这一阐述，尤其包含了一个有趣的比拟，即，比作树周围的树皮的生长，这一比拟有可能是原创的，（我相信）它意在说明阿那克西曼德的颇为复杂的"宇宙论系统"的若干特征。[②] 但是，不论树这个比拟的确切意义是什么，这一转述恰恰提到了某种"有生育力之物，或有生殖力之物"的"分化"，它"出自既热又冷的永恒者"（τὸ ἐκ τοῦ αἰδίου γόνιμον θερμοῦ τε καὶ ψυχροῦ）；它也提及了一颗火球在"生长，绕着"（περιφυῆναι）一个中心；从这段记录来看，似乎很清楚，阿那克西曼德认为世界的进化如同生命体的生长。不仅"无限"本身是"不朽的"，而且阿那克西曼德对于世界生成的全部描述都明显立足于下述假设：世界整体充盈着生命。

而阿那克西美尼有可能是第一位明确将"世界整体"与"特殊的人类"加以比拟的哲学家。艾提奥斯（1 3 4；DK 13 B 2）将他的这一学说记录如下："他说，恰如我们的灵魂是气，将我们聚为一体，所以，风或气包围着全世界"（οἶον ἡ ψυχή, φησίν, ἡ ἡμετέρα ἀὴρ οὖσα συγκρατεῖ ἡμᾶς, καὶ ὅλον τὸν κόσμον πνεῦμα καὶ ἀὴρ περιέχει）——尽管这段"残篇"的语言和内容都受到了严厉的批评。[③] 阿那克西美尼没有可能使用 συγκρατεῖν 一词；而用来表示"世界秩序"的 κόσμος 一词也与时代不符。[④] 但是，无论原本的构想有可能

---

① 也应该注意的是，按照亚里士多德的看法（Metaph.983b 18 ff.），让泰勒斯选择水作为第一实体的主要原因是，养分是湿性的，生命的热能与潮湿有关，种子也是湿的：按照格思里的看法，HGP，1，p.61，在亚里士多德看来，"泰勒斯心中，最有可能存在的思想都是将水与生命观联系在了一起"。

② 这一比拟在后面会详细考察，pp.309 ff.。

③ Reinhardt，1，p.175，2，pp.209 ff. 最为有力地提出理由否定这段残篇，但是许多学者都至少接受了它的内容。KR，p.159 认为，"重述的程度……很可能不是很大"；而 Guthrie，HGP，1，p.131 说，"这一句忠实地传达了 [阿那克西美尼] 的学说"。

④ KR（p.159）指出，艾提奥斯的 τὸν κόσμον 有可能替代的是，如 ἄπαντα，"万物"。

被重述到什么程度，有一点似乎很清楚，艾提奥斯将某个比拟归于了阿那克西美尼，即，"人的呼吸—灵魂"与"世界的气"相比拟。对于这一点，已经有人提出了反对意见：这种微观世界与宏观世界的明确的比拟，只可能出现在公元前 5 世纪下半叶之后的希腊文献中（如希波克拉底医派的论著《论人体本性》）。但是，既然现存的更早时期的证据如此匮乏，故而，这样的论证并不是那么有力。从我们所知的更早阶段的几位米利都哲学家的学说来判断，可以合理地认为，阿那克西美尼之所以认为"世界"是有生命的，要么是因为，世界之中遍居着生命体（见泰勒斯）；要么是因为，世界整体是一个生命物（如阿那克西曼德对进化的构想）。似乎很有可能，阿那克西美尼之所以提到了人体的气的功能，是为了要展现他的第一实体"气"在世界中的某个方面或某些方面的功能。但如果是这样，那么这个比拟的关键点完全不可能在于："气"纯粹是在空间的层面上萦绕着万物。似乎没有理由怀疑，他将气理解为生命始基，这是因为气能让万物具有生命（无论他是否清楚地将世界构想为一个单一的、由气赋予生命的有机整体），或者他在人类身上发现了一种可以证明"气发挥作用"的例子。

赫拉克利特方面的证据当然更为真实，不过，同样，与解释有关的问题依然颇为微妙。在 Fr.30，他称这个 κόσμος，即，世界秩序本身，为永生之火（πῦρ ἀείζωον），"按尺度点燃，按尺度熄灭"。火不仅仅是永恒的，看起来，它在某种意义上还具有生命。只要我们想到，赫拉克利特相信，火是组成我们自身灵魂的实体，那么显然，"永生的"并不仅仅是在诗歌表达上的"永存的"的同义词。[①] 但是，如果世界秩序被认为是活火，那么对于影响火和其他实体的"变化"，有时候也会通过一些源自生物领域的概念来加以描绘。例如在 Fr.36，[②] 他说："对于种种灵魂，死就是变水；对于水，死就是变土；水生于土；灵魂生于水。"例如基尔克（1，pp.340 ff.）指出，若将这段残篇与 Fr.31 加以比较，而后者又描绘了火、海和土的互相变化，那么

---

① 除了我在本书中处理的 Fr.36 之外，还有其他残篇表明了赫拉克利特相信，品性和理智依赖于组成我们灵魂的火的品质，如 Frr.117 和 118。

② 参见 DK 收集的 "Fr." 76 的三段文字中的 ζῆν、θάνατος 和 γένεσις 这几个概念（但我不同意 Kahn，p.152，n.1 和 HGP，1，p.453，n.2，而是同意 Kirk，1，pp.341 ff. 的看法：这些文本中提到的 ἀήρ，很可能是不正确的）。

极有可能，Fr.36 的"灵魂"代表了火或火的某个方面。但是，如果在 Fr.36 赫拉克利特指的就是火，那么它使用的词也不是 πῦρ，而是 ψυχή，它首先指生命体的活力。显然，当他将灵魂—质料与土和水相提并论，将之放入唯一一个变化的循环，而且其中包含了我们所谓的"有生命物"和"无生命物"时，他并不觉得有什么异常。此外，他使用了相同的术语表示他所提及的每一次变化。第一次，在使用 θάνατος 一词指"灵魂"时，其中很明显地保留了这个词的一个字面意义，即"死"；但是之后，赫拉克利特也将水转变为土描绘为前者的"死"，他用了相同的词 θάνατος。同样，当 γίνεται 一词用来指"水"这个主语时，我们可以将之翻译为"生成"；而当同样的动词在这一残篇的最后一句中出现时，那里的主语是 ψυχή，可以说，它保留了该词的原始的含义"出生"。但是，如果我们试图极力区分此处的 θάνατος 和 γενέσθαι 这两个词各自的不同用法，那么，我们会陷入歪曲赫拉克利特思想的危险之中，因为，在我们倾向于要求仔细地区分"有生命"和"无生命"的地方，赫拉克利特这段残篇中的语言似乎更像是强调了"影响火／灵魂、水和土的种种变化"的本质连续性（当然，这得不出，他完全没有区分有生命者和无生命者）。显然，赫拉克利特认为"火"这个充盈着生命的第一实体，肯定是我们自身灵魂的质料；但是 Fr.36 也提供了充分的证据表明，在他看来，火和它的（明显是无生命性的）转变，还有水和土，都构成了唯一一个牢不可破的连续过程。

  下一个我们应该考察的证据与早期的毕达哥拉斯派有关，虽然缺乏真实的残篇，但从我们的第二手材料来看，很明显，活力论观念在他们的若干宇宙论学说中起到了重要的功能。在 *Metaph*.1091a 15 ff.，亚里士多德批评了毕达哥拉斯派的宇宙论："因为他们清楚地说，当一是合成的，无论来自平面、表面、种子，或他们不能描述的东西，那么最接近'无限'的部分立刻就会被'有限'吸引和限定。"通常达成共识的是，此处提到的某些观念都是真实的毕达哥拉斯派的学说，尤其是可以认为，"原始的'一'由种子构成"这个理论就是如此①（尽管亚里士多德本人并不知道这种情况如何会注定出现）。而宇宙起源的第二个阶段，有限"吸引"无限，有时候会进一

---

① 如 Cornford, *8*, p.19；KR, p.251。

步通过一个活力论意象来加以描绘，该意象即"吸纳"①——这一形象属于开始呼吸的新生动物。我们无法确定种子理论和吸纳理论的年代，也无法将它们归于特定的毕达哥拉斯派的作者，但是，我们已经在一定程度上合理地指出，这样的观念很有可能属于毕达哥拉斯派理论发展中的早期阶段，也即，在巴门尼德之前。虽然我们的证据是残篇，但相当清楚的是，在某个阶段，与阿那克西曼德一样，而且也许还跟阿那克西美尼一样，毕达哥拉斯派也同样假设，世界整体是有生命的，而且他们同样也在一定程度上将世界的起源和发展描绘为有机活体的起源和发展。

　　尽管在评述最早阶段的前苏格拉底哲学家的理论时，我们面临着种种困难和不确定，但是，显然，三位米利都哲学家，赫拉克利特，至少还有某些毕达哥拉斯派人士，他们每一位的宇宙论学说都渗透着种种活力论的构想。很可能，所有早期阶段的前苏格拉底哲学家都认为，第一实体之外的其他事物都由第一实体构成，或由它而生成，第一实体充盈着生命（阿那克西曼德的"无限"、阿那克西美尼的"气"和赫拉克利特的"火"提供了尤其清楚的证据，尽管在许多方面，这些哲学家对这些实体的构想当然各有不同）。而且，他们中的若干人都将"生长和发展"或"存在着不同状态的世界本身"展现为一个生命体（阿那克西曼德，还有一些毕达哥拉斯派，也许还有阿那克西美尼，他们都将世界描绘为这种样子，尽管他们的理论在其他方面相当不同）。但是，在这一点上，我们应该提出两个无可否认地颇为难解的问题：在什么程度上，我们考察过的活力论观念完全反映出了某些在这一时期的所有思想家中流行的无可置疑的假设？尤其是，在什么程度上，早期阶段的前苏格拉底哲学家认识到了生命领域和无生命领域之间的区别？首先来看第二个问题，显然，泰勒斯将生命归于了某些我们视为无生命者的东西，如磁石。然而，完全不确定的是，泰勒斯是否将这一学说扩展，使之囊

①　见 Arist.*Ph*.213b 22 ff.（KR，pp.252f. 充分讨论了这一段的文本以及对其的解释）；Stob. *Ecl*.1 181c（DK 58 B 30 引用了亚里士多德论毕达哥拉斯派的散佚的作品）；Simp.*in Ph*.651 26 ff.；Aet.II 9 1。应该提到的是，斐洛拉奥斯的胚胎学理论大体上对应了"有限吸引无限"的宇宙论学说：按照 Anon.Lond.XVIII 8 ff. 的看法，斐洛拉奥斯认为，我们的身体原本只由热组成，但是，出生时，我们就吸引了外部的冷气（参见 KR，pp.312 f.；*HGP*，1，pp.278 f.）。

括了所有（我们所谓的）无生命领域的东西，而且毫无例外呢？亚里士多德尝试性地指出，他相信，灵魂与整个宇宙"相混合"，①但是，泰勒斯是否就认为，灵魂存在于每一个个别的事物中呢？还是说，他仅仅认为，灵魂充溢着宇宙整体？当然，按照转述，他认为"万物充盈着诸神"，但如我们指出的，这里的"充盈"，其含义也许仅仅是"遍布"（至少这样的话，他的确就

240　不至于陷入"将生命—灵魂赋予动植物尸体的悖论"中了）。就泰勒斯而言，我们可以使用的证据并不能让我们可以确定无疑地解决这一问题（当然，也许，他对于这一主题的思想是含混的，就像我们掌握的与这些思想有关而且看起来模棱两可的记录一样），但是，在泰勒斯之后不久，毕达哥拉斯派的灵魂轮回学说（可以回溯到毕达哥拉斯本人），似乎至少含蓄地承认了有生命者与无生命者的区别，因为，尽管这一学说既用于动物界，又用于植物界，②但并没有证据表明，它曾用于其他事物。泰勒斯的"有生命者"这一类别明显要比我们的更为宽泛，而所有最早的前苏格拉底哲学家都很可能认为，万物的第一质料是有生命的，而且具有神性：然而，是否在泰勒斯或其他任何哲学家看来，"有生命者"这一类别就是无所不包的，这或许还尚有疑问；但就毕达哥拉斯派而言，在"可以适用灵魂轮回学说的事物"与"不可适用这一学说的事物"的区分中，至少存在着一些相反的证据。③

　　我们的证据表明，"万物的第一实体充盈着生命"这一学说是三位米利都哲学家、赫拉克利特，还有至少一些毕达哥拉斯派哲学家的共同的基础。但是，显而易见的是，不同的哲学家提出了版本不同、有时还颇为精细的

241　"世界是生命体"的学说。阿那克西曼德在他颇为复杂的、对世界进化的阐

---

① 见 *de An.*411a 7 f. （"有些思想家认为，灵魂与整个宇宙相混合，值此之故，也许，泰勒斯也认为，万物充盈着诸神"）。但是，按照 D.L.124 的解释，亚里士多德和希庇阿斯（Hippias）将下面这个普遍的看法归于了泰勒斯：无生命物（还有有生命物）都分有灵魂。

② 例如，见恩培多克勒 Fr.117，他说，他曾经是男孩、女孩、灌木、鸟和鱼。又如 Porphyry, *VP* 19, DK 14 A 8a 记录的毕达哥拉斯派的学说："必须认为"，"一切有生命的东西"（πάντα τὰ γινόμενα ἔμψυχα）都是"同类"；这一说法也可以视为暗示了有生命者与无生命者的区别。

③ ἄψυχος 一词似乎早就出现于公元前 7 世纪的诗人阿吉洛克斯那里（104 D），但是，它并没有用来指天生"无生命"的东西，相反，它的意思是"晕眩的"（faint）[诗人描绘自己ἄψυχος πόθῳ，"因欲而迷狂"（swooning with desire）]。

述中，显然不仅使用了某种冷热"胚芽"的观念，他还使用了"树的生长"的比拟。看起来，阿那克西美尼提到了人的呼吸—灵魂，用之来说明"气"在全世界之中起到的某种方面的功能。而毕达哥拉斯派认为，有限吸引无限，对于这一过程，他们将之想象为"吸纳"。那么，就算这每一位哲学家都设想过，第一质料在某种意义上是有生命的，那我们也不应该低估他们的活力论观念中所包含的"原创的"宇宙论思想，因为，在他们试图阐述世界及其现成状态时，他们针对"世界—有机活体"这一主题提出了种种（可以说是）不同的理论，而这明确无疑地展现了他们难以忽视的独创性。

在巴门尼德之前，哲学家们已然不加质疑地设想了自然变化的实在性，但是，巴门尼德对希腊思想发展的贡献之一就是提出了如下问题：如何认定某一个东西是生成了，或是完全变化了。在 Fr.8 38 ff., 他否认了常识中的"生成和毁灭，存在和不存在，地点的变动，亮色的变幻"等看法，而有鉴于活力论观念在早期宇宙论中的频繁出现，人们可以预料，会有那么几段文字，其中，巴门尼德的攻击明确指向了"世界有可能像有机活体一样'生长'或进化"的设想。在 Fr.8 3 ff., 他先说"存在"不生，然后问道（6 f.）："你会为它找出何种起源呢？它如何又从何处生长呢？"（τίνα γὰρ γένναν διζήσεαι αὐτοῦ; | πῇ πόθεν αὐξηθέν）而在 9 f., 他再次询问："还有什么必要去促动它、让它反过来从不存在中开始，生出得更晚，而不是更早？"（τί δ' ἄν μιν καὶ χρέος ὦρσεν | ὕστερον ἢ πρόσθεν, τοῦ μηδενὸς ἀρξάμενον, φῦν）恩培多克勒[①] 和阿那克萨戈拉[②] 都遵循了巴门尼德，他们同样否定了"事物由不存在中生成"这一观念，但是，这两位哲学家再一次引入了自然变化的观念，此时，他们将之阐释为诸存在物的混合与分离。

不过，尽管后巴门尼德时期的宇宙论系统中，有许多关键理念都并没有明确地联系生命物或有机变化，但是，对活力论构想的使用仍然存在，虽

242

---

① 在 Fr.8，恩培多克勒说，并不存在可朽之物的 φύσις[应为"出生"（birth），而非 Burnet，*3*, p.205 和 n.4 翻译的那样，是"实体"]，而仅仅存在着事物的混合与混合之物的分离。在 Fr.9，他说，他是按照惯常的方式使用 γενέσθαι 这样的概念的；的确，我们发现，γενέσθαι、φθίνειν、φύεσθαι 等概念都频繁地被用来指更应该正确地描述为"元素的混合或分离"的情况。

② Fr.17.

然有限，却又并非不重要。两种理念尤其值得考察：（1）性吸引模式的使用，用来描绘不同实体的汇集；（2）"实体粒子中包含或包括'种子'"的观念。

（1）巴门尼德"意见之路"的 Fr.13 非常简要地提及了爱若斯，称之为"诸神中的第一位"，但是，如果爱若斯毋庸置疑地促使男女结合在一起，那么，我们并不能确切地知道，巴门尼德会在何种程度上使用这一始基来解释其他成对的对立的联合（尤其是第一宇宙实体"光"和"夜"）。[1] 不过，恩培多克勒的宇宙论中的"爱"的本性和功能还是更容易确定的。在我们前面提到过的一段重要的文字中（Fr.17 21 ff.），恩培多克勒说，爱"被认为，天生于可朽者的肢体之中；通过她，可朽者拥有了温和的气质，得到和平，他们就用'快乐'和'阿芙洛狄特'来唤她"。恩培多克勒的 Φιλία 是心理学和生物学意义上的"爱"，既指友爱的精神，也指性吸引的力量；而当提到四根彼此"相欲"时，"性"的意象再一次出现。[2] 既然欲望让两性结合（Fr.64），故而，它也统合了全世界的不同元素。显然，恩培多克勒的宇宙论始基，即那种让四根联合的力量，既是以生物学上的"两性吸引"为模板，而且无疑也是后者的体现；但是，还有一点也很明显，我们之前已经提到过，恩培多克勒本人认识到了，他的 Φιλία 是抽象概念：如他所言，"用你的心思量她，不要坐着、用双眼凝视"（Fr.17 21）。

（2）在解释前苏格拉底哲学家的残篇时出现的所有问题中，也许没有哪个能像"阿那克萨戈拉的自然理论"那样争议颇多。[3] 对于这一理论，我们在这里要关注的那个方面就是他的"种子"概念，大部分现代的评论者都同意，这一概念在阿那克萨戈拉的自然学说中起到了重要的作用，尽管对于这种作用的确切含义，众说纷纭。

大多数前苏格拉底哲学家都认为我们所谓的"有机"实体来自我们会认

---

[1] 但是，Arist.*Metaph*.984b 23 ff. 将巴门尼德的爱若斯与赫西俄德《神谱》中的爱若斯归为一组（《神谱》在出生顺序的第三位提到了爱若斯，在"混沌"和大地之后，*Th*.120），并且认为这两个形象都是基本的动力因。还有一点也值得注意，巴门尼德在"意见之路"的其他地方使用的词汇或许保留了某些生物学的含义，如，φῦναι（字面意思即，"生长"，Fr.10 6 用它指天，参见 *vv*.1 和 5 的 φύσις，Fr.19 的 ἔφυ 和 τραφέντα）。

[2] 如 ποθεῖται，Fr.21 8；ἔστερκται，Fr.22 5。

[3] 根据 KR，pp.367 ff.，375 ff. 的阐述，参见 Bailey，Appendix 1，pp. 537 ff.；Burnet，*3*，pp.261 ff.；Cornford，*4*；Peck，*1*；尤其是 Vlastos，*3*，这些解释有时候会极为迥异。

为属于"无机"元素的东西。尤其如恩培多克勒，他详细阐述了"土、气、火、水"这四根的各种比例，它们进而构成了某些实体，如骨、肉和血（Frr.96和98）。与恩培多克勒一样，阿那克萨戈拉本人也接受了巴门尼德的"无中不能生有"的主张。阿那克萨戈拉的 Fr.17 提出了与恩培多克勒的 Frr.8 和 9 相似的观点；这三处都呼应了巴门尼德的 Fr.8 38 ff.。但是，当阿那克萨戈拉说，"希腊人错误地认识了生成与消逝。因为无物生成，无物消逝，只有存在物的混合与分离"时，他对"存在物"的理解迥异于恩培多克勒。这两人的理论之所以存在差异，至少一部分是因为，阿那克萨戈拉感兴趣的是生长与滋养的问题，尤其是（我们所谓的）有机实体的"生成"。这颇为重要，但很可能是重述的 Fr.10 中，他提出了一个关键问题："毛发如何从非毛发中生出？肉身如何从非肉身中生出？"其中的含义就是，"毛发"、"肉身"等，必定早就以某种形式存在于我们的食物里。通过相同的论证，显然，木、叶、不同种类的果实等都必定预先存在于土和水中，土和水都是植物的营养来源。确实，阿那克萨戈拉以最为一般的形式陈述了如下学说："万物的一部分存在于万物中。"① 既然，比如，毛发从来不可能从非毛发中生出，那么显然，毛发必定从一开始就已经存在了，它存在于万物原始的混合中（当然，肉身、树皮、叶子等其他东西都是如此）。在宇宙的原始状态中，"万物一体"（Frr.1，4 和 6）：始初之时，这些东西由于微小（Fr.1）故而均未显现，但是，随着分离和混合的过程的演进，② 可以辨认的事物浮现出来，每一个东西"包含的某种事物的成分最多"，它就"最为明显地"是这种事物。③

〔**244**〕

　　阿那克萨戈拉的某些主要的残篇已经相当清楚不过了。但是，我们还

---

① 若干评论者已经以不同的方式试图限定阿那克萨戈拉一再声称的"万物（除了努斯不算）的一部分存在于万物中"（Frr.6,11 和 12）这一说法的范围。伯奈特想让这一句的意思是，万物（仅仅）包含了对立的部分；康福德则反对说，那样的话，比如玉米，也会包含银和红宝石的粒子了。但是无疑，KR（p.376）和弗拉斯托斯（3, p.33）正确地强调说，阿那克萨戈拉的陈述的意思就是它所说的意思，它想适用的就是每一个个体事物，而且毫无例外。

② Frr.15 和 16 中可以找到种种体现"分离过程"的例子。如阿那克萨戈拉多次强调的那样，这一过程并不是完全的：Fr.8 说，"靠斧子"劈不开"热"和"冷"，Fr.12 说，"除了努斯，其他东西都不能完全分离，也不能彼此分开"；参见 Fr.6。

③ 见 Fr.12 结尾，也见 Arist.*Ph*.187b 4 ff. 和 Simp.*in Ph*.27 5 ff.（"显现为黄金的东西，就是有许多金在其中的东西，尽管万物都在其内"）。

必须要考察一下他对"种子"的说法。在 Fr.4 的结尾，他描述了原始的混合："在这些东西分离之前，万物一体，甚至没有颜色显现出来。因为万物的

245 混合阻止了它，混合中，有湿与干、热与冷、明与暗、包含在其中的土，以及数量无穷、彼此不同的种子。因为任何事物都不会与其他事物相似。"还是这段残篇中，在之前的部分也提到了种子，这一次提到了它们存在于所有"联合一体"的事物之中："我们必须设想，有许多东西，各种各样，存在于所有联合一体的事物中，它们是万物的种子，有着各种形式、颜色和味道。"这几段呈现出的第一个问题就是"种子"一词的含义。毫无疑问，有机的自然实体，如头发或树皮，必定包含在内；而无论如何，亚里士多德显然认为，阿那克萨戈拉的"种子"一词的含义对应了亚氏自己所说的"同质实体"（τὰ ὁμοιομερῆ），包括了金、铁或石头这样的无机自然实体。① 从总体来说，种子似乎代表了所有自然实体，既包括有机类，也包括无机类（很可能不仅有金或石头这样的实体，也至少还有亚里士多德认为的"简单物体"中

246 的两种，如土和水）。② 但是，这又留下了一个问题：每一个个别的种子是如何被设想的？（1）是设想成单一的自然实体，如毛发或金，而且只有这一种？

---

① 如 *Cael*.302a 31 f.。但是，佩克（Peck，*1*，pp.28 ff.）主要根据 Fr.16 来主张，阿那克萨戈拉认为石头并不包含在元素性的实体中。不过我觉得，没有必要假设：阿那克萨戈拉认为，石头与土的"分离"不同于（比如）毛发与小麦的分离，或，叶子与土或水的分离（关于土和水的地位问题，见下面注释 2）。从 Fr.10 类比来看，阿那克萨戈拉有没有可能会提出"石头如何从非石头中生成"这样的问题呢？他有没有可能推断出，石头必定预先存在于土中，正如毛发必定预先存在于我们的食物里，尽管我们对此难以察觉？"万物一体"（Fr.1）这个没有限定的陈述提供了理由，可以让人推测出，他就是这样做的，他就认为石头（如同毛发和肉体一样）也必定存在于原始的混合中。

② 但是，这相反于亚里士多德那里的证据。不过在这个地方，亚里士多德也许略微曲解了阿那克萨戈拉的理论，他将之理解为与恩培多克勒的理论相对立（*Cael*.302a 28 ff.；*GC* 314a 24 ff.）。在阿那克萨戈拉看来，恩培多克勒的元素必定是复合的（尽管它们的"元素性"是"原始的"这个意义上的）。然而，亚里士多德归于"同质"的其他那些实体也毫无疑问都如此。看起来，土和水与毛发或小麦一样，都不是复合的：至少，没有地方表明，比如土块可以分解为其他实体，并且毫无残留。但是，如果情况如此，那么似乎没有确定性的理由可以将 σπέρμα 一词只限定于金或毛发这样的实体，而排除土和水。的确，Fr.4 单独提到了土（虽然有可能，那一段举出它，是将之作为了种子的例子），但是至少，在 Fr.16，土、水和石头之间并没有被区分。详见 Vlastos，*3*，pp.56 f.，对比 KR，pp.382 ff.。

（2）还是设想成每种实体的凝聚体，但其中只有一种占据主导地位，赋予这个凝聚体以特性？（3）还是设想成就像动植物的种子，一种包含各种实体（肉体、毛发、血液）的胚芽，每一种都随着有机体的成长而逐渐显现出来？

　　虽然亚里士多德通常都说"同质实体"——无论是单独实体构成，还是对立实体结合而成——是阿那克萨戈拉的"元素"（如 *Cael*.302a 31 f.），但是，尽管种子的"元素性"毫无疑问是"原始的"这个意义上的（种子存在于原始混合中），不过，它们的"元素性"却极为不可能意味着"简单的"（即，纯粹实体）。在若干段落中（Frr.6，8，11，12），阿那克萨戈拉说，除了努斯之外，没有任何东西是完全分离的；尽管 μοῖρα（部分）一词也许用来指一部分简单的实体（但这些部分不会独立存在），但 σπέρμα 一词似乎并没有被用作自然实体的 μοῖρα 和 μοῖραι 的同义词。① 第一个选项"种子是纯粹自然实体"，似乎在任何可能性上都是可以否定的。但是，阿那克萨戈拉是不是相信，每个种子就是一个特殊实体的核心（如木或金），还是相信，每个种子都成长为一种实体（如，显然同质的树的种子成为了木、叶、果实等等）？② 后一种解释保留了"种子"一词的字面意义和生物学上的意义，但是，如果（似乎情况就是如此）阿那克萨戈拉的"种子"也指无机的自然实体，那么很难想象，一个简单的种子如何能被视为一种无机实体的根源（如金、铁、石头），就像树的种子是若干有机实体的根源。似乎更有可能的是，每个种子都可以视为一个简单实体的核心（尽管它包含了每个其他种类的实体的一部分）。我们的身体中，肉体的成长是通过添加了我们看不到的肉体的"种子"，但我们推断，种子存在于我们的食物中（通过 Fr.16 中描述的一系列连续的变化，我们可以说，也许，当石头显现出来时，与土分离的东西就是石头的"种子"）。但是，如果"种子"一词本身指的是成长和增长的东西，那么，它也指从一开始并没有独特特征、但后来却产生了种种"性质

① 按照 Fr.4 的第一部分，种子并不属于所有种类的形式、颜色和味道，相反，种子"拥有"它们：如 KR（p.380）指出，至少某些对立面（如，亮和暗）实际上是种子的成分。

② 我们掌握的与 Fr.10 有关的材料表明，阿那克萨戈拉事实上相信，人的"种子"（我们的文本中是 γονή 一词）包含了人的各种不同部分，毛发、指甲、静脉等等，尽管这些部分太过细微（διὰ μικρομέρειαν），难以看清。不过，有一点不是太清楚，即，阿那克萨戈拉原本认为人的种子是一个 σπέρμα，还是多个 σπέρματα。

更确定、更多样的实体"的粒子；这也与阿那克萨戈拉的构想相吻合。我们可以注意到，在这两种情况中，当他提到种子时，种子的存在是"被推断出来的"：Fr.4 的开头和结尾都出现了 χρὴ δοκεῖν ἐνεῖναι 这个短语。虽然，种子具有各种颜色，但无论是在原始混合中（在混合中，"甚至没有颜色显现出来"），还是在"所有联合一体的事物"中，它们都没有显现出来。即使每一个阿那克萨戈拉意义上的种子都没有（可能）成长为若干实体，但"种子"这个概念似乎还是与他的理论相贴合，首先是因为，它传达出了"具有成长潜能的核心"这一观念；其次是因为，它表明了一种实体如何以微小粒子的形式存在，而且它的独特性质（还）没有显现出来。尽管阿那克萨戈拉的理论呈现出了种种解释上的问题，但是，种子学说似乎还是一个重要的例子，因为它展现了有意将生物学模式运用并适用于一般自然理论的做法。

原子主义者与阿那克萨戈拉一样看起来也使用了种子的意象，或不如说是"种子混合体"的意象，可以相信，他们受到了后者的直接影响；这样的意象出现在与第一实体，即原子有关的语境中；但是，对于这方面，我们的证据完全来自间接的记录。至少如亚里士多德，他在若干地方都使用了 πανσπερμία 一词来描述原子主义者的自然理论。尽管 *Cael.*303a 14 ff. 中的解释是有争议的，[①] 但是在那里，亚里士多德似乎将如下看法归于了原子主义者，即原子的实质（φύσις）是"一种种子群"（οἶον πανσπερμία），它可以代表所有元素（如恩培多克勒的元素，气、土等）。在 *de An.*404a 1 ff.，还有一段记录，它指出，留基伯和德谟克利特都将原子的 πανσπερμία 构想成"自然整体的元素"。最后，在 *Ph.*203a 19 ff.，亚里士多德告诉我们，按照德谟克利特的看法，无限是由影像的（shapes，即原子的影像）πανσπερμία 组成。而据我们所知，如 Fr.125，德谟克利特认为，只有原子和虚空才是真实的；而从 Arist.*Metaph.*985b 13 ff.，我们可知，德谟克利特认为，事物之间的差异源自影像上的差异，以及诸原子的安排和位置。不过，这也许与阿那克萨

248

---

① ἀέρα δὲ καὶ ὕδωρ καὶ τἆλλα μεγέθει καὶ μικότητι διεῖλον, ὡς οὖσαν αὐτῶν τὴν φύσιν οἶον πανσπερμίαν πάντων τῶν στοιχείων. 我认为 Stocks, *1* 是正确的，其认为 αὐτῶν 指诸原子（a 11 f. 提到的"简单物体"），而不是像人们有可能设想的，指 a 14 f. 的"气、水和其余东西"。他的翻译如下："他们按照原子的相对大小来区分气、水和其余东西，他们设想，原子的实质是一种'主种子'，它代表每一个元素。"也参见 Guthrie, *3* 的解释。

戈拉相同，在他那里，种子的意象有可能用来传达事物的"广泛多样性"这一观念，这些事物或许源自原始的、看似同质的混合（虽然在阿那克萨戈拉那里，混合只是看似同质；而在原子主义者这里，混合是实际如此）。此外，似乎有可能的是，πανσπερμία 这一观念不仅传达了"潜在的多样性"的理念，它也联系了这样的理论，即，原始的种子群在某种意义上充盈着生命——尽管我们并不能确定这一点。而"事物的第一质料充盈着生命"之类的观念，当然是之前的、前巴门尼德时期哲学家们普遍主张的看法，但是，种种与原子主义者的学说有关的记录都彼此存在着冲突。① 从亚里士多德那里（de An.404a 2 ff.），我们知道，他们认为灵魂等同于特殊形状的原子，也就是球形的，因为这种形状的原子"最能充分遍及万物……带动其他事物，而自身在运动中"。另外，灵魂也等同于物质体（就像在大多数之前的哲学家那里），灵魂—原子被认为随着我们的呼吸进入身体（de An.404a 10 ff.）但是，还是从这一处，可以看出，灵魂—原子存在于我们周边的气中，而如果情况看起来是，原子主义者将永恒的运动归于原子，那么这也许不仅是因为原子永久不断的碰撞和反弹，也是因为灵魂—原子存在于整个世界中。② 我们应该注意到，在其他地方，原子主义者的宇宙论也很可能采用了活力论的构想：如在解释世界的形成时，包裹世界的东西似乎被构想成一种"膜"（第欧根尼·拉尔修和艾提奥斯的记录中用的是 ὑμήν 一词，尽管当然，这不一定是原本的用词）。③ 那么可以主张的是，原子的"种子—混合体"学说不仅表明了原子构成的多样的事物，而且很可能还反映了"原子群充盈着生命"这

249

---

① 如 Aet.II 3 1-2 记录说，"其他所有哲学家 [都认为]，世界秩序是有生命的（ἔμψυχος）；受天意控制"，但又说，原子主义者和伊壁鸠鲁都否认了这样的学说。

② 从 Arist.Cael.300b 8 ff.，既可以看出，原子主义者认为，原子处于永恒的运动中；也可以看出，亚里士多德并不知道他们如何解释了运动（如果有所解释）。当然，原子的作用与反作用通常描述为原子的碰撞、纠缠和反弹等（如 Arist. Cael. 303a 5 ff.；GC 325a 31 ff.）。但是，亚里士多德也明确记录说，德谟克利特认为，灵魂—原子是自动的（de An.403b 29 ff.）；似乎从 de An.404a 5 ff. 可以看出，灵魂—原子事实上遍及万物，用自己的运动来推动其他事物。

③ 见 D.L.IX 32 和 Aet.II 7 2（DK 67 A 1 和 23）。（在后一段文字中，χιτών 一词也被用于相同的语境，但是，如果这个词是原词，那么我们想知道，它是否指它的原始含义"外衣"，抑或，它也用来指"膜"，这层意义通常出现在医学文献中，如 VM ch.1，CMG 1，1 49 25。）

一信念——这至少是因为，原子群被认为遍布着灵魂—原子。

正如之前多次指出的那样，巴门尼德的作品标志着前苏格拉底时期的宇宙论中出现了转折点，因为以前的哲学家是不加质疑地假设，世界是生成的（他们通常将世界的发展展现成生命体的进化），而巴门尼德之后的哲学家则不得不思考变化和生成如何能被认为是完全发生了。他们全都接受了（心照不宣地，甚至是明确地）"无中不能生有"的学说，将"生成"还原为存在物的相互作用。通常，他们还给出了我们所谓的机械论的方式来解释这些相互作用——一个例子就是"旋转说"（περιχώρησις，δίνη），它在阿那克萨戈拉和德谟克利特的体系中起到了特别重要的作用。① 此外，我们还发现，独立的控制原则或（按照亚里士多德的命名）动力因都开始出现于若干后期的前苏格拉底哲学家的宇宙论中。② 我们也应该注意，虽然，对于某些之前的哲学家在何种程度上区分了有生命物和无生命物（或划清两者的界限），还尚存某些疑问，但是，我们掌握了更为确定的证据可以证明，诸如阿那克萨戈拉和德谟克利特这样的思想家都认识到了这两个领域是彼此不同的。③ 然而，如我们之前所见，活力论观念依然在若干后巴门尼德时期的哲学家所提出的、对变化的阐述中起到了重要的功能。当然，男性与女性这两种拟人化形象的结合，始终是前哲学时期的、与事物生成方式有关的神话和神谱中反复出现的特征。不过也许，恩培多克勒遵循了巴门尼德的引导，他将"统一四种元素的抽象的宇宙始基"描绘为"爱"（他明确提到了人间的关于爱的作品，以此来展示和例示这一始基）。种子的观念很可能既被阿那克西曼德，也被某些毕达哥拉斯派人士用来描绘宇宙起源的第一阶段。但是之后，

---

① 见阿那克萨戈拉 Frr.9，12，13；德谟克利特 Fr.167（参见 D.L.IX 44；DK 68 A 1；也参见 D.L.IX 31 f.，DK 67 A 1，论留基伯的理论）。

② 如恩培多克勒通常将爱的作用描绘为匠人的功能，四根是爱的作用质料（见下，pp.274 f.），而阿那克萨戈拉说，努斯控制万物，它"毫无混合"，"自在自为"（ἐφ᾽ἑαυτοῦ，Fr.12），尽管众所周知，它通常都是用具象的词汇来描绘的，如"万物中最美、最纯者"。也见色诺芬尼 Frr.25-26 和巴门尼德 Frr.12-13；对比第欧根尼的等同于气的神，见 Fr.5。

③ 在阿那克萨戈拉那里，有生命的这一类事物（ὅσα ψυχὴν ἔχει）隐含地相反于无生命的那一类事物（Frr.4 和 12）；而德谟克利特明确将这两类事物区分为 ἔμψυχα 和 ἄψυχα，如果塞克斯都的记录（M.VII 117，Fr.164）是可信的（参见 Fr.278）。也见第欧根尼 Fr.5，那里说，动物的灵魂是某种特定温度的气。

阿那克萨戈拉在全新的语境中使用了"种子"一词，它是自然实体（既有有机，也有无机）在生长和增长时所围绕的核心；这似乎也是有意地使用生物学模式来解决一般的自然问题。不过，除了这些在阐述"变化"时用于特定目的的、特殊的生物学观念之外，后来的前苏格拉底哲学家很可能也并未放弃"事物的终极组成和世界整体，在某种程度上是有生命的"这一信念，尽管对之有所改动。阿波罗尼亚的第欧根尼就认为他的第一实体"气"是不朽的，是神（Frr.5，7，8），这与文献记录的、许多之前的前苏格拉底哲学家的做法如出一辙。不过，原子主义者很可能也认为原子群充盈着生命，因为它遍布着自动的灵魂—原子。而甚至恩培多克勒和阿那克萨戈拉，尽管最为突出地剥离了"动力因"，但他们似乎并没有将"事物的第一组成"或世界整体构想为完全惰性的和被动的。相反，如果恩培多克勒用一组意象将"爱"描绘为独特的匠人，并且使之脱离于"爱"的作用质料"四根"，那么，他也使用了另一组意象来表明，"爱"内在于四根本身之中，他认为四根是"彼此相欲的"（Fr.21 8），或说"爱"是"天生于"（ἔμφυτος）可朽者的肢体之中（Fr.17 22）。而在阿那克萨戈拉那里，至少努斯存在于全世界之中，因为按照他的说法，努斯既控制着个别生命体，也控制着宇宙的运转（Fr.12）。我们并不否认后巴门尼德时期提出的主要的宇宙论样式繁多，彼此各异，但我们仍然可以说，"世界整体遍布着生命物"这一假设，还是以某种形式反复出现于这一时期的每位哲学家之中。

252

在继续考察后来的希腊宇宙论中活力论构想起到的功能之前，我们应该先简要地浏览一下《希波克拉底派文集》中的一些证据，它们展现了公元前 5 世纪后期到前 4 世纪的、某些版本非常精致的"世界是有机活体"的学说。若干医学论著都提出了各种"微观世界"与"宏观世界"的类比，[①]不过，更突出的是，有两部作品详尽地揭示了"人体各部分"与"世界整体各部分"之间的比拟关系。首先是《论养生》I，尽管它很可能是公元前 4 世纪的作品，但它复述或重复了许多前苏格拉底哲学家的主题。[②] 在 ch.10

---

① 　《论人体本性》是诸多用宇宙整体的元素来建构人体的论著之一；它也是若干表明了"人体元素（这里指体液）的交替"呼应了"世界整体的季节循环"的论著之一（ch.7，L VI 46 9 ff.）。

② 　如大多数评论家指出的，这部论著包含了许多指向赫拉克利特、恩培多克勒、阿那克萨

（L VI 484.17 ff.），作者比拟了人体与宇宙的形式。他说，"火安排了人体中的一切……人体就如整体的复本（ἀπομίμησιν τοῦ ὅλου）"，之后，他详述了这一点，尽管他的理论的许多细节都含混不明。如，腹部被认为具有海的"力量"。腹部周围有朦胧的"寒冷和潮湿的水的结构"，看起来，这被描绘为"与土相像，将落入其中的一切改变"。这之外，身体依次有三个"环路"，由水和火构成（尽管它们并不一样），这被认为呼应了月亮的环路，"中"环路（行星环路？）和星辰的环路。作者对人体内部结构的知识，比起他的天文学理论的表现来说，更为模糊和不精确：但是，尽管如此，他仍然试图在微观世界和宏观世界之间建立详细的对应关系。第二部《希波克拉底派文集》中的论著是《论七》（On Sevens），其中表明了同样复杂的、对微观世界和宏观世界的类比，① 也提出了两组不同的"世界"与"人体"的对应关系。在 ch.11，作者指出，不同地域对应身体的不同部分，伯罗奔尼撒对应头部，色雷斯的博斯普鲁斯对应脚部等等：地球和身体被随意地分为七个部分，这是按照作者对这一数字的特殊意义的构想。而在 ch.6，身体的不同实体也比拟了世界整体的不同实体。在这一章，地球的多石的中心对应了骨骼，它的表面对应肉身，存在于地球上的"热和湿"对应骨髓和大脑，河水对应静脉中的血液，空气对应呼吸，等等。② 与《论养生》I一样，

戈拉的地方，也包含了毕达哥拉斯派的学说。

① 关于这部作品的年代，学者提出的意见迥然各异。罗歇尔（Roscher）在他的编订本中得出结论（pp.117 ff.）：其中表达的地理学和宇宙论理论都是公元前 6 世纪的，他的这一主张一部分是依据他所认为的、在 ch.11 的身体与地域的类比中反映出的历史状况（参见 Kranz，2，pp.135 ff. 和 3，p.433，他认为，chs.1-11 中的宇宙论学说在公元前 500 年之后不久，但他又认为这一作品后面部分中的病理学理论是在公元前 5 世纪中叶或后期）。但是，尽管 ch.11 中伯罗奔尼撒被描绘为"伟大灵魂之乡"，而且等同于头部，然而，这一章却并没有提供用来确定这一作品年代的可靠的基础，因为其文本的残缺不同一般，有几个地名也难以辨认，其余的则很可能脱落。无论如何，"6 世纪说"难以与风格方面的证据相一致：依据风格，保留下来的这部作品的古希腊文残篇，其年代是在公元前 5 世纪后期或公元前 4 世纪早期（参见 Diels，4，cols.1861 ff.，他很慎重地得出了结论：这部论著的年代应该在公元前 450—前 350 年之间）。

② 该论著第二部的 ch.15 中，出现了一个相当不同的"身体的实体"与"世界的实体"的对应体系。这里，比如，地球上的水看起来对应了身体的体液（如 ch.6 不同，并非仅仅对应血液）。罗歇尔利用了这两种理论的不符作为论证之一来表明，chs.1-11 和 chs.12 ff. 出自不同作者之手。

这些比拟的诸多细节也是含混不明，但是，这两部作品都揭示了，在希腊思辨思想中，很早就有一些理论家超越了"世界是有生命的"这一简单的观念，他们提出了复杂的（通常都是异想天开的）微观世界与宏观世界的类比。

柏拉图也将世界构想成一个生命物，但他的学说在若干方面依然值得 **254** 关注。与他的许多宇宙论观念相同——甚至可以认为，其中有一些最具有柏拉图的特点——"世界作为生命体"的构想同样源自之前的文献作品。[①] 但是在柏拉图这里，这一观念具有了新颖的意义，它对应了柏拉图独特的对灵魂本性及其与身体之关系的构想。身体与灵魂的根本差异是许多对话中反复出现的主题；从《斐德若篇》开始，柏拉图就发展了"灵魂作为一切运动根源"的理论。的确，这两种观念都多少归功于之前的希腊人的看法，尤其是前一个观念还源自"身体似乎是轮回灵魂的'坟墓'（σῶμα- σῆμα）"的学说，这一学说尤其与毕达哥拉斯派有关。但是，虽然前苏格拉底哲学家都将世界展现为生命体，不过，他们强调的不是身体的"不同"本性和（轮回的）灵魂，而是"世界整体形成一个单一的有机活体"这一观念。[②] 当柏拉图多次提及"世界—生命物"时，其中看似新颖和特异之处在于，它吸收和考虑了他对"世界—生命物"的"可见身体"与"可见灵魂"之本质差异的构想，"可见灵魂"才是万物的运动、生命、理智的源泉。

也许，"世界—灵魂"的观念首先蕴含于《斐德若篇》（245c ff.）中，那里包含了柏拉图对"灵魂是自动者"这一学说的第一次持续的阐释。就灵魂本身而言，它不仅是人的运动的根源，也是世界整体的运动根源，他说，它不定是不生、不灭的，因为否则的话，"整个天空，整个大地都会塌陷合一，静止不动"。[③] 这篇对话之后，在若干语境中，他多次明确指出，世界是 **255**

[①] 在《法篇》899b，柏拉图以赞同的态度引用了"万物充盈着诸神"的主张（但并未提及泰勒斯的名字）。

[②] 如，虽然毫无疑问，阿那克西美尼的"Fr."2 注意到了"呼吸—灵魂"与"整全的生命物"（"恰如我们的灵魂是气，将我们聚为一体……"）之间的区别，但是，在那里，灵魂并非对立于身体（在艾提奥斯的记录中，这个词为 ψυχή，但阿那克西美尼所想的，显然是生命力，而不是死后留存之物）。

[③] 《斐德若篇》245d 7 ff.，伯奈特读为 γῆν εἰς ἕν。

一个生命体，① 最突出的是《蒂迈欧篇》中的宇宙论阐述。在那里，世界被描绘为"真正意义上的生命体，赋有灵魂和理性"（ζῷον ἔμψυχον ἔννουν τε，30b）。它是"可见的生命物"，包含着我们以及其他一切可见的生物，造物主用最完美的"理智的"生命物为模板塑造它的形态；② 他详尽地描述了世界的身体(31b-34b) 与灵魂(34b-36d) 的形构，以及这两者的组合(36de)。③ 这一阐述中的许多特征，其用意都明显不是字面上理解的那样，而且的确，整个《蒂迈欧篇》中，正如诸多现代评论者常常强调的，我们会频繁地想到，对物质世界——以理智世界为模板并与之相似的可见世界——的阐述并不精确，而仅仅是可能意义上的。④ 不过，虽然《蒂迈欧篇》提出的宇宙论阐述只是可能意义上的，但这不应该让我们低估其中表述的某些学说的重要性或严肃性。毫无疑问，柏拉图认为，宇宙不仅是可见的身体，还是遍布全世界的不可见的灵魂，并且享有理性与和谐（36d-37a，参见 34b 3 ff.）——他对这两者的本质差异的构想反映在了如下事实中，即，他分别阐述了它们的起源。"理智世界—灵魂"与"让万物从无序到有序的造物主"这两种学说有助于传达柏拉图相信的"那种在宇宙的设计中占据主导性的元素"。⑤ 尤其在 46cd，宇宙的"理智性设计"的根源被清楚无误地描述为"灵魂"。蒂迈欧在谈完理性的活动之后，又转向了"必然性"的活动，他首先强调了"必然的"原因（冷却力，热力，等等）是辅助性的，不能拥有指向任何目的的

256

---

① 在《政治家篇》的神话中，宇宙被描绘为"一个生命物，在开端时将其组合为一体的那个人赋予了他理性"(269d 1 f.)。但是，在这个神话中，世界用自己的动力推动自己的那个时期，不同于它被神引导和推动的那个时期：世界—生命物的自然运动，其方向相反于神所授予的方向。通过将"引导之神"与这种方式的"生命物"这两个学说联合在一起，柏拉图可以描绘出两个阶段的循环，而且无需假设，有一个独一的神是这两种相反运动的推动因，也无需假设，有两个神各自推动世界，朝向不同的方向（269e-270a 否认了这两种观念），但是，之所以该神话是特异的，是因为神性统治者与世界灵魂并非总是相反的，而是（可以说）彼此直接互补。

② 参见 *Ti*.30c-31b 和 37d，39e，尤其是 92c。

③ 有一段让人想起了前苏格拉底哲学的主题，世界身体被描绘为球形，没有器官（*Ti*.33c f.；参见色诺芬尼 Frr.23-24，巴门尼德 Fr.8 42 ff.，恩培多克勒 Frr.29 和 134）。

④ 尤见 *Ti*.29b-d。但是相反，30bc 指出，这个世界在真正的意义上（τῇ ἀληθείᾳ）——不仅是可能的——是赋有灵魂和理性的生命物（参见 Cornford，6，p.34，n.1）。

⑤ 关于这两种学说的关系，见下，pp.284 f.。

理性或理智；然后他又说，"我们必须指出，唯一正确拥有理智的存在物就是灵魂"（46d 5 f.，也参见 30b 3）。

除了《蒂迈欧篇》之外，世界整体的"灵魂和身体"的两分也是柏拉图在其他后期作品中发展的主题。在《斐勒布篇》中讨论理智和快乐的相对价值时，柏拉图主张（29e ff.），正如我们的身体由宇宙的身体来维持（τρέφεται），从它那里接受并拥有全部它的元素，故而，就像我们拥有灵魂一样，宇宙自身的身体也必定赋有灵魂（我们自己的灵魂就由此而来）。正如这一"原因"赐予我们灵魂，因此，它不可能不赐予整个天穹"最美、最高贵之物"（也就灵魂，30b）。最后，在《法篇》X，"灵魂优先于身体"的学说再一次出现（892a ff.，参见 Ti.34bc）。在那里，为了证明这一论题，柏拉图分析了不同类型的运动，他表明，灵魂是能自行运动的东西，它是一切运动的第一根源。接着，他得出了这一理论的逻辑结论，他指出，作为万物之因，灵魂不仅是善事、也是恶事之因，不仅是正义之事、也是不正义之事之因（896d 5 ff.）。这样，有若干灵魂在天地中活动，或者至少有两种灵魂，一种是慈善的，另一种能产生相反的结果（896e 4 ff.）。① 之后，在 898e f.，他考察了太阳的灵魂如何推动自己可见的身体，他提出了三种可能的选项：（1）灵魂推动自己的身体，恰如我们的灵魂推动我们的身体；或（2）如"某些人主张"的那样，灵魂为自己获得了火或气的身体，以身体的形式作用于太阳的身体，或者（3）灵魂没有身体，它具有其他"奇妙卓绝的能力"，"管控"它的身体。他只提到了这些选项，并未试图（在这里或其他地方）处理它们之间的问题。但是，虽然他未能、也不愿以任何方式试图精确地阐述太阳、月亮、星辰的"不可见灵魂"和"可见身体"之间的关系，但是，这并未让他改变这样的信念，即，它们具有灵魂，它们的灵魂以某种方式是它们自己运动的原因。

在《斐勒布篇》和《法篇》的几段文字里，他都提及了宏观世界的灵魂和身体，在那里，柏拉图提出了某些伦理的或宗教的论题，即理性对快乐的超越，还有诸神的存在和能力。在这些语境中，他都强调了灵魂和身体的区分，以及灵魂的优先性，但并未强调两者之间的任何联系。不过，虽然毫无

257

---

① 比较一下 900e ff. 和 906ab，可以看出，产生恶的灵魂或诸灵魂都在地上：在任何情况下，它们当然不是诸神的灵魂（见 900e 6 ff.）。参见 Grube，pp.146 f.。

疑问，灵魂和身体的分离对应了柏拉图深切持有的宗教和道德信念，但是显然，这一学说在他的运动理论中留下了一个他从未令人满意地加以解决的问题：运动的根源如何与这一根源推动的东西有关？的确，在《法篇》898e，他认识到了这个"问题"，在那里，他讨论了太阳的灵魂如何推动自己的身体，但是，除了使用我们的灵魂和身体的关系作为类比之外，他并未给出更好的解决方案。

而亚里士多德，在他最终确定的运动理论里，否定了柏拉图的"运动的根源是自动者"这一论题。例如在《物理学》Θ 4-5 中，他主张，运动的最终根源是自身不动的运动者，因为运动是潜能的实现，实现潜能的东西必定自身处于完全实现的状态中。① 对于所有"推动自身"的东西，包括生命物，我们能够而且应该区分"赋予运动的东西"（就其作为运动根源来说，它自身是不动的）和"受动者"（*Ph*.258a 18 ff.，参见 *de An*.A 3）。在地上（月下）领域（sublunary sphere）中，亚里士多德通常明确区分了有生命物和无生命物（如 *de An*.A 2），但在他的生物学作品里，他注意到，"自然是从无生命物逐渐推进到有生命物的，其方式使得我们难以在连续的序列中确定界限"（*HA* 588b 4 ff.，也参见 *PA* 681a 12 ff.）。在《论灵魂》中，他批评了如"灵魂与整个宇宙交融"（411a 7 ff.）或"元素自身具有生命"（a 14 ff.）之类的看法，但是，他也或多或少试图解释这样的学说在主张时立足的依据。② 不过，尽管他反对柏拉图的"自动灵魂"这一观念，而且轻视那些主张"气或火具有生命"的人，但是，亚里士多德自己的关于天上运动和地上运动的理论，也在相当大的程度上受到了活力论构想的影响。③ 那么首先，我们要按照不同的发展阶段，来考察一下他的天体运动理论。④

---

① *Ph*.257b 8 ff. 中给出的例子是，产生热的东西，本身就是热的。

② 见 *de An*.411a 16 ff.："他们似乎设想，灵魂存在于它们之中［即火或气］，因为整体与部分同质。所以，如果，正是通过获得了周围实体的一部分，生物才具有灵魂，那么，他们必然要断定，［整体的］灵魂也与部分同质。"（但是在 a 9 ff.，亚里士多德提出了一个在这样的观点中包含的首要的问题，"为何存在于气或火中的灵魂没有成为生物呢？"）

③ 关于亚里士多德思想的这一方面的最佳论述，参见 J.M.Le Blond，*1*，pp.346 f. 和 *2*，pp.11 ff.。

④ 关于亚里士多德运动理论的发展问题，除了 Jaeger，*3*；Ross，*2*，pp. 94 ff.；Guthrie，*1*，*2* 和 *3*，pp.XV ff. 之外，也见 Merlan，*1* 和 *3*，pp. 73 ff. 还有 Wolfson 的研究。

　　"天上领域"与"神性"的联系是亚里士多德神学之中恒久存在的特征。他通常会提到一些他所说的、由希腊人和外族人共同信奉的宗教信仰①，按照这种信仰，天体是诸神，上天本身（"最高领域"）具有神性；尽管他明确否定了这些信仰中的"神话性的"即"拟人的"或"动物形象的"元素，但是，他频繁地肯定了他自己相信的看法：星辰和组成上天的第五元素"以太"，都是具有神性的。② 但是，如果亚里士多德总是将神性归于星辰，那么可以达成共识的是，他的"星辰运动方式的理论"得到了某些重要的发展或改动。通过西塞罗的记录（de nat.deor.II 16 44；Fr.24），似乎很可能，在《论哲学》（περὶ φιλοσοφίας）这篇对话中，亚里士多德排除了两种可能性，一是星辰的运动是受迫的；二是星辰的运动是自然的；他得出结论，星辰的运动是自愿的，这归因于如下事实，它们是有生命的，具有自己的意志。这可以（正确地，我认为）理解为，它表明了，在某一时期，亚里士多德还没有制定出 Cael.A 2-3 中提出的、相关"自然环行运动的第五元素"的学说，这一学说之后才成为了他的天体论的基础。在《论天》中，图景更为复杂。从一种观点来看，灵魂不再是他的"星辰运动方式的理论"的必要条件，因为第五元素被认为是自然环行运动的（κατὰ τὴν ἑαυτοῦ φύσιν，269a 6 f.）。③ 而的确，在 Cael.B 1 284a 27 ff.，他明确反驳了"它们的运动归因于'约束性灵魂'"（很可能如 Ross，2，p.98 指出的，是'约束天体、使其运动相反于它们的自然运动'的灵魂）。似乎奇特的是，亚里士多德之后仍然相信，既然以太的环行运动（就像四种地上元素向上或向下的运动）完全归因于它的自然倾向，那么以太仍然赋有灵魂。不过，事实却是，亚里士多德在《论天》中不仅没有否认天体实体的神性，他甚至还重新肯定了在他提出以太论的那些章节中存在的学说：

① 　如 Cael.270b 5 ff.，284a 2 ff.；Mete.339b 19 ff.；Metaph. Λ 1074a 38 ff.。

② 　除了上一个注释里提到的几段，也见 Cael.278b 14 f.，292b 31 ff.，也参见《论哲学》（περὶ φιλοσοφίας）Fr.23（西塞罗，de nat.deor.II 15 42）。

③ 　星辰嵌入环形中，循环而动，它们不是自动的（Cael.B 8-9）。在 291a 22 ff.，他否定了星辰本身的运动要么是因为自己有生命而动（ἔμψυχον...φοράν），要么是受迫而动，但是（如学者们指出的），否认它们以这两种方式环行运动，并不等于是否认它们是有生命的。的确，290a 29 ff. 中提出的论证如果是有效的，那么只能立足于如下假设，即，星辰严格地类似于普通生物：因为，假使它们具有独立的运动，那么亚里士多德说，自然就不会不赋予它们运动的器官，尤其是，既然星辰比（普通）生物更为珍贵。

在 269a 30 ff., 他推断出, 存在着一种他描述为"比其他四种元素'具有更高神性'"的实体；在 270b 5 ff., 他提到了传统的关于"最高领域的神性"的信仰, 并将之作为证据, 来支持他的对第五元素的构想。① 更为困难的问题是, 在写作《论天》时期, 亚里士多德是否表述了他对于"自动的不可能性"的证明。但是, 在 279a 33 ff., 他似乎认为永恒运动的天球是最高的神,② 在 286a 9 ff., 他也说, 永恒运动属于神；③ 似乎很难将(至少) 这两段与"不动的运动者"的学说调和在一起。④ 如果对比《形而上学》Λ 中提出的理论, 那么反差是明显的, 因为那里, 最高的神(和运动的终极根源) 当然是完全不动的。但是, 虽然通常来说, "不动的运动者"都以无人称的中性来指称, 但它仍然毫无疑问是有生命而且具有神性的。"生命属于它, 因为心灵的现实性是生, 神是现实性, 那么神的本质现实性就是最高的永生"(1072b 26 ff.)。此外, 不仅"不动的运动者"是有生命的, 而且, 亚里士多德对于它的活动模式的阐述也依赖于"天球本身也是有生命的"这一假设。"不动的运动者"被认为带动了天体, 是其欲求的目的："因它是被爱者, 故促成运动"(1072b 3)。诚然, "不动的运动者"远离地上世界, 但是, "它以及它所促动的天球都是有生命的", 仍然是亚里士多德最终确定的天体运动理论的本质特征。

在《论哲学》的首次对星辰运动的阐述, 以及 Metaph. Λ 最终版本的理论中, "星辰(或它们的球体)具有生命"这一观念都明显是亚里士多德

---

① 如 270b 10 ff.："如果存在某种神性的东西(确实存在), 那么, 我们对第一物质实体的论述就充分了。"再有, Cael.B 1, 他否认了天球的运动归因于"约束性灵魂", 他指出, 他自己的理论呼应了我们对神性的"预感", 284a 35 ff.。

② "没有更高的东西能够推动它, 因为那会比它具有更高的神性。"这似乎是在说天球, 因为他接着指出 (b 1), "它处于不停的运动中, 这是合理的……"(但是之前, 在 279a 17 ff. 这一段公认含混的文字里, 他已经提到了某些没有名字的物体, 它们存在于"天外", 享受着"最佳、最自足的生活", 但似乎不可能认为 279a 33 ff. 指的就是这些东西)。

③ "神的活动是不朽的, 那是永生。所以, 必然的永恒运动属于神物 [或读为 θεῷ, "属于神"]。既然天也属于这一种 (因为它是神性物), 那么值此之故, 它也具有圆形的身体, 它自然地运动, 永远环行。"比较 Metaph. Λ 1072b 26 ff., 那里, 神的"永生"是不动的。

④ 详见 Guthrie, 3, pp.xxi f., 论 Cael.284a 18 ff., 300b 18 和 309b 17。相反, 《论天》中还有几段, 都暗示了不动的运动者, 但是, 这些通常被认为是后补的。参见 Guthrie, 3, pp.xxiii f., 论 Cael.B 6 和 Δ 3："这两章中提及不动的运动者的文字, 都附加在无需它们就已然得到证明的论证上。"

学说的本质特征。而《论天》中的文本代表了一个似乎是中间时期的阶段，其中，星辰的神性当然得到了肯定，但很难看出，这一学说构成了他的天体运动论的必要部分。不过，在两个语境中，"星辰与天球是有生命的"这一信念确实成为了亚里士多德在《论天》中解释各种天体现象时依据的关键假设。（1）在 *Cael*.B 2 和 5 中，他讨论了天球是否具有顶部和底部，右与左，前和后。他注意到，并非是在每种物体上都可以去寻找这样的划分，只能在那些自身具有运动原则的东西中方可如此（284b 30 ff.）。但是，具有生命（ἔμψυχος），具有运动原则的天球就是如此（285a 29 f.）。即使它是球形的，但它也有上边和下边，右和左，前和后；之后，对于诸天为何朝向一个方向而非另一个方向转行的问题，他还利用了 *Cael*.B 5 中的这一学说提出了解决方案。①（2）在 *Cael*.B 12，星辰具有生命这一学说又被引出，他提到了两个问题：一是为何行星的运动无论比那个最外层的天球，还是比太阳和月亮都更为复杂；二是为何那个最外层的天球承载着许多星辰，而那些行星、太阳和月亮都各自仅仅承载着一个球体。再一次（正如 287b 28 ff.），他一上来就声明放弃，指出，对于最为晦涩不明的问题，适度的表现就是满足于一无所知（291b 24 ff.）。但是之后，他又将对自己问题的可能的解决方法立足于"天体也享有生命与运动"这一假设上。②他提出了复杂的构想：（a）处于最佳的可能状态的东西（即第一运动者）拥有着善，而无需行动；（b）那些与之最近的东西（即天球）借助于很小的或仅仅一个行动就可以得到善；（c）稍远的东西（即行星）通过更为复杂的行动获得善；（d）再远的东西（太阳、月亮和地球），它们如何努力也不可能得到至善，只能得到次等的结果。他用地球上的生命物（292b 1 ff.）来说明最后两者（c 和 d）的关系。在地球上，人拥有最为复杂的行动（这方面，他们类比于行星），而比人更低级的动物没有多样的行动，植物则仅仅具有一种行动模式（太

262

①　他首先指出，试图将一切纳入解释而且排除例外，这似乎表现出了过分的愚蠢或过分的狂热（287b 28 ff.），但是，他接着又试探性地表明，之所以诸天朝着一个方向而非另一个方向，这是因为（1）自然总是产生最佳的可能结果；（2）右和前优越于它们的反面（参见前 pp.52 ff.）。

②　"但是，我们都认为天体仅仅是物体和个体，具有秩序，却完全没有生命；不过，我们应该认为它们也享有行动和生活"（292a 18 ff.）。

阳和月亮类比于此，也参见 292b 19 ff.，说地球，如同植物，完全没有位置上的运动）。①

263　　更困难的事情则是揭示亚里士多德的与"地上领域的变化"有关的理论也受到了活力论构想的影响。不过有一个地方还是足够明显的。地球本身被认为受制于生长和衰朽的循环（尽管不是整体如此），就像动植物的身体，②而这一学说（我们后面会看到）③，为亚里士多德对各种包括地震和海的含盐度在内的"地质现象"的解释奠定了基础。但是，我们也应该考察一下他对于"四种地上元素的运动"的理论。如我们之前所见，以太被认为具有神性。但四种地上元素通常明确相反于生命物（动物、植物及其组成）。如在 *Ph.*255a 5 ff.，亚里士多德讨论了轻物体和重物体如何运动；他反驳了"它们是自动的（ὑφ' αὑτῶν）"这一假设："因为这是生命的特征，为生命物所独有。"④ 不过，考察一下他对四种元素运动的解释，还是很有意义的。他回答了"为何火上升，土下落"这一问题，他说，它们是自然如此（如 *Ph.*255b 15：αἴτιον δ' ὅτι πέφυκέ ποι）。在 *Cael.* Δ，他定义了重和轻是"进行某种自然运动的潜能"（307b 31 ff.），他说，这两者中的每一个都朝向正确的位置运动（向下或向上），也即，它们朝向自己的形式（εἰς τὸ αὑτοῦ εἶδος，310a 33 ff.）来运动。例如（311a 1 ff.），气生于水，它向上**264**　方区域运动："一旦至此，它就是轻的，它不再'生成'，而是'存在'于

---

① 参见 292b 25 ff.，他考察了为何最外层的那个天球中有许多星辰，而太阳、月亮和行星，每一个天球都只有一个星体，他给出的第一个原因是，第一运动的生命具有优越性（b 28 f.）。

② 例如 *Mete.*351a 26 ff.，在解释地球表面上"海陆关系"的变化时，他说："这些变化的始因和原因都在于，地球的内部，就像动植物的身体，有着成熟和古老的年纪（ἀκμὴν ἔχει καὶ γῆρας）。"但是，亚里士多德仍然以其独特的方式进一步注意到了这两种情况的差别："只不过，在后者（动植物）中，其过程并不是按部分进行的，相反，每种动植物都必然是'整体地'生长和衰朽：但地球是按部分进行的，这归因于热和冷"。

③ 见下（pp.362 f.），论 *Mete.*358a 16 ff. 和 366b 14 ff.。而在 *GA* 777b 24 ff.，他说，一切地上领域的变化都依赖于天体，为此他指出，风也具有"某种生命，生成和衰朽"（778a 2 f.）。

④ 他也暗示，只有生命物才能抑制自己的运动（*Ph.*255a 7）；而在 *Cael.*284b 33 f.，他区分了生命物和无生命物，为此他指出，在后者中，我们没有发现哪个部分是它们运动的根源。

此"，这个过程被描述为"潜在地"向"现实性"的运动（δυνάμει ὄν, εἰς ἐντελέχειαν ἰόν）。①

在诸如 *Ph.*255a 5 ff. 这样的段落里，无生命物的运动和有生命物的运动之间被做出了某些区分，但是，这两个类型的运动的"类比"却是亚里士多德理论中颇为重要、引人关注的特征；可以指出，至少在某种程度上，他倾向于将四种元素的向上或向下的运动比作其他种种"自然的"运动，如生命物的成长。有一段文字，他考察了运动是否是永恒的（他得出的结论是肯定的），在其中，我们甚至发现，亚里士多德在探询，对于所有自然物来说，运动（κίνησις）是不是"如同某种生命"（οἶον ζωή τις）（*Ph.*250b 11 ff.）。此外，他对于 φύσις 的某些其他的描述似乎首先适用于生命物，比如，他暗示，自然物具有"天生的"变化的"冲动"（ὁρμὴν...ἔμφυτον）（*Ph.*192b 18 f.），或如，质料被描述为对形式具有欲望和渴求（ἐφίεσθαι, ὀρέγεσθαι）（*Ph.*192a 16 ff.）。② 不过，恰恰在四种元素被认为实现了某些"潜能"从而推进到它们正确的位置时，当种种正确位置本身被描述成它们的"形式"时，"从他对生命物成长的分析中得出的那些思想"所产生的影响似乎才突出地显示出来。亚里士多德明确的陈述表明了，他从未相信四种地上元素是有生命的，他还清楚地认识到，它们的自然运动与生命物运动的类比仅仅是类比。但是，在某些地方，他对"变化"的一般理论却似乎立足于某些首先适用于生命物领域而只有通过"移用"才适于其他事物的构想。对潜在性和现实性的区分尤其符合这种情况，因为，尽管这当然是一种极为复杂的、具有诸多方面的理论，③ 但似乎非常清楚的是，明显呈现出"潜在和现实的区分"以及"从一种状态到另一种状态的变化的可能性"的主要或首要领域是"种子自然生长为成熟有机体"的生物学领域。④

265

---

① 参见 *Ph.*255a 28 ff.，那里，当火或土这些简单的物质实现了自己拥有的潜在性时，它们的运动被描述为是自然的。

② 亚里士多德给出的例子之一是女人对男人的欲望。也参见他在 *Cael.*308a 1 ff. 用到的隐喻，那里，他说，重者和轻者似乎在自身中具有运动的"火花"（οἶον ζώπυρ᾽ἄττα κινήσεως）。

③ 例如在 *Metaph.*1071a 3 ff.，亚里士多德关注了这一区分在不同情况中的不同的运用方式。

④ 可以思考三种情况（1）种子生长为成熟的动物或植物；（2）石头向山脚滚落；（3）建筑工将木头和砖建成房屋。在最后一种情况中，"潜在"向"现实"的变化体现出了功能上

我们之前已经看到，各种宇宙秩序的构想都借助于法律、正义、统治等社会性和政治性意象表达出来。而在希腊思辨思想史中，活力论学说则更为重要，因为，"世界作为有机活体"的构想不仅传达出了"宇宙作为单一整体"（由相互关联的部分组成）的观念，而且还能按照自然的生长或进化来阐述宇宙的发展。大多数前巴门尼德时期的哲学家都或者相信，事物的第一质料是有生命的，或者相信，世界本身就是一个生命体，不过，尽管这些看法都毫无疑问地与"第一质料具有神性"这一宗教信仰有关，但这还不是它们仅有的或首要的重要意义，因为，它们还形成了一些有时非常精细的宇宙论学说（如阿那克西曼德的学说）的基础，这样的学说用有机意义上的概念再现了世界的起源和进化。在巴门尼德之后的时代，生成问题被更为清楚地认识到，它的确是一个问题，但是，活力论学说（恩培多克勒的"爱"，阿那克萨戈拉的"种子"）依然为某些当时提出的对"变化"的解释提供了基础；甚至原子主义者，尽管在所有早期希腊哲学家中，他们做出了最为纯粹的对因果性的机械论解释，但他们似乎也并未完全放弃"世界整体遍布着生命"的观念。某些活力论构想的持续的影响也明显体现在柏拉图和亚里士多德那里，而且同样，我们所考察的那些观念不仅是宗教性或神话性的信仰，而且还在解决某些宇宙论问题时起到了重要的作用。虽然柏拉图尤为强调身心二元论，但是，他还是第一个明确主张"灵魂是宇宙一切运动之根源"——根据就是，按照定义，灵魂是自动者——的宇宙论者。此外，"世界—有机活体"的学说也在柏拉图的作品中得到了表达，而且至为清晰，超出了其他任何现存的公元前 5 世纪—前 4 世纪的文本：在柏拉图看来，宇宙是一个生命体，不同于普通的生物，因为它在类型上独一无二，而且完美，永恒不衰（Ti.31b，33a），尽管，它也是由灵魂和身体构成的生命物。在亚里士多德那里，他明确区分了：（1）人工物，（2）自然但无生命物，（3）生

266

的和对材料使用上的差异，但是，这一变化仅仅是靠外部干预才产生的，即，建筑工的劳动。在第二种情况中，并不存在必要的外部干预（除非某人或某物也许移动了阻止石头落下的因素），但是，"潜在"向"现实"的变化，其特征仅仅是位置的改变（不是功能的变化）。仅在生命物的情况中，变化者是自动地改变，而且同时生长，并且获得了新的功能或实现。这三种情况都不同，但又类似，不过看起来，按照潜在性和现实性学说的某些特征，这一学说首先用于那种影响生命物的变化，而仅仅是在第二层意义或"移用的"意义上才适于无机物。

命物；在生命物这一类中，又区分了诸多具有一种或几种灵魂机能（生长性、运动性、感知性等等）的事物。但是，他也认为天体和"不动的运动者"具有生命和神性；尽管这些学说呼应了他对"神的预感"，但它们也构成了他的相关"天体运动方式"和"不动的运动者的活动方式"的理论的核心部分。在地上领域，他也相信，地球受制于生长和衰朽的循环；尽管他当然否认了四种地上元素是有生命的，但可以证明，他对于四元素的自然运动的阐述在某种程度上受到了将"生命体的生长"作为一切自然变化之模式这一倾向的影响。他对于"有生命和无生命"这两种不同的存在模式的分析，可以认为 **267** 澄清了某些在之前时期从未被完全领会的重要的区分；他明确反驳和嘲讽了某些前苏格拉底哲学家普遍持有的活力论假设（比如，"万物的第一物质成分是有生命的"这一学说）。但是，其他活力论信念依然存在于亚里士多德自己的宇宙论和物理学理论中，既存在于他对天体运动的处理中，也存在于他对地上领域的"变化"的阐述里。

　　尽管生物学模式能够促成对宇宙及其进化的本性的具体阐释，但是，我们之前一直在研究的那一系列活力论观念，尤其从长远来看，最终还是会在若干研究领域中得出并不成功的结果。试图确立微观世界与宏观世界之间的详细的类比，这一做法几乎总是会导致：所提出的相关"人和宇宙之结构"的理论粗糙又怪异；关于这一类型的类比，我们在《论七》和《论养生》I 中已经发现了一些早期的例子。[①] 但是，活力论观念对于希腊天文学和动力学发展的影响，却产生了一个更值得注意、更为重要的问题。只要还假设天体是有生命的，那么它们的运动，尤其是运动过程中任何明显的不合规律，都可以完全归因于它们自身的意志。但是，应该注意到，柏拉图和亚里士多德全都主张的"天体具有生命和神性"这一学说（尽管有几位他们的前人和同时代人都放弃了这一学说），[②] 并没有被他们仅仅用作理由从而放 **268**

---

① 但是，关于古希腊这一类型的类比的使用，现存的证据颇为稀少，而比较来看，诸如 A. 迈耶尔（A.Meyer）和 G.P. 刚戈尔（G.P.Conger）这样的学者在他们对这一问题的专门研究中收集的后来时期的材料，则颇为丰富。

② 例如阿那克萨戈拉，当他被指控渎神时，他的"太阳是石"的观点就显然被人用来控告他本人（如 D.L.II 12；DK 59 A 1）；也参见《法篇》886d ff.，柏拉图从一般的角度提到了有些人认为天体（仅仅）是土和石。

弃天文学的研究。在柏拉图那里，它反而可以用来成为解释天体运动原因的基础。① 在《蒂迈欧篇》（39d），他当然还是以习惯的方式谈到了行星的"漂移"（πλάναι），他说，这些行星"在数量上令人迷惑，复杂而又奇异"，但是，这是否可以理解为，它表明了，在这个阶段，他认为行星的运动就是无规律的，在我看来，这还颇有疑问。至少在《法篇》（821b-822a），他最为强硬和坚决地否定了任何天体被认为是在"漂移"。②

亚里士多德的"固定在天球上的天体，由天球承载转行"的学说，较之柏拉图的阐述，则更为细致，而且在诸多方面，更具有纯粹的机械论色彩，③ 尽管我们之前已经看到，他在若干地方都使用了"天体是生命物"的观念，比如，他试图解释为什么固定着星辰的那个天球上有许多星体，而太阳、月亮和行星的天球上分别只有一个星体。但是，我们也应该专门考察一下亚里士多德为了建立以太理论而使用的论证，因为毫无疑问，他受到了一些天文史学家的批评，这是由于，他提出了，天体由第五元素组成，这一元素与其他四种元素不同，它的自然运动是环形的。他首先从这样的一般性原理出发，即，地球上的元素的自然运动要么向上，要么向下，之后，他面临 **269** 着两个选项：要么是（a）天体由一个（或更多的）这样的元素构成，——但是在这种情况中，它们的运动不可能是自然的，而必须是受迫的（就像抛射物运动）；要么是（b）它们由一种完全不同的、自然环行运动的元素构成。④ 亚里士多德采取了第二种观点，其主要依据的理由明显是合理的，即

---

① 或许柏拉图本来还要以"太阳、月亮和行星是自动"这一假设来解释它们的运动过程为何不同。如 Conford，6，p.87 所言："也许，正是行星的自动，能让它们要么与其他行星的运动产生反作用……要么加强它。"

② 在《法篇》822a，他还进而提道，每个天体"都各自运行在同一个轨道，而不是多个轨道，永远是一个，环形的轨道"。关于这一段产生的问题，见 Heath，pp.181 ff.。

③ 的确，正是因为亚里士多德着眼的是对天体运动的机械论解释，而非纯粹的数学解释，故而，他修改了欧多克索斯（Eudoxus）和卡里珀斯（Callippus）的理论，为此，他引入了反应性天球（*Metaph.* Λ 8），见 Heath，pp.217 ff.。

④ 值得注意的是，亚里士多德在 *Cael.*A 2 中设想为"简单"的环行运动，已经被逍遥学派的论著《论机械学》（*On Mechanics*）分析为两种直线运动（chs.1, 848b 35 ff. 和 8, 852a 7 ff.；也参见亚里士多德自己在 *Ph.*244a 2 ff. 中简要的提法："旋转"由牵动和摆动组成）；但是，这种分析的做法（如 Cohen 和 Drabkin，p.201 指出的），直到牛顿那里，才被系统地用于天体运动中。

天体的运动是不变的，^① 因此也就是自然的。而在《天象学》A 3 中，当他反驳了"地球与最外层天之间的空间中包含火或气，或同时包含这两种元素"的观点时，他的论证之一（340a 1 ff.）就是，这一区域的范围如此广袤，使得，倘若它是由（例如）火组成，那么其他的元素在很久之前就已经消失了。区分天上运动和地上运动的做法，是特别具有影响力的谬误，在牛顿之前，它一直没有得到修正。但是，尽管亚里士多德的以太说，据他自己承认（Cael.270b 5 ff.），在某种程度上归功于传统的宗教信仰，按照这种信仰，上层区域与神性和不朽者相联系，然而显然，重要的经验方面的考虑还是让他确立了自己的第五元素的理论：他假设了如下事实，即，天体的运动以及天体的排列都是绝对不变的，^② 而且他认识到，地球的大小相对于全宇宙的范围来说是如此渺小。

　　最后，我们之前一直都在研究的那一系列看法，多多少少揭示出了早期希腊哲学家在相对的程度上并没有在动力学领域取得太多的进步。不过尤为值得注意的，还是哲学家们描述引力现象的方式。在前苏格拉底时期以及后来的时代，对这些现象的解释都普遍立足于"同类相吸"的原则，但是，这是一种能够而且通常都用于"全部与生命物和无生命物有关的现象"的普遍学说，比如，既能用于火的向上运动和土的向下运动，也能用于人和动物的行为^③（如恩培多克勒 Fr.62 6；参见阿那克萨戈拉 Fr.15）。"将这两种类型的现象全都处理为是同一原则的体现"的倾向，在塞克斯都·恩披里克对德谟克利特的记录中可以尤为明显地看出。^④ 按照塞克斯都的看法，德谟

270

---

① 在 Cael.270b 13 ff., 他说，在整个过去时期，按照代代相传的记录，无论是全部最外层的天，还是它的任何固有的部分，都没有出现变化。（例如从 Cael.292a 7 ff. 就可以看出，亚里士多德所利用的记录，不仅来自希腊天文学家，也来自巴比伦和埃及的天文学家）

② 从托勒密 Alm.VII 1-2 可以看出，希帕尔科斯（Hipparchus）知道"分点岁差"(the precession of the equinoxes)，不过，是否公元前 2 世纪之前，这一点就已经得到了认识，还尚存疑问（见 Heath, pp.101 ff., 172 ff., 以及 Neugebauer, 1, pp.146 f. 和 2, pp.68 f.）。

③ 如，在各种希腊谚语中，都表达了这一观念，"鸟类相群"（ἀεὶ κολοιὸς παρὰ κολοιόν），"神让同类相聚"（ὡς αἰεὶ τὸν ὅμοιον ἄγει θεὸς ὡς τὸν ὅμοιον），(Od.17 218)；其他类似的表达，亚里士多德在 Rh.1371b 15 ff. 有所提及。

④ M.VII 117 f., DK 68 B 164, 也参见 Aet.IV 19 3, DK A 128。塞克斯都在这里处理了德谟克利特的知识理论，但是，原子主义者对"同类"原则的使用，不仅仅是在这个语境中（参见恩培多克勒 Fr.109），而是还更为普遍地涉及了原子的分离（参见 D.L.IX 31；DK 67 A 1）。

克利特通过多种例子说明了"同类说":"因为动物同类相群,鸽与鸽,鹤与鹤,其他无理性的动物也是如此。而无生命物亦然,我们能看到,筛子中的种子,海岸边的卵石都是如此",这里,(按照德谟克利特的看法)当筛子摇动时,不同种类的种子都分离开来,同类相聚;与之相似,卵石也随着海浪的运动,按照不同的形状,各成一类。我们之前已经注意到了,可以看出,有生命物和无生命物(ἔμψυχα 和 ἄψυχα)之间被做出了普遍的划分,但是,

271   尽管德谟克利特认识到,这两类事物是不同的,然而,他明显相信,他所提到的那两类现象都受制于同一个普遍规律。而动力学自身的发展,却尤其依赖于将自身的主题内容区别于生物学和心理学,同时也依赖于认识到:引力现象,涡流现象等,都在种类上不同于动物的自觉或本能的行为。当然,亚里士多德充分意识到了这一差别,尽管他的动力学通常受到现代学者的激烈批评,① 但是毫无疑问,它在之前作家的含混模糊的观念上取得了极大的进步。比如,在物理学家中,他第一个试图区分各种控制运动物体之速度的因素(他指出了速度如何随着媒介的密度、物体的质量等发生变化,无论是在"自然的"运动中,还是在"受迫的"运动中),而且,尽管他的种种普遍的动力论通常都是错误的,但是,它们并非完全(像有时候认为的那样)与经验不符,而是从肤浅的观察中得到的草率却具有一般性的原理。② 不过,如果他在自己的动力学中通常都充分利用了日常经验的数据,那么必须承认,他并没有系统地对不同类型的运动加以定量研究;而虽然在他的物理学和生物学的其他方面,也可以看到类似的不成功,但有一个因素或许能帮助我们理解,为何他没有将定量的方法用于(尤其是)动力学,从而做出某种突破;这一因素就是,他总是倾向于将各种类型的自然运动处理为"潜在性的实现"。可以认为,既然每种地上元素的自然运动都被设想成"向自身的形式

272   推进",那么必定看起来,对各种控制运动的因素进行精确的定量测量这一

---

① 例如,见 Ross, *2*, pp.26 ff. 的讨论;对比 Duhem, *1*, pp.192 ff. 和德拉布金(Drabkin)做出的更正面的阐述。

② 最为著名的例子就是亚里士多德的这一学说,即,自由下落的物体,其速度随着自身质量而变化(如 *Cael.*273b 30 ff.)。但是,这里的错误并非是指出,质量与速度存在着某种关系(因为在空气中,至少——如果不是真空——更重的物体会比形状和大小相同的更轻的物体下落更快),而是指出,其中的关系是正比例的。

做法，与理解这些运动的本质本性就毫不相干了。①

技艺性意象：宇宙作为人工物

在前哲学时期的希腊文学中，赫西俄德那里有几段文字，描绘了潘多拉的诞生（*Op.*59 ff.；*Th.*570 ff.；见上，p.208），这样的例子明显体现了将创造理解为是工匠—神的制作产品的构想，② 而在其他某些地方，我们也发现，各种现象都不仅被认为是众神的工具，还被说成是他们制作的人工品，尽管并没有证据证明，前哲学时期的古希腊人也如此来理解整个世界。前苏格拉底哲学家，还有柏拉图和亚里士多德，都使用了各种各样的意象来表明，某种具有设计能力、如同工匠的能动者在世界中活动；而在这一节，我要考察的，正是这些意象的历史，以及它们在希腊宇宙论发展中起到的作用。

在前苏格拉底哲学家中，有一类意象频繁出现，就是，掌舵或驾船（κυβερνᾶν，οἰακίζειν）；虽然这一意象并未传达出任何与制作过程有关的观念，但是有时候，也可以认为，它不仅指权力观念，而且还更为独特地表明了一种理智引导。这种意象很可能首先出现于阿那克西曼德的宇宙论中，在*Ph.*203b 10 ff.，亚里士多德似乎很可能（主要）提到的就是他，亚氏记录说，那些人，除了无限之外，其他原因，如努斯或爱，均不采纳，他们说，无限围绕一切，为一切掌舵。而在阿那克西曼德之后，这个意象成为了前苏格拉底哲学家最为喜爱的意象之一，它见于赫拉克利特（Fr.41 用了 κυβερνᾶν，Fr.64 用了 οἰακίζειν），巴门尼德(Fr.12) 以及阿波罗尼亚的第欧根尼(Fr.5)。③

273

---

① 参见 Le Blond，*1*，p.348 和 n.4，他指出，亚里士多德对"抛射物"的解释中的"疏忽"或许反映出了，他相信，抛射物运动不是自然的，而是受迫的；其本身并不值得加以认真研究。

② 当然，从其他古代文学作品，以及现代社会中，也可以举出类似的神话，如 Wilson，见 Frankfort，*2*，p.64，论及了埃及神话中克努姆神（Khnum）在他的陶轮上造人的神话；Evans-Pritchard，*3*，p.5，论及努尔人的神造人的信仰。

③ 也见希波克拉底医派的论著《论养生》I，ch.10，L VI 486 10；在希腊文献中的其他地方也常见，如 Pi.*P.*4 274 和 5 122，那里用来指宙斯。Louis，*1*，p.171，n.36 比较荷马那里

如果这个词表明的是字面意义，那么可以理解为，它意味着掌舵的能动者（一般而言，指舵手，而不是船舵）不同于掌舵的对象，即船；我们也许会因此得出这样一个结论，这种意象之中，包含了"独立的动力因"观念的萌芽。但是，前苏格拉底哲学家是否想让这个概念去表达舵手和被掌控者之间的区别，这还必须存疑。在很多地方，当这个词被使用时（阿那克西曼德、赫拉克利特 Fr.64、第欧根尼 Fr.5），其主语被述说为"引导"或"掌控"万物，它是组成宇宙或使宇宙生成的第一实体。① 如在赫拉克利特 Fr.64，火或雷（κεραυνός）"掌控"万物（还会"裁决"和"宣判"它们，Fr.66），尽管在其他地方（Fr.30），世界秩序本身等同于"永生之火"。② 掌舵的意象（就像它有时候会紧密联系的"统治"的意象，如第欧根尼 Fr.5），明显被用来指某种宇宙因素做出的全部的引导，但是，在我们的文本中，引导的本性通常混淆难定，③ 而似乎很清楚，对这一意象的使用未必暗示了，"动力因"和"受推动者"被构想为是彼此独立和不同的。

274

　　"掌控万物之力"的观念虽然存在于若干前苏格拉底哲学家之中，但是，有一位公元前 5 世纪的宇宙论者，却突出地使用了种种更为不同、更为精细、取自技艺和工艺的意象。这就是恩培多克勒。他使用这样的意象，是为了说明某些东西生成的过程，④ 同时传达"爱的创造性功能"这一观念。值

　　的宙斯的修饰语 ὑψίζυγος（如 *Il.*4 166，也参见 Hes.*Op.*18），"高坐椅上"，即，"高处登基"。

① 　但是，在巴门尼德 Fr.12 中，κυβερνᾶν 被用来指精灵（δαίμων），艾提奥斯（II 7 1；DK 28 A 37）将之等同于正义和必然。

② 　值得注意的是，在 Fr.30，赫拉克利特否认了世界秩序是"任何神或可朽者"的产物：κόσμον τόνδε...οὔτε τις θεῶν οὔτε ἀνθρώπων ἐποίησεν。这个否认如此明确，使它看起来好像违背了某种特定的神话或理论。但是，我们很难通过我们掌握的可用的证据来对这句话做出定论。人们对此说法不一。有人认为这段残篇在攻击色诺芬尼，毫无疑问，他的 Fr.25 将神描绘为"用他心中的想法摇动万物"，但是，色诺芬尼的神是否具有任何创造性，这还并不清楚。格思里（*HGP*，1，p.454，n.3）认为，赫拉克利特的否认"主要针对了'世界分为天、海、陆'的说法，主神之间的分派（δασμός）就象征了这一点"（如见 *Il.*15 187 ff. 和 Hes.*Th.*74, 885）。这当然也算一种可能的解释，但是，我们应该注意到，较之任何现存的关涉"不同领域通过抽签分派给不同神，或，由宙斯将不同特权分配给众神"的文本，赫拉克利特的否认都更为明确、更为概括地表达了"神将秩序加到无序上"这一观念。

③ 　KR，pp.115 f. 充分讨论了对阿那克西曼德那里的这一意象的各种可能的解释。

④ 　详见下 pp.334 f. 和 p.335 n.1 的讨论。

得注意的是，在与"诸如生命体及其部分的复杂结构之创造"有关的语境中，他尤其使用了技艺性的意象。比如 Fr.73，提到了生命物形成的某个阶段：按照描绘，库普利斯取了土，用水润湿，然后放到火上（也许就像面包师，揉捏，然后烤面包，也参见 Fr.34）。Fr.96 描述了骨头形成的方式：大地用它"辽阔的熔炉"（χόανοι：这个词也在其他地方用来指熔化金属的器皿，如 *Il*.18 470，Hes.*Th*.863）接受了某种比例的元素，然后"白色骨骼生成，奇迹般地依靠和谐的胶结合成一体"。① 对器官创造的描绘也使用了其他技艺性意象。Frr.86 和 87 提到了眼睛。神性的阿芙洛狄特用某些元素使眼睛"ἔπηξεν"（"成型"）②，然后"用爱的螺钉将之定住"（也许是，定在头上）。这些意象的重要性（我相信），至少一部分在于它们暗示出的"身为神性工匠的'爱'"与"她制作的材料对象'四根'"之间的对比。当然，恩培多克勒的"爱"（Philia）本身就是物质性的。例如，在 Fr.17，它被认为"天生于可朽者的肢体之中"，而当它让万物一体，将之混合时，几乎可以肯定地认为，它将自己作为成分，存在于混合中。如亚里士多德（*Metaph*.1075b 3 f.）将"爱"解释为一种始基，它既是动力因（ὡς κινοῦσα），也是质料因（ὡς ὕλη）（因为如他所说，"它是混合的一部分"）。恩培多克勒有时在提到六种宇宙始基时，他的表达隐匿了这些始基在功能上的差异（如 Fr.17 16 ff.）。但是，如果在其他地方，这些差异更为显而易见，那么他使用的一些技艺性意象则尤其如此。确实，可以指出，首要来讲，正是在若干段"将爱描绘为匠人并使之不同于她所作用的四根"的残篇里，恩培多克勒几乎已经将"爱"处理为纯粹的动力因。

---

① 第二句话的重点也许完全是说，元素的混合是永恒的，但或许，这个意象比之前的那个更为精确。ἀραρίσκω 和 κόλλα 似乎主要指的是木工；如果是这样，那么这一句指的就不是骨骼的创造，而是它们在身体中的安排（与 Fr.87 相同，那里提到了眼睛在头部的固定）。

② 这是恩培多克勒很喜欢用的一个词，但很难翻译。这个动词的基本含义是固定或使凝固，但是，它一方面可以来指液体变成固体（也参见 συμπηγνύναι，Il.5 902），另一方面指人工建造（如船，Il.2 664）。恩培多克勒用它指太阳蒸干的盐（Fr.56），指眼睛的形成（见此处，Fr.86），指生命物整体（Frr.75 和 107）。也参见阿那萨戈拉 Fr.16，συμπήγνυσθαι 一词用来指土脱离水"凝固"而成，也指石头在冷的作用下从土中形成；Fr.4，那里用来指人和动物的创造而成。

显然，恩培多克勒相信，是爱，创造出了复杂的有机实体，尤其创造出了身体上的器官，尽管还不完全清楚，他是否想要表明，爱的活动是有意图的，并且指向善的目标。① 而在柏拉图那里，他使用了丰富的取自技艺和工艺的意象清晰地表达出了"动力因"以及"具有意图和设计力的能动者"的观念。在《理想国》中，就已经简要地提及了"诸天的创造者（工匠）"（ὁ τοῦ οὐρανοῦ δημιουργός，530a 6）和"感官的创造者（工匠）"（ὁ τῶν αἰσθήσεων δημιουργός，507c 6 f.），② 而在后期的对话中，种种工匠的意象都被用来指神。在之前的希腊文学中普遍常见而且尤其出现在前苏格拉底哲学家那里的"舵手"意象，也见于《政治家篇》（272e ff.）的神话中，那里有一段生动的文字，其中，它将两个阶段宇宙循环之第一阶段的引导世界的神，既称为父亲（273b 2）和向导（269e 6），又称为工匠（δημιουργός，270a 5，273b 1）。在《法篇》（902c ff.），雅典的异乡人主张，医生、舵手、将军、管家、政治家甚至泥瓦匠，在工作时，都会既注意大局，也在意小节，所以诸神不可能不管人事中最微小的细节，因为"我们不要设想"，他说，"神比可朽的工匠还低劣"（902e 4 f.）。③ 不过当然，最为突出的是在《蒂迈欧篇》中，"神作为工匠"，"世界作为其造物"的观念，都至为精细地得到发展；正是这部作品，可以让我们最为清晰地来理解技艺和工艺意象在柏拉图宇宙论中起到的功能。

---

① 亚里士多德一再指出，恩培多克勒认为，例如，动物的组成部分最大程度上归因于偶然或偶因（如 Ph.196a 23 f.；PA 640a 19 ff.；也参见恩培多克勒 Frr.53 和 59），但是，这似乎相反于恩培多克勒的将积极功能赋予"爱"的做法，比如在眼睛的形成中（Frr.86 和 87），尤其是，如果我们想一下，这些残篇里用来描述这两个始基的修饰语（如 Fr.35 13，提到"无可指责之爱的良善、不朽的流动"；Fr.17 19 说斗争是"可诅咒的"），都恰恰在某种程度上证明了亚里士多德认为的"爱是善的普遍原因，斗争是恶的普遍原因"的说法（如 Metaph.985a 4 ff.）。但是显然，尽管恩培多克勒认为，爱是神性的工匠，是某些善的创造物的原因，然而之后，通过柏拉图的造物主和亚里士多德的自然，我们可以发现，工匠意象却被系统地用来描述创造中的设计因素。

② 也见 R.596a ff.，那里区分了三类创造：（1）神的创造，至少在这一段中被认为创造了独一无二的床的理念；（2）木匠的创造，造出了个别的床；（3）画师的创造，摹仿了木匠制作的床。

③ 也见《斐勒布篇》描述的第四种存在（原因），将之描述为"创造这一切者"（τὸ πάντα ταῦτα δημιουργοῦν）；见《智者篇》（265c 4）提到的"造物主神"（θεοῦ δημιουργοῦντος）。

从最早期开始，希腊人会偶尔将创造活动归于赫淮斯托斯这样的神；而在前苏格拉底哲学家中，至少恩培多克勒，有时会将他的宇宙始基"爱"的功能构想成如同匠人的功能一般。[①] 不过，《蒂迈欧篇》才是第一部将世界整体的塑造归因于工匠—神的希腊语文献。在这部作品中，柏拉图使用的各种技艺性意象都超乎寻常。有时，最高的神被称作父亲或生父（如 37c 7），他"让世界从无序到有序"（30a），他当然总是被描绘为"大工匠"（Crafts-man，造物主）；而可见的世界被认为是他从永恒的理智世界这个模板中复制而来（如 28c f.）。但是，不仅他的活动，还有那些低位的神（他代表他们负责完成创造的任务）普遍由诸如 μηχανᾶσθαι（设计）、ἀπεργάζεσθαι（生产）、τεκταίνεσθαι（建构）这样的词加以描绘，[②] 此外，我们还发现了一系列取自特定技艺或工艺的意象。木工、塑工、编织都提供了最为鲜活的例子。诸神被想象成在车床上工作（τορνεύεσθαι，33b 5；περιτορνεύειν，69c 6，73e 7），钻孔或刺孔（συντετραίνειν，91a 6；κατακεντεῖν，76b 1），黏合或用螺钉将事物钉在一起（κολλᾶν，75d 2；συγκλᾶν，43a2；γόμοι，43a 3）。造物主本人也被称作"蜡像师"（κηροπλάστης，74c 6）；"塑造"（πλάττειν）一词被用来描绘比如脊椎和骨骼的组建。[③] 编织（πλέκειν）和纺织（ὑφαίνειν），以及它们的"织合"都用来描绘灵魂和身体的联合（36e 2）、静脉的交织（77e 1）等等。[④] 柏拉图也从农业技术中吸收了某些意象。诸神"播种"（σπείρειν，如 41c 8）；"嫁接"（ἐμφυτεύειν，42a 3）不同的东西；静脉的结构比作了灌溉的水渠网（77c ff.）。有时，他还将不同的技艺意象结合在一起，来描绘复合实体的创造，最突出的例子就是对骨骼形成的解释。在 73e f.，造物主首先"筛滤"土壤，直到它平滑，纯净，然后用骨髓"揉捏"（φυρᾶν）和"润

278

---

① 既然爱（Philia）在恩培多克勒那里起到了这样的功能，那么康福德的"在《蒂迈欧篇》中，柏拉图将造物神的意象第一次引入了哲学"这一论断（6，pp.31 和 34）就应该做些修改了。

② 如 34c 1，30b 6，28c 6；参见 δημιουργεῖν（"创造"）一词的使用，如 31a 4 和 69c 4。

③ 74a2，参见 42d 6，78c 3，92b 3；ἀποτυποῦσθαι（印），39e 7 和 διασχηματίζεσθαι（塑造），53b 4。塑造性的意象也用来描绘"底模"，"生成的护理"，它接受理智性理念的印迹，见 50a ff.；就像塑像师从黄金中造出不同的形象，这是"印迹的受体"（ἐκμαγεῖον），50c 2，事物印在其上（如 τυποῦσθαι，c 5，ἐκτύπωμα，d 4）。

④ 参见 41d 1 f.，论生命体可朽部分与不可朽部分的联合；78b f.，论及"鱼笼"（fish-trap）这一晦涩的结构，柏拉图在阐述呼吸时提到了它（见下，p.360）。

湿"（δεύειν）：而在这个阶段，意象来自面包师"筛面粉"，揉捏面团（参见恩培多克勒 Frr.34 和 73）。但是之后，又描绘造物主将这一材料放在火上，浸入水中，反复如此，直到水火都难以将之熔化。在这里，柏拉图主要想到的，似乎是某种诸如让"铁"交替承受冷热使之坚硬的过程：当然，铁依然可熔，无论这一过程的重复程度有多么频繁，而柏拉图设想的则是，按照这种方式处理的骨骼材料，获得了全新的水火难熔的特性——例如陶器，火上烤制后，就是如此。①

　　无论是在总体的规划上，还是在许多细节之处中，《蒂迈欧篇》的宇宙论里都遍布着取自技艺和工艺的意象。柏拉图的"大工匠"（造物主）与他的"人间工匠"之间的相似，还是颇为显著的，只要我们比较一下《蒂迈欧篇》中的那个神与比如犹太—基督教思想中的全能的造物主；② 它们最为重要的种种差异点都体现出，比之犹太—基督教的造物主，柏拉图的神更接近人间的工匠。《蒂迈欧篇》中的造物主或大工匠并不是从虚无中创世，而是像人类匠人一样，利用已经存在的、处于尚未成型或混沌状态的材料进行劳作。他不是全能的，而是在物质性设定的种种局限中达到最佳的可能结果（如 *Ti*.48a）；在这方面，他的境况（差不多也可以说是"困境"）与人的境况是对应的。不过，如果工匠神和人间匠人之间的相似性是明显地如此密切，那么下面，我们必须提出一个问题，对于《蒂迈欧篇》的整个阐释都围绕着这个问题，即，我们是否可以，或在什么程度上，能将柏拉图的造物主或大工匠理解为"神话性"形象？在什么程度上，对于创世的阐述，其意旨就是字面上表达的那样呢？这个问题尤为复杂，③ 但在这里，我只会简要地专门讨论和论述《蒂迈欧篇》中与之有关的几段文本。

　　需要解释的关键段落是 *Ti*.28bc。在蒂迈欧阐述的开头，27c 4 f.，他提到了两个选项：宇宙（τὸ πᾶν）要么是生成的（γέγονεν），要么是不生成

---

① 也参见对身体形成的解释，74cd，在那里，肉身似乎被理解成"发酵"过程的结果。神取水，火和土，用酸（ὀξύ）和盐做酵母（ζύμωμα），将之与这些元素混合，制成身体（被描绘为充满元气，ἔγχυμος，而且柔软）。

② 如见 Cornford, *6*, pp.34 ff.。

③ 除了泰勒和康福德（*6*）对《蒂迈欧篇》评论中的讨论之外，最为重要的最新的论述来自 Vlastos, *1*, Skemp, *1*, Cherniss, *2*, 尤见 pp.423 ff., 以及赫尔特（Herter）和黑克福思（Hackforth）的论文（身后出版），*2*。

的（ἀγενές）。而在 28b 4 ff.，他重复了这一问题，针对"世界"或"整个寰宇"，他发问："它是永远存在，没有生成之始，还是，它已然生成，始于某个开端？"（πότερον ἦν ἀεί, γενέσεως ἀρχὴν ἔχων οὐδεμίαν, ἢ γέγονεν, ἀπʼ ἀρχῆς τινος ἀρξάμενος）[①] 对此的直接回答是"生成的"（γέγονεν）。如果我们按照通常的和最直白的含义来将 γίγνεσθαι 一词理解为"生成"，那么，这一段似乎明确肯定，世界整体自过去生成而存在；在古代评论者中，亚里士多德明显是按照这一含义来理解这一段的（*Cael.*279b 17 ff.）。但是，亚里士多德在 *Cael.*279b 32 ff. 中也记录说，有些思想家在维护自己的立场时，会认为"在论述世界生成时，他们会构建图形，就像几何学家的做法那样：他们不认为，世界自过去生成而来，但为了教导的目的（διδασκαλίας χάριν），为了让它能理解得更容易，他们让它像几何学家的图形那样，用形成的过程来展示它"，许多古代和现代权威都愿意相信，这也代表了柏拉图本人的真实立场。[②] 那么在这里，就像在《蒂迈欧篇》的其他地方一样，也许不可能以定论的方式来解决"字面角度的解释"和"神话角度的解释"之间的争议，但是，蒂迈欧在 28bc 引入他的阐述时的处理方法，却体现出了一个特征，它似乎支持对于这个例子的"字面"解释。在 28b 4 ff.，蒂迈欧不仅按照其他地方的方式（如 48b 3 ff.）[③] 来表明世界"自过去生成而来"，他还否认了（或

---

① 康福德的译文，他认为 γίγνεσθαι 一词是有歧义的（见下面注释）。

② 例如康福德就这样主张，但殊为过度，按照他的阐释，*Ti.*28b 4 ff. 的 γίγνεσθαι 一词，意思不是"生成"，而是"处于变化的过程中"；为了支持自己的观点，他提到了 27d 6 ff. 那里区分的"总是现实、没有生成的东西"和"总是生成，从未现实的东西"（γιγνόμενον μὲν ἀεί, ὂν δὲ οὐδέποτε，但是，Hackforth, *2*, p.19 指出，某些抄本以及普洛克罗（Proclus）和辛普里丘（如 *in Ph.*135 10 f.）的引用中均未见这一分句中的 ἀεί 一词）。按照康福德的看法，如果我们将这一区分用于 28b 4 ff.，那么，γίγνεσθαι 一词仅仅意味着"成为"，也即，总是处于变化的过程中。不过，即使 γέγονεν 一词，也许可以在这样的意义上来理解，但是，按照这种解释，却很难或完全不可能理解 ἀπʼ ἀρχῆς τινος ἀρξάμενος 这个短语(28b 7)。即使 ἀρχή 一词未必表示"开端"，也可以译为"来源"或"始基"，但是在这个语境中，动词 ἄρχεσθαι 却必定表示"开始"（连康福德也译为"开始"）。这句的主语是"整个寰宇"，我认为，我们别无选择，只能相信，蒂迈欧说的是，它有一个开端。

③ 在 48b 3 f.，我们发现了"在世界的生成之前"（πρὸ τῆς οὐρανοῦ γενέσεως）这样的表达；在 37e 2 和 52d 4，有"世界生成之前"（πρὶν οὐρανὸν γενέσθαι）；在 53a 7，"有宇宙通过这些事情安排之前"（即容器中摇匀而成的四种元素，πρὶν καὶ τὸ πᾶν ἐξ αὐτῶν διακοσμηθὲν γενέσθαι）。

281 似乎否认了）若按照对这一段的"神话"解释来推测柏拉图本人应该相信的"世界没有开端"这一命题。28b 6 ff. 提到的选项，一个是"永远存在"（附加的"没有生成的始源或起源"（γενέσεως ἀρχὴν ἔχων οὐδεμίαν）这个短语，说明了这句的意思），另一个是"已然生成"["始于某个开端"（ἀπ' ἀρχῆς τινος ἀρξάμενος）这个短语解释了这句话]。若认为柏拉图提出的对生成的阐述，是从历时的角度，而非从完全抽象的角度、"为了教导的目的"，那么这种看法当然大体上不无道理。而且，柏拉图也没有必要——看起来让人难以忍受地隐晦不明——多此一举让蒂迈欧非要去"断然地"肯定"世界从开端而始"并且"含蓄地"否认它"永远存在，没有生成之始"。在这一点上，若认为柏拉图对"世界生成的阐述"所采用的形式纯粹而且完全是"为了教导"，"为了让它能理解得更容易"，那么这样的解释，在我看来，是站不住脚的；我们不得不在两个选项间做出选择：要么柏拉图本人隐晦不明；要么他确实相信，宇宙自过去生成而来。①

282 　　这将我们带向了"如何解释造物主或大工匠的功能"这一问题，它对于我们当前的讨论有着核心的重要意义。大多数学者，无论对于 28b 中所说的

---

① 在 37c ff.，还有另一段颇有争议的文字，它似乎表明，柏拉图认真地解决过"世界是不是自过去生成而来"这一问题所引发的困难。在那里，蒂迈欧处理了"时间"，他说，昼夜、月份、年代"在世界生成之前"（πρὶν οὐρανὸν γενέσθαι）都不存在；如他在 38b 6 所言，时间"随宇宙一同而来"。泰勒认为这一段可以证明，柏拉图并不想让"世界生成"如同字面上理解的那样；但是我认为，它的意义恰恰相反。泰勒主张（p.69）："有理智的人都不会想要从字面上来理解，不会因此主张，时间与世界一同开始，然后继续描述说，在任何世界存在之前，事物就处于某种状态之中了。"但是，对于这一主张的反驳（弗拉斯托斯和黑克福思，斯坎普都提出了这样的反驳，尽管他们与泰勒的观点相同，都认为世界的生成不能从字面上来理解）就是，在柏拉图看来，世界和宇宙明显等同于有秩序的运动。只要万物的运动是无规律的，那就没有宇宙，没有周期时间意义上的 χρόνος。在这个意义上，世界秩序和时间本身的"生成"并不排除周期时间被创造之前有可能存在着持续状态。在这一段中，"宇宙的理智性模型的永恒存在"与"可见世界这一复本历经全时的持续存在"被区分开来。如柏拉图在 38c 1-3 所论："这模型永恒（πάντα αἰῶνα）存在，但这寰宇曾经、现在、将来都会历经全时地（διὰ τέλους τὸν ἅπαντα χρόνον）持续存在。"这一段的意义并非在于，它表明了柏拉图对于世界的全部处理都是"神话性的"。而是相反，它强调了柏拉图理解的世界"生成"的意义。在柏拉图看来，整个可见世界都不是持续的（因为只有理智性理念才如此）：但他又肯定了可见世界的"生成"，以及它"曾经、现在、将来都会历经全时地持续存在"。时间和寰宇在这个意义上又是永恒的，但它们都在"秩序加到预先存在的无序上"时，才会生成。

"世界自过去生成而来"持何种看法，他们都会承认，《蒂迈欧篇》对不同事物的创造次序的描绘并不是想要与历史中的事件的顺序精确对应。的确，当蒂迈欧描述完世界——身体的形成之后，开始描述世界——灵魂时，他必须要论述自己的阐述中的"偶然或随意的因素"。① 但是，若将《蒂迈欧篇》与其他后期对话加以比较，那么，我们就能在一定程度上区分"柏拉图的造物主或大工匠学说的本质特征"与"他表达自己构想时采用的形象性、但也许并非具有本质性的意象化方法"。"任何必然生成的事物都借助某种原因的促动方能生成"（ὑπ' αἰτίου τινὸς 或 διά τινα αἰτίαν）这一学说是柏拉图在后期对话中——不仅在《蒂迈欧篇》(28a 4 f., c 2 f.)，也在《斐勒布篇》(26e 3) ——一再肯定的原则。如他在这两部作品中所说，没有原因，就没有东西能生成（Ti.28a 5 f.; Phlb.26e 5)，首要的"原因"（Cause）以各种方式被描绘为"大工匠"，或理性，或君王。② 不过，还有另一个学说，即，"神（无论怎么描绘）并非在世界中发挥作用的唯一原因"，它在后期柏拉图那里以不同形式反复出现。在《斐勒布篇》中，例如 28d 5 ff.，"理性"与随意的原因相对，苏格拉底问道："我们是否应该说，是无理性、随意（ἡ τοῦ ἀλόγου καὶ εἰκῆ δύναμις）和偶然的力量，支配万物……还是应该说，是理性和神奇的理智安排并掌控它们？"在《蒂迈欧篇》，大工匠被描绘为"最佳原因"(29a 5 f.)，他"想让万物尽可能变好，没有不足"(30a)，这与"必然性"或"漂移的原因"形成对照。促成"热和凉"这样的自然变化的原因，以及本身不能掌握规划或意图的原因，都被描述成附属原因（συναίτια），神使用它们来尽可能地让至善的形式变得完善（46cd，参见 68e）。③ 在《政治家篇》中，理性

283

---

① 34b 10 ff.。Cherniss, 2, p.424 认为这一点表明，"其阐述中的整个时间序列都必定是错误的"，但这是有疑问的。这一段也许可以同样合理地视为表达了如下信念，即，在这一点上，生成中存在着正确的时间次序。赫尼斯（Cherniss）认为，柏拉图想要描绘的身体和灵魂生成的次序"能让他惊动读者，使之摆脱流俗的将'时间上的优先性'与'本体论上的优先性'等同起来的看法"，但是，如果这真的是柏拉图的意图，那么，为了实现它，柏拉图就将人引向了歧途，因为，就在蒂迈欧提及自己阐述中的偶然因素的那一段之后，紧接着的一段说法里，蒂迈欧恰恰犯下了赫尼斯指责的那种"等同"的错误："但是，神让灵魂先于身体，在出身和德性上更受尊重"（καὶ γενέσει καὶ ἀρετῇ προτέραν καὶ πρεσβυτέραν, 34c 4 f.，也参见《法篇》892a ff.）。

② 参见上文，pp.220 和 254 ff.。

③ 理性用说服统治"必然性"，从而在极大程度上得到最佳结果（Ti.48a, cf.56c）。但是有时，

原因和无理性原因的对比再次出现，当引导世界的神不再掌控舵柄时，世界就随着自己的"必然性"沿着相反的方向旋转开来（269d 2 f.）；它受制于暴烈的无序，是"混合中的身体部分，它的原始本性中的天生特性导致了"无序（273b 4 ff.）。最后，在《法篇》，前者是对比了"灵魂""一切生灭的首因"（891e 5 f.）与"次级运动"，后者促成了物体的结合和分离，等等(897ab)。①

284 其次，又继续对比了两种类型的灵魂，一种是仁慈和理智的，它控制和照料"天地与整个循环"；另一种没有理智或德性，导致了恶（896e-897c）。

"理性的和善的类型的原因"与"无理性、随意、恶的类型的原因"的对立是柏拉图后期对话中一再出现的主题；这为我们在这一节和其他节里考察过的种种意象提供了联系纽带。有一段文字，它提醒我们，不要把他的宇宙论方面的隐喻阐述得太过，因为柏拉图说，"发现宇宙的创造者和父亲的确是艰难的，但就算发现了他，将之向众人宣明，也是不可能的"（Ti.28c）。但是，《蒂迈欧篇》、《政治家篇》、《斐勒布篇》、《法篇》中反复出现的种种描绘——君王、父亲、舵手、创造者—造物主—大工匠、世界—生命物——每一个都可以按照不同的方式、用来表达宇宙中理智的、仁慈的原因的功能。这些意象通过某些基本主题得以联系，比如，当我们发现，大工匠的活动被认为就是理性的活动（如 Ti.47e）；反过来，理性又被认为仅仅存在于灵魂中时（如 Ti.30b 3，46d 5 f.；Phlb.30c 9 f.），这明显会诱使我们将所有这些意象处理成可以互换的同等者。但是，只要这些描绘中的每一个都明显具有自己的作用，使得传达出的"首因的功能"以及"它同其他附属原因之关系"的形象略为不同，那么似乎很清楚，我们不应该太过急切，试图将一种类型的意象还原为另一种（将对大工匠的表述解释为对世界—灵魂的表述，反之亦然）。② 我们前面讨论过的每一个意象都有不同的联系。作为君王，他对

万物的自然属性让"理性"不得不为了一个目标牺牲另一个更高的目标：例如在 75a7 ff.，那里说，敏锐的感知不可能必然地随着厚密的骨肉一同存在；因此，较低的诸神选择给人留下了由稀薄的骨骼覆盖的头脑，为了让其获得更高贵的生活，即使这意味着，人类比原来还要短命，尽管之前，他们的头脑由更厚密的皮肉覆盖和保护。

① 按照《蒂迈欧篇》的描述，大工匠会使用附属原因（如 46cd），那么与之相似，《法篇》也说，灵魂使用这些次级运动（897b 1），不过在这里，柏拉图还补充道，理性类型的和无理性类型的灵魂都是如此。

② 赫尔特最近主张，试图从柏拉图后期对话中建立唯一一种在逻辑上滴水不漏的运动理论，

万物行使仁慈的掌控。作为舵手，他是世界中理智、具有引导力的能动者；作为父亲，他是仁慈的创造者；作为精湛的大工匠，他是有技巧和有意图的创造者，获得了"物质本性"允许的最佳结果（一系列用来描绘不同种类事物形成的"技艺性意象"详尽地阐述了这一主题）。最后，当谈及世界——生命物时，柏拉图发展了两组对立，一组是灵魂和身体，另一组是（灵魂之内）理性和无理性。然后，通过这一系列令人瞩目、互相关联、彼此重叠的意象，柏拉图传达了他对宇宙中发挥作用的"首因"的构想。这些意象主要来自传统，至少源自前柏拉图时期，它们关键的功能在于，表达了某些柏拉图重要的宇宙论学说，这些学说都与"创造目的"、"运动和变化的来源"、"世界不完美的原因"相关。

　　亚里士多德的不动的运动者并非工匠。但是，技艺性意象依然明显发挥了重要的作用，它们既用来解释说明，也用来提出一些亚氏本人的普遍的自然理论。[①] 这方面最为明显的例子就是他用来描绘 φύσις（自然）功能的某些比拟和隐喻。例如，在 *PA* 654b 29 ff.，亚里士多德描绘了身体中骨骼的结构，他将自然比作用黏土塑像的匠人，他一开始先用一些坚固的材料做一个框架，然后围绕框架，塑造自己的泥像；在另一处语境，*GA* 730b 27 ff.，说自然类似种种塑像师，直接用双手加工自己的材料，不像木匠用工具劳作。在 *GA* 743b 20 ff.，描绘胚胎发育时，自然被比作画师，先画形象的轮廓，再来上色；在其他地方，自然又比作好管家（*GA* 744b 16 ff.，参见 *PA* 675b 21），或更简单地比作理智的人类（*PA* 687a 10 ff.）。[②] 还有许多隐喻，也表明了自然作为工匠或技艺家的功能。她被描绘为创造（ποιεῖν，δημιουργεῖν）、设计（μηχανᾶσθαι）和装饰（ἐπικοσμεῖν）生命物及其组成。[③] 典型的是，"自然从不多此一举"或"徒劳无功"这样的话反复出现，[④] 它们

　　　这是不会成功的，而且会遭到误解，因为这些尝试会导致针对这些特殊文本的解释出现严重的过分简化的后果。

① 　关于亚里士多德思想中的这一方面，最佳的论述依然来自 Le Blond，*1*，pp.326 ff.。

② 　也参见 *PA* 683a 22 ff.，说自然使用每个器官，仅仅为了一个目的，在任何可能的情况下都是如此，在这方面，它不像做 ὀβελισκολύχνιον 的铁匠——ὀβελισκολύχνιον，一种器物，能用来做炙肉架或灯托。

③ 　如 *GA* 731a 24；*PA* 652a 31，658a 32。

④ 　如见，伯尼茨（Bonitz）《亚里士多德索引》836b 28 ff. 提到的几处。

都表达了她的有意图的活动，不过，与柏拉图的大工匠一样，她有时也受制于自己必须处理的质料而不能得到自己的目的。① 同样与柏拉图一致，亚里士多德通常也使用取自技艺的意象来说明身体不同部分的功能；有一些他的意象似乎还直接借自《蒂迈欧篇》，除此之外，另一些则为希腊解剖学理论所常用。柏拉图将血管系统比作灌溉的水渠网（*Ti.*77c ff.），而亚里士多德也使用了相同的比拟（*PA* 668a 13 ff.），② 柏拉图表明，环绕头部的交叉血管有助于将头部与躯干联结（*Ti.*77de），而我们发现，亚里士多德也以相似的方式将整个身体中交错的血管结构比作枝编的工艺品，他还表明，这一结构有助于将身体的前部和背部接合在一起（*PA* 668b 24 ff.）。③

287　　尽管自然的功能通常使用取自技艺领域的比拟来加以说明，不过，亚里士多德还有几次明确对比了这两个主要类型的"生成"。例如，*Metaph.*1070a 7 f. 区分了它们，在那里，他说，"技艺是其他事物中的（变化的）始因，而自然是事物自身中的始因"；与之相似，在 *Ph.*192b 13 ff.，"因自然"而存在的事物被认为在自身之中具有一种"运动和静止的始因"，而其他事物，就其是技艺的产品而言，它们"没有天生的变化的冲动"。④ 另一方面，这两种类型的"生成"当然也都通过四因来加以分析，而且通常会得出这两者的对应关系。不止一次，亚里士多德认为，技艺模仿自然（*Ph.*194a 21 f.，199a 16 f.，参见 *Mete.* Δ 381b 6），而其他文本更为清晰地暗示，自然产物高于技艺产品。⑤ 不过吊诡的是，正是技艺生产的领域为解释"四因论"的亚里士多德提供了大量的示例。⑥ 如区分四因时，就现存的论著来说，

---

① 如 *GA* 778a 4 ff. 也参见 749b 7 f.，777a 16 f.，那里对某些事实的解释立足于如下假设，可供自然处理的质料，其数量仅仅有限。

② 亚里士多德补充了另一个意象，建房时，沿着地基线堆起的石头，这是为了说明他的"血液是构建身体其余部分的物质"的理论（*PA* 668a 16 ff.）：在其他地方（*HA* 515a 34 ff.，*GA* 743a 1 ff.），他将血管比作 κάναβοι(塑像师使用的框架)，以此来表明，血管如同框架，围绕框架，身体得以形成（也参见 *GA* 764b 30 f.）。

③ 参见更为明显的几个比拟，胃比作食槽（φάτνη，柏拉图，*Ti.*70e 2，Arist.*PA* 650a 19），隔膜比作隔墙（参见 διοικοδομεῖν，柏拉图，*Ti.*69e 6；παροικοδόμημα，Arist.*PA* 672b 19 f.）。

④ 参见 *GA* 734b 34 ff.，735a 2 ff.，那里的论点是，在"技艺"中，动力因外在于产出的事物，而自然中，它存在于事物本身里（在这里，运动来自生产之源）。

⑤ 如 *PA* 639b 19 ff.，见下，p.289。

⑥ 勒·布朗（*1*，p.338）指出，正是在"产业"领域，四因才首次被亚里士多德区分，之

也许 *Ph*.B 3 第一次做出了这样的使用，其中大多数事例都来自技艺或艺术，尤其来自雕刻、建筑和医学。① 在 *Metaph*. Z 7-9 中，亚里士多德用了很长的篇幅考察了技艺产品——房屋，铜球，健康（医术的产品）；当他开始处理自然原因时（在 ch.7，1032a 12 ff.，他首次提到了自然原因），他说，"自然产生的事物与这些东西 [即技艺的产品] 情况相同：因为种子生出事物的方式与技艺生产事物的方式相同"（1034a 33 f.）。 **288**

　　最为突出的是在生物学论著中，各种与四因说有关的主题都通过取自"技艺"的事例来加以说明。(1) 技艺产品用来解释自然的"必要条件"的功能。例如在 *PA* 639b 23 ff.，他论述说，造屋之前，质料，某种质料，是必要的；他指出，自然形成的事物也同样如此（可以认为，在这里，这一原则的使用还不是太明显）。在 *PA* 642a 9 ff.，他又说，例如，正如伐木时斧子必须坚硬，如果坚硬，则由铜铁制成，故而身体，如果想要实现自己的目的，就必须由合适的材料构成——因为身体及其组成部分也是"工具"（ὄργανον）。② (2) 在 *PA* 646a 24 ff.，b 3 ff.，他再次提到了造屋的例子，为了指出，时间上，砖石先于屋子而出现，它们是"为了"屋子，反之则不亦然：自然也是如此，物质和形成过程在时间上优先，形式因和目的因在逻辑上优先。③ (3) 有几次，亚里士多德也通过考察我们应该如何描绘技艺产品，来说明研究质料因、复合事物尤其是生物学中的形式因和目的因的重要意义。如果我们描述床或某些这样的东西，我们就应该试图界定形式而非质料，如铜或木头（*PA* 640b 23 ff.）；相似的观点也见于 *PA* 645a 30 ff.，那里举出的例子还是屋子。④ (4) 但是，更为常见的技艺性类比，是用来说明自然的目的因的 **289**

　　　后才用于其他事物；其他学者也尤为关注亚里士多德在说明一般的自然原因和特殊的目的因功能时，对技艺性类比的使用（如 Mansion，*1*，pp.197 ff.，227 ff.；Hamelin，*2*，pp.270 ff.，274）。

① 但还是有一些例外，如 *Ph*.194b 30 f.，195a 21，这些地方考察了来自自然的例子。

② 参见 *GA* 743a 23 ff.，那里，他再次用技艺性类比来说明自然的必要条件的功能，即，木匠"只能从木头中做出箱子"。

③ 参见 *PA* 640a 15 ff.，那里，亚里士多德再次提到了造屋的例子，来说明"生成过程（γένεσις）以实体（οὐσία）为目的，反之不亦然"。

④ 参见 *GC* B 9（335b 7-336a 14）的一长段文字，他比较了自然和"技艺"来说明动力因的动能，而且表明，形式高于质料。

功能。在 *PA* 639b 19 ff.，他说，"目的因（"所为者"）和善更充分地体现在自然的产品，而非技艺的产品中"，① 但是，之前的一段（b 14 ff.），他用来解释目的因功能的若干例子都取自"技艺"（健康，医术的目标；房屋，建房者的目标）。在 641b 10 ff.，他再次通过比拟"技艺"来说明自然的目的因。在那里，他说，自然为了某个目的而造万物："因为看起来，如同技艺存在于 [在这里是作为目的因] 技艺的产品中，故而在事物本身中，也存在某种这样的始因或原因，它从宇宙中来到我们这里，比如热和冷 [即质料]。"在 645b 14 ff.，他再次提到了"技艺"，举出了其他我们已经讨论过的主题："既然每件工具（ὄργανον）是为了某种目的，而身体的每个部分也是为了某种目的，也就是某种行动，那么显然，整个身体为了某个复杂的② 行动而起身。恰如锯子是为了锯，而并非锯为了锯子，锯是这个工具的使用，故而，身体的存在，以某种方式是为了灵魂；身体的部分是为了每个部分所自然实现的功能。"

290 最后，还有两段尤为突出，一段在《物理学》B 中，亚里士多德使用了技艺生产的比拟，这不仅是为了例示，而且看起来还是要提出种种与"自然四因的功能"有关的主题。在 *Ph.*B，与在生物学作品中一样，有若干次，自然的"目的因"的功能都被比作"技艺"的目的因（如 *Ph.*199a 15 ff.，200a 34 ff.）。但是在 *Ph.*199a 33 ff.，他处理了几种"自然没有获得自己目的"的失败情况，在这里，正是通过类比"技艺"中出现的失败情况，他解释了自然中发生的失败（畸形之类）——或不如说是为之辩解。如他所言，"'技艺'的产品中出现错误……由此可见（ὥστε δῆλον ὅτι），错误也会出现在自然的产品中。"之后在 199b 26 ff. 中，还有第二段引人注意的文字，其中，亚里士多德考察的还是目的因。他说，因为在自然之中看不到动力因有所筹划（即，不存在自觉的工匠），就否认自然中存在目的因，这是荒谬的。他指出，"技艺"也没有筹划。"如果造船这一行为在木材之中，它也会按照与自然相同的方式来活动。这样，如果目的因存在于技艺 [或也许为：在技艺里]，它也就存在于自然之中（ὥστ' εἰ ἐν τῇ τέχνῃ ἔνεστι τὸ ἕνεκά του, καὶ ἐν

---

① 参见 *PA* 641b 18 ff.，亚里士多德说，"秩序"和"确定"（τὸ τεταγμένον，τὸ ὡρισμένον）在天体中比在我们之中都更为明显：确实，在天上，"丝毫没有体现出随意或无序"。

② 见 *PA* 645b 17，读为 πολυμεροῦς（贝克尔读作 πλήρους）。

τῇ φύσει)。当某人治疗自己时，这一点就尤为明显，因为自然也像这个人一样。"特别值得注意的是，亚里士多德指出，自然的目的因不是自觉筹划的结果；而一般来讲，我们也肯定不能说，他完全混淆了自然生产和技艺生产这两个领域，或消弭了它们之间的重要区分；但是，即使它们是不同的，这两个领域也仍然是彼此"类比的"，而且在亚里士多德对变化的阐述中，他一再关注两者的平行关系，还提到了一些技艺产品领域的情况，它们既可以说明他对于自然变化的分析，又可以在某种程度上对此给予支持。

可以认为，我们之前一直考察的种种技艺性意象，其首要意义在于它们对两种重要的宇宙论学说的发展和表达起到了一定的作用，两种学说即，"独立动力因"观念和"宇宙中理性设计因素"的构想。（1）工匠意象有时表明了"动力因"和"它所作用的质料"之间的区别。在恩培多克勒那里，动力因和质料因还没有做出严格的划分，因为"爱"（Philia）本身似乎仍然被构想为，它是在它所创造的最终产品中的一种成分。但是在柏拉图那里，"动力因"和"受动者"被完全分离开来。之前在讨论希腊宇宙论中动力论观念的历史时，我们曾指出，柏拉图宇宙论的一个独特特征恰恰在于，他认为不可见的灵魂、这个运动的根源，完全是独立的实体，独立于它所促动的可见的身体，而在这里，通过技艺性意象，相似的划分也被表达出来，甚至表达得更为清晰：大工匠不同于质料，他将后者从无序带入有序。如果在亚里士多德的自然生成论里，动力因位于事物自身中，它事实上（ἔργῳ）不可能与之分离，那么他也在逻辑上（λόγῳ）区分了动力因和质料因，而且基本上，为了说明这一区分，他也依靠了对技艺生产的比拟。

（2）在希腊宇宙论中，技艺性意象可以表达多种对"宇宙中显现出来的理性设计因素或目的性"的构想，它在这方面起到了更为重要的作用。在前哲学时期的文学中，已经出现了许多文本，它们都证明了如下信念，即，至高无上的宙斯神控制着事物的命运，尽管宙斯的意志是任性的，而他的控制通常都用政治性意象、而非技艺性意象来加以构想（见上，pp.196 ff.，208 f.）。但是之后，几位前苏格拉底哲学家都使用了掌舵或引导的意象，将之联系了宇宙论始基；有时，这些意象还用来传达权力观念，而且更为突出的是，还传达了理智引导的观念。例如阿波罗尼亚的第欧根尼说，气引导万物（Fr.5），他还将气等同于"安排万物、使之最佳"的理智（Fr.3）。在恩培多克勒那里，我们发现了一些文本，它们在现存的希腊哲学文本中首次将宇宙论始基理解为具有"创造性工匠"的功能，尽管还很难说，在何种程度上，"设计"观念也隐含在他对于这种意象化方法的使用中。不过，柏拉图和亚里士多德却主要借助了技艺性意象来提出各自不同的对"宇宙中的目的性因素"的构想。柏拉图用来描绘"首因"功能的种种隐喻，形色各异，他的独特特点在于，利用了意象和神话形式（不过，对于神话的解释通常是学者争议的话题）来表达对这一论题的思想。而亚里士多德也使用了许多工匠的意象来联系他的"自然"学说，但他的特点却是，他所陈述的普遍理论，明确地支持而且证明了这些比拟，一方面，他指出了自然生产和技艺生产的不同点；但另一方面，他又断定，在这两种"生成"类型中，"按照类比来看"，各自的"四因"都是相同的。

最后，应该关注一下在柏拉图和亚里士多德那里存在的一个明显而且引人注意的反差，即，他们一方面在宇宙论和自然学说中反复使用了工匠的意象；但另一方面，他们又鄙视工匠这一职业。首先，很明显，从荷马的世纪到柏拉图的世纪，工匠的政治地位有了相当大的提升。自公元前 6 世纪开始，毫无疑问，工匠在许多城邦中都能够而且事实上也通常都是正式的公民：我们会想到，在雅典，梭伦甚至还邀请外邦的工匠来定居，并给予公民身份。① 希波克拉底医派的论著《论古代医学》和《论医艺》都证明了，公元前 5 世纪后期和公元前 4 世纪早期，所有技艺（不仅只有医术"技艺"）至少在某些地区，都受到尊崇。② 尽管如此，贵族和底层（尤其包括从事商业贸易和手工艺（βάναυσοι τέχναι）的人，即，手工业者或工匠）彼此之间持续不断的反感颇为明显；这一点，当然最为强烈地体现在柏拉图本人的对话中。但是，在柏拉图那里，却存在着一种难以否认的反常，一方面，柏拉图对工匠表达了轻视，如《理想国》（如 495de，522b，590c）；另一方面，

293

---

① 亚里士多德告诉我们，"在某些城邦，古时的工匠都不能参与统治，除非极端民主制建立"（*Pol.*1277b 1 ff.），也参见 1278a 6 ff.，他注意到，"在古代，有时候，工匠阶层（τὸ βάναυσον）要么是奴隶，要么是外邦人；因此直到今日，大多数工匠依然如此"，他接着指出，"最佳形式的城邦不会让工匠成为公民"（a 8）。也参见《法篇》846d，柏拉图禁止定居的公民成为匠人。

② 尤见 *VM* ch.1，*CMG* 1，1 3 6 7 ff. 和 *de Arte* ch.1，*CMG* 1，1 9 2 ff.；见 Festugière，pp.xv ff. 和 Heinimann，2。

他却将宇宙的创造者描述为大工匠或塑蜡像师（*Ti*.28a 6，74c 6），还使用了取自手工业的意象来描绘创造者的活动。① 与之相似，亚里士多德描绘"自然"的劳作时所使用的种种意象，不仅取自更为高雅或自由的艺术，也同样来自手工业，比如，他将"自然"比作塑像师（*PA* 654b 29 ff.；*GA* 730b 27 ff.），但是，他也明显轻视工匠阶层，认为他们从事的职业配不上公民资格（如 *Pol*.1277a 37 ff.，1278a 6 ff.，1328b 39 f.）。的确，这两位哲学家轻视的，是那些为了谋生才从事技艺和工艺、不考虑高级事务的人，而非这些人的活动。② 然而，考虑到他们对于那些仅仅在人间的工匠评价甚低，因此仍然值得注意的是，这两位哲学家还是反复地将"创造者—神"或"自然"描绘为工匠；而我们要得出的结论则是，正是由于技艺和工艺为理智性和目的性活动提供了显著的模式，故而，这两位哲学家才会在宇宙论中使用这方面的意象，尽管他们对于人类社会中擅长这些活动的主要人士心存偏见。

294

结　论

当然，目前的研究并非自称要全面地考察早期希腊哲学家的宇宙论中所使用的意象化方法。而且，应该注意到，由于在这项研究中，仅有的真正可靠的证据原本都来自对哲学家本人的引述，因此与毕达哥拉斯派、原子主义者和其他哲学家有关的证据都相对匮乏，而在我们现存的资料中，对这些人的描述也特别稀少。尽管如此，在直到亚里士多德为止的时期中，在出现

---

① 在赫西俄德那里，如 *Op*.60 ff.，宙斯被描绘为引导赫淮斯托斯将潘多拉造出，其中的看法很可能是，卑微的手工制作，居于高贵的宙斯之下。值得注意的是，柏拉图也使用了同样的手法，描绘大工匠引导其他众神执行任务（*Ti*.41a ff.），但这并不是要让大工匠避免陷入因亲自参与制作之事而导致的低贱；相反，是为了表明，大工匠本人并未直接负责的产品，都是不完美的。

② 如亚里士多德认为的，好人、政治家和好公民，都不应该学习被统治者的工作，"除非偶尔自用"（*Pol*.1277b 3 ff.）；在 *Pol*.1337b 17 ff.，他指出，实施的特定活动，其目的是关键：做出的某个行动，或是为了行动者自身，或是为了朋友，这看起来就是自由的，而同样的行动，为了其他人去做，这就可以认为有奴性。[我要感谢 F.H.桑德巴奇先生（F.H.Sandbach）让我注意到了这一点]

在希腊宇宙论作品的意象里，我之前讨论过的那三组当然还是最为重要的；对它们的使用如此广泛，这可以多少避免我们掌握的片段性的证据所导致的曲解的效果。

下面，我要回顾和总结一下对这些意象的研究所提出的一些主要结论。首先，它们在某些关键的宇宙论学说的发展和表达中起到了重要的作用，而且的确，有一些我们讨论的学说，与将其表达出来的意象似乎有着不可分割的联系。前苏格拉底哲学家一再借助具体的政治性或社会性意象来传达自己的针对"宇宙秩序"的构想，尤其还有"种种第一宇宙实体或宇宙力量之间的自我调控之关系"这一思想。其次，将世界构想成有机生命体的看法，深刻展现了唯一的宇宙整体；这能将宇宙的发展描述成自然的生长或进化。最后，取自技艺的种种意象都尤为重要，它们作为手段，用来表达两种观念，即，独立的"动力因"，以及宇宙中的设计因素；至少在柏拉图那里，整个世界的创造有时候被表现为工匠—神的劳作。而希腊哲学家，在对"控制世界之中的变化和生成的种种因素"作一般化概述时，尤其是传达各种相关"宇宙—秩序"（cosmos）本身——为多元现象提供基础的统一性——的构想时，他们都一再地使用了来自政治、生物、技艺领域的观念去描述特殊宇宙始基的种种功能。值得注意的是，不仅，来自于政治论和生物学的观念，深刻影响了希腊宇宙论，而且，类似的对取自其他领域的意象的频繁使用，也影响了希腊政治思想和生物学的历史。不仅，宇宙—秩序有时候被展现为一座城邦，或有机生命体，而且反过来，在希腊政治理论中，城邦也频繁地被比作一个生命物；而再反过来，在医学作家那里，有机生命体也常常被描绘为一个包含对立势力或党派的复杂体。① 再有，有一些最为精细的"宏观世界和微观世界"的比拟，出现在希

---

① 前面已经指出，有些政治意象常见于希腊医学理论中，见 p.216，n.1 和 p.230，n.1。对于城邦和生命物之间的类比，一个最为显著的例子当然就是柏拉图《理想国》中"城邦"和"个体"的比拟（关于这一点，见下，pp.396 f.，在我讨论类比论证的一章中）。值得注意的是，亚里士多德在不同地方也使用了这一类比，其角度有二：一是生物学著作中（*MA* 703a 29 ff.），将生命物比作控制良好的城邦；二是在《政治学》中，将城邦的政体描绘为如同生命一般 [1295a 40 ff.；参见他对"真正"政体和"堕落"政体的区分，后者是前者的变异（παρεκβάσεις），如 1279b 4 ff.；动词 παρεκβαίνειν，在 *GA* 771a 11 ff.，用来指出生的畸形]。

波克拉底医派的论著中，这些作品里，作者的目标一部分是要提出某些相关"宇宙—秩序整体之结构"的理论，一部分则是阐述某些比如与人体解剖结构有关的观点。[①] 后一个方面的例子尤其明显地揭示了，宇宙论和生物学理论彼此之间有着深刻的影响。不仅宏观世界按照微观世界来理解，而且相反的过程也出现过；对个体生命物的构想受到了关于宇宙整体之理论的影响。在这一章，我们的主题是宇宙论方面的意象，而这些意象又恰恰是更为宏大的综合性类比的一部分，其中交织着与自然和技艺、城邦、有机生命体、世界整体有关的种种希腊人的观念。

在苏格拉底之前以及之后时代发展出的某些典型的宇宙论学说，通常都借助具体的政治性、生物性、技艺性的意象来加以表达。但是，在何种程度上可以正确地认为，这些学说所遵循的"信念模式"能够追溯到更早期的也就是前哲学时期的文本呢？第一，一个普遍的结论是：在我们考察前哲学时期的世界—图景（如果可以这样命名）以及早期希腊宇宙论时，我们已经追寻到了源自三种主要的人类经验领域——社会领域，生物领域，手工业领域——之观念的主导功能。毫无疑问，可以认为，一切宇宙论学说都或多或少地反映了其作者的经验，可以在广义上理解"经验"，它囊括了这些作者对于自身环境的全部意识。但是，早期希腊宇宙论似乎尤其依赖于这样的观念，它们特定地源自"人对同类的亲身经验"：当然，这尤其符合社会性、政治性和技艺性意象，而且也在较小的程度上合乎活力论观念，因为某些哲学家认为人类本身就是这种类型或模式的生物。如果早期希腊宗教主要是拟人化的，那么我们可以说，毫无疑问，早期希腊宇宙论则始终主要"以人为中心"。第二，在某些情况中，"哲学家使用的意象"与"出现在前哲学时期的信仰和神话中的意象"存在着更为明确的相似性。这一点明显见于"将宙斯构想为至高无上的统治者"这一传统看法：赫拉克利特和柏拉图都使用了君王和父亲的称号，前者用之称呼战争（也许带有某种反讽），后者用之指涉造物主或大工匠，以及宇宙的理性。不过，还可以认为，恩培多克勒、柏拉图和亚里士多德使用种种技艺性意象所描绘的"创造性的能动者"，在工匠—神赫淮斯托斯的形象中也有其神话原型。当我们考察"爱若斯和爱

297

---

① 见上，pp.252 f.，尤论 *Vict*.1，ch.10，L VI 484 17 ff.。

(Philia)"在巴门尼德和恩培多克勒那里起到的功能时，我们就能理解，亚里士多德有充分的理由指出这比拟了赫西俄德的爱若斯，因为早在《神谱》中，性方面的意象就被广泛用来描述"代表着诸多不同类型之现象的、种种拟人形象的生成"。

但是，哲学家的宇宙论在若干方面上都不同于我们考察过的前哲学时期的神话和信念，这些方面都是显而易见的，而且颇为重要。第一，哲学家的学说第一次成为了"宇宙论"理论。在我们掌握的现存的前哲学时期的希腊文本中，并没有证据证明，世界整体曾经被构想为一座城邦或一个单一的生命体，更不要说构想成人工制品了。相反，极为有可能，正是哲学家才第一次明确表达了这三种不同的、将宇宙构想为统一体的看法。第二，我们讨论过的前哲学时期的神话通常来说都具有个体性和特殊性，但哲学家的意象往往指涉抽象和一般。荷马和赫西俄德都极为生动又细致地构想了诸神的社会，然而，哲学家并没有将社会性意象用于个体神祇，而是用于抽象的宇宙论始基。在荷马和赫西俄德那里，宙斯是至高无上的统治者，而他的统治基本上是（甚至完全是）任性无常的，但是，在诸如阿那克萨戈拉、阿波罗尼亚的第欧根尼和柏拉图这样的哲学家那里，"至高无上的统治"这一意象并没有用于任何专断随意的神，而是用于了事物自身之中的秩序和理性始基（努斯、气—理智、宇宙理性）。当我们在早期希腊文本中发现拟人化的自然现象时，这通常意味着，种种现象具有自己的意志；我们还发现，有些地方，明确表明了它们行为的随意和不可预知（如赫西俄德提到了拟人化的疾病，"随心所欲地"在众人之中闲逛，*Op*.102 ff.，见上，p.207，n.2）。此外，哲学家对生物学观念的使用也体现出了这样的差异，因为，尽管柏拉图和亚里士多德都一直相信，星辰是生命体，但是，我们曾主张（pp.267 f.），这并不能联系到"它们的运动是随意的"这一看法：相反，这两位哲学家都一再重申，天体的运动遵循着至高无上的秩序。同样，虽然在赫西俄德那里，他使用了技艺性意象来描绘"潘多拉的创造"，但是，这一创造的动机却被说成是宙斯的复仇的欲望，与之相反，在哲学家之中，对工匠意象的使用，联系了一种一般化的对创造力的构想，如恩培多克勒的"爱"，柏拉图的"造物主—神"，亚里士多德的"自然"。那么，我们就知道，在前哲学时期的、指涉个人性神祇或某种拟人化形象的神话和意象之中，隐含着强烈的"随意"因素，而相反，在哲学家那里，其类型通常极为相似的种种意象，都尤其用来表达与"秩序"和"理性"有关的观念，用来传达将宇宙构想为单一、统一之整体的看法。第三，哲学家的意象之所以特异于前哲学时期的意象，不仅是因为这些意象是对宇宙论问题的反思的产物，还因为，它们是理性争论和批评的主题。的确，"万物第一质料具有生命和神性"这一观念为所有最初阶段的希腊哲学家普遍接受，但是，我们曾经注意到，不同的宇宙论者针对世界——有机活体这一主题，提出了种种颇为迥异的说法、以此试图解释世界的进化或世界当前的状态。就社会性和政治性意象而言，我们不仅发现了三种不同类型的、由不同理论家使用的模式，而且，在一个例子中（赫拉克利特 Fr.80），我们还掌握了相当清楚的证据，证明了这样一位前苏格拉底哲学家曾有意修正和改造他的某位前人提出过的意象。

对于之前的信仰和神话，早期希腊宇宙论在一些方面似乎有所继承，在另一些方面则明显与之脱离，这样的种种方面，我们前面都已经考察过了。但是，在我们一直研究的这一段希腊哲学时期，我们能够探寻到某些重要的修正，它们出现于"意象在宇宙论中的功能"以及"针对这些意象之使用的态度"上。随着希腊哲学的发展，人们愈加意识到了不同种类事物的区分（如有生命物和无生命物），不同现实领域的区分（如社会和自然）。的确，关于早期希腊哲学之最初阶段，我们掌握的证据让我们不可能确定，米利都人或最初的毕达哥拉斯派对于这样的一些论题持何种观点。但对于德谟克利特，则似乎很清楚，较之泰勒斯，他更加充分地理解了有生命物和无生命物之间的界限；我们也能探寻到，直至公元前 5 世纪末，对于 φύσις 和 νόμος，即自然和人为习俗的区分，人们的关注度也越来越强，这一趋势明确而又显著。不过，我们还发现，后来的哲学家重又做出了某些似乎已经被之前的作家消弭甚至彻底忽视的区分，而且在我看来，我们也完全有理由认为，哲学家对于他们的"宇宙论意象的性质和地位"的意识，有了普遍的发展。恩培多克勒 Fr.17 提供了第一个清楚的证据，证明了一位前苏格拉底哲学家已经认识到，他在自己的宇宙论中，将某些概念用于了新的语境；我们还可以猜测，阿那克萨戈拉也同样意识到，他在自己的自然理论中对"种子"概念的使用，超越了通常的所指领域。但是，对于宇宙论中种种意象的使用这一主

299

300

题，（例如）恩培多克勒和亚里士多德在观点上的差异颇为明显，只要我们考察一下后者在 Fr.30 对于"誓言"隐喻的批评。亚里士多德指责说（我们有可能也会这样指责），恩培多克勒没有任何理由来解释"爱的统治"向"斗争的统治"的转变。不过，有可能（我认为），恩培多克勒本人完全没有预见到这样的批评：对他而言，誓言意象似乎充分"解释"了上述转变。与许多前苏格拉底哲学家的宇宙论意象一样，恩培多克勒 Fr.30 的"誓言"或"契约"也提供了具体的、不言自明的社会性模式：只有当我们质疑这个隐喻、试图将之转译为物理概念时，它无法解释"爱向斗争的转变为何出现"这一缺陷才会显明出来。

若干后来的前苏格拉底哲学家很可能也认识到，他们也是在新的语境中，即，在宇宙论或物理学学说中，使用了人所熟知的概念。但是，正是柏拉图，首先普遍区分了"意象和'神话'"与"合理的阐述和证明"。但是，在"宇宙造物主和父亲的性质"、"理性运动之性质"这样的主题上，柏拉图明确否认能够做出"非形象性"（non-figurative）的阐述（*Ti*.28c；《法篇》897de）；而显然，他相信，意象是表达某些至高真理的必要条件。他用来传达自己宇宙论学说的许多隐喻，都与之前的作家有着密切的对应关系；可以认为，他对于意象化方法的使用，与赫拉克利特或恩培多克勒这样的哲学家一样，都具有一个共同点：在这所有三位哲学家中，我们发现了一系列彼此相反甚至冲突的、描绘宇宙始基之功能的意象。如我们之前所见，在赫拉克利特那里，Fr.30 中，世界—秩序被等同于永生之火，但是在其他残篇中（64，66），火按照另一种功能，"引导万物"，还会"裁决和宣判"它们（在其他地方，Fr.90，"万物"被说成是"与火交换，而火交换万物"）。在恩培多克勒那里，统合四根的那个始基似乎（我们可以说）内在于四根，它被描述为"性吸引"或"友爱"的力量（如 Fr.17）；但是，在其他地方（Frr.73，75等），库普利斯犹如匠人，四根是她的质料；而这些意象，当表达出来之后，可以认为，它们表明了，爱在某种意义上是一种超越性的力量。在柏拉图那里，这种趋势也许得到了最为充分的发展，因为他用了一系列彼此关联的意象（君王、父亲、舵手、大工匠、好的灵魂）描绘了在世界之中产生作用的"首因"，其中每一个意象都有着略微不同的联系，每一个又都在不同的方面上传达出了这种原因的本性，以及它同其他生成因素之间的关系。在每个例

301

子中，对于一位尤为看重一致性原则的现代阐释者，他也许会禁不住选择一个意象（或一组意象）、用它来代表这个哲学家的真正而又确定的构想，尽管这种努力肯定是误入歧途的。相反，在每个例子中，为了理解复杂的原创思想，我们不应该将这些意象处理为可供取舍的选项，而是将之作为累积的和互补的解释（这种处理方式，正如我们看到过的，与处理许多前哲学时期的意象的方式一样，pp.201 ff.），每一个意象都补充了、而（可以说）没有限制作者的构想。

亚里士多德并没有完全从活力论观念——即在希腊宇宙论中反复出现的那些观念——的影响中解脱出来，比如，他断定，天体赋有生命，地球也受制于生长和衰朽的循环。但是一般来说，他的宇宙论明显不像之前大多数作家的宇宙论那样依赖于隐喻和意象。他对于变化和生成的始基的阐述就是明证。恩培多克勒、阿那克萨戈拉和柏拉图也表达了关于生成的思想，但他们借助了取自日常经验之某些方面的具体意象或模式，而亚里士多德却是在四因说中明确而且一般地阐述了变化的始基。四因"在类比上"（τῷ ἀνάλογον）是相同的：即，它们以不同的方式用于两个不同的生成领域；他区别地分析了自然和"技艺"中的变化。四因说并不以意象为基础，而是立足于有意的类比：它并不源自于（因为自然和"技艺"内在地并不比其他事情更易知，从而）有意或无意地"将未知之事等同于日常经验之事"这一做法，而是归因于对"两个被认知和区分的生成领域"的明确比较。与任何关于"变化"的一般理论相同，这一学说当然也试图表明两个不同现实领域之间的重要的相似性，但是在该学说中，所涉及的两个不同的现实领域是被区别地加以分析的；它不仅指出了它们的相似性，也指出了它们的某些差异。①柏拉图对于宇宙论中意象的使用，其态度在如下这一点上明显不同于前人，即，他充分意识到了（单纯使用的）意象和证明性阐述的不同（前人却不可能如此）。但是，一个更深刻、更重要的差异，让柏拉图与亚里士多德在这一点上有所不同，与大多数前苏格拉底哲学家一样（在这一点上，也与许多

①	比如，他表明，在自然中，动力因位于事物本身中，但是在"技艺"里，它外在于制作的产物；他也注意到，尽管工匠有意地筹划，但自然就并非如此——即使在其他地方（如，将潜在性和现实性学说运用到元素的自然运动中），他似乎低估甚至忽视了将自然和人工这两个不同的生成模式分别开来的差异。

303　后来的哲学家一样），柏拉图主要依靠意象来表达自己的宇宙论学说，但是，亚里士多德却明确拒斥了在整个推理中使用隐喻的做法，[①] 而实际上，他对于（至少是）"地上变化"的一般始基的阐述则是明确的、非形象性的，而且它立足于对不同现实领域的条件的分析。

---

① 见下文，pp.404 f.。

第五章
比拟在特殊阐述中的功能

在希腊的思辨思想，以及希腊人试图建构全面的宇宙论、解释特定的自然对象或现象的尝试中，我们可以大致区分出两条重叠的脉络。我已经试图揭示了某些类型的意象在希腊哲学家提出的、一般宇宙论学说中起到的功能，但是下面，我们还必须考察，在他们对特殊现象的本性和原因的研究中，比拟所起到的作用。

前苏格拉底哲学家的研究遍及方方面面的论题，种类繁多。的确，他们最为显著的成就之一就是，他们开辟了如此之多的探究领域，他们首次探询了如下"问题"：天体本性，地震、天食、雷电等自然现象的原因，生命物的一般起源，人类的特殊起源，感觉的本性，等等。而到了公元前 5 世纪，我们开始发现，人们提出了种种明确的观点，针对"科学理论应该符合何种标准"这一问题（例如希波克拉底派的论著《论古代医学》）。但是，从一开始，如果我们考察一下希腊哲学家在他们提出实际理论和解释时的做法，那么，在他们对于自然现象的阐述中，我们就会观察到某些反复出现的特征。当然，在确定自己的阐述时，他们并没有消极地借助超自然物，相反，他们提出的解释中，最为明显的"积极的"特征之一就是频繁地使用类比。许多归于前苏格拉底哲学家或出现于现存残篇中的理论，都涉及甚至包
括了一种试图"将待解释的现象比作其他某种更为熟悉的事物"的做法（无论这两者之间是否存在着可以辨认出的相似性）。那么，如我之前所说，将某种不熟悉的事物比作更易知的事物，这是常识的做法；而我们也已经考察

过了荷马那里的大量的语境，其中，当某人面对新异或奇异的人或事时，他的反应就是将之比作某种熟悉的事物。但是在这里，我想考察的，是哲学家和医学作家在解释自然现象的语境中，如何使用和采用了相似的过程。为了更为正确、更为深刻地理解一个事物的本性，思考"它像什么"，这明显是可能的初始步骤；我们后面会看到，比拟在早期希腊思想中发挥了特别重要、富有成效的功能，对于种种按照事物本性、不可能直接探究的现象，其理论的来源就是比拟。同时，我们还必须要考察，在何种程度上，最初的希腊研究者不再是仅仅在自己的理论中提出可能的类比？他们提出的类比具有何种力度？看起来他们如何批判性地评价这些类比？此外，在何种程度上，他们立足于类比所提出的理论，有可能接受检验和验证？而在何种程度上，他们试图这样处理？在早期阶段的希腊科学中，比拟起到的功能是复杂的，因为它们不仅被广泛地用作理论和解释的来源，而且还作为提出理论和解释的依据；在后一种语境中，我们找到了大量所提出的、尤为复杂的类比，有一些还涉及了专门加以设计的研究。此外，在前柏拉图时期的作家那里，针对自然研究中采用的"方法"这一主题，有不多的文本表述了这方面的观点或是提出了建议，如果我们对这些文本加以考察，那么，我们会看到，在若干显著的例子中，这些地方都联系了类比的使用。

米利都学派哲学家

306　　　　我们应该考察的第一个证据相关于米利都学派的哲学家。[①] 在这方面，我们依据的记录都是二手的，其中许多都是晚出，而且不可信，这让我们必须特别谨慎地对每个比拟的证据加以评估。不过在一个方面上，他们解释特殊现象时的阐述，比起相关一般宇宙论的阐述来说，通常要更为可靠，因为前者不太可能事先预设任何与高级的哲学划分有关的知识（比如质料和动力

---

① Kranz, 1, 收集了前苏格拉底哲学家的明喻和隐喻（但没有解释性的评注）。更为重要的、对前亚里士多德时期比拟功能的研究，来自第勒（Diller, 1, 专门处理了恩培多克勒到德谟克利特时期），以及雷根伯根（Regenbogen, 专门处理了希波克拉底派的论著《论生殖》、《论儿童本性》、《论疾病》IV）；也参见 Snell, 3, ch.9。

因的划分）。包含在我们掌握的二手资料中的诸多比拟，有几个颇为显著和相关，而且在某些例子中，其意象似乎更有可能来自米利都学派的哲学家，而非评注者的发明。我下面就要考察某些尤为值得关注的例子，它们依次来自每一位米利都学派的哲学家。

（a）泰勒斯。地在水上漂浮

亚里士多德有两次将"地在水上漂浮"这一学说归于泰勒斯。在 *Metaph*.983b 21 f.（DK 11 A 12），他说，泰勒斯"宣称，地依存于水上"；但在 *Cael*.294a 28 ff.（DK A 14），他更为谨慎地将这一思想归于泰勒斯："有一个最古老的说法 [即，关于地为何静止]，它流传给我们，人们说，这来自米利都人泰勒斯，即，地静止，因为它漂浮，就像一段木头之类的东西。"在古代，[1] 已经有人指出，泰勒斯的这个理论（与"水是万物之源"这一思想一样）来自埃及；而在埃及神话中[2]，地（Geb）被想象为漂浮在太初之水（Nun）上。但是，无论这一说法，我们如何评价，通常得出的观点都是，泰勒斯的理论应该在这方面区别于埃及人或其他任何神话，它指的不是个人性的神，而是熟悉的实体"土和水"。诚然，他很可能会进一步将它们理解为在某种意义上具有神性，[3] 但是，在其他方面，它们完全不像希腊或埃及宗教中的人形神或动物形神，这两种的谱系以及使用都是无数神话的主题。[4]

在 *Cael*.294a 30 ff.，"一段木头之类的东西"这样的例子以及之后的"因为这些东西都不是自然地依靠气，尽管依靠水"这样的解释性的陈述，都似乎是亚里士多德自己的说明和评论。但是，如果我们完全接受亚里士多德的论述（似乎没有理由不这么做），那么泰勒斯明显认为，地是漂浮的，无论

---

① 　见 Simp.*in Cael*.522 16 ff.，DK A 14；参见 Plu.*de Is. et Osir*.34，364d，DK A 11。

② 　见威尔逊，Frankfort，2，pp.54 ff.，59 ff.。关于埃及和近东的、与"水是万物之源"这一思想对应的各种可能的说法，见 KR，pp.90 ff.。

③ 　前面 pp.233 f. 讨论了泰勒斯的"万物充盈着诸神"这一主张的可能的含义。

④ 　例如，我们可以注意到，在埃及神话中，努恩（Nun）和格布（Geb）各自都有配偶，即，娜无奈特（Naunet，天之反面）和努特（Nut，天空女神）。

他是否明确将之比作一段木头。如果我们询问，为何他主张这一思想，那么也许（如亚里士多德指出的）他意在解释，为何"地"不会"塌落"；另一种可能是（或是补充）他或许想将"地"与他的第一实体"水"联系在一起，表明后者的优先性。在这两种情况中，"地漂浮"这一观念都很容易受到明显的反驳。亚里士多德注意到，"让地依存"的水，"它的支撑物是什么"这一问题并没有得到处理；他也指出，事实上，土块（不像段段的木头）并没有漂浮在水上（*Cael*.294a 32 ff., b 3 ff.）。但是，对泰勒斯这一观念的判断，应该首先要联系这一问题的含混（在亚里士多德看来肯定是这样），其次要联系前人的关于不同"世界群"之物理联系的构想。① 例如，我们可以将之与阿特拉斯擎天的神话（Hes.*Th*.517 ff.）比较一番。与之相反，泰勒斯的观念是"理性阐述"，即λόγος，这首先是因为，它没有提及任何人形神或超自然者；其次是因为，它立足于某种积极的类比，类比的两方，一方是"所要解释的效果"（为何大地"被托起"），一方是在其他地方观察到的效果（固体事物在漂浮时，就被"托起"）。的确，泰勒斯似乎忽视了消极的类比（土块和木头在水上的表现不同），但他并没有否认自己的看法；对于那些首先处理"大地为何明显静止"这一问题的人，也许我们更应该同意亚里士多德的公允的判断："他们对于这一难题的研究，似乎取得了某种进展，但是他们本可以更为深入"（*Cael*.294b 6 f.）。

我们还应该注意到，泰勒斯对于地震本性的意见也很可能立足于"地在水上漂浮"这一思想。至少按照塞涅卡的看法（*Quaest.Nat*.III 14，DK A 15），② 他认为，"地由水支撑，如船被负载，水的运动将之摇摆，此即所

---

① 荷马与赫西俄德更感兴趣种种地下领域的（那是死人的住所，堕落之神的牢狱）可怖的方面，而不是他们描绘的形象含混的地下世界的地理。有些段落（如 *Il*.8 14）提到了地下的深渊（宙斯将冒犯他的神抛入其中）。但是，在 Hes.*Th*.726 ff.，我们也知道地的"根"，被说成是从塔塔罗斯（Tartaros）上方长出。也参见 *Th*.736 ff.；见 KR，pp.10 f.；最近的研究，见 Stokes，*1* 和 *2*。

② 塞涅卡当然是晚出的权威来源，而且应该注意到，在 *Mete*.B 7 的对前人论述地震的全面研究中，亚里士多德并没有提到这一理论。不过，塞涅卡的记录间接来自于特奥弗拉斯托斯；似乎无需否认他的说法，除非我们采纳迪克斯（Dicks，pp.294 ff.，尤见 pp.298 f.，308 f.）的极端消极的看法，即，在亚里士多德时期，关于泰勒斯的理论，都很少或完全没有真实的信息可供利用。

谓的'震动'"。这一看法也在表面上相似于之前的神话构想，因为通常来说，地震归因于海神波塞冬，他是让大地震动者（Ἐννοσίγαιος、Ἐνοσίχθων、Σεισίχθων）。[①] 但是当然，泰勒斯的理论（如果是这样）明显也没有提及任何波塞冬之类的神祇。海浪上摇动的船，似乎成为了简单而且熟悉的模型，可以解释地震时发生的情况，地震被想象成"大地依靠之水"的运动的效果（尽管，至少我们掌握的资料中，并没有说明，水为什么有时候会运动）。那么似乎有可能，泰勒斯使用"地在水上漂浮"这一观念不仅要指明，大地如何被托起，还要解释地震的本性。他对于这些问题的研究（毫无疑问，他的研究似乎极为含混）依然流于表面。不过，无论他的"漂浮的大地"的思想有何种局限，我们也许可以声称，它具有某种简约性，因为它在两种不同的语境中用来处理两个独立的问题。

(b) 阿那克西曼德。形成天体的火焰，在环绕大地的气周边生长，就像树周身的树皮

　　伪托普鲁塔克的《杂集》（*Stromateis*，2，DK 12 A 10）曾对阿那克西曼德的宇宙起源论做过描述，其中有一段常被讨论的文字："他说，从永恒者中生出热和冷的东西，在这个世界生成时就分化出来；从它之中，火球在围绕大地的气周边生长，就像树周身的树皮。当它 [即火焰] 脱落，封闭在某些环中，日月星辰就形成了。"大多数学者都同意，这一描述中包含的某些构想，都至少出自阿那克西曼德本人。其他资料则确定了，例如，天体被认为如同火环，封闭在雾中。[②] 但是，如果就像我们之前所见，世界明显被构想成，如同有机生命体一样生长，那么阿那克西曼德使用的意象，以及意象同他对天体的阐述的确切关联，在某种程度上还是含混不明的。那意象首先是植物方面的，还是胚胎学的呢？鲍德里（Baldry，pp.29 ff.）注意到了如下事实，在上面的记录中，所使用的若干概念，如 γόνιμον、ἀποκρίνεσθαι、ἀπορρήγνυσθαι、φλοιός，都具有胚胎学语境中的专门的含

①　如 *Il*.20 57 f.，参见前，p.203。

②　这方面的证据，见下面的讨论，pp.312 ff.。

义（尽管这并不意味着，《杂集》的作者在这里就必然是在胚胎学意义上使用这些词的）。① 鲍德里接着指出，原始的意象与胚胎学有关，因而通过"火球"（指一种卵形结构），他主张，提到树的那句话是不重要的，或者是后补的。但海德尔（Heidel，*4*，pp.686 ff.）得出了非常不同的结论。他接受了"树皮"的比拟，并且主张，σφαῖρα 一词是不精确的。他指出（p.687），"后来的作者有个习惯，就是不加分别地将欧多克索斯的观念归给之前的宇宙论者"，在关于阿那克西曼德的学案记录的其他地方，我们还发现了一个例子，其中对天球的说法几乎肯定是不恰当的。② 如果似乎很可能，阿那克西曼德认为，星辰就像日月一样，看起来都处于环的开口上（而非在一个球体或多个球体上），③ 那么"火球在环绕大地的气的周围生长"这一观念就没有必要，而且画蛇添足了。

311　"卵形结构"的观念也许存在也许不存在于阿那克西曼德原始的理论中，但无论如何，对于树喻，当我们对之加以考察时，它似乎在若干重要的特征上符合阿那克西曼德对世界存在状态的构想。希波吕托斯（Hippolytus，Haer.1 6 3，DK A 11）、艾提奥斯（III 10 2，DK A 25），还有《杂集》的作者都同意，"地是圆柱"——比如，类似石柱——的理论属于阿那克西曼德。而上面的段落，又隐含地将之比作了树干，那么这一说法似乎是正确的。④ 日月星辰这些天体，形成了一系列向心的环，围绕着这根圆柱，以之为中

---

① 从补充的 ὡς τῷ δένδρῳ 这个词组可以看出，至少对于 φλοιός 这个词，《杂集》的作者使用的是通常的意义"树皮"，而非在胚胎学上的"胎膜"（包裹胎儿的膜）。KR（p.133 的注释）指出，这里使用的词都没有专门的胚胎学的意义："它们是常用的、可以自然地用于胚胎学和宇宙起源论的术语（除了 φλοιός，它更频繁地表示'树皮'）。"

② 在 Aet.II 16 5，DK A 18，那里记录说，星辰由"它们的环和球"负载（ὑπὸ τῶν κύκλων καὶ τῶν σφαιρῶν），但是，补充的 καὶ τῶν σφαιρῶν 这一词组，几乎肯定是不正确的。对环和球的提法有着严重的问题（关于这一点，见 KR，pp.136 f.：但阿那克西曼德为什么本应该认为，不止一个天球才是必要的，这还是含混不明的），但除此之外，在 Hippol. *Haer.*164 f.，DK A 11 和此处（*Srom.*2），还有一个明显的证据，证明了，阿那克西曼德认为"环"既表示星辰，也表示日月。

③ Hippol.*Haer.*16 4 f.，DK A 11；Ps.-Plu.*Strom.*2，DK A 10。关于 Aet.11 16 5，见前注。

④ 按照伪托普鲁塔克的作者的说法，大地的宽度是深度的 3 倍。树干和石柱的比拟都表达了阿那克西曼德的"大地是圆柱形"这一看法，尽管这两个比拟，就其自身而言，并未传达出阿那克西曼德对于大地实际维度的理解。

心；很容易认为，这里有可能又是一个关键点，它表明了，树喻符合阿那克西曼德的天文学理论，因为树是随"向心环"有规律地生长，说明不同的"天体环"的生长，天体与中心的距离都是一致的。但如果是这样，他如何构想火焰的"脱落"？阿那克西曼德也许知道几种树木，它们会自然地脱皮。①我认为，他不太可能会将某些这样的现象作为模型来表明形成天体的火焰的脱落，而且在这种解释中，还存在着一个难以决定的困难之处，即，阿那克西曼德想的，是不同层次的树皮一层又一层的脱落，还是仅仅一层稠密的树皮整个脱落，然后分离成不同的环。②

　　对于《杂集》描述的阿那克西曼德的宇宙起源论，上面的解释在某些方面是可疑的，但是，似乎很可能，"树皮围绕树生长"的说法是原创的。这一比拟有着若干显著的特征。首先，其中存在着复杂的类比，它明显比（例如）泰勒斯的"地在水上漂浮"的说法更为精致。树干对应了圆柱形的大地。火焰生长，围绕着中心，但并不与之分离，它会变为天体；在这一点上，似乎树的生长的向心环，对应了"按照一系列向心环围绕着大地"的天体的最终结构。同样有可能，阿那克西曼德想象的火焰的脱落，就如某些种类的树的树皮剥落。树的生长和世界的生长的相似点，在阿那克西曼德这里，似乎得到了相当详细的处理。但是，我们也应该注意，在某些地方，这一模型还需要修改，方能适合他的宇宙论。之前已经指出（p.311，n.1），树干表明了大地的圆柱形，但并没有表明大地的确切维度。而日月以地为轴的环形的倾斜度（Aet.II 25 1，DK A 22），则是另一处他的模型难以精确地符合自己宇宙论的地方。阿那克西曼德颇有雄心地试图描述世界不同部分的形成，而我们看到，树的类比仅仅构成了一个更为精致的、将这一类比加以扩展并在某种程度上对它做出修正的理论整体的一部分。

312

---

① 特奥弗拉斯托斯，*HP* 1 5 2，提到了 ἀνδράχλη、μηλεά 和 κόμαρος[霍特（Hort）将之分别划分为 Arbutus Andrachne（希腊莓）、Pyrus Malus（苹果）和 Arbutus Unedo（莓实树）]，它们是常见的几种树木或灌木，其树皮会自然剥落；或许阿那克西曼德也知道这三类，或其中的某种。

② 前一种看法似乎更自然，但 *Strom.* 中的描述看起来指的是唯一一次"脱落"。紧跟下面提到的火焰"封闭"（此处用的是 ἀποκλεισθείσης 一词）成环，也是含混不明、难以解释的，不过，如果就像海德尔的看法一样，σφαῖρα 一词一开始就不精确，那么，既然明显还需要将"球"转换为环，因而这就有可能让此处出现某些困难。

（c）阿那克西曼德。天体是封入雾中的火轮，它有某些开口，让天体从中可见

希波吕托斯和艾提奥斯，在他们对阿那克西曼德的天体论的记录中，都大体上看法一致。Hippol.*Haer*.1 6 4，DK A 11 说："天体生成，如同火环……封入雾中。又有一个个气孔，一些管状的通路，天体从中透现。"艾提奥斯 II 20 1，DK A 21，说，太阳"是环……如同马车轮，有空的轮辋［即轮箍］，充盈着火，在某一点上，透过孔洞，如同透过风箱的风口，显现出火"；类似的描述也涉及了阿那克西曼德关于月亮（II 25 1，DK A 22）和星辰（II 13 7，DK A 18）的理论。这些记录都是晚出的，在若干微小的细节上，它们很难解释。但它们描绘的理论，其主要特征却显而易见。天体被认为是车轮或火环，穿有开口，日月星辰得以透现。车轮本身是不可见的，因为它们周围都是雾。车轮上的开口有各种不同的描绘。在我们掌握的上述两个材料中（Hippol.*Haer*.1 6 4；Aet.II 21 1，24 2，25 1），出现的是 ἐκπνοαί 一词，它的意思很简单，就是"气孔"或"呼吸孔"。希波吕托斯使用了 πόροι τινὲς αὐλώδεις（"管道状或管子状的通路"）这个短语。艾提奥斯往往使用 στόμιον 一词，意即"口"（II 13 7，20 1，24 2，29 1），但在两个地方，他也使用了 πρηστῆρος αὐλός 这样的表达（II 20 1，25 1）。第尔斯（*1*，pp.25 ff.）首先表明，这里的 πρηστήρ 一词指的不是（像通常的所指那样）某种天象学的现象，① 而是指风箱；这种解释被普遍接受（Burnet，*3*，p. 68，n. 2；

313

314

---

① 当用来指天象学的现象时，πρηστήρ 的确切含义通常难以确定。该词来自动词词根 πρηθ，它似乎也具有这个词根衍生出的"燃烧"和"吹动"的意义。首先，在 Hes.*Th*.844 ff.，那里，它联系了闪电、雷、风和霹雳。在赫拉克利特 Fr.31 中，该词的意义含混不明，但很可能如 Kirk，*1*，pp.330 f. 所说，它表示一种火（赫拉克利特在其他地方，Fr.64，称之为 κεραυνός，"霹雳"）。在其他地方，我们发现，所提到的 πρηστῆρες，联系了雷（Hdt.7 42），"旋风"（Ar.*Lys*.974），"霹雳"（Thphr.*Ign*.1）。在色诺芬那里，*HG* 1 3 1 a，πρηστήρ 落在神殿上，燃起了火；在 Thphr.*Vent*.53，πρηστῆρες 使一些船沉没。对 πρηστήρ 的最充分的描述，见 Arist.*Mete*.Γ 1，那里区分了两种因飓风（ἐκνεφίας）而形成的旋风，一种是无色的 τυφῶν（371a 1 ff.），一种是 πρηστήρ，当"气息更加稀薄"，飓风"降临，燃烧"时，它就出现（a 15 ff.）。这个词明显用来指许多不同的现象：要么可以指旋风，要么可以指闪电（"霹雳"），要么也许兼指两者。参见 *HGP*，1，p.463，n.3。

KR，p. 136；*HGP*，1，p. 93），但是，我们不应该低估其中出现的问题。[1] 不过，尽管我们不能确定阿那克西曼德描述火轮开口时的用词，但其理论的实质是没有疑问的。

伯奈特（3，p.68）指出，银河有可能是车轮理论的灵感的来源。但是，如果阿那克西曼德的理论或许源自某种这样的观察，那么他明显在某些细节上发展了自己的构想，而且将之应用于所有天体。他的"上有孔洞的车轮"模型，不仅用来描绘某些明显的天体运动，还用来解释其他天上的现象。希波吕托斯 Haer.１６５ 记录说，月亮的盈亏被认为归因于透现月亮的孔洞的开闭，而我们掌握的资料[2] 也将日月食的理论归于了阿那克西曼德，这一理论反复提及了车轮孔洞的闭合（尽管孔洞的闭合以及由此产生的这些现象的原因，都没有告诉我们）。当然，"环"理论还是留下了许多难解的问题：比如，我们可以询问，日月如何透过星辰的不透明的环从而可见呢（按照阿那克西曼德的看法，星辰更接近大地）。[3] 不过，他的理论的重要性却在于，它第一次试图建构一套机械论模型，并借此来描绘天体的运动以及其他各种天上

315

---

[1] 从荷马开始（如 *Il*.18 468），通常指"风箱"的希腊文单词是 φῦσα，常用复数 φῦσαι；应该注意的是，与之对应的、在"风箱"意义上使用的 πρηστήρ 一词，只有一段可以征引，见罗德岛的阿波罗尼奥斯（Apollonius Rhodius，4 777），而且在那里，这个词也许还是表示"旋风"，仅仅是在诗性和隐喻的意义上指赫淮斯托斯的风箱。可以认为，第尔斯所说的"阿那克西曼德的 πρηστήρ 一词是古义"这一看法，肯定不能成立（而且可以承认，很难理解，为什么艾提奥斯用这个词指风箱，因为 φῦσαι 一词本来更为常用，而且相对不那么模糊）。另外，如果 πρηστῆρος αὐλός 被解释为风箱的风口，那么其中传达的意象，也同样存在着一些问题，因为，阿那克西曼德的理论要求火焰从轮子的开口中射出，而风箱的风口却是排出阵阵气流。似乎更好的做法，还是让 πρηστήρ 一词保留天象学上的含义，即，"旋风"或"闪电"，尤其是当这个词以这样的意义出现在阿喀琉斯，*Intr. Arat*.19，p.46 Maass，DK 12 A 21 的记录中，通常认为，那里指向了阿那克西曼德的天文学理论。不过，阿喀琉斯的证据没有什么价值：第尔斯已经证明，在其他方面，他严重误解了阿那克西曼德理论的性质。此外，如果在 Aet.II 20 1 和 25 1 中，πρηστήρ 一词可以在天象学的意义上来理解，那么这两次都用到的并且与 πρηστήρ 相联系的 αὐλός 一词就无从解释了，因为它必定指某种管道或管子；这似乎并不符合闪电或旋风这样的现象。尽管我们必须承认，对于艾提奥斯中的 πρηστῆρος αὐλός 这一短语，第尔斯的解释是含混不清的，不过至少从词源上，"风箱"还是 πρηστήρ 一词的可能的意思；它似乎也为这句困难的短语提供了最佳的意义。

[2] Hippol.*Haer*.1 6 5，Aet.II 24 2，25 1，DK A 11，21 和 22.

[3] 见 Heath，pp.31 ff.，论及了这里，还有其他阿那克西曼德的理论存在含混的地方。

的现象。我们也可以注意到，这一模型并不完全是直接将一个事物等同于另一个我们已经熟知的事物（就像泰勒斯提出的"地在水上漂浮"那样，可以认为他就是这么做的），相反，它是一个非常精细、人工建构的产物，它联合而且利用了两个并不相关的意象："车轮"和"管状孔洞"。

（d）阿那克西美尼。闪电，比作桨在水上造成的光闪

在 III 3 1（DK 12 A 23），艾提奥斯记录了阿那克西曼德的关于"闪电、雷、旋风和其他天象学现象"的理论："他说，所有这些的发生，都是风的结果：因为，当风封入密云中，它就会激烈地迸发，因为云细薄，轻盈，之后，撕裂（ῥῆξις）发出声响 [即雷]，裂缝（διαστολή）产生了电闪，衬着乌云。"艾提奥斯接着又说（III 3 2，DK 13 A 17），阿那克西美尼的理论如出一辙，但"他还补充了海面出现的情况，劈桨时，海会闪动"。之所以应该提及这一意象，是因为，如果它是真实的，[①] 那么它是一个值得注意的"使用比拟"的例子，而且它不是为了提出一种理论，而是支持已经得到表述的理论（在这里，是由另一个哲学家表述的）。

由"桨在水上造成的光闪"确立的、与"闪电"的类比，是如何近似呢？在其中一种情况里，媒介是水，而在另一种情况中，是云（水蒸气）；在一个例子中，效果由桨造成，在另一个例子里，效果由风造成（按照当时的理

---

① 仅凭"艾提奥斯"，还不足以构成有力的权威来源；在我们掌握的两部与这一《学说》[Placita，中译注，这个拉丁词对应希腊文的 ἀρέσκοντα，指哲学家的学说，是古代学案的术语，这里指艾提奥斯的《古代哲学家学说》（Placita Philosophorum），而下面提到的伪托普鲁塔克的《摘要》，摘录了艾提奥斯学案中的内容，但并未提到这里的阿那克西美尼的理论。另一部与《学说》有关的作品是斯托拜厄斯（Stobaeus）的学案]。有关的资料中，其中一种是伪托普鲁塔克的《摘录》（Epitome），它就没有记录此处这一特殊的内容。此外，亚里士多德在 Mete.（B 9）的讨论前人的闪电理论的一章中，并没有提到阿那克西曼德和阿那克西美尼 [尽管在 370a 10 ff.，他的确记录说，有某位克雷德墨斯（Cleidemus），主要使用了"木棍夜间击水、海面闪光"的例子，他将之联系了"闪电只是显现"这一理论]。极有可能，将这一意象归于阿那克西美尼的做法，完全是艾提奥斯或其所用的直接资料的单方面的猜想。不过，艾提奥斯提到这个意象，是为了在这一点上区分阿那克西曼德与阿那克西美尼；这似乎表明了，在将该意象归于后者上，他有着特别的依据。

解）。这两种情况的主要相似点在于两个相似的效果，即，光闪的显现；正是主要立足于这一相似性——尽管说不上有多好——阿那克西美尼主张，它们的原因也是相似的，在这两种情况中，现象都是"裂开"过程的结果。但是，如果这个积极的类比并不是非常有力，那么这一比拟的功能——即，证实这一天象学理论——就颇为有趣，而且应该加以关注了。如果我们能信任艾提奥斯的记录，那么这个比喻就是用来支持阿那克西曼德已经提出的理论。通常来说，并没有什么证据能证明，前苏格拉底哲学家直接验证过他们的自然理论：的确，这一般来说是不可操作的，无论是因为他们试图解释的现象都含混不明，还是因为他们为了解释现象而提出的种种理论都模糊不清。不过，这个例子说明了一种可供选择的方法，当试图提出理论来处理含混的天象学或天文学问题时，这种方法通常就可以使用。出于显而易见的原因，古希腊人不可能直接研究闪电。但是，阿那克西美尼却试图为阿那克西曼德的"风将云裂开而导致闪电"这一理论提供支持，他的方法就是引入一个类比，其中，一个相似的现象明显也由相似的"裂开"过程所引起。

317

（e）阿那克西美尼。大地和某些天体为气所托起，比如，就像叶子

亚里士多德（*Cael*.294b 13 ff., DK 13 A 20）将阿那克西美尼与阿那克萨戈拉和德谟克利特归为一组，这些哲学家都主张，大地（看似）静止的原因在于，它是平的："因为它没有分开下面的气，而是像盖子一样安于气上，就像种种平的物体，它们明显都是如此。"Hippol.*Haer*.1 7 4,DK A 7 记录说，相似的原因也用来解释日月和其他所有星辰（καὶ τὰ ἄλλα ἄστρα πάντα）的支撑物。[①] 我们掌握的其他资料又补充了大量的与这一理论有关的例子。例

---

① 但是在 II 14 3 f., DK A 14，艾提奥斯记录说，"阿那克西美尼说，星辰就像饰钉固定在水晶体上"（或者，也许如格思里所说，*HGP*, 1, pp.136 f.，我们也可以认为 τὸ κρυσταλλοειδές 指的是膜，而 ἥλοι 指的是膜上面的疣一样的斑点），"但是，有人说，它们是火红的叶子，就像画"。这里的第二句与其他文段里归于阿那克西美尼的理论相一致，但是第一句，似乎与希波吕托斯提供的证据有所矛盾，因为同样的天体，不可能既自由地依托于气，又固定在水晶体上。Heath, pp.41 ff. 指出，如果我们认为 Hippol. *Haer*.1 7 4 指的仅仅是行星，而艾提奥斯的记录的第一部分，II 14 3，指的是恒星，那么

249

如在 Aet.III 10 3（DK A 20），大地"状如桌";① 而在 II 22 1（DK A 15），太阳"平如叶"。桌子、叶子或盖子的独特意象 [Arist.*Cael.*294b 15 通过动词 ἐπιπωματίζειν（盖上盖子）表明了最后一个意象]，也许是原创，也许不是，但无论如何，显然，整个理论都立足于"某种平的物体"的类比。正如泰勒斯似乎让自己对大地的阐述建基于"某种固体在水上漂浮"这样的知识，阿那克西美尼也利用了相似的现象——气为"平的物体"提供的阻力——来解释为何大地和某些天体不会在空中"坠落"。他对于天体运动的阐述也至少在一部分上立足于"它们被气所支撑"这一假设。在 Aet.II 23 1，DK A 15 那里，认为 τὰ ἄστρα（星辰）"受浓缩和对抗的气的推动，因而完成转向（τροπάς）"。无论这是否应该理解为，指的仅仅是行星的运行（黑斯的看法），还是也指黄道上太阳的运动和赤纬上月亮的运动（KR，p.155），无论是哪种情况，显然，"气支撑天体"的观念都是一个起点，可以让阿那克西美尼由此出发、来解释星辰运动中某些明显的不合规律性;在这里，我们仍然可以比较泰勒斯在解释地震时使用"地在水上漂浮"这一理论的方式（至少按照塞涅卡的描述）。

阿那克西美尼在解释天体运动时使用的另一个意象也必须一提。在 Hippol.*Haer.*1 7 6,② 那里记录说："他说天体并不像其他人设想的那样、在大地之下运动，相反，它们围绕着大地，就像帽子（τὸ πιλίον）在我们的头上转动。""帽子喻"颇为突出，而且也许还是原创的。πιλίον 一词通常被认为指"包头毡帽"，大体是半球形（如可见的诸天），帽子的转动似乎表现了天体的转动，它们围绕着穿过极星的轴心。如果这是正确的解释，那么这一比

这个矛盾可以解决。黑斯（Heath）认为 Aet.II 23 1，DK A 15 指的也是行星，故而他的结论是，阿那克西美尼"首次按照行星的不规则的运动，将其与恒星区分开来"。这是个独到的解释，但也许更可能的是，Aet.II 14 3 f. 中的记录完全是混乱的——第二句提供了阿那克西美尼的一般天体论（如 Hippol.*Haer.*1 7 4 所做），但是第一句错误地将"固定在水晶体上的星辰"这一看法归给了阿那克西美尼（参见 KR，p.155，那里表明，第一句也许包含了恩培多克勒的理论，它被错误地转给了阿那克西美尼）。

① 参见柏拉图《斐多篇》99b 8，那里提到了一位之前的哲学家，但并未透露姓名，他主张，大地如同平的揉面槽，它在气上，气是底座。
② 参见 *Mete.*354a 27 ff.，DK A 14，在那里，亚里士多德说，"许多古代天文学家都相信，太阳并不居于大地之下，而是围绕着它"，但这里没有提及阿那克西美尼的名字。

拟的关键并不在于帽子自身的本性，[①] 而是在于当它在头上转动时、它所描
绘的运动。帽子可以用作表现可见天体的模型，但这一模型的尤为值得注意
的地方在于，必须在使用它时、让它的意义得到充分的理解。[②]

(f)　米利都学派的普遍贡献

可以很合理地认为，米利都学派首先试图系统地为种类繁多的自然现
象提供合理的解释。当然，有一些关于雷电或疾病之本性的看法，已经隐含
在前哲学时期的作家之中，但是，我们应该强调一下"隐含"这个词。对
于讨论这样的现象或控制现象发生的一般条件，荷马并不感兴趣，他感兴
趣的，是告诉我们一种特殊现象为何在特殊的时刻发生；对于许多这样的现
象，我们可以称之为属于它们的"近似原因"的东西，通常都存在于神性或
超自然的层面，存在于诸神的命令中。米利都学派关注的不是这种或那种特
殊的电闪，而是闪电本身的性质；他们从自己的阐释中去掉了提及神意或神
的动机的内容。但是，他们提出的"解释"往往都非常粗朴。他们的许多理
论似乎主要或完全包含了某种看法，即，一种特殊的现象类似于某种更为熟
悉的事物；而一旦某种类比被提出，他们的研究似乎通常就结束了。如泰勒
斯和阿那克西美尼，在解释"大地为何不'坠落'"时，都将自己的解释立
足于两个常见的观察，即，某种固体在水上漂浮；气将平的物体浮起；但是，
这两位哲学家明显忽视了"不合类比"的地方：他们似乎都没有认真地考察
如下问题，即，他们的类比是否在实际上能够适用于大地。

① πιλίον 一词也许意味着，天体是固态的半球形壳体，但是，阿那克西美尼不可能认为星
辰固定于固态的外壳上，相反，他想象它们自由地漂浮在气上（见上，p.317, n.1）。
② 应该一提的是，有些学者发现，该意象与人工有关，这使得他们试图以不同的方式加
以解释。格思里（5, p.43, n.1 和 HGP, 1, p.138, n.1）和韦伯斯特（3, p.89）提出，
πιλίον 一词指的或许不是无沿的毡帽（a felt skull-cap），而是头巾（turban），它不是在头
上转动，而是在头上缠绕。但这似乎含混不明，难以说明天体的运动（除非它说明的是，
天体每日在地平线上的略微不同的地方升起和降落）。我认为，πιλίον 一词更有可能就像
通常的看法那样，指一种无沿帽。值得补充的是，塞克斯都·恩披里克（M.IX 37）那里
有一处文本，讲述了狄俄斯库里（Dioscuri，中译注，希腊文为 Διόσκουροι，意即，宙斯
之子，指卡斯托耳和波吕丢刻斯两兄弟）的故事，他们冠以 πίλοι，上面装饰着星辰，它
是诸天的象征（这里，πίλοι 一词，毫无疑问，指半球状的帽子，而非头巾）。

米利都学派的类比，如果判定为是种种科学假设的话，那么其缺陷显而易见，无需强调：的确，它们不应该被视为假设，因为它们并没有被用作"可检验的预测"的来源。不过，关注一下他们对于比拟使用的积极方面，才会更有收获。在我们之前讨论的每个例子中，哲学家都试图超越"能够直接研究的对象"的范围。诸如日月食、闪电、地震，或时空中遥远之物——星辰、宇宙的形成——这样含混的自然现象，都是借助"与种种可以直接观察到的事物的类比"来加以领会的；若干所提出的类比，都以某种简约的方式被使用，它们作为模型，成为解释诸多不同现象的出发点。而当阿那克西美尼使用"桨在水上弄出闪光"这样的例子时，他并不是要提出而是支持某种与闪电有关的理论；在这方面，我们看到了一种重要的操作开始出现，即，试图使用类比来推荐或证实"与含混现象有关的理论"。不过在这一时期，对类比的使用尤为大胆和突出的，当属阿那克西曼德。"树皮围绕树生长"的模型和"有孔洞的车轮"的模型都颇为复杂，它们说明了与"世界形成"和"天体本性"有关的精致理论的若干不同的特征；而后一个例子最为突出，因为它并不是直接与"日常经验熟知的个体事物"建立比拟，而是与人工建构的东西进行比拟，这是第一个机械式的天体模型，它有意设计而成，用来解释各种天上的现象。

后期的前苏格拉底哲学家

321　　后期前苏格拉底哲学家的天文学和天象学理论，在很大程度上，都遵循了我们已经考察过的、出自米利都学派的种种模式，但这一节，我们可以间或地——虽然还是为数不多地——谈一谈这些哲学家的原创之说，以此来评价他们对于自然现象的阐释。例如色诺芬尼的 Fr.32，那里说，"人们所谓的依瑞斯（Iris），也是云，看起来是紫色、绯红和黄色"，这一说法值得关注，首先是因为，它暗示了，在阐释自然现象时，不应该提及个人性的神（如依瑞斯）；其次是因为，色诺芬尼表明了阐释的性质：他将彩虹等同于彩云，将一个罕见的现象等同于一种更常见的现象，就像米利都派常常做的那样。在其他地方，他的理论也经常采取相似的形式，它立足于隐含或明确的、与"熟悉事物"的比拟，例如他的如下学说，按照记录：星辰是燃烧的云，夜间出现，白昼消失，犹如煤，点燃又熄灭。[1] 如果再看看赫拉克利特和巴门尼德，那么我们发现，他们针对天体提出的模型在种类上还是与阿那克西曼德或阿那克西美尼提出的模型完全相似。很遗憾，现存的赫拉克利特的残篇中，缺乏相关他的详细的天文学理论的信息，但是，按照第欧根尼·拉尔修 IX 9 f. 的说法，[2] 他想象天体如同碗或盆（σκάφαι），空的一面向我们转动。与泰勒斯对大地的阐述一样，这一看法也类似于之前的流行的神话，即，金杯盛着太阳，围绕大地转动，[3] 而反过来，这也许又反映了埃及神话，按照描绘，太阳在船中运动，白昼时在大地之上的水上，夜晚时在大地之下的水上。[4] 不过，赫拉克利特的构想仅仅是要用具体的表达来将天体形象化，而在阐述日月食和月相时，他使用的模型才是他自创的（就如阿那克西曼德使用的也是自己的一样），他想象日月食和月相都源自于它们的"碗"的转动（但他没有说，这种情况出现的原因是什么）。而在"意见之路"里，巴门尼德承诺去解释"大地、日月、天空……还有银河，最远的高天（Olympus），星辰的热力如何开始出现"（Fr.11，也参见 Fr.10）；按照 Aet.II 7 1，DK 28 A 37 的说法，他将诸天描绘为复杂的"环带"缠绕的系统（用艾提奥斯的短语为 στεφάναι περιπεπλεγμέναι）。他的阐述的细节是含混不明的，但有一点非常清楚，与他之前的阿那克西曼德一样（也许还是受了他的直接影响），巴门尼德也试图借助日常的意象来建构一套天体理论。[5]

在天文学和天象学中，色诺芬尼、赫拉克利特和巴门尼德都提出了一些理论，它们在类型上与我们在米利都学派那里发现的理论颇为相似。在生

---

[1]　Aet.II 13 14，DK 21 A 38。据说，他也认为，太阳源自燃烧的云，或源自炽热粒子的凝聚（如 Aet.II 20 3，DK A 40），他还提出，闪电、彗星，以及我们所谓的圣艾尔摩之火（St Elmo's fire，中译注，一种大气层生电的自然现象，多出现于教堂尖塔之类的地方，发生时现出光晕）的现象，都源自于因运动而点燃的云（Aet.III 3 6，2 1 1 和 II 18 1，DK 45，44 和 39）。

[2]　DK 22 A 1：参见 DK A 12 中收集的艾提奥斯中的文段。

[3]　现存希腊文献中最早提到这一看法的地方，见于斯特西克洛斯（Stesichorus），185 P，但也参见密穆涅尔墨斯（Mimnermus）10 D（12 B），那里提到了金床，中空，有翼。

[4]　参见威尔逊，见 Frankfort，2，pp.57 f.，那里也提到了古埃及的其他与"太阳运动方式"有关的思想。也应该注意的是，埃及人有时也想象日食是因为蛇攻击和吞食船上的太阳。

[5]　按第尔斯的解释，见 DK 对 Fr.12 的注释；也参见 Heath,pp.66 ff.；以及最新的 Morrison,1。

物学中，阿尔克迈翁的著作标志着显著的进步，无论是在他研究的主题范围，还是在他研究主题时使用的新技术上，他都超过了前人。在阿那克西曼德那里，尤其是对于生命物的起源以及人类的特殊起源，他提出了若干值得关注、但又相当含混的看法，① 与之相对，阿尔克迈翁研究了感知的本性，提出了诸如"子宫内胚胎营养获取"以及"产生睡眠的生理变化"等问题，他还表达了一般的疾病理论。② 此外，按照一份资料（Chalcidius, *in Ti*.pp.256 f.），至少，他是第一个论述解剖学的研究者，在论述时，他还联系了自己的"眼脑联结通路"的理论。

就阿尔克迈翁的时代来说，他的生物学研究令人印象颇为深刻，不过与我们当前研究有关的，则是他所提出的理论的"性质"；我应该指出，这些理论如何频繁地依赖于"熟知现象的简单类比"。（1）如亚里士多德（*HA* 581a 14 ff., DK A 15）记录说，阿尔克迈翁将"青春期私处毛发的生长"比作"植物结出种子之前的开花"。ἥβης ἄνθος（"青春之花"）这一隐喻当然早在荷马（如 *Iliad* 13 484）那里就是希腊文学中常见的说法，但是，阿尔克迈翁的比拟似乎标志着自然哲学家第一次试图提出更为精确的"动物生长"和"植物生长"之间的关联。在出现于希腊生物学论著里的、长长一系列的动物和植物的比拟中，这正是第一个，而这样的比拟在希腊胚胎学理论的发展中则尤为重要。（2）在阿尔克迈翁本人提出的胚胎学理论中，还包含了另一类型的、令人关注的类比。按照 Aet.V 16 3, DK A 17，③ 他认为，（哺乳类

---

① 按照 Aet.V 19 4, DK 12 A 30，他提出了，生命物生成时"封闭在'湿'中的有棘刺的树皮里"（毫无疑问，这种思想一部分立足于如下信念，动物"自然生成"于泥或海里）。他似乎也提出，人类不可能原初就以现在的形式生出［因为人类的幼儿需要很长时间才能自足），相反，他们一开始是在某种鱼的体内生成（Ps.Plu.*Strom*.2, Plu.*Quaest.Conv.* VIII 8 4, 730 ef, Censorinus, *de die nat*.4, 7, DK A 10 和 A 30, 参见 Hippol.*Haer*.1 6 6, DK A 11）。RK（p.142 的 n.1）针对"他是否知道鲨鱼方面的胚胎学"提出质疑，不过，如果他完全不了解胎生的海中动物，那么就很难知道他的理论具有什么样的事实基础（见 *HGP*, 1, p.104, n.2）。

② 见 Thphr.*Sens*.25 f., DK 24 A 5（举了阿尔克迈翁的感觉理论），Aet.V 16 3, 24 1, 30 1, DK A 17, A 18, B 4. Arist.*HA* 492a 14 f., DK A 7 的记录说，阿尔克迈翁认为山羊能透过耳朵呼吸，由此或许可以推出，阿尔克迈翁将他的研究扩展到了动物。

③ 鲁弗斯（见 Oribasius, III 156, *CMG* VI, 2, 2 136 28 ff., DK A 17）将另一种关于这一问题的理论归于了阿尔克迈翁，即，胚胎已经可以通过自己的嘴来摄取食物，尽管还是

的）胚胎就像海绵，可以用整个身体摄取食物。他显然没有意识到脐带的真正功能。但是，当他试图解决"胚胎如何获取营养"这一问题时，其所依据的一般原则却并非毫无道理，因为哺乳动物的胚胎，在不同的成长阶段，可以类比于低等种类的动物（比如，在阿尔克迈翁的理论中，类比于海绵）。同样，我们应该注意，当我们发现和考察这一普遍类型的类比时，我们就揭示出了一种极为富有成效的方法，无论是对于之后的希腊胚胎学研究，还是现代胚胎学研究。（3）按照亚里士多德的记录，阿尔克迈翁还试图建立一种基于类比的生物学理论，在 *GA* 752b 22 ff., DK A 16，他专门将"蛋白（τò λευκόν）即蛋之'乳'"的观念归于阿尔克迈翁（但他也指出，这是一个流行的看法）。而由此可以看出，阿尔克迈翁还试图表明"不同种类动物成长环境"之间的关联；他也明显理解到，蛋的一部分必定如同胚胎生长需要的养分，尽管"蛋黄和蛋白都有助于营养"这一事实（雏鸡从蛋黄表面的斑——"胚盘"——生长而来），阿尔克迈翁和亚里士多德都没有注意到（有一些人提出了相反的理论，亚里士多德就是其中之一，即，只有蛋黄才能作为食物）。

当我们简要地考察了米利都学派之后的思想家提出的一些对自然现象的阐述之后，可以看出，类比依然构成了天文学和"天象学"学说的丰富来源，同时，类比也突出地出现于阿尔克迈翁针对某些"新问题"而表明的理论中，这些问题都是他在生物学方面提出的。不过，在前苏格拉底哲学中，至为重要的关于"类比使用"的证据，出自恩培多克勒。前面已经讨论了他的某些意象，它们联系了恩培多克勒对"爱"和其他始基在宇宙论方面的功能的阐述。而现在，我们可以研究他在解释特殊现象时提出的更为精致的类比。我们的证据不仅来自简略的残篇和二手记录，也来自于恩培多克勒自己的详细的陈述，这些陈述能让我们判断他的比拟的内容和呈现比拟的方式。我首先要考察两个主要的类比：灯笼和漏壶。

325

在子宫里。这样的观点也见于《希波克拉底派文集》（Carn.ch.6，L VIII 592 11 ff.）中，亚里士多德也提到过，见 *GA* 746a 19 ff.，但没有提到作者。Aet.V 16 1 将这一观点归于了德谟克利特和伊壁鸠鲁；而将塞索里诺斯（Censorinus，*de die nat*.6，3，DK 38 A 10）归于了第欧根尼和希波（Hippo）。

(a) 恩培多克勒。眼比灯笼

"正如打算在暴风雨夜出门的人，要准备一盏灯笼，一束闪耀的火焰，那上面安着罩格，为它屏蔽每阵风，^① 让风吹的气息消散，而鲜明的光夺目——因它更加精细——带着不衰的光芒，光照穿越门廊；而原初之火亦是如此，^② 封入膜中，将圆圆的瞳孔圈在精密的组织里，^③ 那组织，被奇妙的通路穿过，阻退周边环绕的深邃之水，却让火通行——因那火更加精细"（Fr.84，出自 Arist.*Sens*.437b 26 ff.）。这段残篇的语言诗意盎然，包含了若干其确切含义颇为成疑的用词。不过，恩培多克勒的理论大体是清楚的。眼中存在着某种"火"，这很可能是一种古老的信念，^④ 而恩培多克勒明显设想，眼睛既包含"火"，也包含"水"。^⑤ 但是，"灯笼喻"的重点在于，是要说明环绕瞳孔的"膜组织"的功能。灯笼的罩格有助于说明，这些膜，借助"奇妙的通路"，可以实现双重功能：既允许火的精细的部分进入（即"可视光线"，这里被想象成来自瞳孔），同时又可以阻挡眼中的液体。但是，我们应该注意到，透明的"屏障"起到的功能，在这两种情况中并不完全相同。在灯笼那里，罩格保护里面的火，防住外面的风，而眼睛中的

---

① 对于 ἄψας παντοίων ἀνέμων λαμπτῆρας ἀμοργούς 这一句，我遵循了通常的译法，将 λαμπτῆρας 理解为指某种"罩格"（panes，中译注，指灯笼上透明的格子，古希腊灯笼用兽角作罩格，磨薄之后可以透光。λαμπτήρ 一词本身就可以表示灯笼）；将 ἀμοργούς 理解为"屏蔽"，但是泰拉尔达特（Taillardat）最近指出，ἀμοργούς 指阿摩尔格斯岛上制作的亚麻膜或亚麻织布；这种看法颇为独到，为这首含混的诗句提供了另一种可能的解释。

② 伯奈特（3，p.217）还有其他人都将"爱"作为 λοχάζετο（"圈"）一词的主语（"瞳孔"理解为"火"的同位语），但这没有必要。罗斯（5）采用了 A. 福斯特（A.Föster）的看法，将 λοχάζετο 改为 λοχεύσατο（"诞育"，中译注，这样，主语为"爱"，"爱"生产），取 κούρην 为双关（"瞳孔"或"女儿"）。

③ 我忽略了第尔斯在 v.8 补上的 τ'（按 Mugnier，2，et al.）。

④ 或许，荷马的一些表达也暗示了某种这样的信念，如 πυρὶ δ' ὄσσε δεδήει（"他的眼中燃火"），如 *Il*.12 466（但是在其他地方，*Il*.1 104，眼睛仅仅比作火）。亚里士多德之前已经表明了，*Sens*.437a 22 ff.，这一信念的起源很可能是我们知道的（揉眼之后）"眼冒金星"（seeing stars）的现象。

⑤ 按照特奥弗拉斯托斯（*Sens*.7，DK A 86），恩培多克勒认为，亮的东西，由火可以感知；暗的东西，由水可以感知。

膜，并未将火与水分离，而是将两者全都封住，允许一个通过，另一个不能通过。①

现在，针对恩培多克勒的理论以及"灯笼喻"的功能，我们可以做一些评述。首先，这个类比的演绎方式是值得关注的。② 这段残篇的形式结构以及某些短语的重复出现，都突出和强调了眼睛与灯笼的相似性。对灯笼的描绘，以 ὡς δὲ τότ' 开始，而描绘眼睛时，以 ὡς δὲ τότ' 开始；提到"罩格"的那几行，则紧密呼应了这段比拟的第二部分。③ 当然，在荷马那里，就有许多以这种方式引入的非常精致的明喻，其中，关键的词句也重复出现（就像这里 vv.5 和 11 的 ὅσον τανσαώτερον）。但是，恩培多克勒却是在全新的语境中使用这种比拟风格，是用它来解释极为含混和复杂的现象。他的问题是去阐释"眼睛如何发挥功能"。当然，对于恩培多克勒来说，"灯笼喻"首先体现了他的理论的某些特征，不过，这一比拟明显还起到了更深入的作用，它不仅用来传达相关"膜在眼中如何发挥作用"的构想，还似乎用来"主张"这种构想。残篇包含的，是意在对眼睛做出确定性阐述的内容，而不是等待新的研究来给予确证的假说。无法看出，恩培多克勒曾经或有意要对眼睛进行解剖（但阿尔克迈翁很可能已经这样做过），但是在此处，可以注意到，虽然，解剖当然本可以揭示眼睛的基本结构及其组成部分，然而，在何种程度上，仅凭解剖就能让恩培多克勒针对自己的主要问题——即，生命物的眼睛如何发挥功能——确定解决方案，这还颇为成疑。仅靠目测而来的可行的证据，还难以将这一问题定论。恩培多克勒在 Fr.84 中所做的，则是为自己的眼睛理论引入一个类比。他提到了身体之外的熟知的事物，在那里，透明的屏障起到了明显的双重效果。不过此外，他还极力指出和强调灯笼与眼睛

327

---

① 但是，罗斯（5）似乎认为，眼中的膜让火和水分离，他翻译为"它们将环绕瞳孔的水阻挡在外（kept out，中译注，劳埃德用的是 keep back，即膜是将水拦阻，不让进入，而他觉得，罗斯是认为膜将水和火阻隔开来，一内一外），但让火通过"。

② 参见 Regenbogen, pp.180 ff., Diller, *1*, pp.14 ff., Kranz, *1*, p.106 和 Snell, *3*, pp.213 ff. 的观察。

③ *vv.*4 f. οἵ τ' ἀνέμων μὲν πνεῦμα διασκιδνᾶσιν ἀέντων,
φῶς δ' ἔξω διαθρῷσκον, ὅσον ταναώτερον ἦεν.
*vv.*10 f. αἳ δ' ὕδατος μὲν βένθος ἀπέστεγον ἀμφιναέντος,
πῦρ δ' ἔξω δίεσκον, ὅσον ταναώτερον ἦεν.

的相似性，试图主张和证实自己的理论，但的确，他不是靠验证的方法，而是（可以说）诉诸"在他比拟的两种情况之间建立的积极的类比"所能达到的程度。

（b）恩培多克勒。呼吸比作漏壶的活动①

328   "万物呼吸的方式如下：它们都具有无血的肉质的管道，延伸至身体的最外层的部分，在这些管道的口处，鼻孔的最末端，穿透着无数的孔隙，使得血液保存在内，而一条通畅的通路开辟而出，空气可以进入。当纤薄的血液从这些孔隙流入，沸腾的气流汹涌地涌进；当血液奔回，空气再次呼出，这正如一位少女，把玩闪亮的铜漏壶。当她的玉手放在管口，将漏壶浸没入银色的纤薄的水中，没有一滴液体能够进入器皿，而大量的空气压在无数的小孔上［即，在器皿的底部］，将水拦阻在外，直到她让稠密的［气］流疏通；然后，随着空气让位，等量的水流入来。恰以相同的方式，当水占据铜器，深深充满，少女的手堵住开口的通路，外面的空气极力进入，不让水流回，压在器皿的表面，就在声音刺耳的滤器的开口，直到她的手移走，又一次——之前的相反情况重新出现——空气进入，等量的水流涌出。正如此，当纤薄的血液在肢体中涌动，向回和向内奔流时，一缕空气直接进来，汹涌流入，但当血液奔回，等量的空气再次呼出"（Fr.100，出自 Arist.*Resp*.473b 9 ff.）。对这一段残篇的解释，引出

329 了若干问题，而且成为了许多学术讨论的主题。② 争论的第一个重点在于恩培多克勒描绘的呼吸的类型：他指的鼻息，是皮肤的毛孔的呼吸，还是两者兼有？毫无疑问，当亚里士多德引用这段残篇时，他认为恩培多克勒描绘的，仅仅是鼻孔的呼吸（*Resp*.473a 17 ff.，474a 17 ff.）。但是，第尔斯指出，亚里士多德受到了 v.4 的 ῥινῶν 一词的误导，他错误地认为它是

---

① 滤壶是一种金属器皿，用来将液体，从一个容器转移到另一个。器皿的顶部只有一个窄口，手可以堵住；底部布满小孔，形如滤器。Last，p.170 和 Guthrie，*3*，p.228 说明了各种这样的器皿。

② 尤见弗利（Furley）、提姆潘纳洛·卡尔蒂尼（Timpanaro Cardini）和布斯（Booth）最近的论文。

ῥίς（鼻子）的属格，而非（如第尔斯认为的）ῥινός（皮肤）的属格。第尔斯认为 vv.1-4 指的是肉质的管道延伸到身体的表皮上（他就是这样理解 v.2 的 πύματον κατὰ σῶμα 这一句的），然后，按照他的解释，这段残篇描绘的，仅仅是身体毛孔的呼吸。其他大多数评论者都遵循了第尔斯，但弗利（Furley）针对这一解释，提出了大量的反对意见，他尤其指出（p.32），无论恩培多克勒对于皮肤呼吸有什么样的看法，设想他完全不考虑鼻息，这是荒谬的。弗利自己的解释更为复杂，即，这段残篇提到了两种类型的呼吸。"恩培多克勒的理论是"，他说，"透过鼻孔呼吸与透过毛孔呼吸是同时的，反之亦然。"这种理解很独到，但事实上，恩培多克勒完全没有提及这样的"双向"的过程，无论是在 vv.6-8，还是在 vv.22-5。① 而在布斯（Booth）这里，他也质疑了第尔斯对于 πύματον κατὰ σῶμα 和 ῥινῶν ἔσχατα τέρθρα 这两个关键句的翻译。他指出，πύματον 未必意味着"最外层"——通常表示"最后部"——他将 v.2 译为"肉质的管道……延伸到身体之内的最深处"。但是，如果这首诗未必表示透过皮肤呼吸，那么 ῥινῶν ἔσχατα τέρθρα 这句也无需如此，因为它当然指的是鼻孔。② 那么在我看来，布斯成功地维护了亚里士多德的解释，据此，整个残篇指的是透过鼻孔呼吸。③

330

　　第二个重要的问题与"漏壶喻"有关。弗利认为，漏壶的口对应了鼻子，布满小孔的滤器对应了皮肤的毛孔，这个看法简单明了，但不太说得通，因为，按照我相信的那样，我们没有充分的理由设想：恩培多克勒认为，我们既通过鼻子，也通过皮肤来呼吸。而且，漏壶中的空气是对应呼吸过程中的空气，还是血液呢？恩培多克勒对于呼吸的反复描绘，还是足够清晰的，他提到了两个过程：（1）血液向后和向内流入，空气进入（vv.6-7，23-4）；（2）血液奔回，空气呼出（vv.8，25）。但漏壶的情况更为复杂：（a）当开口封住，漏壶在水中不动，没有水进入，vv.10-13；（b）当开口打开，空气离开，水流入，vv.14-15；（c）开口封住，漏壶充满水，水留存在内，vv.16-

---

① 弗利尝试地认为 v.24 的 αἰθέρος 为 τούτερον，但这也难以解决这个问题。

② 布斯（p.11）解释说，"鼻孔的最末端，即，鼻孔的最内部"，但这个短语也有可能表示鼻孔的最外部。

③ 这也是提姐潘纳洛·卡尔蒂尼独立得出的结论。

19；最后（d）开口打开，空气进入，水流出，vv.20-1。有几位评论者都从如下假设出发，即，漏壶中的空气必定对应了我们呼吸的空气，但是，如果我们考虑一下恩培多克勒描绘的种种变化以及促成这些变化的原因，那么这样的假设不可能成立。在呼吸中，按照（1），正是血液的移开，促使气息吸入；而在（2），又是血液的运动，促使气息呼出。但是，在漏壶这里，并不是水来决定空气的运动，相反，是空气决定水的活动，或是（a）和（c）中，空气对滤器压力所致，或是（b）和（d），压力的释放所致。似乎更有可能**331** 的是，恰恰是水进入和离开漏壶，才对应了我们吸入和呼出空气。①"漏壶喻"说明的重点，似乎是：一种物质透过布满小孔的滤器进入和离开，这取决于另一种物质对它施加的压力的变化。的确，基于这种解释（遵循布斯的解释），对漏壶的描绘中，有若干细节与对呼吸的阐述无法对应。如布斯指出的，在对呼吸的阐述中，没有对应"堵住"和"松开"漏壶开口的内容。而身体中也没有对应开口的东西。不过，第一眼看去，这也算不上有什么严重的影响。甚至弗利也不得不承认，② 这个类比并非面面俱到，有一个地方，就明显可以看出这一点：恩培多克勒说（vv.4-5），鼻孔的孔隙可以允许空气透过它们，而不允许血液如此，但显然，漏壶的滤器就不具备类似的性质，它既允许空气，也允许水进入和离开。Fr.84 的灯笼喻也应该提醒我们注意，在那里，我们发现，尽管恩培多克勒明显强调了灯笼和眼睛的相似，然而，这两种情况并非完全对应（p.326）。虽然"漏壶的某些特征"与"恩培多克勒的呼吸理论"之间缺乏明显的呼应，但这并非上面提到的那种解释的缺陷；相反，我们应该得出的结论是，这个原创的类比在某些细节上并不精确而已。

如果对于这段残篇的这种解释争议颇多，那么，关于恩培多克勒对漏壶的观察所具有的价值和意义（他提到漏壶，不仅联系了自己的呼吸理**332** 论，也是为了证明空气的物质性），也是意见纷纭。③ 伯奈特（3，p.27）称这段残篇是"第一份记录下来的现代型的实验"，而对于恩培多克勒的"漏

① 参见 Booth，pp.12 f.，他证明了，这段残篇中句式结构的对应也可以支持这一结论。
② Fruley，pp.33 注意到，甚至按照他自己的解释，"这个类比依然不是完全精确的。第一节的明喻 [即 vv.20-1] 似乎表明，随着人透过鼻子呼吸，血液就从毛孔中流出。"
③ Arist.Ph.213a 22 ff. （但首先提到的是阿那克萨戈拉）。

壶"研究，他并非唯一一个将之描述为实验的学者。[①] 这引起了康福德（10，pp.5 f.）的尖锐却并非完全公允的回应："恩培多克勒所做的，仅仅是要得出一个明确的推论：'器皿不可能完全是空的：里面不可能全然没有空气'。他并没有发明实验室中的那种'漏壶'为了着眼于检验'空气具有某种物质'这一假设，然后还遵守不可预见的实验结果。"很遗憾，这样的论述是无效的，因为按照我的看法，它误释了恩培多克勒提出的理论，而且没有考察这一比拟对于理论的确切的相关性。伯奈特（3，p.245）说，"气息一吸一呼的交替，其原因在于血液从心脏流动到身体的表皮，然后回返，这就是'漏壶'所解释的内容"，但是，伯奈特并没有说，这个明喻如何或在什么意义上可以"解释"这一点。康福德著名的反驳（10，p.6）是，"只要有人坐在浴缸里，让水没过脖颈，然后观察气泡是否随着自己的呼吸、穿过水面进入或离开自己的胸部"，那么这一理论"就可以得到验证"；这样的看法完全不能反驳上述的对这一残篇的解释，而我认为那种解释才是正确的，即，该残篇论述的正是鼻息。在最新的研究中，弗利和布斯都同意，这段残篇并没有包含严格意义上的"实验"，我们当然应该认可这一点。[②] 不过，这不应该促使我们忽视在恩培多克勒试图建立自己的呼吸理论时所采用的方法中包含的"真正的优点"。首先，我们应该考察一下他所面对的问题的性质。与 Fr.84 处理的问题（眼睛的功能）一样，这里也关涉了生命物的内在功能，而且在恩培多克勒看来，它必定尤为含混，难以研究。Fr.100 中陈述了他的一些理论细节，但他并没有明显要立足于经验证据来试图证明这些细节，而且所表达的理论显然是不完全的；至少在这段残篇中，并没有谈及血液"为何"在身体中上下运动。不过，当他试图解决"气息吸入和呼出的控制因素"这一问题时，他恰恰立足于了观察，观察的对象就是他所认为的、在身体之外的相似情况。"血压的变化控制着进入和离开身体的血液"这一说法正是恩培多克勒试图主张和证明的观念，但的确，他的方法，却不是直接研究这

333

---

① 如 Farrington，2，p.58（"通过这些实验，他证明了如下事实：不可见的空气是某种能够占据空间并且发挥力量的东西"）。

② Furley，p.34，评论说："整个研究中都缺乏实验方法所具有的某些本质特征——即，试图精确地控制条件，发现确切问题的答案，并且准备着让结论听从结果。"他称漏壶是"有说服力的类比"，这是 Booth，p.15 同意的描述。

一问题，[1] 而是诉诸"漏壶类比"，其中，我们能观察到，在布满小孔的滤器上，气压的变化如何决定着水流进入和离开器皿的运动。

（c）恩培多克勒的其他比拟

在灯笼和漏壶的残篇中，恩培多克勒举了两个非常精致的比拟来提出与"某些熟知、但又含混的生命功能"有关的理论；在每个例子中，为了试图证明自己的理论，通过这两段残篇的形式结构和措辞，他都强调了自己所比拟的两种事物的对应关系。不过，在我们掌握的关于恩培多克勒的证据中，还有许多更为简短的比拟，也体现了他对于相似方法的使用，即，在诸多不同分支的研究领域中，通过类比来从已知之事推导到未知之事。如（1）按照亚里士多德（*Cael*.295a 16 ff.，DK 31 A 67）的说法，恩培多克勒提出，大地不会在空中坠落的原因在于环绕大地的天"飞速"运动。亚里士多德接着又举了杯中水的例子：当杯子举过头顶，迅速环行转动，水就不会落入杯中（离心力暂时地克制了引力的吸引）；似乎有可能，某种这样的观察为恩培多克勒的理论提供了出发点。在这方面，看起来，他的关于含混的天文学问题的理论，与他针对呼吸和眼睛功能提出的理论一样，都立足于同"更容易观察到的现象"建立的类比。（2）亚里士多德（*Mete*.357a 24 ff.，DK B 55）还记录说，恩培多克勒称海为"大地的汗水"，而这不可能仅仅是诗性的隐喻。"宇宙整体是生命物"这一观念常见于早期希腊哲学中；而尤其是大地，它受制于生长和衰朽的循环，这一看法也被亚里士多德本人采纳过（*Mete*.351a 26 ff.，见上 p.263）。恩培多克勒很可能相信，海洋和汗水都含盐，这并非巧合；似乎很可能，恩培多克勒有意要将海的盐分解释为大地的分泌物（尽管难以确定，他是否想要反过来再解释汗水含盐的原因）。（3）还有一个类比，亚里士多德也引用过（*GA* 747a 34 ff.，DK B 92），它联系了恩培多克勒关于骡子

---

[1]　解剖当然可以为恩培多克勒揭示"肺部"以及"与之沟通的气管"的一般结构。但是也许，如果要更充分地理解气息如何吸入身体，那么更为关键的则是某种对于"肋间肌"（intercostal muscles）和"隔膜"（diaphragm）的动力功能的知识；而依靠粗略的目测，却并不能直接看出它们的功能。与胸腔器官之一般结构有关的更重要的纯粹知识，是否会说服恩培多克勒放弃自己的、立足于血液运动的理论，这还颇为成疑。

不育的含混的解释。恩培多克勒明显认为，动物的父母双方的种子天生都是
"软的"（即能生育），但当它们合在一起时，一者的"稠密"纳入了另一者的"空
疏"，它们就变"硬"了（即不育）。不过，说明这一理论的，却是技艺性类比，
而且这种类比对该理论的表述很可能是原创的，他将这一生物学现象比作如
下情况：两种柔软的金属，铜和锡，融合在一起，变成了更为坚硬的金属，**335**
青铜。①最后，我要提一下他在有机领域的不同事物之间提出的某些类比。(4)
如 Fr.68，其中包含了一个文字游戏，不过毋庸置疑，恩培多克勒认为这个游
戏是重要的。他说"初乳"（beesings，希腊词作 υ 为长音的 πυὸς）是"白脓液"
（πύον，短音 υ）；而似乎，恩培多克勒的理论是，乳液是经受腐化过程的血液
（见 Arist.*GA* 777a 7ff.）。②(5) 亚里士多德（*GA* 731a 4 ff.）和特奥弗拉斯托斯
（*CP* 1 7 1）都引用过一段残篇并且表示认同，其中，恩培多克勒在"大树的
果实"——尤其是橄榄树——和"卵"之间做出了类比（Fr.79）。(6) 更值得
关注的是著名的 Fr.82 ："毛发、叶子、鸟的厚羽，还有鳞片……都是相同的
东西。"*Mete.* Δ 387b 1 ff.引用了这段残篇来说明作者自己的与"一类同质物质，
即木质物"有关的理论，这样的物质，如包括骨骼和毛发，都是由土和水构
成，但土在其中占主导地位；似乎看来，恩培多克勒的意思很可能是，他提
到的每种东西都包含了相同的第一元素或相同的元素组合。不过很可能，恩
培多克勒还想到了更深层的一点，他看到了他提及的事物之"功能"的相似
性，因为这些事物的每一种都起到了所涉及的动物或植物的"保护层"的作**336**
用；如果是这样，那么可以认为，这段残篇第一次试图使用现代的"同源原
则"来将不同种类的生命物的种种部分联系在一起。

---

① 在其他残篇中，恩培多克勒也提到了技艺性的例子，来描述不同物质从四元素中生成的
方式。如在 Fr.23，有一个知名的"画师喻"。画师按照不同比例混合颜料，来展现不同的
事物；这似乎例示了各种繁多的物质如何能源自于少量的简单的"根"。在其他地方，他
使用的例子涉及了更为复杂的过程。在 Fr.33，有一个简要的"无花果汁凝乳"的比拟；
Fr.73 使用的 χόανοι（"熔炉"）一词，表明了，在这段残篇中，恩培多克勒考虑的"元素
融合"的模型出自冶金方面。值得注意的是，他在此处的语境中使用的例子既涉及了机
械性混合，也涉及了我们所谓的"化合作用"——但是当然，我们不应该设想恩培多克
勒区分了这两者。

② 参见 Fr.81，其中包含了一个神秘的看法："酒是来自树皮的水，在树木中腐化"。至少普
鲁塔克（*Quaest.Nat.*2 912c）认为其意思是说，πέψις（这里指"发酵"）与腐化相近。

在不同事物、现象或过程之间寻找"同",是恩培多克勒的物理学研究和生物学研究中反复出现的特征。有时,他会建构精致的类比来试图阐明含混的自然现象。当然,他的许多隐喻似乎也具有类似的基本目的,也是为了在"含混或不熟悉的现象或事物"与"已然或似乎更易知的现象或事物"之间提出本质上的相似性。诚然,他通常会谬以千里,对于两种事物——如乳液和脓液,或海的盐分与汗的盐分——当他发现了它们之间存在着某种相似性,他就提出,它们具有相似的起源。但是,作为一种研究方法,他对于"同"的寻求显然具有积极的价值。这一点在生物学里尤其成立,其中,对于不同种类的动物之间、动物和植物之间的相似性的认识和考察,都可以带来重要的发现。不过在更普遍的意义上,这一点也依然成立。米利都派还有其他人都已经建构出了各种模型来解释某些天文学或"天象学"的现象,阿尔克迈翁还在生物学中提出了一些显著的类比。但是,恩培多克勒对于类比的更为广泛、更加精细地运用,却愈加有力地体现出了:对于熟知现象的观察,如何可以为种种与"难以直接研究或完全不可能直接研究的问题"有关的理论提供出发点(尤其是当可以主张,所比拟的两种情况之间存在着密切和细致的对应关系时);而恩培多克勒本人,就运用这一方法来处理丰富多样的含混的天文学、物理学和生理学问题。

(d) 其他后期前苏格拉底哲学家的贡献

337   除恩培多克勒之外,其他后期前苏格拉底哲学家也使用类比来提出或支持与各种含混问题有关的理论,尽管在现存的他们的残篇中,我们至少还没有发现能像"灯笼和漏壶"一样精致的比拟。① 不过在这一点上,更重要

① 关于后期前苏格拉底哲学家中对类比的使用,有两个典型的例子可以简要一提。按照塞涅卡(*Quaest. Nat.* IV a 2 28 ff., DK 64 A 18)的说法,对于论述颇多的"尼罗河为何夏季泛滥"这一问题,阿波罗尼亚的第欧根尼将自己对其的解释立足于"灯的类比":就像灯中,随着灯芯燃烧,油靠近灯芯,因此尼罗河周边的土地,当夏季渐渐变热之时,也会从其他部分的土地那里将水吸引过来。在德谟克利特 Fr.148 那里,也有一个体现生物学中使用比拟的很好的例子,在那里,德谟克利特使用了两个意象来传达他对"脐带功能"的看法。他首先将脐带比作船尾的缆绳(他明显认为脐带将胚胎"锚定"在子宫上),之后,他还提出,脐带是生长出的胚胎的第一部分,在这一点上,他又将之比作"插枝"(κλῆμα),植物可以由此生长。

的，则是考察这样的证据，即，它体现了，某些后期的前苏格拉底哲学家已然开始意识到了自然研究中的"方法问题"。我们之前已经看到，在许多地方和许多不同的研究分支中，恩培多克勒都提出了"已知之事"和"未知之事"的类比。不过，尚没有具体的证据证明，他明确认识到了自己广泛使用的程序本身就是一种研究含混现象的方法。关于"人类知识的弱点"，早期希腊哲学常常谈起这方面的看法（早期希腊文学中也普遍如此），例如色诺芬尼，他就说，"没有人知道有关神的真理以及我所说的其他一切事情，前无古人，后无来者"（Fr.34），赫拉克利特与恩培多克勒也针对"作为知识来源的'感官'"所具有的"价值和局限"表达了自己的看法。[①] 不过，虽然这些哲学家都从一般的角度表明了理性和感官在获得知识上发挥的作用，但是，他们都没有清楚而且积极地表明，感觉的局限如何可以克服。[②] 巴门尼德也不能视作例外，因为，尽管他强调了理性的地位（也发展出一套演绎的论证方法），但是，他将理性与感官对立，完全不承认后者是通达真理的手段。不过，当我们转向阿那克萨戈拉和德谟克利特时，我们发现，他们不仅重申了感知的局限，[③] 而且还——在现存的希腊哲学文献中，第一次——明确提出了克服这些局限的方式。塞克斯都·恩披里克曾将一个含混但又极为重要的主张归于阿那克萨戈拉：ὄψις τῶν ἀδήλων τὰ φαινόμενα（*M*.VII 140，DK 59 B 21 a），他还记录说，德谟克利特就因为这一说法而称赞了阿那克萨戈拉。这一句即"明者乃不明者之视象"，它当然模糊而有歧义。什么是"不明者"，什么是"明者"（phenomena）[④] 提供了与"不明者"相关的"视象"？塞克斯都并没有帮助我们确定这一主张的原始含义和使用，不过，如果考察一下它

---

① 比较赫拉克利特 Fr.55（"能看到、听见和知晓的事情，是我所爱"）和 Fr.107（"如果人具有的灵魂，难以理解眼和耳的语言，那么它们对于人来说都是糟糕的见证"）。也比较恩培多克勒的 Fr.3 9 ff. 和 Fr.2，在前一处，他指出，我们不应该拒斥任何"理解之路"（如视觉，听见，等等），在后一处，他指出了，每个人如何受到欺骗，从而认为他掌握了全部的真理："对于人来说，用心智看见、听见或领会这样的事情，是如此之难。"

② 但是色诺芬尼也表明，"通过探寻，人们可以及时更充分地加以探明"（Fr.18），但这一主张并不是那么精确。也参见赫拉克利特的神秘的声明"我自己探寻"（Fr.101）。

③ 如阿那克萨戈拉 Fr.21 和德谟克利特 Fr.11。

④ 这个英文单词就源自于上面的 φαινόμενα 一词，而前面，劳埃德用的是 things that are apparent 来翻译，这里换了表达。——中译注

与阿那克萨戈拉和德谟克利特的实际理论和解释的可能的关联，那么或许可以对它有所澄清。①

有一个设想很吸引人，即，在阿那克萨戈拉看来，典型的"ἄδηλα"就是在他的复杂的自然理论中起到重要作用的"部分"和"种子"，这两者都是不可感知的存在。②但是，很难知道，"现象"如何提供了有关它们的"视象"，除非也许是因为，特殊实体的微小"种子"的性质"显现于"这一实体的可以认知的部分之中。"万物的一部分存在于万物中"这一学说恰恰源自于阿那克萨戈拉对巴门尼德的"无中不能生有"这一主张的发挥，而非出自于对我们能观察到的现象的利用。也许更有可能的是，在阿那克萨戈拉这里，ὄψις τῶν ἀδήλων τὰ φαινόμενα 这一句指的就是某些他针对特殊自然现象提出的理论。按照记录，他的"月由土构成，有平原和山谷"这一学说就是一个这样的例子，他对于"不明者"的猜测就一部分立足于同已知现象的比拟，③当然同样，这一主张提及的结论并没有包含这样的比拟成分，如，他使用漏壶和膨胀的酒囊来证明空气阻力，④或他推断出（也许通过对陨石的认识）有一些不可见的物体随以太转动，在日月之下。⑤

但是，在德谟克利特这里，似乎更容易判断出，"现象"以何种方式为相关"不明"之事的猜测提供了基础。这一主张相当明显地用于了原子理论的若干重要方面。例如，当原子主义者提及了原子形状的差异，来解释原子复合体的某些第二性质时，他们的观念明显立足于他们对更大物体的认识和经验。如，按照原子是否"无规则"（σκαληνά）、"有钩"（ἀγκιστρώδη）、"凹"（κοῖλα）或"凸"（κυρτά），⑥原子会结合或彼此弹开；而特奥弗拉斯托斯则记录了不同的体液或味道如何被认为源自于不同形状的原子：例如酸味（ὀξύ）被归于"有角的"原子（γωνοειδής，比较

---

① 关于这一学说的历史及其各种应用，尤见雷根伯根（Regenbogen）的文章以及 Diller，*1*。

② 关于阿那克萨戈拉的"种子"学说，见前，pp.243 ff.。

③ 如 Hippol.*Haer*.1 8 10，DK 59 A 42。或许也可参见 Fr.4 中，他提及的在大地不同部分或其他世界中存在的生命和人类文明。

④ Arist.*Ph*.213 a 22 ff.，DK A 68；cf. Ps.-Arist.*Problemata* 914b 9 ff.，DK A 69.

⑤ Hippol.*Haer*.1 8 6，DK A 42。也参见 Fr.19，那里提到了彩虹是暴风雨的"标志"（χειμῶνος σύμβολον），这里的现象似乎也为不明之事提供了视象。

⑥ 如 Simp.*in Cael*.295 16 ff.，DK 68 A 37。

πολυκαμπής），又小又薄。① 而其他用于原子的重要原则也可以从可见的现象中推出。在其他语境中，我们已经考察过一段残篇，其中，德谟克利特引用了某些例子来说明"同趋向同"的原则，即，某些群居类的动物的常性，筛子里的种子的常性，岸边的鹅卵石的常性（Fr.164，见前, pp.270 f.）。但是在这里，我可以指出，这些可见的现象都为德谟克利特用于不可见原子的一般理论提供了依据。塞涅卡的记录（*Quaest.Nat.*V 2，DK 68 A 93a）则给出了另一个更深入的例子，其中，德谟克利特用日常经验的熟知现象来支持与原子常性有关的理论，如，按照塞涅卡的说法，德谟克利特以"人头攒动的市场"为喻来说明自己的"风理论"，他的风理论即，风都是由一大群原子在有限的空间内碰撞的结果。②

在我们考察过的每一个例子中，德谟克利特都使用了可见现象来提供"视象"，即，对天生不可见的事物的"理解"。但是，在每个情况中，他的理论都依赖于明确或隐含的类比。他提出或设想，"相似律或相似原则"可以既用于他所举出的能观察到的现象，也可以用于我们难以知觉的对象，比如，既用于某些动物的习性，也用于原子，或是还可以，既用于日常事物界中的尖锐或有角的东西，也用于尖锐或有角的原子。ὄψις τῶν ἀδήλων τὰ φαινόμενα 是一种极为一般的模式，除了可以用于"立足类比"的推论之外，**341** 它还能用于其他类型的推论。不过当然，它似乎肯定包含了我们上面看到的、德谟克利特使用的种种类型的类比论证。上述那个由阿那克萨戈拉表述、德谟克利特给予认同的主张之所以颇为重要，是因为，它标志着第一次有人明确认识到了这样一种可能性，即，可以从已知现象来推测未知之事：不过，尽管阿那克萨戈拉明显想要主张的方法却并没有得到确切界定，但是可以认为，他的一般模式主要关涉了一种日常操作，即，将"与含混自然现象相关的理论和解释"立足于"与更为熟知或更易观察的事物建立的类比"之上。

---

① Thphr.*Sens*. 65 ff., DK 68 A 135；参见 *CP* VI 1 6，DK A 129。

② 德谟克利特使用"明者"作为"不明者"的视象，这当然不仅仅相关于原子理论。如亚里士多德的记录（*PA* 665a 30 ff.）指出，在观察到，更大型的"有血的"动物具有内脏之后，德谟克利特有可能猜测，"无血的"动物也具有内脏，但太小，难以看清；Fr.148 包含了其他类比，用来说明脐带在生长的胚胎中的功能（见前，p.337，n.1）。

希罗多德和希波克拉底派作家

在公元前 5—前 4 世纪的并非以宇宙论者为主的作家里，还可以找到其他许多使用类比的例子；这样的证据之所以尤为重要，是因为两点。第一，有若干文本都包含了对阿那克萨戈拉的 ὄψις τῶν ἀδήλων τὰ φαινόμενα 这一主张的呼应，而这些文本的语境又清楚地表明，其作家想要提出的方法都立足于类比。第二，我们发现，有些被用来支持某些理论的例子，并不仅仅是为了提及某种熟知的事物或现象，它们还有意要承担起某项研究。在这样的语境中，例示是在进行某种检验，之所以引入它，是为了试图建立一种理论或解释，而我们必须考察的问题是，在何种程度上，对于这种类比的运用相似于试验方法的使用，或是尚未达到后者的层次？

首先是希罗多德，作为史家，他通常都（理所当然地）将推论立足于类**342** 比，例如，他试图通过当前的信息来重建过去。[①] 不过，在这里，我想要考察的是他在地理和地质方面对于比拟的、更加令人惊奇的使用。在 210 的一段，有一个例子，它体现了类比在这样的语境中是如何具有用处。在那里，希罗多德在尼罗河三角洲和其他某些地区——伊利昂附近的一座城邦、凯科斯（Caicus）河口畔的忒乌特拉尼亚（Teuthrania）、以弗所、米安德（Maeander）平原——之间做了比较，他注意到，自己"在将这些小者与大者做比较"，ὥς γε εἶναι σμικρὰ ταῦτα μεγάλοισι συμβαλεῖν。这里的 συμβαλεῖν 一词完全指"比较"（但这个动词也表示"推导"或"猜测"），不过，这个比较的目的却是为了表明，所提到的每个地区都是相似地质过程的结果。事实上，希罗多德提出，整片尼罗河三角洲都是冲积的沉淀，与他提及的其他河谷一样——

---

① 如 1 145（在那里，他得出结论，伊奥尼亚人原本分为十二部落，而阿开亚人在他的时代依然留存）。修昔底德有时也使用了相似的推论方法（如 1 6，他提到了当今外族社会的习俗，来支持与希腊人从前习俗有关的结论），但是在一个地方，他拒绝了相似类型的论证，认为它并不可靠（1 10，那里，他指出，通过现存的城邦的废墟来推导出古迈锡尼人的势力范围，这是错误的；他以前瞻的方式论述了，倘若斯巴达和雅典有一天毁弃了，那么通过这两座城邦的废墟来得出"对它们实际势力的印象"，这是如何的具有误导性）。

他之所以举出它们，毫无疑问，这是因为，在这些例子中，淤塞更加迅速和明显，但范围不大。

在其他一些地方，希罗多德为了支持自己的理论而提出的类比更为大胆，但不太令人满意。在一个地方（4 36，参见 42），他嘲讽了一些地理学家，他们将虚构的对称元素引入了自己的世界地图，将世界描绘为圆形，仿佛圆规画成，他们还将亚洲和欧洲面积等同。但是，当他在 2 33 f. 论述尼罗河河道时，他也做出了相似的"对称"假设。① 他说，艾特阿尔科斯（Etearchus）在横穿非洲的远征中发现了一条大河，他猜想（συνεβάλλετο），这就是尼罗河。"而理性"，希罗多德说："赞同这一点。因为尼罗河从非洲流出，将该国② 从正中一分为二，按照我的猜测，我从显然之事推出未知之事，那么，它自发源开始（即到河口）的距离与多瑙河一致（καὶ ὡς ἐγὼ συμβάλλομαι τοῖσι ἐμφανέσι τὰ μὴ γινωσκόμενα τεκμαιρόμενος, τῷ Ἴστρῳ ἐκ τῶν ἴσων μέτρων ὁρμᾶται）。"他说，多瑙河的河道，多有人知，因为它流经有人栖居的国度。而它起源于凯尔特人之地，在欧洲最西端（原文如此）③，它越过欧陆，直到欧克辛海（Euxine，中译注，黑海古称）。"但是，关于尼罗河的源头，无人能知，因为它流经的非洲无人栖居，乃是荒漠，不过据考查（ἱστορεῦντα）可知，方才被记录下来。"然而，他接着继续提出，尼罗河的河口在伊斯特里亚（Istria）对面（即，正南方）。埃及位于基里基亚（Cilicia，西里西亚）的山脉对面，从基里基亚，五日路程，可到欧克辛海畔的西诺普（Sinope），西诺普位于多瑙河河口。"这样，我认为，尼罗河的河道直穿非洲，与多瑙河相配（ἐξισοῦσθαι）。"（2 34）

希罗多德在这一段处理尼罗河河道问题时使用的方法，其中有若干特征值得注意。首先，他声称使用了"考察"，是考察让他得出了这样的结果。但是，当考察无效时，他却求助于了推导。不过，他还是谨慎地区分了"他知晓的内容"（或自认为知晓的内容）和"他针对未知之事做出的

343

---

① 参见 Diller，1，pp.16 ff. 关于这一处文本的讨论。

② 原文是 Λιβύη，即利比亚的古名，前一句的"非洲"也是如此，劳埃德没有依据原文翻译。——中译注

③ 括号为劳埃德所加，希罗多德认为尼罗河和多瑙河都是自西向东分别横穿非洲和欧洲，两者距离相等，是对称的。——中译注

推导"，后者具有猜测的性质（συμβάλλομαι，2 33；δοκέω，2 34）。ὡς ἐγὼ συμβάλλομαι τοῖσι ἐμφανέσι τὰ μὴ γινωσκόμενα τεκμαιρόμενος（"按照我的猜测，我从显然之事推出未知之事"）这一句，与阿那克萨戈拉的 ὄψις τῶν ἀδήλων τὰ φαινόμενα 这一句明显相似，而且与那句主张一样，这一句也是含混而且抽象。但是在这一段中，希罗多德使用"从显然之事推出不可知之事"这一规则的方式，却完全清楚。他试图在某种程度上尽力在尼罗河与多瑙河之间确立一个相似点，即，它们的河口彼此相对（但他确定这一点时的方法，却

344　非常不精确），他显然相信，据其所知，尼罗河的河道大体上对应了多瑙河的河道。但是，基于这些"可知的"相似性，他进一步推断，在其他方面，这两条河也是相似的，尼罗河的长度等同于多瑙河的长度（这似乎就是 ἐκ τῶν ἴσων μέτρων ὁρμᾶται 这一句的意思，2 33），它们的河道穿过各自的大陆，彼此完全对应（ἐξισοῦσθαι，2 34）。"从显然之事推出未知之事"这一句也许并不那么精确，但是，希罗多德做出的实际推导却显然立足于类比。此外，比起现存的前苏格拉底哲学家的残篇中出现的类比环节，希罗多德的论证环节呈现得更为清楚。例如在 Frr.84 和 100，恩培多克勒并没有明确地区分"（他所设想的）既定的或明显的相似点"与"他提出或推导而来的相似点"。但在希罗多德这里，对于尼罗河和多瑙河来说，它们"已知的"对应点与"推导出的"对应点被明确区别开来。对比恩培多克勒和其他前苏格拉底哲学家（据我们从现存的证据来判断他们对类比的使用而言），在这一段中，希罗多德对自己论证的构建更为明确，而在得出结论时更加有所保留。他得出的推论事实上并不成立。[①] 但总之，值得注意的是，设想世界的不同地区之间存在着某种对称，这并不总是没有道理的。的确，从亚里士多德那里也可以举出一个例子，其中也假设了这样一种对称，但也并非不正确。在 Mete.362b 30 ff.，[②] 关于风的起源和性质，他得出了某些真的结论，而所基于的假设却

345　是，南半球的风一般来说对应北半球的风，他的论证在类型上相似于让希罗多德得出"尼罗河发源于西非洲"这一（错误）推论的论证。

---

① 值得注意的是，在其他地方（4 50），希罗多德至少论述了尼罗河和多瑙河之间的一个重要的差异——一个有规律地泛滥，一个并非如此——但他还是没有怀疑它们的河道在各自的大陆上是对称的。

② 见下，p.362。

　　《希波克拉底派文集》包含了大量的、体现类比在早期希腊病理学和治疗学说、解剖学、生理学和胚胎学中发挥作用的文本。[①] 有一些更常识性的对类比的应用，我们无需多论。比如，希腊医学从业者在早期阶段就认识到，研究健康者，对于决定病人的情况有着巨大的价值，这不仅是为了诊断疾病，还是为了发现和预测某些治疗的效果，但是，值得注意的是，有几部著作在这样的语境中都明确推荐使用这一类型的比拟。[②] 不过，在这里，与我们有关的"对类比的使用"，却是出现在这样的理论中：它们的提出是针对诸如"身体不同部分的结构与功能"、"胚胎的生长"、"各种复杂的生理学过程之本性"、"某些疾病的起源"等主题。对于这些还有其他生物学和医学问题，希波克拉底派作家，与前苏格拉底哲学家一样，都试图通过"与能够直接观察到的、熟知的对象或现象建立的比拟"来说明那些他们难以理解的事物。我们首先可以简单地看一看某些最简单的例子，其中，日常的例子被用来揭示各种含混的现象。

　　（1）例如，《论呼吸》的作者，当解释病人发烧一发作就打呵欠时，他做了一个比拟：蒸汽从沸水的大锅边驱散而出（ch.8, *CMG* 1, 1 96 5 ff.）。恰如当水沸腾，大量蒸汽从水边驱散而出，而随着病人的温度上升，他认为，体内之气被迫驱动向上，穿过嘴边。（2）还是这位作者，他接着又解释了发烧时的出汗，他的类比是，当蒸汽碰到锅盖这样的东西时，冷凝而形成水滴（ch.8, 96 15 ff.）。他提出，出汗是因为体内之气碰到某些毛孔，冷凝而成，它穿过毛孔达到身体的表面。从其他作品里也可以举出许多相似的比拟。例如，在胚胎学论著中，我们发现了一系列与"常见的技艺过程"有关的原创的类比。（3）在《论儿童本性》(ch.12, L VII 488 13 ff.)，子宫里"种子"周围形成的膜，比作烤面包时面包上面结出的硬皮，但是这位作者并没有试图进一步表明为什么膜和硬皮会形成，相反，他说，膜和硬皮的出现，是当特定的物质（种子和面包）遇热，然后"因气而膨胀"（φυσώμενος）。这样

346

---

① 除了雷根伯根的论文，还有 Diller, *1*, 也参见 Senn, *1* 和 Heidel, *5*, pp.146 ff.；*6*, pp.75 ff.。

② 如 *VM* ch.10（*CMG* 1, 1 42 11 ff.），那里，这位作者说，我们应该通过"论及健康者"（ἐπαναφέροντας ἐπὶ τοὺς ὑγιαίνοντας）来了解"饱满"和"消耗"的反应。也参见 *VM* ch.8（40 24 ff.）；*Prog*.ch.2, L II 112 13 ff.；*Acut*. ch.9, L II 280 8 ff. 和 *Mul*.1 ch.6, L VIII 30 8 f.。

的类比在《论疾病》IV 中尤为丰富。(4) 在 ch.51（L VII 584 13 ff.），这位作者说，当身体受热，体液就搅动，离析；在这里，他比较了制作奶油时的情况。当奶液搅拌时，奶油浮到顶部，接下来是酪乳（butter-milk），而用来制作奶酪的、奶液的最重的部分，沉到底部。他指出，当体液搅动，它们就离析：胆汁升到顶部，接着是血液，然后是粘液，最后是水，他说水是体液中最重的部分。(5) 在下一章（590 9 ff.），他考察了身体中冷的效果，在这里，他提到了无花果汁加入乳液时的情况（他相信，乳液的凝结是受"凉"所致）。与之前相似，他说，当有害的"冷"影响身体时，体液就凝结和变厚。

347 还有两个类比出现在他对膀胱结石的阐述中。(6) 首先，他提到了当污水留在杯子或器皿里、沉淀形成的方式；他说，沉淀形成的方式与尿液不纯时膀胱中出现沉淀的方式相同（ch.55，600 21 ff.）。(7) 之后他表明了，结石如何从这种沉淀的一部分中形成，他提及了铁从铁矿石中冶炼而来的过程：当结石受到粘液的影响（他认为如此）在膀胱中留存、变硬，等量的余渣随尿液排出（602 6 ff.）。

毫无疑问，当希波克拉底派的作家试图解释各种出现在身体内的复杂的变化时，对日常技艺过程的观察为他们提供了丰富的材料。而同样尤为应该关注的，还有他们对"动物与植物类比"的广泛的使用，（正如我们所料）这些也尤见于胚胎学论著里，尽管不仅限于此。(1) 如《论疾病》IV，比较了动物和植物的各自的营养过程（chs.33 和 34，L VII 544 17 ff.）：正如植物内的每种体液都朝向土地中与之同类的体液（按照他的看法），那么，身体内的每种体液也趋向于来自胃中饮食的同类体液。(2) 相似的比拟也在《论人体本性》（ch.6，L VI 44 21 ff.）中用来说明身体内药物的作用。这位作家也认为，种子从土地中吸取那些与自身本性相同的物质；他说，药物在身体内也是如此活动，每种药物都从身体中吸取与自己相近的体液。在若干论著中，胚胎的生长都比作了植物的生长。(3) 例如在《论七月大的婴儿》(*On the Seven Month Child*, ch.1, L VII 436 8 ff.)，胎儿出生时将包裹自己的胎膜撕裂的方式，比作了玉米成熟时玉米穗的绽放。(4) 在《论八月大的婴儿》(ch.12，L VII 458 2 ff.) 中，该作家又将脐带比作果实的茎。他提出，

348 当胎儿成长充分时，脐带变得纤薄，干瘪，他将之比作了茎和枝上、成熟果实断落的方式。(5)《论出生》(*On Generation*) 的作家提出，胚胎在子宫内

形成，其大小和形态由子宫来决定，这正如某些植物在"容器"中生长，其大小和形态受"容器"影响（他举的例子是葫芦籽在不同大小的"容器"内生长，ch.9，L VII 482 14 ff.）。(6) 在 ch.10（484 9 ff.），他诉诸了相同的类比，从而提出，正如，当树的生长空间不足，它的发育受石头或类似事物的阻碍时，它就会畸形，那么，胚胎为何会畸形的原因之一也许是母体子宫出现的物理畸形。但是，最为大胆、最为详细的"胚胎生长和植物生长"的类比，出现于《论儿童本性》。首先 (7)，有两个简要的比拟，将"胚胎生出肢体的方式"比作"植物生出枝条的方式"（ch.17，L VII 498 3 ff.；ch.19，506 6 ff.）。其次 (8)，在 ch.22，514 6 ff.，作者开始一段长篇的题外话（直到 ch.27，528 25），其中，他详尽地讨论了植物的生长，在结尾，他得出结论，胚胎之于母体的关系相似于植物之于土地的关系（528 18 ff.）。最后(9)，他断定，"如果有人想要从头到尾地思考我所说的、关于这一主题的内容，那么，他会发现，土地生出的事物和人类孕育的东西，这两者各自的生长彼此精确对应"（εὑρήσει τὴν φύσιν πᾶσαν παραπλησίην ἐοῦσαν τῶν τε ἐκ τῆς γῆς φυομένων καὶ τῶν ἐξ ἀνθρώπων，528 22 ff.）。①

我已经举出的这些例子，都说明了众多希波克拉底派作家是如何提及身体之外的东西来试图揭示含混的医学或生物学问题。② 这些文本证明了，他们对于植物的生命、技艺过程等，都有着强烈的兴趣，但是，一般来讲，他们提到的观察，在操作时，并没有进行专门的研究或调查。不过，在其他地方，希波克拉底派的作家比较了一些"只能通过深思熟虑的研究——这样的研究有时候会使用到特殊的设备——才能观察到的"现象。(1) 在若干论著中，我们都能发现，有一种类型的程序方法被加以使用，这方面有一个合适的例子，见于《论妇科病》（On the Diseases of Women）I。在 ch.1（L VIII

349

---

① 见 Regenbogen，pp.165 ff.。

② 有时候，甚至当用来说明医学或生物学问题的现象（我们可以这样认为）本身就非常含混时，这样的比拟也会用到。在《论圣病》（ch.13，L VI 384 22 ff.）中提到了南风，当作者指出，南风的效果是让大脑放松、松弛，让静脉松软时，他声称，南风会对酒或其他屋里或地下贮存的液体产生作用。在《论儿童本性》（ch.12，L VII 486 13 ff.）中，作者提到了种种与木头、叶子、食物、饮料有关的类比，（他声称）当这些东西加热到很高的程度或燃烧，就会释放和吸收 πνεῦμα（气），他主张，子宫内的"种子"，随着变热，也会释放并趋向于气（这里很可能指呼吸）。

12 5 ff.），作者指出，女性月经的原因是，她们的身体比男性的更加柔软，有着更多的孔隙，所以，比起后者，她们的身体会从胃中吸收更多的液体。"因为事实上，如果有人会在水上或某个潮湿之处待上两天两夜，而一边是干净的羊毛，另一边是干净的、细细织成的、与羊毛等重的衣服，那么，当取过它们，加以称量时，他会发现，羊毛比织成的衣服更重。"作者的观点在于，按照上述相似的方式，男人的身体和女人的身体也有所差别；当然，这纯粹是设想。不过，身体的吸收性，是他不可能直接研究的。他的验证非常清楚地表明了，由相同物质、但由不同材质构成的两个东西，会按照不同的程度吸收水分。尽管，这并没有确证他的关于男人和女人的理论，但是可以认为，它提供了某种证据，证明了他在自己的生物学学说中应用的、一般的物理原则（"吸收性和材质之关系"的物理原则）。尤其值得注意的是，在进行自己的验证时，作者提到了使用天平来检测重物吸收的水量。其他希波克拉底派的作家也研究了身体之外的物质的常性，这联系了他们提出的、用来解释复杂生理过程的理论。(2)《论儿童本性》的作者相信，正是未出生的婴儿对胃部的压力，导致了乳汁从乳房渗出，但为了说明和支持这一理论，他提到了一个简单的试验（ch.21，L VII 512 7 ff.）：如果兽皮可以吸收大量的油，然后挤压，那么油就渗出。(3)《论出生》描述了另一个试验，是为了说明这样一种理论："强"和"弱"的种子的比例决定了儿童的性别。如果不同量的蜡和脂肪混融在一起，那么，只要混合物依然是液体，占主导地位的物质就并不明显，相反，只有当混合物固化后，它才可见（ch.6，L VII 478 11 ff.）。①《论疾病》IV 提到了另一个研究，它与这样的理论相联系，即，发烧时，胆汁体液依然留在体内，但水质体液蒸发而去。如果水和油放入器皿，长时间加热，那么按照作者的说法，会发现，蒸发的水比油要更多（ch.49，L VII 580 7 ff.）。② 更值得注意的是这样一些地方，其中，作者描绘

①　参见一些更简单的观察，均见于对"性交时伴随的身体变化"的讨论，如，对"冷水加入沸水的效果"，对"将酒撒入火焰的效果"（*Genit.*ch.4，L VII 474 22 ff.，476 1 ff.）。

②　这位作者也两次使用了这样的观察，观察的对象是，当细颈瓶迅速上下颠倒，瓶中的液体如何依然留存；他首先是为了说明"如何因为身体抑制血液，出血就会止住"的理论（*Morb.*IV ch.51，588 17 ff.），其次是为了联系"水肿如何有时会仅仅出现于身体的某个特定部位"的理论（ch.57，612 6 ff.）。

了种种需要使用特殊设备的观察。如（4），在《论疾病》IV 中，作者想要
说明，种种体液如何在身体的不同"源头"（胃、心、头、脾、肝）之间运
行；尤其是，当胃中充满饮食时，身体的其他部分如何吸收这些体液；反之，
当胃变空，体液如何通过遍布全身的静脉、从其他部分流回胃部。在 ch.39，
556 17 ff.，他描绘了三个或更多的容器放在平地（这是重点），排列在一起：
容器穿有孔洞，洞中安着联通的管子。他论述说，如果水灌入一个容器，那
么水会流入其他每个容器；反之，如果一个容器是空的，那么水会从其他容
器流入这个容器之中；事实上，想要灌满或排空所有容器，那么灌满或排空
其中一个就够了。最后（5）《论儿童本性》也描绘了一个试验，它需要使用
某种简单的设备。作者主张说，身体的各个部位由呼吸（πνεῦμα）形成，它
促使"同趋向于同"；这一试验是物理研究，他明显想要通过它来说明自己
的理论（ch.17，L VII 498 17 ff.）。准备一个囊袋，让一根管子向下到囊袋
底部。土、沙、铅屑倒入其中，灌水到囊袋顶部。然后，如果通过管子吹
气，那么首先，固体物质与水混合，但是之后不一会儿（作者声称），铅、
沙、土各自汇集在一起；如果将之晾干，打开囊袋，那么会发现，"同趋向
于同"。①

　　我们刚才考察的种种文本，既（比如）与恩培多克勒对"把玩漏壶的
少女"的描绘不同，也与希波克拉底派作者本身频繁使用的"技艺过程喻"
或"植物生命喻"不同，它们并没有提到属于日常经验的观察，相反，它们
暗示了对于某项研究的有意的实施；而在这方面，它们符合了实验要求的某
一个标准。事实上，所涉及的许多文段都被塞恩（Senn，1）归类为"科学
实验"（wissenschaftliche Experimente），而且的确可描述为是"无可反驳的
实验"（einwandfrei beschriebene Experimente），但是，这一判断并不能毫无
保留地加以接受。我们前面描述过的种种研究，并没有提供什么关键性的证
据来证成或反驳"与举出的这样的证据相关联的理论"。在每个例子中，理

──────────

① Senn（1，pp.242 ff.）指出，这一试验就是原始的"沉淀试验"（Sedimentierungsversuch），
　　设计它是为了证明，三种固体物质如何在气囊中变换位置；当它们刚放进去时，土在底
　　部，然后是沙，最后是铅，但是，当一吹气（或如塞恩所说，当气囊摇动时），铅因为比
　　重更大，沉到底部，然后是沙，土最后在顶部。塞恩得出结论，*Nat.Puer.* 的作者并没有
　　亲自进行这个试验。

351

352

论关涉了身体中的性质、起源或复合物质的交互作用，但是，试验并没有提到这些物质；相反，它提到的是其他的、通常更为简单的、而且在身体之外的物质，不是身体，而是羊毛，不是各种"种子"，而是蜡和脂肪，不是胆汁的和水质的体液，而是油和水。这些试验并不能称之为完全意义上的"实验"，理由很明显：所研究的物质完全不同于理论所关涉的那些物质。① 相反，这些研究的所作所为，都提供了相关"可见之物"的知识（身体之外的各种物质的常性），这些事物被用来提出或说明与"含混者"——即，有机生命体内部发生的生命过程——有关的理论。在大多数情况下，这些模式与其他早期希腊时期的类比一样，都具有相同优缺点。一方面，应该认可的是，这些希波克拉底派作者都试图提供证据、来证明所观察到的、与困难又复杂的生理学和病理学问题有关的种种现象；但是另一方面，他们提出的理论通常都依赖于模糊又随意的假设，而在他们的比拟中，他们似乎通常低估或无视"例示"和"例示对象物"之间的差异点。

诸如我们之前一直考察的种种比拟，它们似乎很少或完全没有出现在《流行病》（*Epidemics*）这样的论著，或是《希波克拉底派文集》中的、其他主要具有描述性的作品里。但是，大多数理论性论著，尤其是胚胎学作品，都在自己的生物学和医学学说中广泛使用了比拟。此外，还有若干著作，都明确提及和主张了"从可观察的现象来领会'含混之物'的方法"。在大量希波克拉底派的作品里，阿那克萨戈拉的 ὄψις τῶν ἀδήλων τὰ φαινόμενα 学说似乎以各种形式、在不同语境中得到了呼应。例如，《论呼吸》（ch.3，*CMG* 1，1 93 5）说，气"对于视觉不可见，对于理性，则显然"，

① 但是，其他希波克拉底派的文本——塞恩也提到了——所描述的研究，它们在实施时，都直接针对了有机物本身：如 *Nat.Puer*.ch.20，L VII 508 15 ff.，还有几段提到了解剖或活体解剖，如 *Cord*.chs.2 （L IX 80 13 ff.），8 （86 4 ff.） 和 10 （88 3 ff.）；参见 *Nat.Puer*. ch.29，530 10 ff. 中的关于母鸡鸡卵生长的详细研究（作者使用这一例子来支持自己的人类胚胎的生长理论）。还有两个例子也值得关注，来自 *Carn*.，因为它们提到了针对血液实施的试验。在 ch.8 （L VIII 594 14 ff.），据观察，取自献祭的牺牲的血液，只要还是温的，就不会凝结，而如果搅动，冷却之后，那么才会如此（这被认为可以支持如下理论："当冷压制温"，肝就从血形成而来）。在 ch.9 （596 9 ff.），可以注意，在凝结时，血液形成皮肤；而每当"皮肤"去掉之后，血液就形成了 [这被认为证明了，身体的皮肤在冷和风 （πνεύματα） 的作用下形成于血]。

那里还提出，气的力量可以从它的可见的显现中推出，比如，连根拔起的树；这里，推论是直接的，没有包含比拟的成分。① 但是，当《论养生》I 以更一般的方式说，"人们并不知道如何从明显之事来感知含混之事"（ch.11, L VI 486 12 f.）时，语境表明了，他所想的方法主要依赖于对类比的领会。他说（488 1 f.），"我要表明可见的'技艺'如何相似于人的可见和不可见的感受"（ἐγὼ δὲ δηλώσω τέχνας φανερὰς ἀνθρώπου παθήμασιν ὁμοίας ἐούσα καὶ φανεροῖσι καὶ ἀφανέσι），而他接着用十三章（12-24，488 1-496 19）提出了"技艺、技术或职业"与"自然过程"之间的种种相似性。如在 ch.12，他声称，占卜"摹仿"了人的本性和生命：正如卜者从可见之事（存在的征兆）推断不可见之事，而男人和女人结合在一起，诞下子女，他们也从存在之事认识到了不可见之事（在这个例子中，即将会生下的子女）。他的其他看法均为异想天开：对于影响有机生命体的自然过程，他的所知甚为肤浅，他提出的类比也都模糊而又笼统，但值得注意的却是，他竟然不仅以如此之长的篇幅来展开这样的论证理路，② 他还自信地将之作为"感知含混之事"的"一般方法"。

354

　　《论古代医学》是另一部更为重要的作品，因为它明确主张在医学中使用类比。正如若干评论者注意的，③ 这位作者广泛使用了各种类型的类比。我前面已经提到过，比如，在 ch.10 中，他说，为了发现病人的"饱满"和"消耗"的反应，我们应该参考健康者身上的反应。而在 ch.15（47 5 ff.），有一段含混但引人注意的文字，其中，他提及了身体之外的事物，这是为了支持一个与"身体上出现的情况"有关的理论。他主张，各种力量——如热和涩，热和淡——的不同结合，会对身体产生不同的作用。他说，它们产生的不同作用，"不仅在人身上，也在皮革和木头，以及其他许多没有人那么敏感的东西上"。而之后，在 chs.22 f.（53 1 ff.）他讨论"结构"（σχήματα）产生的

---

① 也参见 de Arte，那里区分了眼睛的视见和心灵的视见（ch.11, CMG 1, 1 16 17 f.），而且表明，自然会产生症状，身体的未知感受可以从中推出（ch.12, 18 14 ff.）。

② 他依次考察了金属加工、漂洗、补鞋、木工、建筑、音乐、烹饪、洗马、制篮、做金、雕刻、制陶、写作、体育训练等技艺（τέχναι），他得出结论，"所有'技艺'都分有人的本性"（ch.24，496 18 f.）。

③ 如 Festugière，p.54，n.56。

影响时，以及在 ch.24 中，他都明确推荐使用这一方法。在 ch.22，他列举了身体部位的不同结构或形式：有的空而渐细，有的"铺展"，有的硬而圆，有的宽而阔，有的可以舒张，有的长，有的密，有的松而鼓，有的多孔能渗水。接着，他问询，比如，哪种类型的"结构"最适合趋向液体；他提出，是空和渐细的那种："要认识这些东西"，他接着说，"应该通过身体之外的、明显可见的事物"（καταμανθάνειν δὲ δεῖ ταῦτα ἔξωθεν ἐκ τῶν φανερῶν，53 12 f.）。他做出的观察之一就是，拔火的工具（空而渐细）很容易吸收液体；他也提到了这样一个事实：嘴巴张开，就很难将液体吸入口中，不如绷紧嘴唇，嘴里插根吸管。虽然他已经知晓，身体的各个部位，膀胱、头、子宫都是这种形状，"空而渐细"，但他还是提及了身体外的、形状相似的事物作为证据，为了证实，身体的这些部位的形式适合发挥某种特殊的功能，即，吸收液体。最后，在 ch.24（55 4 ff.），他更为简要地考察了体液承受的变化，他再一次主张了相似的研究方法。例如，他探询了甜的体液"如果变成另一种体液"，它会有何变化，"但这不是混合所致，而是因为，它脱离了原有的本性（αὐτὸς ἐξιστάμενος）"。他提出，他会变酸（我们可以猜测，他考虑的，比如，是甜酒变酸和酸腥），他接着说："这样，如果一个人能成功地研究身体之外的东西（εἴ τις δύναιτο ζητέων ἔξωθεν ἐπιτυγχάνειν），那么，他总是能选择最佳的治疗过程"（55 11 ff.）。许多希波克拉底派论著，如我们之前所见，都广泛地使用与"身体之外的东西"建立的类比，以此来解释"身体之内隐藏的变化"、"疾病的起源和发展"、"胚胎的生长"、"营养的过程"等等。在若干例子中，尤其在胚胎学论著《论出生》、《论儿童本性》、《论疾病》IV里，这都是一种如此常见的程序方法，它让我们会怀疑，其作者是否有可能在自觉地采用它；当对身体之外的东西进行试验、试图解释含混的生理学或病理学过程时，这种可能性似乎尤其成立。不过，在《论古代医学》中，我们还是能确定，情况就是如此，因为在这里，作者在两个不同的语境中明确主张这种程序方法：一是在发现身体不同"结构"的功能时，二是在确定"各种体液力量"中出现的变化时。

到此阶段，我们可以简要回顾和观察一下我们目前为止考察过的、与"早期希腊科学的理论和解释中的比拟"有关的证据。无论问题在于：是阐释天体的运动，还是闪电的本性，大地如何被"托起"，海水为何是咸的，抑或，是解释眼睛的功能，呼吸过程的本性，或是，胚胎在子宫内如何获得营养，身体的不同部位如何发育，早期希腊哲学家和医学理论家都一再地将自己的看法立足于"待解释的现象"与"其他某些更容易观察到的事物"之间建立的比拟。他们的许多理论都立足于非常简单的、与"熟知的事物或现象"建立的比拟上，例如，阿那克西美尼就用"桨在水中造成闪光"这一例子来阐述闪电，或是《论呼吸》中出现的"沸腾的壶的蒸汽"一例，作者用它来解释自己认为的、当病人发烧时出现的情况。但是，我们发现的、提出的许多类比，都更具有独创性，更为精致。几位哲学家，自阿那克西曼德开始，都创造了机械论模型，他们试图以此来描绘天体运动，以及其他"诸如日月食和月相"之类的现象。尤其是恩培多克勒，他提出了两个尤为复杂的类比，通过它们，恩培多克勒做出了比较，但比较的对象，不是一个事物和另一个事物，而是"几种身体内的事物"和"其他几种身体之外的东西"，例如，一边是眼中的火和水，眼膜；另一边是灯笼的火光和屏障。而更为突出的是在《希波克拉底派文集》中，我们发现了许多复杂的模型，其中有两个最值得关注，一个是《论疾病》IV 的"联通的容器系统"，通过它，身体不同部位之间的体液的通路得以说明和解释；另一个是《论儿童本性》中提出的囊袋试验，它说明了身体的各个部位是如何形成的。

对于"含混的自然现象"和"更为熟知的事物"，早期希腊科学家在提出它们的类比上极具创造力。但是，他们举出的许多类比，也许是大多数类比，都看起来，相当具有误导性。凯恩斯论述说，"种族的常识之中已经带有了弱类比的印记"，[①] 这样的评论似乎也适用于最早期的希腊人为了给自然现象提出合理的解释而做出的许多尝试。我们之前曾经说过，泰勒斯和阿那克西美尼似乎都没有解决如下问题，即，如果某些固体可以在水上漂浮或被空气托起，那么这两种看法中的任何一个如何适用于大地本身。与之相似，在生物学中，希波克拉底派作家似乎通常并没有反问自己：他们的物理性或技艺性模型如何能应用于身体之内发生的变化（如当《论疾病》IV 得出这样的结论时：即，膀胱结石是"某个与熔炼相似的过程"的最终产物；或是《论疾病》IV 提出这样的看法时：即，在胃部和身体其他"源头"之间出现了"吸

---

① Keynes，p.247，参见，p.179。

357

收和分泌"的双重过程）。我们不仅发现，早期希腊科学引入了许多非常弱的类比，我们还发现，他们的作者似乎通常对这样的类比要求过分。所发现的两种现象之间的相似性，完全可以用作一种假设的来源，这种假设相关于两种现象之一的本性或原因。但是，就一般情况而言，[①] 早期希腊理论家并没有将自己的阐述当作试探性的假设，而是作为针对问题的、确定性的解决方案。尤其是希波克拉底派作家，他们通常更为断然地陈述自己的结论，在"例示"所用的"as..."（ὥσπερ 或 ὡς）这样的子句之后，跟随的则是语气较强的 οὕτω καί 或 οὕτω δή 引入的"so..."子句；[②] 当几部论著的作者提出自己的比拟时，他们的表达说明了，他们将这些比拟视为对"自己所提出的理论"的结论性的证据或证明。如在《论儿童本性》中，当提及一个例子，作者就提出了种种诸如燃烧的木头和燃烧的叶子这样的示例，将之作为自己举出的有力的依据（ἀνάγκαι προηγμέναι，L VII 488 8 f.），用来支持他的结论，即，子宫里的"种子"也会释放并且趋向于"气息"。[③]

从理想的角度来说，毫无疑问，"对相似性的认识"所提出的种种理论，不仅应该将之作为假设，还应该通过实验来验证。在一些地方，实验对于古希腊人来说是可行的，但我们不应该将之高估。的确，在某些例子里，当理论家可以对自己的类比所相关的主题进行直接研究时，他显然未能做到。例如恩培多克勒，似乎就没有试图解剖眼睛；而人们也许想知道，对于那位将"身体器官"比作"联通容器系统"的希波克拉底派作家，他的解剖研究究竟达到了何种全面的程度。但是，在许多情况，甚至在大多数情况中，我们考察过的那些类比，都关涉了这样的问题，其中，（至少）对于希腊人来说，

---

① Herodotus 2 33 是一个例外（那里，他使用了 συμβάλλομαι 一词，即猜测，描述自己对尼罗河的推论）。

② 如 *Flat*.ch.8，*CMG* 1，1 96 8；*Oct*.ch.12，L VII 458 6；*Mul*.I ch.1，L VIII 12 17；*Genit*.ch.10，L VII 484 11；*Nat.Puer*.ch.17，498 24，ch. 21，512 10；*Morb*.XV ch. 39，558 2，ch.49，580 13，ch.51，584 19 和 588 22 f.，ch. 52，590 12。

③ 参见 *Morb.Sacr*.ch.13，按照那里的说法，"对设想中的'南风对酒的作用'的观察"表明了，它必然（ἀνάγκη）会使脑部松弛（L VI 386 7）；还有 *Carn*.ch.9（L VIII 596 9 ff.），那里，作者首先引入了一个事实，即，当血液暴露在空气中，它就形成"皮肤"，然后，他声称，他已经证明了（*N.B.*596 16，ἀποδείκνυμι），身体的皮肤必然地（ἀναγκαίως）也以相同的方式在冷的作用下形成。

他们很难或不可能通过直接的实验方法来检验自己的理论。他们针对诸如"雷电本性"这样的"天象学"论题或"海水为何是咸的"这一问题提出的种种类比，显然就是如此。而对于"营养和生长过程"、"人类胚胎发育"、"先天畸形原因"或"膀胱结石之类的状况的根源"等问题，情况依然如是。但也不如说，关于这样的问题，借助"与更熟悉的现象建立的类比"这一做法本身就标志着，他们在试图"从经验的角度"来研究问题。当为了提出或支持关于"身体功能方式"的理论而举出的例示中包含了对身体之外的事物进行的试验时，这种技巧的操作就达到了极致。显然，希腊理论家通常都忽视了自己的"例示"和他们想要例示的"事物"之间存在的、某些明显的差异点。但是，如果指责他们没有做出实验来证实自己提出的理论，那么这种说法往往并不切中我们一直考察的种种例子。的确，在某些情况下，这种批评非但不中肯，而且往往掩盖了一个重要之处，即，对类比的使用构成了一种最有价值的方法，希腊人能够通过它带来种种与"诸多看似难解的问题"有关的经验性材料。

直到公元前 5 世纪末，有几位作家（阿那克萨戈拉、德谟克利特、希罗多德、《论古代医学》的作者和《论呼吸》的作者）都针对"研究自然"的方法这一问题，表达了某些观点；尽管他们的主张并不精确，但有时候，语境表明，他们考虑的那种方法立足于对类比的领会。这似乎提供了某种确证性的证据，证明了在希腊科学发展的这一阶段中、作为发现和解释方法的"类比"所具有的重要性，然而，我们现在必须提出的问题是，在何种程度上，解释中所使用的类比，在后来的时期得到了修正。柏拉图和亚里士多德关于"类比论证的地位"这一问题所表达的理论会在下一章加以论述。不过，在本章，我们必须考虑的问题是，在何种程度上，"在实践中"，他们在自己的物理学和生物学学说里使用类比的方式，与前人的用法或是相似，或是脱离。

360

柏拉图和亚里士多德

在转向我们这一节主要的关注对象亚里士多德之前，我们应该首先简要考察一下《蒂迈欧篇》的物理学和生物学理论中的、某些类型的类比的功能。与许多之前的作家一样，柏拉图也在解释某些生命机能的语境中建构了某些非常复杂的模型。一个最为精细的例子就是阐释呼吸时（$Ti.$78b f.）使用的"鱼篓"（weel）或"鱼笼"（fish-trap）模型。在这里，他描绘了一种编织而成的东西（πλέγμα），如同鱼篓（κύρτος），它的入口处有漏斗（ἐγκύρτια）；这看起来表现了身体之内气和火构成的网络。这一模型及其说明的理论，在某些地方，都是含混不明的，[①] 但是，柏拉图提及鱼篓的目的还是清楚的：与我们之前考察的、来自希波克拉底派作家的许多类比一样，鱼篓也是可见的模型，柏拉图通过它试图解释含混的生理学过程。更值得注意的是这样一些类比，它们为柏拉图的"终极物质微粒"理论提供了基础，不过在这方面，可以说，柏拉图追随了之前的（即使是之前不远的）理论家，即原子主义者确立的先例。在柏拉图的理论中，终极物质微粒是三角形，两种首要的三角形，等腰三角形和不等腰三角形，[②] 它们构成了四种规则图形：四面体（pyramid）、八面体、二十面体、立方体（53c ff.）。在 55d

361 ff.，他将四种图形分配给四种第一物质，土、气、火和水：例如，立方体分配给土，因为这是所有第一物质中的"最不动者"（ἀκινητότατος）；立方体这种图形，它的"基底最为稳定"（τὸ τὰς βάσεις ἀσφαλεστάτας ἔχον）。然后，四面体分配给火，理由是，火是第一物质中的"最能动者"；四面体"最为尖锐"，"最为锋锐"；因此，它是最能动的图形。之后，在 61c ff.，他考察了事物具有的、各种可触知的性质，热、冷、硬、软、粗、平等等；他再一次将这些联系了某些图形。例如"硬物"，他将之定义为（62b）让身体顺从的东西；而"软物"，他定义为顺从身体的东西；但是，他还表明，一个事物，基底小，它就具有顺从性，而方形基底的图形，最具有阻抗性。在这些例子中，对于不可见的终极物质微粒具有的特殊性质，柏拉图的看法明显来自于"对某些与可识之物的图形相联系的性质"的观察；我们可以比较德谟克利

---

① 盖伦（Galen）——例如阿彻尔-欣德（Archer-Hind）就遵循了他的观点——将 ἐγκύρτια 解释为较小的鱼篓，或大鱼笼里面的"篓篓"。但是，我认为康福德是正确的，他认为 ἐγκύρτια 指的是鱼篓入口处的圆锥形的漏斗（κατὰ τὴν εἴσοδον，78b 4 f.），这是区分鱼篓和其他篓篓的本质特征。

② 原文是直角等腰三角形和直角不等腰三角形。——中译注

特的做法，他对不可见原子之常性的推论，立足于对可见的群聚事物的观察（pp.339 f.）。①

柏拉图对于希腊物理学和生物学的贡献，大体上仅限于《蒂迈欧篇》这一部作品。而亚里士多德对于自然哲学的研究，其所涉及的领域之广，很可能超过了古典时期的其他任何一位作家。在《工具论》和《修辞术》（我们后面会看到）中，他批评了在推理中使用隐喻的做法，他认为类比论证（"例证"②）与三段论比起来相形见绌。但更令人惊讶的是，他却在自己对自然现象的理论和解释中的、许多不同的语境里，广泛地使用了类比。为了说明他使用的各种类型的类比以及他的使用方式，我要从下面三组主要的论著中依次、分别选取例子：（1）物理学和"天象学"作品；（2）生物学作品；（3）灵魂论作品［包括《自然短篇》（*Parva Naturalia*）］。

362

（1）在亚里士多德讨论天上和地上现象时，他通常都立足于类比来猜测事实或原因（ὅτι 或 διότι），而这方面并没有直接的证据可供他使用；应该得出的第一点是，有时候，他提及的类比是"强类比"：所比较的两种情况具有密切的相似性。例如，在 *Mete*.362b 30 ff.，他提出，南半球的风的特性对应了风在北半球的特性；他推断出，比如，北温带吹起的南风，来自赤道地区，而不是南热带（南回归线），理由是，按照观察，北方来的风并没有从北热带（北回归线）吹来。但是在其他地方，亚里士多德的类比就不太令人满意了。在 *Mete*.349b 19 ff.，他解释了河水的起源，其解释在一部分上立足于类比论证。正如冷让气（ἀήρ，空气或水汽）凝聚成大地上空的雨，他指出，因此，水的生成，是因为与之对应，地中的冷让气凝聚。我们还发现了几个值得注意的类比，存在于"地上现象"和"有机生命体之中出现的情况"之间（这样的类比，反映了他的如下信念：大地本身受制于生长和衰朽的循环）。例如，地震比作了影响人体的颤抖或痉挛（*Mete*.366b 14 ff.）：痉挛是

---

① Theophrastus, *Sens*.60 f.，事实上对比了德谟克利特和柏拉图各自对于事物感性性质的解释：见康福德的注释（6,pp.260 f.），那里，他也提及了 17 世纪一位原子主义者（勒默里，Lémery）的做法，后者试图以类似的方式、按照原子的形态来解释感性性质。

② paradigm，指《修辞术》中的 παράδειγμα，对应辩证术和逻辑学的"归纳"。因此劳埃德下面的说法有误，修辞术中对应三段论（syllogism）的是 ἐνθύμημα。而且亚里士多德并没有（至少在很大程度上）认为修辞术的逻辑就低于三段论，而且修辞术的使用领域也不是科学理论，而是实践。——中译注

由"我们体内封住的气（πνεῦμα，气息或风）的力量"引起，而地震的发生，是当"地球之内的气（πνεῦμα）产生了相似的效果"；后面，当他考察"严重的地震冲击为何间歇而没有突然停止"时，他再次使用了这一类比。①

363 在用很长篇幅讨论"海水为何是咸的"时（*Mete*.B 3 356b 4 ff.），他使用了类型相似的类比，有一段文字尤其值得注意，其中，他批评了之前的理论家使用过的、与这一问题相关的种种意象。他自己的理论（358a 3 ff.）是，海的盐分来源于"地的残余物"，即，"干的气息"的混合。他观察到，身体的残余物，汗液和尿液都是咸的（a 5 ff.）。此外，燃烧过程的残余物是灰，而可以说，从灰中滤出的水也带有了咸味（a 13 ff.，359a 35 ff.）。在358a 16 ff.，他说，"正如在这些例子中的情况一样，世界整体也是如此"，自然过程中生长和生成的万物总是留下"地的残余物"（正是这一点，让大海是咸的）。按照他自己的观点，让海水产生盐分的过程，类似于让汗液、尿液、灰烬变咸的过程。但是，他却又批评了那些恰恰也使用这种例证的、其他之前的理论家。他的异议的性质，应该予以关注，因为它们体现了亚里士多德如何认为类比应该或不应该用来解释自然现象。首先（357a 24 ff.），恩培多克勒曾描绘海是"大地的汗液"，这受到了亚里士多德的批评，因为隐喻，虽然适合于诗，但并没有彻底澄清问题（因为还是不清楚，汗液如何是咸的）（πρὸς ποίησιν μὲν γὰρ οὕτως εἰπὼν ἴσως εἴρηκεν ἱκανῶς (ἡ γὰρ μεταφορὰ ποιητικόν),πρὸς δὲ τὸ γνῶναι τὴν φύσιν οὐχ ἱκανῶς)。其次，他继续批评了那些引用"燃烧物"为例的人。"于是，有人说，海形成于焦土。这种说法实在荒谬（ἄτοπον），不过，说它来自于焦土之类的东西（ἐκ τοιαύτης），还是对的"（358a 14 ff.）。在这个例子中，亚里士多德自己的理论正是靠类比来说明，而看起来，他似乎"在两个方面"将自己的使用区别于之前作家的用

364 法。首先，他强调两种做法的差别，一种是，将两种东西（"海"形成于"焦土"）等同；另一种是仅仅表明它们之间的相似性（海形成于焦土之类的东西）。其次，毫无疑问，他似乎宣称，与恩培多克勒不同，他自己的理论立

---

① "恰如身体内的悸动不会立刻或迅速停止，而是渐渐如此，随着感受减弱，因此显然，产生气息和风源的那个原因也没有一下子耗尽让风（我们称之为地震）形成的全部质料。所以……地震的冲击会持续，但会变慢，直到气息变小，难以造成任何明显的运动。"（368a 6 ff.）

足于对每种情况中产生作用的"原因"的分析。仅仅将海水与汗液比较，这无助于澄清"海为何是咸的"这一问题，除非我们能给出每种现象的原因（两者都源自于含有"热"的过程的残余物）

在其他地方，我们发现了其他例子，其中，亚里士多德要么完全试探性地提出一种类比，要么注意到他所比较的两种情况的差异、以此来限定类比。例如，在 *Mete.*341b 35 ff.，他考察了流星的本性，他提出的一种看法是，我们看到的是火苗，犹如一盏灯上跃动的火焰点燃了放在下面的另一盏灯。但是，他也提及了第二种可能性，流星事实上（不仅是表面上看的那样）是固体，靠外力向下抛射（就如手指间挤捏的果核），他得出的结论是，这两种情况都有可能发生（342a 8）。在其他地方，当做出类比之后，亚里士多德就指出了他比较的两种事物的不相似之处，借此，他明确对类比做出了限定。这方面有一个很好的例子，见于 *Cael.*289a 19 ff.，那里，他提出，天体释放的光和热，都是由它们在大气中的运动的摩擦造成。他比较了抛射物的例子，他相信，抛射物在飞行时会燃烧，但是，他接着指出，与抛射物不同，既然天体的球体承载它们做出环行运动，故而，它们自身不会燃烧：他指出，是环行的球体之下的"气"因运动而受热（但这并没有解决他的理论引出的困难）。[①] 之后，我们还发现了一个例子，在 *Mete.*344b 1 ff.，他以相似的方式限定了类比。在那里，他比较了彗星的拖尾和日月周边出现的光晕，但是接着，他又说，在后一种情况中，其效果是源自于光的反射，而彗星的拖尾（他认为）实际上就是彩色的。

365

（2）亚里士多德生物学作品中，不同种类动物之间的相似性和差异性是持续的主题；在这样的语境中，他对不同程度的相似性和差异性，做出了某些颇为重要的区分。在 *PA* 645b 26 ff.，他划分了三种常见的属性，"种的"、"属的"和"类比的"，而之前，他已经举出一些例子说明了它们之间的区别。例如，羽毛是鸟这一"属"的共性。按照他的说法，一种鸟的羽毛"或多或少地"不同于另一种：即，有的更长，有的更短，等等（644a 16 ff.）。但是，鸟羽和鱼鳞仅仅在"类比上"对应，正如血液和无血动物的"具

---

① 主要问题在于如下事实，在天体下方立刻出现的元素不是气，而是火，尽管可以认为，天球的运动点燃了火，而反过来，火又点燃了气（见 Stocks，*1* 的注释；Guthrie，*3* 和 Heath，p.242）。

有相同功能（δύναμις）的东西"的对应关系一样（645b 8 ff.）。当然，恩培多克勒已经指出，鸟羽、鱼鳞、毛发和叶子都是"相同的东西"（Fr.82，见上 p.335），但是，在这里，亚里士多德分析了它们之间的相似性的本性，而且将如下的"相同"区分为不同意义：如说（a）鸽羽和麻雀羽是"相同的"；（b）羽毛和鳞片是"相同的"。①

不同种类动物的各个部位的类比也是亚里士多德生物学论著中反复出现的问题，不过在这里，我要考察的主题，并不是亚里士多德对不同动物群体之相似性的探求和分析，而是他使用的在"动物"和"其他事物"之间建立的比拟。这样的比拟，例如，在他对身体不同部位之功能的解释中，起到了重要的作用。他对"身体"和"身体之外的某种事物"之间的相似形式的观察，影响了他对身体部位或器官之功能的理论，这方面，可以举出许多例子。一个值得关注的例子是 GA 中多处出现的"睾丸"和系在织布机上的"石坨"的比拟。例如在 GA 717a 34 ff.，亚里士多德主张，睾丸的功能就是保持输精管的绷紧（尽管按照他的看法，睾丸并非输精管的本质部分），而且，当睾丸去除后，动物就不能生育，因为输精管从内部"被向上牵引"。在 GA 787b 19 ff.，他回到了相同的类比，在那里，他讨论了阉割过的动物身上出现的变化，尤其是嗓音的变化（他说，嗓音变得如同雌性一样）。他解释了这些变化，其方法是，再一次提及了"睾丸去除就如同'乐器的弦'或'织机的经纱'（warp）上拿掉重物"的看法：效果就是，让输精管"松弛"，他相信，输精管所联结的血管"源自心脏，而心脏靠近带动嗓音的部位"。②在其他地方，例如，他用来描绘血管的类比不仅表明了"自然"的匠人一样的活动，还传达了关于"血管在身体内之功能"的看法。我们已经提到过（p.286），他遵循了柏拉图那里的对相似意象的用法，同样将身体内的血管网络首先比作了编织品（为了表明，它们可以用来将身体的前部和后部结合在一起，PA 668b 24 ff.），然后比作了塑像师使用的"框架"（这里，他提出，血管提供了相似的框架，身体的其他部分可以围绕它来生长，如 GA 743a 1 ff.）。之后，我们也发现，底部的内脏被比作了锚和螺钉，他提出，它们也

① 亚里士多德还考察了一些在类比上相同的东西，关于这样的例子，见 Bonitz, 48a 31 ff.。
② 普拉特（Platt，对 GA 787b 28 的注释）说："这种惊人的理论尤其假设了，拿掉重物之后，会使得弦音变高！很可能，亚里士多德混淆了弦的张力和长度。"

用来将主血管固定在身体的侧部（*PA* 670a 10 ff.）。当然，通过考虑生命器官的表面特征，还不太可能精确地理解身体的这些器官的功能；在这样的语境中，亚里士多德注意到的种种相似性相当具有误导性。[①] 但是，通常来说，身体外部部位的"功能"和"表面方面"之间，还是存在着某种对应。亚里士多德在这里使用的某些意象，更具有相关性，更令人启发，如当他将拇指和其他手指的本性比作钳子（*PA* 687b 15 ff.）或提出，在有羽翼的动物中，尾巴如同船舵（*IA* 710a 1 ff.）。

　　在另一个语境中，当他解释各种生命过程时，他也提出了某些值得关注的比拟。例如，身体不同部位的形成，通常都借助类比来领会。在 *PA* 647b 2 ff.，他将有血动物的内脏的形成比作了溪流中泥土沉积的形成。他相信，不算心脏，所有内脏都是血流中形成的沉积物。在 *PA* 672a 5 ff.，有一个含混的类比，存在于"肾部周围自然形成的脂肪"和"固体燃烧后留存的残余物"。他提出，恰如固体燃烧后，某些"热"留存于灰中，因此，当液体调制后，也有"热"留存；而在血液的情况中，这会形成脂肪（他认为脂肪是血液完全调和后的产物）。之后，在 *GA* 743b 5 ff.，他比较了"皮肤"的形成与某些液体沸腾时"浮垢"的形成，他指出，皮肤随着身体"变干"而形成。在这两个例子中，他说，其结果源自于"粘性部分"（τὸ γλίσχρον）的未蒸发。而在 *GA* 755a 17 ff. 中，他将鱼卵的生长比作酵母的膨胀，然后，他说起作用的原因是：在动物这里，是"灵魂之热"促成生长，而在酵母那里，是与之混合的 χυμός（汁液）。

368

　　在这几个例子中，亚里士多德区分了有机体中的"生命热能"的活动，和其他地方的，即身体之外的热的活动；这是他在 *GA.* 中阐述生殖时一再提及的类比。例如，在 743a 26 ff.，他说，胚胎会由于热（存于精液内的热）的过剩或欠缺而变得畸形；他比较了烹饪时，太过的热或不足的热，对食物的破坏。在 767a 17 ff.，他使用了相同的来自烹饪的例子，他指出，某些对配偶不能生育子女，其原因也许在于，雄性的热与雌性的热"不成比例"：太多的火烧焦了肉，而太小的火又无法烹熟。在 772a 10 ff.，他解释了为何

① 但是，参见他对于血管和未焙烧的陶器的比拟，他敏锐地提出，血管允许营养（τροφή）透过它们传播到身体的不同部位（*GA* 743a 8 ff.：相似的比拟也在 *Hum.*, ch.11, L V 492 4 ff. 中出现，用来描述胃部）。

精液越多，反而生育不出更大的胚胎，相反，会让胚胎"干枯"，将之"破坏"（按照他的看法），他提到了将水煮沸时出现的情况：水加热超过某个临界点，它的温度就不会上升，只能被蒸发。烹饪的例子，再次出现于775b 37 ff.，他解释了子宫内某些异常生长的形成，他提出，子宫内胚胎遇到的情况，与火候不足的肉的情况完全一样：异常性并非源自于热，而是归因于热的不足。显然，"生命之热的活动"与"应用于身体外物的、自然之热的活动"的对应关系，在亚里士多德的生殖理论中具有很大的重要性。但是，我们也应该注意到，至少在一段文字中，他关注了这两种情况的差异点。在743a 32 ff.，他提出，烹饪时，正是我们，使用了正确温度的热，才达到正确的结果，而在自然中，正是雄性一方做到了相同的效果；或者归因于，动物出生的同时、"气候赋予的运动和热"。

369 不过，还有一个突出的类比，一再出现于亚里士多德对生殖的阐释中，即，"精液的活动"与"无花果汁（ὀπός）或凝乳素（rennet，πυτία，πυετία）① 在乳凝时的活动"的类比；这也提供了颇为重要的、与他对类比的用法有关的证据。GA 729a 9 ff. 首先引入了这一类比。那里，他提出，就像凝乳的情况一样，乳液是质料，而无花果汁或凝乳素是促使乳液凝结的始基，故而，在生育时，女性提供质料（经血），而男性提供形式和动力因。之后，在737a 12 ff.，他提到相同的例子，他解释了，为何（他认为）察觉不到，精液的质料部分或是离开了女性，或是成为了胚胎的一部分：他指出，一旦无花果汁凝乳之后，人们也不要觉得能找到无花果汁的踪迹。当然，凝乳之所以尤为值得关注，是因为，在这种情况中，有两种物质结合在一起，产生了一种全新的物质。而如 GA 739b 20 ff. 表明的，亚里士多德显然相信，这提供了一种与生殖过程密切相近的类比。可以说，"生命之热"是精液的主动成分，这一点在很多段文字里都有所指出（如 GA 736b 33 ff.）。而又如他在739b 22 f. 所言，凝乳素是"具有生命之热的乳液"（γάλα...θερμότητα ζωτικὴν ἔχον）。② 而且，他还断定，"乳液和经血的本性是

① 从动物胃中获得的"凝乳"，包含着凝乳素或凝乳酶，因此，它既是"乳"也是凝乳物。——中译注
② 这一段仅仅考察了凝乳素，但似乎有可能，亚里士多德相信，无花果汁也是"热的"。至少在 Mete. Δ 389b 9 ff.，那里说它，还有血液、精液和骨髓，都是自然具有热的物质。

相同的"。①"凝乳素凝乳"与精液让经血"凝结"之间的相似性，如亚里士 **370**
多德所言，并不仅仅是表面上的和偶然的，因为在每种情况中，各自的物质
都具有相似的本质性。尽管如此，在后面一段里，他还是进一步指出了这两
种过程的差异之处。在771b 18 ff.，他再次提到了精液活动与无花果汁活动
的类比，那里，他处理的问题是，为何某种动物一胎会生出许多后代。他探
询了，为何某些动物的精液可以生育出若干胚胎——在这里，按照无花果汁
的类比情况，凝乳是不分化的——他指出，这取决于每种动物之胚胎的有
限的大小，他注意到，在这方面，这两种过程是不相似的，因为，凝乳过
程的产物仅仅是在量上有不同，而精液的产物不仅在量上不同，在质上也
有别。②

　　对于其他诸多在亚里士多德的生物学理论中出现的突出的比拟，有一
些可以不妨一提。与许多希波克拉底派的作家不同，他提出了很多动物和植
物之间的类比；虽然这些类比中，有一些非常模糊，笼统，③ 但是，其中有几
个却体现出了对之前看法的发展。④ 在他做出的比拟中，有几个最为值得关
注，即，"胚胎生长过剩"与"河中的旋涡"(*GA* 772b 18 ff.)，⑤"头部粘液" **371**
和"雨水"(*PA* 652b 33 ff.)，"腐坏的蛋"和"变酸的酒"(*GA* 753a 23 ff.)，"老
年白发"与"霉"或"白霜"(*GA* 784b 8 ff.)，"动物的运动"与"自动的木

---

① 在亚里士多德看来，乳液和经血是"营养的残余物"。*GA* 726b 9 ff. 描述精液是营养变成
　　血之后的残余物；这种描述也适用于女性的经血，它类比于男性的精液(727a 3 f.)，但是，
　　在女性这里，残余物的数量更多，更少得到炼制(726b 30 ff.)。*GA* Δ8 描述了乳液的本性，
　　那里它称之为"炼制的血"(777a 7 f.)。这样，亚里士多德解释了女性为何在婴儿哺乳期
　　没有月经，理由是，乳液和经血具有相同的本质性 (777a 12 ff.)。
② *GA* 772a 22 ff.。佩克(Peck)提出，这一段是插入部分，来自边注，但是，它的内容似
　　乎体现了亚里士多德很可能主张的看法。
③ 有几次，亚里士多德说，对于动物来说，胃部实现了土地对于植物起到的功能；动物的
　　血管对应了植物的根 (如 *PA* 650a 20 ff.，678a 6 ff.，那里，当他提出为何动物需要血管时，
　　他提到了这一类比)。
④ 如，他将脐带比作植物的根 (如 *GA* 740a 24 ff.，b 8 ff.)，但是他接着指出，在胚胎发育
　　时首先出现的情况里，其中一个就是胚胎向子宫"发出"根一样的脐带 (745b 22 ff.)。
⑤ 胚胎的异常增殖，比作阻断后，旋涡一分为二的分裂。普拉特指出，J.A.汤姆森
　　(J.A.Thomson)，p.270 使用了相似的隐喻："对于漩涡的尤为持续的形式，我们称之为胚
　　细胞 (germ-cells，生殖细胞)，它自身重复，自行繁殖"。(汤姆森为英国著名物理学家，
　　诺贝尔物理学奖获得者，电子的发现者。——中译注)

偶或玩具马车"（*MA* 701b 1 ff.，参见 *GA* 734b 9 f.，741b 7 ff.）。这些类比的用法符合亚里士多德在其他地方的一贯做法。即使类比的提出，似乎源自于对两种效果的表面相似性的观察，但是，亚里士多德依然解释了每种情况中起作用的原因，而且还表明，或至少断定，在他比较的两种例子里，这些原因都是相同的，或相似的。如，"蛋的腐坏"与"酒变酸"，在这两种情况里，其原因都是他所谓的"土质部分"（τὸ γεῶδες：蛋黄和酒的沉淀）受热而搅动。而对于粘液，在他看来，它形成于静脉向上呼出的营养的"残余物"，当脑部异常受冷，它就凝聚而形成脑部的粘液和浆液（正如土地蒸发出的水汽，在高空的大气中冷凝，而雨形成）。而对于白发、霉和白霜的比拟，他提出，白霜在"属"上与白发相同（都是水汽，ἀτμίς），而霉，在"种"上与白发相同（因为两者不仅是水汽，还是"腐坏的"水汽，*GA* 784b 21 ff.）。当他确立了这一模式，他明显承认，他所比较的事物之间，在某些方面上多有不同；这正是他的许多类比的特征。当在 *GA* 783b 8 ff.，他将人和其他动物的秃发比作植物的叶子的脱落，他首先断定，这两者的原因都是，"热湿气"的缺乏，但他接着指出，虽然植物没了叶子，有些蛰伏的动物失去了毛发，但这都是"按一年之季"，而人的秃发则是"按一生之季"（即，老年，生命之"冬"）。此外，我们还发现了"自动木偶和玩具马车"的模型，他用它们来说明动物的运动，但亚里士多德在一个重要的方面上对它们做出了限定。这两种模型说明了一系列复杂的运动如何由一个简单的动作发起，但是，亚里士多德指出，在这两者中，都没有变化（ἀλλοίωσις）出现，都不像有机生命体那样，在那种情况里，部分会改变自己的大小和形式，或因热而舒展，或因冷而收缩（*MA* 701b 10 ff.）。

（3）最后，我们应该考察一下"灵魂论"（psychological）作品，《论灵魂》和《自然短篇》，因为这两部著作提供了一些尤为充分的例子可以说明：在亚里士多德对含混现象的论述中，他如何使用类比作为"暂时性或试探性看法"的来源。这两部论著处理的，不仅是严格意义上的灵魂论问题，还有生理学问题；它们包含了几种可以在生物学作品中找到对应的类比。[①] 有一

---

① 就像纯粹的生物学作品一样，频繁地将动物和植物进行比拟，也是"灵魂论"论著的特征（如 *de An.*412b 1 ff.；*Long.*467a 18 ff.；*Juv.*468a 4 ff.）。

个这样的类比，在《论青年》（de Juventute）和《论呼吸》（de Respiratione）中讨论生死之因时起到了特别重要的作用，即，"体内热"的功能和"体外热"的功能的类比。① 这一类比，促使亚里士多德区分了两种可能的死亡原因。② 就像火的灭掉，要么因为火的"反面"使之熄灭（σβέσις），要么因为热量过剩而耗尽（μάρανσις：当火与空气隔离之后，这种情况就会出现），故而，他指出，生命物的死亡，或是因为冷熄灭了生命之热（如在老年），或是因为热量过剩（如窒息时）。有意思的是，虽然亚里士多德完全明白，空气是燃烧的必要条件，也是许多种动物的生命的必要条件，但是，他依然相信，在每种情况里，空气的效果是"冷却"：他主张，在那些不会呼吸的动物中（按照他的观点，包括鱼），"生命之热"的必要"冷却"是这些动物的生存媒介的作用结果，如鱼，媒介就是水，或是昆虫，媒介则是空气。③

　　他对于另一个生理学问题，即睡眠原因的讨论，则提供了一个很好的例子，它体现出：亚里士多德在考察自己问题的种种可选的解决方案时，他会诉诸一系列不同的类比。在 Somn.Vig.457b 6 ff.，他提出了一个问题：本身恰恰是"热"的东西（例如某些饮食），如何能促成睡眠——他认为睡眠是冷却过程。他提出的第一个看法是，源自胃部的蒸发运动让脑部变冷。而他提出的另一种看法是这样一个类比，即，热水浇透全身的人，会感到冷而发抖（在这里，也是热物的效果被抵消了）。此外，他说，还有一个例子，比如这种情况：放入新的燃料，而火却变冷。他接着指出（b 26 ff.），虽然这些解决方案也许都是可能的，但首要的原因在于脑部的本性，它是身体中最冷的部分：正是它，导致了促成睡眠的冷却作用，即使身体下部产生的蒸发是极热的。在这里，他使用了一个我们发现他在另一个语境中，PA 652b 33 ff.，也用到过的例子，即，"阳光让土地受热，水汽蒸发，再遇高空大气，冷凝而成雨"。而他现在用来作为模型的这一例示，不仅可以用来说明脑部

373

374

---

① 也参见 Sens.442a 6 ff.；Long.465b 23 ff.，466b 30 ff.。值得注意的是，在 Resp.479b 26 ff.，心跳比作了脓肿（尽管他认为，这两个现象有所不同，因为后者伴随疼痛）；反过来，脓肿又比作了水沸（尽管同样，可以注意到其中的差别：脓肿时，液体变浓，但没有蒸发）。

② Juv.469b 21 ff.；Resp.474b 13 ff.，479a 7 ff..

③ 如 Resp.474b 25 ff.，478a 28 ff.。亚里士多德引了两条证据来证明他认为的"呼吸是冷却过程"的看法：（1）天气热时，我们呼吸更快；（2）我们呼出的气是温的，Resp.472a 31 ff.，b 33 ff.。

的粘液（在这里，他提出，粘液是由蒸发的"残余物"导致），也可以说明那种落在心脏上、产生睡眠（源自于蒸发中的"健康的"部分的冷凝）的物质的形成。

在亚里士多德对记忆和梦的阐述中，也出现了一系列复杂的意象。在 *Mem.*450a 27 ff.，他承继了（但没有明确承认这一点）柏拉图《蒂迈欧篇》（191c ff.）中已经提出过的一个看法：知觉的活动涉及了"似乎将印象印在知觉器官上"的过程（也参见 *de An.*424a 17 ff.）；接着，他解释了，为什么有些人的记忆会很差，他提出，这是因为知觉器官的质地有可能以不同的方式出现了缺陷。比如，他指出，情绪纷乱的人，年幼者，耄耋之人，都处于流变的状态：在他们心中，接受印象的那个部位，宛如流水（*Mem.*450b 2 f.），而在一些人那里，则是接受表层损坏了，就像破败之屋的墙壁（b4）；此外，在另一些人那里，要么是器官太硬，难以接受印象；要么是太软，难以将之留存（b 9 ff.）。对梦本性的论述也预设了相似的感觉理论（*Insomn.*459a 23 ff.），但是在这里，他引入了许多新的看法，它们修正了"印象印在蜡板上"的模型。这方面，他的理论依赖于如下观念：我们知觉的事物所引发的运动或感受，都在我们的感官中持存，即使知觉的外部对象不再存在。他举了"抛射物"为喻，说明一个运动如何可以持续，即使受动者不再与施动者保持联系，他说，在质性变化的例子中，同样的情况，也会出现：已经受热的东西，可以依次让下一个东西变热，等等。他引用了证据来表明，知觉方面也会有相似的情况发生。例如，如果我们看太阳或其他什么明亮物体，然后闭上眼睛，那么我们就产生想象，以为我们还可以看见它（b 13 ff.）；同理，在听见大声之后，一时之间，我们完全耳聋（b 20 f.）。即使外部对象不再存在，它所造成的感觉也依然持存，而且本身就是知觉的对象（460a 32 ff.）。他提出，这种情况在昼夜都会出现（b 28 ff.），但是，在白昼时，感觉和心灵都是主动的，如此促发的运动都被遮蔽了（恰如大火遮住小火，剧痛或极乐遮住更微小的痛苦或快乐，461a 1 ff.）。但是，在夜间，这些运动促发了我们所谓的梦；在这一点上，当澄清人的梦时，亚里士多德又提出了一种意象来解释我们经验上的差异。他将产生梦的原因比作河流中形成的漩涡（a 8 ff.）：时而，它们都以原初的形态持存；但时而，当受到阻断，它们就分裂，改变自己的形式。他用这一意象来说明：为何在餐后或

375

对于幼儿来说，梦不会出现（他相信不会如此），因为他说，在这两种情况中，运动太过；他举剧烈搅动水时出现的情况为喻——要么完全没有倒影出现，要么出现，也是极为扭曲（a 14 ff.）。在对这些复杂的心理现象——感觉、回忆和梦——进行阐述时，亚里士多德使用了一系列自然的意象，每一个都说明了他自己理论的一个方面："印象印在蜡板之类的东西上"这一意象有助于表明，记忆力取决于知觉器官的质量；"抛射物"和"热传导"的例子表明了，我们接受的印象，即使原初的促发者不再存在，它们也可以持存；河流中出现的漩涡意象，则表明了，首先，这些印象如何被阻断它们的事物干扰；其次，当促发它们的运动太过强烈，它们如何变得混乱。

　　我们已经看到了，亚里士多德如何借助于众多彼此互补的意象来建构一种对记忆和梦的阐述。但是，在灵魂论作品中，还有一段文字，其中，他提出的几种模型并不是互补的，而是有所取舍的，这见于他对颜色的论述。[①] 在 *Sens*.439b 18 ff.，他探询了，其他颜色如何从黑白中产生；他考察了三个可能的答案。他讨论的第一个说法是，黑白并列（παρ' ἄλληλα τιθέμενα）于如此之小的粒子上，以至于两者并未显现。另一种说法（440a 7 ff.）是，黑白可以彼此叠加（τὸ φαίνεσθαι δι ἀλλήλων），他举出了两个具体的例子，它们说明了，叠加如何可以产生不同的颜色：他提到了画家将一种颜色涂在另一种颜色上所产生的效果；他也提到了"白色的"太阳，透过雾霭或烟云，着了一缕红色。之后，他举出了第三种看法（a 31 ff.），其他颜色是黑白"完全混合"的结果，在这里，他还区分了"微小部分（如种子）的并列"（我们应称之为"机械性混合"）和事物的"完全混合"（τῷ πάντῃ μεμῖχθαι，b11）——他在其他地方说明了这一想法，举了酒水混融，或，锡铜融合成青铜的例子。[②] 的确，对于黑白之间的其他颜色这一问题，他的论述开始于一个不正确的假设：它们由黑白以某种方式联合在一起而产生。但是，在他的处理中，有一个特征是我要强调的，即，他提出的这三种模式，在性质上，都是初步的假设，而在选择之前，他会先陈述，然后再加以审视。对于其中的"关系"来说，它要么是并列，如不同种类的谷物的掺和；

---

① 也参见 *Sens*.441a 3 ff. 对味道的论述，那里采用了相似的形式。

② *GC* A 10，327a 30 ff.，尤见 328a 5 ff.（当他在 *Sens*.440b 3 f. 和 13 提到了"在论混合的作品中已经说过的内容"时，这似乎就是他所想到的讨论）。

要么是叠加，如油彩彼此覆盖；要么是完全渗透，如两种液体；而在指出前

377   两种看法不足以解释所有现象从而将之排除后，他采用了第三种假设。最后，值得注意的是，在他提出的每一个理论中，有一个要素就是，每种颜色都被认为包含了不同比例的黑和白。在这里，的确，他借用了音乐方面的思想；他提出，就如同和弦，悦目的颜色，如紫罗兰和绯红色，都是黑白按照简单的比例数字（如3：2或3：4）相合而成，但在其他颜色中，黑白的比例尚未确定。①

从这些物理学、生物学和灵魂论的论著中，我们考察了种种例子，我希望，它们已经展现了，在亚里士多德自然哲学的三个主要分支中，他如何广泛地使用了比拟来澄清含混的现象，无论是为了推断事实，还是提出或支持对于原因的解释。此外，他提出的许多类比都如此大胆，就像我们在前苏格拉底哲学家或《希波克拉底派文集》中发现的那些类比一样，例如，他将地震比作影响身体的痉挛的抖动；精液的作用比作无花果汁或凝乳素的作用；生育时，生命热能的功能比作烹饪时的自然热能的功能；皮肤的形成比作某些液体煮沸时的浮垢的形成。但是，如果一般来说，与许多之前的作家相似，亚里士多德也将"能容易观察到的现象"用作对含混或未知之事的"视象"，那么，可以指出，在某些地方，他的做法不同于前人的一般用法。（1）在很多地方，他都限定了类比，或是通过关注他比较的两种情况的

378   差异，或是通过指出，它们是相似，而非等同（例如，*Mete*.B 3，阐释海水的咸性，引入焦土时，他就是这样指出的），而在现存的之前作家的文本中，很少有这样的做法存在。此外，（2）亚里士多德常常试探性地提出类比，将之作为"众多可以解释现象的、可能阐释"中的一种（这方面的情况，如见他对流星的讨论）；这也不同于前苏格拉底哲学家的残篇以及希波克拉底派的论著中、几乎总是出现的、教条式的、提出类比的做法。（3）但是，从亚

---

① *Sens*.439b 25 ff.，参见 440a 13 ff.，b 18 ff.。亚里士多德对于五种感觉之间的类比，也是 *de.An.* 和 *Sens.* 中的常见的主题。如，他提出，触觉和味觉，如同视觉一样，听和闻也需要媒介；身体就是触觉的媒介，不是它的器官（*de An*.419a 30 ff. 和 B 11，422b 17 ff.）。当然，他也认识到而且关注到了感觉之间的差异：如在 *de An*.422a 10 ff.，他说，味觉对象是例外，它们必定悬浮在液体中；可以注意到，他主张（错误地），虽然声音和气味会游动，但光不会（*de An*.418b 20 ff.；*Sens*.446a 20 ff.）。

里士多德的类比论证之理论的角度来看，最为重要的一点在于，通常，在展开提出的类比时，他都试图分析在自己比较的情况中起作用的原因。虽然他常常批评之前的理论家提出的类比，但是，他很可能为自己的类比进行合理化的证明，理由就是，他不仅关注了两种效果的相似性，而且还进一步证明了：他比较的两种情况都恰恰体现出了相同的普遍规律。如，他认为，地震和痉挛都是有限空间内的气的作用结果；经血"凝结"和乳凝是类似的，因为每个例子中，各自的物质都具有相同的本质性；皮肤的形成事实上就如同浮垢，因为两者都源自于"粘性"物质的未蒸发；白发和霉都在"种"上相同，因为两者都是腐坏的水汽，等等。在这些地方，亚里士多德为自己的类比做出的正式的辩护很可能是：显然，所比较的特定例子都体现出了相同的普遍规律。但是，我们仍然可以反驳说，通常来讲，他提及的种种原因都极为模糊，而且，他并没有证明它们就是适用于每个情况，而一般说来，他仅仅只是断定：情况就是如此。

在许多地方，当亚里士多德展开他提出的类比时，他都陈述出了自己认为的、可以导致"他所比较的种种现象"的原因；但是当然，这并没有让他避免受到许多非常表面化的相似性的误导。不过，与之前一样，在评价他的类比时，我们不仅应该按照它们呈现给我们的强弱程度，尤其还要联系他试图解决的那种问题的类型。就如在前苏格拉底哲学家和希波克拉底派作家那里一样，在亚里士多德这里，类比也被频繁地用来联系这样的现象：它们的本性和原因不可能直接加以研究。显然，诸如地震或流星或彗星这样的"天象学"现象就是如此。但是，亚里士多德也提出了种种模型，试图解释伴随着（例如）"记忆"和"梦"这样的灵魂现象的自然变化。在生物学方面，即使，借助于解剖的广泛运用，亚里士多德已经能够研究那些在他之前完全靠推测来处理的难题，然而，仍然有一些问题，是这种简单的方法所不能解决的。如，亚里士多德有能力进行的观察，还尚不能向他揭示，动物生殖，卵子受精等之中包含的生命过程的本性。① 在这样的语境中，诉诸类比的做法，提供了重要的手段，可以研究那些看起来完全难以通过经验加以处

---

① 应该注意，与《论儿童本性》（ch.29）的作者一样，对于鸡胚胎的生长，亚里士多德也是通过考察不同发育阶段的鸡卵，来对之进行非常详尽而且殊为成功的研究（*HA* Z 3，561a 4 ff.；*GA* Γ 2，752a 10 ff.）。

理的问题。在特殊的领域里［如胚胎学或心理学（灵魂论）或物理学］，他提出了许多有启发性的类比，例如，有的是在不同种类动物的初期发育的胚胎之间，有的在不同感觉间，有的在高空区域的现象之间，有的是在能够观察到的、地上的事物间。而在"学科"之间，他提出的一些更为大胆的类比都涉及了这样一种值得关注的做法，即，试图将复杂的问题加以简化，比如，他尝试借助物理学模型来阐明灵魂论方面的现象［例如，将心灵的运动（κινήσεις）比作河流中的漩涡］，或者，他在生理学过程和物理变化之间提出了比拟（如，生殖与煮沸）。

结　论

在荷马的诗歌中，当一个人面对着新异或难以理解的事物时，他通常将之比作某种熟悉的东西。而我们在本章中考察的材料，都表明了，在何种程度上，早期希腊自然哲学家扩大并发展了这种以常识为本质的对比拟的使用。通常来讲，他们做出的比拟所传达的观念，却并非与独一无二的事件或现象的个例有关，而是涉及了特定现象的本性。而我们已经讨论过的种种例子，既包含了种种简单的比拟，通过它们，待解释的现象被比作或等同于其他某种事物；也涉及了若干这样的例子，即，一个复杂、人为构建的模型将不同的意象联合在其中；此外，在余下的情况里，例示则起到了实际检验或专项研究的功能。在这方面，对类比的运用始终没有成为严格意义上的实验，因为，作为验证主题的各种物质，通常来说，都不同于理论所相关的那些物质，但是显然，这样的类比却提供了一种可供选择的、可以产生经验材料而且相关于某些问题的方法，的确，比如，它关涉了许多生物学的问题；公平来讲，这是希腊人唯一可以使用的方法（正如在某些情况下，甚至今日的科学家，在实验室中，也不能精确甚至精细地再现出他们想要研究的种种变化的环境或条件）。

希腊科学家立足于他们领会的、不同现象之间的相似性，提出了许多理论，尽管这些理论都并不精确，但是，即使他们的大部分类比，在后世看来，似乎相当牵强，然而，我们还是应该牢记，许多类比所基于的预设，**在**

当时的情况下，看起来很有可能就是合理的。而且的确，对于某些例子，古代做出的猜测已经在后来的知识发展中得到了证实。例如，阿那克萨戈拉，当他提出，月亮就像地上一样，有山谷和平原时，他其实并没有偏离事实；当亚里士多德讨论风的常性时，依据"南半球的风对应北半球的风"这一假设，他得出了某些完全正确的结论。在不同类型的动物之间、在动物和植物之间建立的种种类比，都尤其富有成效。在处理人类胚胎发育的问题时，要考察的，不仅是来自流产胎儿的直接证据，还有其他种类动物的生长，这是很自然的做法；为了这个目的，古代早已针对母鸡鸡卵的发育进行了集中的研究。而植物，也被早期希腊科学家用作了有益的例子，可以研究伴随生长和营养的种种条件；在这方面，通过植物和其他生命体进行类比来做出论证，这也是合理可信的。毫无疑问，在我们现代人的思维方式看来，将"不育"类比于"两种金属形成合金"（如恩培多克勒的做法），或是将"出汗"类比于"壶的沸腾"（《论呼吸》），或是将"精液的作用"类比于"凝乳"（亚里士多德），等等做法，似乎颇为轻率。但是，这些类比中的每一个都代表了一种尝试，即，试图揭示那些看起来必定非常难以捉摸的问题。在处理生理学变化时，其真正的原因全然不可理解，而希腊人却试图将这些变化联系于那些他们在其他地方观察到的而且或多或少与之相似的结果；他们的许多类比都具有惊人的独创性，即使按照后来的知识，这些类比已经被证明为并不精确。另外，应该注意的是，当希腊人举出具体的类比时，这比他们表达出更为抽象的阐述时，还要更接近于对现象的真实构想。这方面的一个恰当的例子，来自亚里士多德观察到的"呼吸"和"燃烧"的类比，尽管它认为，每种情况中，空气的效果都是冷却。虽然直到 17 世纪，"化合"与"机械性混合"这两种观念才得到了清楚的界定，但是，诸如"铜锡生出青铜"，"不同种类的种子并置"这样的具体的模型，却已经能让希腊人在非常重要的意义上区分不同模式的"聚合"，即使这种做法还很粗朴。

382

早期希腊科学中，类比是最有成效的、做出假设的来源。但是，我们还发现，它们一般来说，都被处理为确定性阐述的基础和证明，而非初步假设的来源。可以说，许多希腊研究者对自己使用的类比，都不作批判，无论是因为，他们对于类比要求过多，还是因为他们太过轻易地就忽视了比拟对象中的否定类比的因素（尽管，毫无疑问，这些缺陷并不仅限于早期希腊科学）；而有些作家还颇为自信地主张：对"同"的研究就是一种解决各种含混问题的方法，他们并没有指出（也许并没有自觉地认识到）：相似性通常具有欺骗性。对于这种语境中的类比的使用，亚里士多德那里存在着一种更为谨慎的态度。的确，他频繁地批评他的前人提出的种种类比，而他通常又十分谨慎地提出自己的类比，或是指出他所比拟的两种事物之间的某些差异，以此来对类比加以限定。但是，对于自己的许多类比，他给出的正式的理由似乎却是：他已经揭示了，在他比拟的每种情况中，起作用的原因是相同的或相似的；在这方面，我们应该说，他对于原因的实际分析，一般来看，都非常模糊，以至于，事实上，他对类比的用法，与之前作家相比，其中的差异，尽管足够重要，但并没有达到他表面上宣称的那种程度。尽管类比的主要功能依然在于：为广博的研究领域中的种种可能解释，提供一种来源，但是，在我的下一章，有一个问题依然需要考察，即，亚里士多德，或其他任何一位早期希腊作家，对于在类比的"探索"功能中、包含的种种"方法论议题"，他们的理解，究竟达到了何种程度。

383

第六章
对类比论证的分析

一些前柏拉图时期的文本

我们已经依次考察了到亚里士多德为止的希腊思想中的种种意象和比 **384**
拟的用法，它们既见于一般的宇宙论学说，也见于针对特殊的自然现象而提
出的阐述中；在这两种语境里，我们考察了公元前5—前4世纪，在理论和
实践上，意象和比拟的使用是如何进行发展的。而下面，还需要研究的，是
"明确的类比论证"的使用，以及此类论证的逻辑地位，是如何一步步被揭
示和分析的。

毫无疑问，"对一种特殊情况成立的某事，也对相似的情况成立"这一推导，
是经验推理的主要形式之一，穆勒就论述了这一类推理的所有情况。在许多早
期希腊文本中，这种推理模式都是隐含的，而与之相同，还有许多明确的论证
也具有这种一般形式，它们出现于从最古时期开始的希腊文献中。首先，我们
应该简要考察一下这些论证如何在前哲学时期的文学中使用的，它们用于什么
领域，这些论证有助于什么样的目的。应该承认，这种论证形式本身在前哲学
时期并不统一，但尽管如此，我们还是要考察一下，个别的类比论证是如何使
用的；关于它们的说服力，人们看起来做出了什么样的假设。

在我们掌握的最早的文本中，正如我们所料，类比论证的使用主要存
在于"当人类的行为和道德问题出现争议"的场合下。如在荷马那里，（例如）

385　当一个人要决定一种行动过程时，他常常要么提及自己过去的经验，要么提及传说和神话中描绘的经验。例如在 *Iliad* 14 233 ff.，赫拉求睡眠相助，欺骗宙斯，睡眠回答说，让其他任何神入睡，他都乐意，但就是宙斯不行。他提到了上一次在赫拉的要求下让宙斯入睡的事情（那时，赫拉遂兴起暴风雨，迫使赫拉克勒斯偏离了劫掠特洛伊之后的返乡路）。宙斯醒来，勃然大怒；若非"黑夜"相救，他就被扔进了大海。"那么现在"，睡眠最后说（262），"你是要让我完成一桩不可能的任务。"睡眠很自然地论证说，如果他让宙斯再次入睡，他就会承受同样的令人讨厌的结局。不过，这个例子值得关注的地方在于，睡眠的论证立刻受到了赫拉的质疑。赫拉反对说（264 ff.），眼前的情况迥然不同：宙斯并不想要保护特洛伊人（赫拉此时的行动与之相悖），他不像之前那样想要帮助自己的儿子赫拉克勒斯。在这一例子中，赫拉采用了最为明显而有效的反驳类比论证的方法，即，断定类比不成立，断定所比拟的两种情况之间存在着重要的差异。

　　在刚刚引述的文本中，引用类比者针对自己应该实施的行动过程，做出了一个推论。但是当然，类比也用来说服另一个人，让他接受或排斥某种行动过程。谨慎的建议通常采取这样的形式，如见 *Iliad* 1 586 ff.，赫淮斯托斯建议赫拉不要违反宙斯的意愿，而且告诉她，他曾经如何被扔下高空，就因为冒险反对他。又如 *Iliad* 24 599 f.，有一个类比，用来诱使对方接受一个积极的行动过程，那里，阿喀琉斯试图劝说普里阿摩斯和他用餐，他提到了尼娥柏（Niobe）的故事，即使她的十二个儿子全都死了，她也仍然进食。还有一个以说服为目的的类比的例子，见于《伊利亚特》第 9 卷"出使阿喀

386　琉斯"的情节中。奥德修斯、菲尼克斯和埃阿斯尝试了各种手段，想要激起阿喀琉斯的怜悯、责任感和对荣誉的渴望，尤其还有他的利己之心。而在争取他的努力中，也引入了种种类比。在 496 ff.，菲尼克斯使用了"当然论证"（an argument *a fortiori*）：① 就连诸神也会被祭祀的牺牲和祈祷说服；而他

---

① "当然论证"可以描述如下，通过它，可以推出，一个在一种情况下成立的命题，也在另一种相似的情况下成立，而两种情况只在某些方面上相似，在其他方面并不相同，但它们的某些差异却使得结论可能性得到加强，而不是减弱。另一个例子出现在埃阿斯的发言中（*Il.*9 632 ff.），他指出，就算犯下谋杀，受害方也接受赔偿（而阿喀琉斯承受的侮辱远没有那么严重，所以他更应该接受提供的赔偿）。

们的卓越性、荣誉和力量都胜过阿喀琉斯（那么，比起诸神，他更应该接受说服）。之后，在524 ff.，他继续说："所以，我们总是听说往日的英雄的故事，当狂暴的愤怒在他们身上出现，礼物和说服还是可以争取他们的。"在以这种方式、从非常一般的角度提及了过往的英雄确立的先例之后，菲尼克斯举出了一个具体的例子，即墨勒阿格洛斯（Meleager）（527—599）的故事，他拒绝为埃托利亚人而战，无论人们还有他的父亲用礼物怎样恳求，也是如此：直到他们的敌人已经攻破城邦，他才回心转意；之后，由于他的妻子最终说动了他，他连埃托利亚人一开始给的礼物也没有拿。整个故事讲起来篇幅很长，一部分当然是因为其自身的原因，但它无疑是一段精细的类比论证，意在说服阿喀琉斯重新战斗；此外，它也暗示了另一个寓意：如果接受提供给他的和解的礼物，他就是明智的，而他仍然还有机会。不过，我们应该注意，在这个例子中（就像在其他许多例子中那样），这一类比论证对于劝说者来说是可信的，但最终它毫无效果：阿喀琉斯完全没有被这种或其他任何手段劝动。

在荷马那里，类比论证大体上要么取自第一手经验（如 *Iliad* 14 243 ff.，**387** 1 586 ff.），要么取自传说、寓言和神话中收录的前例（如 *Iliad* 9 527 ff.，24 599 ff.）；而通常举出这种论证的语境，都是如，一个人要么决定自己的行动过程，要么试图按照自己的决定来影响其他人。在这两种语境中，这一类论证频繁出现，但可以认识到，在用作说服手段时，类比论证通常都是不成功的，达不到自己的目的（如在说服阿喀琉斯时）。此外，我们发现，按照有些段落的描述，回答这种论证的人，不仅反驳或无视结论，他还会对类比加以批评，就像我们的第一个例子那样，*Iliad* 14 264 ff.，赫拉反驳说，睡眠比较的这两种情况，彼此迥然不同。

我们下面要转向再往后一段时期的文本，"举出明确的类比论证"的主要语境依然是对行为和道德问题的讨论，这方面，在品达这样的诗人，还有悲剧家和希罗多德这样的散文作家那里，它们的使用确实广泛。例如在希罗多德7 10，有一个典型的"从过去经验进行论证"的例子，按照那里的描述，阿尔塔巴诺斯（Artabanus）试图说服薛西斯不要架桥渡过赫勒斯滂（达达尼尔海峡）然后入侵希腊，他使用的论证就是提及了大流士远征斯基泰人之后伴随而来的风险，那时，大流士架桥渡过多瑙河，让联络线岌岌可危。尽管传说和神话也依然是类比论证的通常的来源，[①] 但是，取自其他领域的类比，也开始变得更为突出。早在荷马那里（*Iliad* 23 313 ff.），就有这样一段文字，其中，涅斯托尔提到了伐木和掌船时技巧（μῆτις）的作用，这是为了让安提洛科斯（Antilochus）明白在赛车比赛时"相反于蛮力的技巧"的重要性。但是，在后来的作家那里，取自各种技艺或技术的类比，被越来越频繁地用来支持那些"适于人类行为"的道德论题或经验教训。在这方面，尤其是航海，常常被提及。如在索福克勒斯 *Ant*.715 ff.，[②] 海蒙（Haemon）试图劝说克瑞翁（Creon）宽宥和饶恕安提戈涅时，他提到了水手在暴风雨时松开帆的做法，之所以如此，是因为，否则的话，他们的船就会倾覆。此外，在荷马之后，动物和植物的类比，[③] 各种自然现象之间的类比，[④] 纷纷开始出现，也更为频繁地用在相似的语境中。

公元前 6 世纪—前 5 世纪，在讨论行为问题时，可以引出类比的领域渐渐扩展，但是，它们的用法依然与荷马那时如出一辙。它们广泛地用作一种说服或推论的方法，但是通常来看，个别的类比论证的结论，却肯定都遭到了反驳（例如，悲剧家那里的几位人物之间的争辩），有时候，类比本身还受到了专门的质疑。不过，并没有证据表明，至少在柏拉图之前的时期，类比论证整体的有效性受到了怀疑，无论是在伦理争论的语境，还是自然哲学中使用类比的语境里。而在后一种语境中，我们注意到了几段文字，其作者，在试图证明对自然现象的阐述时，他似乎不仅设想，而且还明确主张，只要他举出了有说服力的类比时，他就证明了自己的结论。[⑤] 而我们下面的

---

① 但是，我们可以注意到，希腊人很快就认识到，他们的神话为行为提供了彼此矛盾的前题。例如在埃斯库罗斯（Aeschylus），*Eu*.640 ff.，复仇女神反对阿波罗的说法，即，宙斯拥护双亲权；她们指出，宙斯本人恰恰囚禁了自己的父亲。

② 如见 Solon 10 D；Pindar，*P*.1 91 f.，*O*.6 100 f.；Aeschylus，*Th*.208 ff.；Euripides，*Andr*.479 ff.。

③ 如 Hes.*Op*.203 ff.（鹰和夜莺的寓言），Sophocles，*Ant*.712 ff.（其中的寓意，得自如下事实，那些在洪水中没有弯曲的树被连根拔起，而弯曲的，却得以存活）；*El*.1058 ff.（举了幼鸟像父母的习性，这是为了说明对孝敬的渴望）。

④ 如 Herodotus 7 10，阿尔塔巴诺斯的发言中，使用了"闪电击中突出的物体，例如最高的树或楼"这一事实，他将之用作论证，来主张"适度"。我们还注意到，梭伦（1 D 和 10 D）有几次将政治事件和自然事件加以比拟（见前，p.227，n.1）。

⑤ 见上文，p.358 和 n.3。

问题则是要去确定，柏拉图本人对于类比论证本身做出的分析，达到了何种程度。

柏拉图

在《柏拉图早期辩证法》（*Plato's Earlier Dialectic*）的论"类比"一章中，罗宾逊（Robinson）已经指出，尽管假设法在柏拉图中期的对话里讨论已详，但是，它很少使用，相反，类比和意象化，却用得多，论述得少。"为了说服我们，而且显然也为了能直觉到真理，中期对话所依赖的，就是类比和意象化"（*2*，pp.204 f.），的确，不仅中期对话如此，柏拉图的所有作品都是这样。首先，我们应该考察柏拉图对话中对类比论证的实际使用。在何种程度上，有可能评估出柏拉图本人对于这种"他在对话中借苏格拉底和其他人之口说出的论证"的态度？然后，我们也必须要探明在柏拉图那里散见的、与"类比论证之使用的方方面面"都有关的陈述，尤其是这样一些段落，其中，他或者讨论了例证或例示的功能，或者更一般地提及了相似性的欺骗性。在何种程度上，这些陈述看起来与柏拉图对类比论证的实际用法相一致呢？在何种程度上，可以认为，柏拉图对于类比论证整体做出了批判性的分析呢？

首先，我们不妨从早期对话中举出一些类比论证的例子；在这方面，前面已经提到了与"解释"有关的一般困难。我们无权设想，在这些对话中的任何一部分里，苏格拉底采取的立场，或他针对自己举出的论证的说服力、所表达出的判断，都必定代表了柏拉图自己设想的看法。我们能做的，只是观察：柏拉图在讨论中借苏格拉底或其他人之口所表达的种种论证，都有哪些类型；他们的支持者针对这些论证做出了什么主张；其他对话人对于这些论证以及相关它们的主张，又做出了什么反应。在《克里同篇》（47a ff.），有一段典型的文本，其中，我们发现了一个类比，这一类比所属的类型是柏拉图的类比中最为常见的，即，两种知识的类比：一种知识，即匠人或技艺者的技艺，另一种知识，（据其所说）可以为伦理和政治问题的决定奠定基

390

础。① 苏格拉底询问，一个进行体育锻炼的人，是关注任何人的意见，还是仅仅关注他的教练或训练师的意见。克里同答，是后者。然后，苏格拉底询问了一个形式相似的问题，主题却是"正义和不正义，美和丑，善和恶"："我们是应该遵循多数人的意见……还是一个人的意见，如果有一位专家的话？（τῇ τοῦ ἑνός [δόξῃ], εἴ τίς ἐστιν ἐπαΐων, 47d 1 f.）"在这一点上，克里同对苏格拉底也表示认同；而苏格拉底进一步展开了类比，然后得出结论（48a 5 ff.）："因此，我们是不是，不必……看重多数人告诉我们的话，而是看重正义和不正义这方面的专家对我们的所说之言，这一个人，就是真理本身？"这里，也许可以反驳的是，虽然在健身和道德判断这两种情况中涉及了某种"知识"，但是，这个类比在一个重要的方面上并不成立。在健身中，关于目的（即健康），存在着普遍的一致性；训练者的决定相关于实现这些目的的手段，而不是目的本身。但是，在对错问题上，目的本身通常是有争议的，政治家的决定既关乎手段，也关乎目的（即，城邦之船应该如何驾驶，与它应该朝向哪个方向）。② 不过，我们应该注意，在这一段里，苏格拉底并没有明确声称，他证明了自己的主张。他使用了类比来提出如下论题：关于正义和不正义这一主题（就像关于健身训练这一主题一样），我们应该无视多数人的意见，而仅仅看重"专家"的观点；但是，这个结论依赖于一系列克里同这边的认可，而苏格拉底并没有声称，这个结论已经得到证明。

不过，在其他地方，我们确实发现，有时候，还是会声称：类比论证的结论已然得到了证明。如《理想国》和《高尔吉亚篇》中，身体的健康与灵魂的正义之间的类比，尤为突出；③ 而在《高尔吉亚篇》的一段里，苏格拉底似乎声称，他已经借助这一类比，证明了：违法者受到惩罚，比逃脱惩罚要更好。在 477bc，苏格拉底说，有三种 πονηρίαι（恶），会分别影响财物、身体和灵魂，即，贫穷、疾病和不正义。他接着指出，恰如赚钱之术让人摆脱贫穷，医术让人摆脱疾病，故而"正义"（即，接受处罚）会让人摆脱第三种恶，即，不节制和不正义（477e ff.）。当这一点得到认可之后，他很容易地就得出了结论：违法者受到惩罚，比逃脱惩罚要更好，因为惩罚"治愈"

391

---

① 对这种类型的类比的讨论，最为有用的，见 Bambrough，pp.98 ff.。

② 参见 Bambrough，pp.105 f.。

③ Robinson，2，pp.205 f.，列举并且讨论了这一类比的若干例子。

不正义的灵魂，就如医术治愈染病的身体；在这两种情况下，接受治疗都是更好的，即使治疗有可能令人痛苦。他接着又询问波路斯（Polus），他是否已经证明了自己的观点成立：οὐκοῦν ἀποδέδεικται ὅτι ἀληθῆ ἐλέγετο ；（是不是证明了，所说为真？）而波路斯表示赞同：φαίνεται（看上去是）（479e 8 f.）。在这里，按照柏拉图的描述，苏格拉底声称，他证明了自己的主张。波路斯不得不接受它：但我们应该注意，卡里克勒斯明显没有接受，因为他后面立刻插进话来（481b），针对苏格拉底从波路斯的认可中得到的吊诡的结论，提出反对。不过卡里克勒斯本人，却也被相似论证驳倒，在504b-505c，苏格拉底再一次使用了身体的健康与灵魂的正义这一类比，为了表明，克制灵魂的欲望，比自我放纵要更好，而这边，卡里克勒斯感到困惑，拒绝回答向他提出的问题。

392

　　早期对话中，在苏格拉底使用类比论证的大多数例子里，类比都没有受到质疑。不过有时候，苏格拉底的回答者却向他提出的类比表示了反对；尽管通常来看，他们的反对都被苏格拉底驳回，但这些地方却仍然颇为重要，因为它们提供了证据，证明了：柏拉图意识到了他归于苏格拉底和其他人的某些类比论证有可能会受到反对。（1）《高尔吉亚篇》490e-491a 有著名的一段，卡里克勒斯反对说，苏格拉底永远只是在说补鞋匠、漂洗工、厨子和大夫，他们与当前的主题毫无关联。但是在这里，卡里克勒斯仅仅诉诸于斥责；尽管，针对苏格拉底最喜爱的一些类比，他不得不以这种方式做出笼统的反对，但是，他并没有试图指出，苏格拉底使用的特殊的论证，在哪里或在哪些方面上有可能是不精确的。（2）但是，在《卡尔米德斯篇》中，克利提阿斯有两次明确反对说，苏格拉底错误地将"不相似者"理解为相似。在 165b ff.，苏格拉底考察了克利提阿斯提出的"节制"（σωφροσύνη）的定义，即，"自知"，他首先表明，这意味着，节制是一种"知识"（science，ἐπιστήμη）。他指出，医术产生健康；建筑术产生房屋，等等；然后，他询问，如果"节制"也是一种"知识"，①那么，它生产什么呢？克利提阿斯却回答（e 3 ff.）："不过，苏格拉底啊，你并没有正确地进行研究。因为，在

---

① 柏拉图对话中，知识与技艺有时是等同的，这里就是一例。所以讨论的主题是，节制是不是技艺。——中译注

本性上，节制并不等同于其他的知识，而其他的知识也彼此并不等同。而你，在进行研究时，却弄得它们好像就是等同的。"他指出，计算和几何这两门技艺就并不像建筑术生产房屋那样生产出什么东西。但是，苏格拉底接着说，他至少能指出这些科学的"主题"，它们是相关这个主题的"知识"（即，对于计算，主题是奇偶数）；他质疑克利提阿斯，让他说明，"节制"的主题是什么，它相关什么而是"知识"。但是，再一次，克利提阿斯提出了异议（166b 7 ff.）："你的研究已经得出了，节制与所有知识不同，但是，你却在寻找它与其他知识的相似之处。"他提出，只有"节制"是"关涉其他知识还有自身的知识"。（3）同样，在《美诺篇》（72d f.）中，苏格拉底让美诺认同：健康、身材大小、强健是"相同的"，无论健康或大或强壮的对象，比如，是男人，还是女人；然后，他询问，"德性"对于男人和女人来说是不是也是"相同的"，美诺回答说（73a 4 f.），"苏格拉底，在我看来，似乎并不像其他情况那样是相同的"，尽管他对这一点的怀疑，之后就被驳回了。（4）最后，我们应该提一下《欧绪德谟篇》中的一段。这一对话包含了（如我们之前所见）若干依赖于"在对立、但彼此并不排斥的选项间提出选择"的论证，然而，有时，情况却是，当论证得出的结论特别离谱或吊诡时，智者们就使用他们提出的、隐含相似的情况来支持结论。但是，至少在一个地方，这种做法受到了反对。在298bc，他们主张，一位"父亲"必定是所有人的"父亲"，因为他不可能是"非—父亲"，而欧绪德谟继续说："你是不是认为，金是非金，人是非人？"（298c 5 f.）但是，对于这一点，克特西珀斯（Ctesippus）用如下的话提出了反驳："也许，就像人们说的，你把亚麻和不是亚麻的东西编到了一起"（298c 5 f.），这是一句用来反驳错误类比的谚语，可以说，非常贴切。

我们考察过的种种例子，都说明了，在各部早期对话中，某些特殊的类比如何受到了质疑。但是，之后，从《斐多篇》开始，我们也发现了一些文本，它们更概括地处理了类比使用的各种方面，无论它是作为说服方法，还是作为发现真理的手段。首先，有一些段落，其中，或者批评了意象的使用，或者指出了论证中依靠相似性的风险。（1）这些中，第一处见于《斐多篇》。在85e f.，西米阿斯指出，灵魂也许是"和谐之音"（άρμονία），而柏拉图明确指出这种构想是意象，凯柏斯（Cebes）针对灵魂的不朽性，提出了自己的疑问，因为，他说，与西米阿斯一样，他也需要意象（εἰκών，87b 3）。但是之后，在 92cd，西米阿斯提到了"和谐—理论"，他说了下面的话："我提出这一理论，它并未证明，而是可能的，似是而非的，这就是为什么大多数人都接受它。但是，我充分意识到，那些将证明立足于可能之事的理论，都是骗人的；除非人们警惕它们，否则，它们就害人不浅，在几何学中如此，在其他所有事情上皆然。"（ὅδε μὲν γάρ [ὁ λόγος] μοι γέγονεν ἄνευ ἀποδείξεως μετὰ εἰκότος τινὸς καὶ εὐπρεπείας, ὅθεν καὶ τοῖς πολλοῖς δοκεῖ ἀνθρώποις· ἐγὼ δὲ τοῖς διὰ τῶν εἰκότων τὰς ἀποδείξεις ποιουμένοις λόγοις σύνοιδα οὖσιν ἀλαζόσιν, καὶ ἄν τις αὐτοὺς μὴ φυλάττηται, εὖ μάλα ἐξαπατῶσι, καὶ ἐν γεωμετρίᾳ καὶ ἐν τοῖς ἄλλοις ἅπασιν.）在这里，西米阿斯以非常概括的方式，区分了证明和可能性论证。但是，对于缺乏证明的不可靠的论证，他的普遍的警惕，却也尤其适用于他自己的将灵魂意象化为"和谐之音"的做法。（2）《泰阿泰德篇》中的一段也以相似的方式区分了可能性论证和证明。对于普罗泰戈拉的"人是尺度"的学说，苏格拉底在 161c f. 批评了这种观念，他询问，为什么一个人不应该认为"猪"或"狒狒"是尺度。① 但是，在 162e f.，普罗泰戈拉不得不为自己辩护，他针对的是如下异议："你给出的不是一个唯一的证明或论证，而是立足于可能之事。但是，你和泰阿泰德都要考虑，对于这样的主题，你们是否允许那些以似是而非和可能性为基础的论证。"（ἀπόδειξιν δὲ καὶ ἀνάγκην οὐδ᾽ ἡντινοῦν λέγετε ἀλλὰ τῷ εἰκότι χρῆσθε, ᾧ εἰ ἐθέλοι Θεόδωρος ἢ ἄλλος τις τῶν γεωμετρῶν χρώμενος γεωμετρεῖν, ἄξιος οὐδ᾽ ἑνὸς μόνου ἂν εἴη. σκοπεῖτε οὖν σύ τε καὶ Θεόδωρος εἰ ἀποδέξεσθε πιθανολογίᾳ τε καὶ εἰκόσι᾽ περὶ τηλικούτων λεγομένους λόγους.）再一次，一个仅仅是"可能性"的论证被区分于证明；而苏格拉底的"猪"和"狒狒"这两个诉诸情感的意象，也明显归于前一类。之后，在《斐德若篇》和《智者篇》里，还有两段，其中，柏拉图提醒我们注意这样的事实：相似性（ὁμοιότητες）也许具有欺骗性。（3）在《斐德若篇》（262a-c），苏格拉底不得不为了欺瞒而有意使用相似性；在这里，他提到，想要骗人但不会自欺的人，必须精确地知

395

---

① Goldschmidt，1，pp.24 ff.，38 ff.，讨论了柏拉图那里许多相似的段落，其中都使用了说服性或诉诸情感的意象来试图将对手的理论归谬。

道事物的相似性和不相似性。① 但是，他继续说，他知道万物的是其所是，按照他的看法，只有他擅长于"在每种情况中，借助相似性，一步步地从'是'推导到其反面（262b 5 ff.）"。（4）而在《智者篇》中，在一个地方，泰阿泰德认为，他们已经发现了智者"像什么"，艾利亚的异乡人不得不说（231a）："所以，狼也像狗，一个是最为凶猛的动物，一个是最为驯顺的动物。但是，谨慎的人总应该特别提防相似，因为它们是最狡猾的一类。"（τὸν δὲ ἀσφαλῆ δεῖ πάντων μάλιστα περὶ τὰς ὁμοιότητας ἀεὶ ποιεῖσθαι τὴν φυλακήν: ὀλισθηρότατον γὰρ τὸ γένος）

这些文本毫无疑问，表明了柏拉图充分意识到了相似性通常具有欺骗性。但是，在其他地方，在中期和晚期对话里，还有其他几段文字，我们现在必须考察一下，其中，某些语境都提倡了类比的使用，无论是为了教诲的目的，如，为了指导学生，或进一步，为了直觉或揭示真理。② 第一段这样的文本，见于《理想国》，它引入了"个体"和"城邦"的类比。在指出，探寻个体的正义是如何困难之后，苏格拉底指出，他们以如下方式进行了研究："如果，我们没有好眼力，却被要求阅读远处的小字母，然后，有人认出，这些字母在其他地方也出现过，相同的字母，而且更大，在更大的表面上，那么，我们应该认为，这是天赐良机，我觉得，要先读大字母，再检视小字母，看看它们是不是一样的。"（368d）然后，他提出，要考察整个城邦中的"大字的"正义。那么很明显，描绘一个理想的城邦，这正是柏拉图撰写《理想国》的主要目的之一。不过，有意思的是，显然，引入这一主题，至少是将之作为了发现个体正义的手段。另外，关于苏格拉底究竟是想描绘现实城邦的形成，还是理想城邦的形成，还尚有一些疑问。他首先阐述了他所谓的"健康"城邦，而当他调整这一点，然后说，他们必须考察一座"奢华的"城邦如何出现时（372e），这似乎是要让他的城邦符合普通的类型。但是，从374a ff. 开始，他接受了这样的看法（369e-370b 提到了）：人们不应该从事多个职业，显然，他在建构一种理想的城邦，他也确实承认了这一

---

① δεῖ ἄρα τὸν μέλλοντα ἀπατήσειν μὲν ἄλλον, αὐτὸν δὲ μὴ ἀπατήσεσθαι, τὴν ὁμοιότητα τῶν ὄντων καὶ ἀνομοιότητα ἀκριβῶς διειδέναι（262a 5 ff.）。

② 详见戈德施密特（Goldschmidt）论这方面例子的专著（1），以及 Robinson, 2, pp.210 ff.。

点，①尽管，对于理想城邦的阐述似乎在某种程度上恰恰预设了正义的定义，而发现这一定义，又是城邦类比的明确目的。②但是，对正义的研究，依然存有幻想，③在 434e f.，他回到了个体正义的问题，他说："所以，我们必须返回到个体，在我们看来，它就在那里 [即，在城邦中]，只要充分对应的话。但是，如果在个体中似乎有什么别的东西，那我们还要再次回到城邦，在那里来检验，然后将它们并列在一起加以审视，彼此摩擦，也许，我们就让正义仿佛从火棒中闪耀起来；当它被揭示，我们就可以确定它了。"我们应该注意这里，还有 368d f.，在后一个地方，类比第一次被引入，那里说，需要"证实""城邦和个体"这两种情况的相似点。④对正义城邦的考察能让他们针对正义之人的本性提出确定的看法——毕竟，按照柏拉图的观点，这两者都包含了正义的理念——但是然后，这些看法必须加以检讨。不过（如 Robinson，2，p.215 指出的），尽管柏拉图在这几段里坚称，如果不首先"证实"城邦和个体的相似之处，他们就不能将结论从城邦转移到个体，但实际上，在若干地方，他都并没有进行这样的深入的观察，从而有所忽视，例如，在 577c ff.，在考察了"受到僭政的"城邦之后，他就描述了"受到僭政的"灵魂。这一类比得到了广泛的发展（在五种类型的政体和五种类型的人，城邦的三种阶层和灵魂的三个部分之间，等等，都提出了对应），然而，柏拉图有时，似乎并没有做进一步的研究，就完全设想：他立足于类比所直觉到的结论就是正确的。⑤

①　如 434e，那里，他说，他们尽其所能建立了最佳城邦。

②　例如在 392a ff.，苏格拉底也许必须对正义形成确定性的观念，以便能反驳诗人们对它的错误说法。罗宾逊充分表达了这一困难（2，pp.211 f.）："为了用类比来构想现实的人之灵魂，他似乎应该审视现实的城邦……毫无疑问，当决定哪些现实的城邦才是正义时，他也许犯了'窃题'的错误（beg the question）；但是，在建构自己的城邦时，他的窃题更为明确了。"

③　如在 394d，苏格拉底承认了自己的无知：论证到哪里，他就跟随到哪里；在 427e，他求格劳孔相助；在 432d，他"发现"了正义，随即呼喊 ἰού ἰού；在 450e，寻求个体正义时，苏格拉底再一次将自己描述为 ἀπιστοῦντα...καὶ ζητοῦντα（"犹疑……而探寻"）。

④　在 368d，以阅读字母为例时，苏格拉底说，他们会"考察小的 [字母]，来看看，它们是否情况相同"；参见 369a，他们会"再考察每个个体的正义，在小者的形式中，来寻找与大者的相似之处"。

⑤　关于类比整体的功能，罗宾逊（2，p.205）说，"它刚被引入时，有可能只是用来针对个

通过后期对话中的几段文字，我们可以进一步揭示柏拉图类比的"探索"和"教诲"功能，尤其是讨论"例证"用法的那些文本。在《智者篇》中，艾利亚的异乡人，注意到了，智者是难以研究的一类人，他提出（218cd），在重要的主题上，"长久以来公认的观点是，应该针对更小、更容易的问题做一些预备性的练习，然后再转向主要的问题本身。""所以现在"，他继续说，"泰阿泰德，我为我们推荐这样的步骤。既然考察智者这一类人很难，难以追寻，那么，我们应该先在更容易的事情上对方法加以练习。"他们然后选择了"钓鱼者"为例（παράδειγμα），对于它，"人人都熟悉，而且重要性微不足道"；他们就对钓鱼者进行了预备性研究。到此为止，例证似乎被认为仅仅是为"会用在智者之上的研究方法（划分法）"提供了有用的"练习"。但之后，看起来，"钓鱼者之例"对于他们的研究产生了"特殊的"相关性，因为，当他们转而考察智者时，异乡人惊呼（221d 8 f.），"天啊，我们是不是忽视了这两类人是相似的啊？"在这个阶段，钓鱼者和智者都被认为是"猎者"中的种类。

《政治家篇》中再一次使用了例证；这篇对话包含了充分的对"例证使用"的阐述。在 277d 1 f.，艾利亚的异乡人非常概括地说，"不用例证，就很难充分澄清重要的事情。"① 青年苏格拉底并没有立刻理解其中的意思；所以，异乡人举了一个"有关例证的例子"。他举了学习阅读的儿童的情况。当他们学会了分辨每一个音节最短、最容易的字母，但又辨别不了其他更困难的组合时，最佳和最容易的教导他们的方法就是，"引导他们首先来到他们可以正确地判断字母的那些音节，然后再把他们带到那些他们并不知道的音节前；接着，将它们并列［即，已知的音节和未知的音节］，朝向这两种组合之中存在的相似性和相同的本性"（278a 8 ff.）。这样，已知的音节就如同例证；最终，儿童能够正确地辨认字母，无论它们出现在何处。从这个例子中，我们首先看到，例证具有教诲的功能；它是一种引导一个人从"其已知之事"转向"他未知但又相似于他所知之事"的事情，以此来教导他的方法。在 286a 和 b，又表达了如下看法：例证提供了"方法练习"（如《智者

_____

体提出假设，但逐渐，柏拉图声称，它不仅可以提出这样的假设，而且还可以证实它们为真；在这个过程中，它产生了丰富的政治哲学。"

① χαλεπόν...μὴ παραδείγμασι χρώμενον ἱκανῶς ἐνδείκνυσθαί τι τῶν μειζόνων.

篇》中也曾指出的那样）。但是，对于练习功能和指导功能来说，我们似乎还必须补充第三种功能，即"探索"功能。例证方法也被展现为是这样的方法：它可以帮助人们探寻"王之技艺"。在 277d，异乡人将他们的状态比作了"知晓梦中的万事"一样（οἷον ὄναρ εἰδὼς ἄπαντα）；他说，他们会借助例证，来试图理解政治事务中"照管"（θεραπεία）的本性，以便于，他们能将自己的梦境转变为清醒的视象（ἵνα ὕπαρ ἀντ᾽ ὀνείρατος ἡμῖν γίγνηται，278e）。而在学习阅读的儿童的例子中，教育者本人就清楚地认识每个有字母出现的组合中的字母（他也知道，这些字母在每种情况中都是相同的），但是，在当前的问题里，关于"王之技艺"的定义，并没有某个已经知晓它的人来教导他们——他们试图靠自己来发现它。当异乡人询问，他们应该选择什么样的例证才会发现他们要寻觅的对象时，他提出了"编织"，这似乎是退而求其次（*faute de mieux*），"如果没有别的东西可用的话"（εἰ μή τι πρόχειρον ἕτερον ἔχομεν，279b 1 f.）。但是，正如在《智者篇》中一样，所选的例证似乎尤其关涉了他们试图定义的内容：在"编织技艺"和"政治家的技艺"（308d ff. 用了很长的篇幅描绘了这种技艺）之间，有些重要的相似性。某种程度上，毋庸置疑，在定义智者和政治家时，柏拉图强调了探寻和探索的特点，这完全是以戏剧性或文学性为目的的。但是，在《政治家篇》的讨论例证本性的那一段中，他却传达了方法上的重要而完全严肃的经验，这是毫无疑问的。例证不仅提供了可以用于更困难的主题的、有益的方法练习：它们还提供了一种手段，能让我们将自己的知识从更简单的主题扩展到更复杂的主题。非常简单的对象相似于更复杂而重要的对象，因而，柏拉图似乎提出，通过领会这些相似性，对于更为重要的实在物，我们就能将我们的"梦一般的"熟悉，转变为更清晰的视象。

400

我们现在应该探询，在何种程度上，这些还有其他段落所提供的、对类比的评价，或者融贯自洽，或者与柏拉图的实际用法相一致。一方面，他强调说，某些类比提出的结论，若无证实，就不能被接受（*R*.368d f.，434e f.）；① 他区分了仅仅具有可能性的论证（例如，包含诉诸情感的意象）和证

---

① 参见 *R*.489a，那里，对意象的证实并不认为是必要的；也参见另一个语境，柏拉图坚称，"助产术"的产物必须加以检查（*Tht*.150bc）。

明（*Phd*.92cd；*Tht*.162e），① 而且，他也关注了整体上潜在具有欺骗性的"相似性"（*Phdr*.262a-c，*Sph*.231a）。但是，另一方面：（1）类比论证依然得到了广泛的使用，用来提出甚至证明各种政治性和伦理性论题，这种情况不仅出现在《高尔吉亚篇》和《理想国》，也出现在诸如《政治家篇》和《法篇》这样的后期著作里；② （2）当他将自己的结论建立在"与类比无关的根据"上时，他实际上并没有总是证实自己的类比；（3）当苏格拉底和雅典的异乡人处理诸如《理想国》（506a ff.）的"善理念"，或《斐德若篇》（246a ff.）的"灵魂本性"，或《法篇》（897d ff.）的"努斯的运动"③ 之类的主题时，他们都求助于种种这样的意象：它们指明的，不是上述各种不同的事物"是什么"，而是，它们"像什么"；他们会说，这是"更稳妥"、"更容易"、"更简短"的过程，他们就这样为自己辩解。④ 在许多段柏拉图讨论意象和相似性用法的文本中，都会出现劝告和提醒，但实际上，柏拉图又似乎常常忽视这样的做法。在《理想国》中，当联系漫长而又复杂的"城邦和个体的类比"时，他指出，通过类比提出的结论，在接受其为真之前，必须加以检查，但事实上，当他在提出政治性或伦理性的论题时，对于自己使用的许多不那么宏大的类比，柏拉图却往往省略掉上述的那一步。《斐多篇》里，西米阿斯不得不承认，他的灵魂意象不值得信任，它仅仅立足于可能性，但是，在其

401

① 也参见一些揭示"神话"地位的文本，尤其是末世论神话，它们表明了，尽管他自己相信这些神话展现了真理，但是，他并没有声称自己证明了它们：如 *Phdr*.252c，τούτοις δὴ ἔξεστι μὲν πείθεσθαι, ἔξεστιν δὲ μή；*Grg*.524ab，ταῦτ' ἔστιν...ἃ ἐγὼ ἀκηκοὼς πιστεύω ἀληθῆ εἶναι；也参见 *Phd*.114d，*R*.621bc。

② "政治家"和"诸如医生、舵手、将军、造船师等有技能的'匠人'"之间的类比，尤其常见，如 *Plt*.295b ff.（为了提出这样的论点：好的统治者不应该受法律约束），*Laws* 691c ff.（为了提出，政治家应该观察"适当的尺度"，τὸ μέτριον），参见 709a ff.，720a ff.，961d ff.。而动物和植物的类比也在《法篇》有所使用，用来强调（例如，765e ff.）早期阶段教育的重要性，或是提出这样的论点：婚姻中的配偶应该忠于彼此（840de）。

③ 原文是"努斯"的运动，劳埃德译为 Reason。——中译注

④ 意象化在柏拉图对最高实在（善理念，努斯的运动）的阐述中起到了重要的作用。但是，在《理想国》和《蒂迈欧篇》中，他似乎要求一种与自身恒常和完美之物有关的、恒常和完美的知识。在《理想国》（511a ff.）里，最高的知识形式，νόησις，完全不使用感觉对象，而仅仅使用理念。在《蒂迈欧篇》（29bc）中，他对比了两种阐述，一种相关自身恒常和不变的东西（必定尽可能地无可争辩），另一种与自身仅仅是相似性的事物有关（仅仅是可能的相似性）。

他地方，柏拉图广泛使用了意象来传达他本人的、对某些重要主题的构想，如善的理念，但是，毫无疑问，没有什么能正式地区分苏格拉底的意象与西米阿斯或凯柏斯的意象。《智者篇》里，艾利亚的异乡人告诉我们，种种相似性是"最狡猾的一类"：但是，在柏拉图的辩证法中，它们（必然地）依然起到了最为重要的作用，无论是以例证为形式，还是在综合（Collection）的过程中。① 《斐多篇》中西米阿斯的错误的灵魂意象，以及《智者篇》里的艾利亚的异乡人的明确的一般警告，都表明了，柏拉图意识到了表面上的相似性如何会具有误导性。不过，他明显主张，当一开始，辩证法家本人仅仅朦胧地知道他所寻找的东西是什么时，类比就提供了重要的、指导学生探索并直觉真理的手段。如，在处理困难的研究之前，辩证法家为了练习的目的、所选择的例证，事实上都似乎产生了与"讨论的实际主题"相关的真实而又重要的类比：类比不仅仅是巧合，相反，看起来，是某种神性指导的结果。②

从早期苏格拉底对话开始，一直到《法篇》为止，诉诸类比都是柏拉图的论证中反复呈现的特征。一般来说，类比被用作一种有效的说服技巧，尤其是在提出各种政治性和伦理性的学说时，但是，的确，柏拉图有时也允许苏格拉底声称，他用类比这一手段证明了自己的结论。不过，在苏格拉底的对话中，就已经有若干段文字，其中特定的类比受到了质疑，而从《斐多篇》开始，我们发现了大量的文本，都以批评的方式，评论了论证中的意象和相似性的使用。在这些文本里，柏拉图提出了某些重要的（主要都是原创的）逻辑学和方法论上的观点：（1）当表明，需要证实特殊的类比论证的结论时（但在其他地方，他常常忽视了实行这一做法）；（2）在清楚和明确地对可能性论证（例如，包括诉诸情感的意象）和证明做出一般区分时；（3）在关注相似性之中的潜在的误导性时，但是，他依然使用类比（以例证为形式），而且建议，要将之理解为一种"教诲"的而且似乎还是"探索"的方法。总

---

① 如 *Sph*.253b-e；*Plt*.285ab；参见下文，pp.432 f.。在联系回忆（Anamnesis）的语境中，我们也知道，回忆（recollection）由相似性和不相似性引发（*Phd*.74a，参见 *Phdr*.250a），但是，柏拉图强调，殊相和理念之间的相似性，完全具有欺骗性（*Phd*.74a，e；*Phdr*.250b 3 ff.）。

② 如《理想国》中的城邦和个体的类比语境里，苏格拉底说（443bc），他们"受到了某位神的眷顾（κατὰ θεόν τινα），凑巧碰上了那始基，也就是那种类型的正义"。

之，毫无疑问，对于理解类比论证的逻辑，柏拉图做出了若干重要的贡献。不过，尽管我们在对话中发现：有许多散见的论述都与意象化和相似性的使用有关，而且反映出了对特定类比论证之说服力的判断，但是显然，他并没有从形式上分析类比论证本身。为了考察第一次做出的这种分析，我们下面，必须转向亚里士多德。

亚里士多德

在按照通常的做法，回顾前人针对各种问题的理论，然后再提出自己的学说时，亚里士多德会很快地关注并且批评意象和类比的用法。一个突出的例子，之前已经提过，见于 *Mete*.357a 24 ff.，那里，他说，恩培多克勒将海描绘为大地之汗的说法，"也许适合于诗的目的"，但是"不适合理解事物本性的目的"（见上文，pp.363 f.）。在其他地方，他批评了恩培多克勒使用的其他意象，要么理由是，举出的例子本身含混不明，[①] 要么是因为，所比拟的两个事物完全不同[②]；他还反对前苏格拉底哲学家提出的其他观念，说它们粗糙，或是需要限定。[③] 柏拉图也受到了批评，方式相似。众所周知，在《形而上学》中，理念论本身受到了攻击，理由是，"说它们 [理念] 是范例（παραδείγματα），而且其他东西 [殊相] 分有理念，这是荒唐之言，用的是诗的隐喻"，[④] 而在《政治学》里，他也反对了柏拉图在《理想国》和《法篇》中提出各种政治学说时用过的某些类比。[⑤] 对于他反对前人使用

---

① 如 *GA* 747a 34 ff.，提到了恩培多克勒在阐述骡子不育时对"锡铜混合"的例示的使用（见 p.334）。

② 如 *GA* 747a 34 ff.；*Top*.127a 17 ff.。在 *Sens*.437b 9 ff.，他也批评了眼中有"火"的看法，这一理论有不同的版本，如恩培多克勒（Fr.84）和柏拉图（*Ti*.45b ff.）。

③ 如 *PA* 652b 7 ff.，那里，他反对了如下看法：动物的灵魂就"是"火或某种这样的物质，他认为，最好说，灵魂"存在于"某种这样的物质中。

④ *Metaph*.991a 20 ff.，1079b 24 ff.。在 997b 8 ff.，他将"相信人的永恒理念"的看法比作了"相信诸神似人但又永恒"的看法：拟人的神完全是永恒的人，理念完全是永恒的可感物。

⑤ 如 *Pol*.1264b 4 ff.，他批评了《理想国》中的"猎犬类比"；在 *Pol*.1265b 18 ff.，他指出，Laws 734e f.使用的"经线和纬线"的意象，不足以阐述统治者和被统治者的关系。

的类比，这方面的例子，无需再赘述，不过，也许尤为值得注意的是，亚里士多德有时会直接论述表面上的相似性对前人的误导，在一个地方，他指出，之所以，阿尔克迈翁和其他人都认为蛋白或是"乳"或是胚胎的养分，是因为——如亚里士多德指出的——"颜色的相似"（有可能指的是煮熟的蛋）（*GA* 752b 25 ff.，参见前文，p.324）。而在 *Metaph*.N 6，他批评了在不同事物之间以"数"为基础建立的某些关联（如七个元音，音阶的七个音调，昴宿七星等），他将提出这样理论的人，比作荷马时代的老学究，"观察琐碎的相似，忽视重要的相似"（μικρὰς ὁμοιότητας ὁρῶσι, μεγάλας δὲ παρορῶσιν，1093a 26 ff.）。

　　我们现在可以转向一些段落，亚里士多德评价了一般的意象化和类比，首先，我们可以注意到，他指责了在推理、尤其在下定义时使用隐喻的做法。[1] 在 *APo*.97b 37 f.，他说，"但是，如果隐喻不应该用于推理，那么显然，人们也不应该在下定义时使用隐喻，也不应该界定隐喻表达。"（εἰ δὲ μὴ διαλέγεσθαι δεῖ μεταφοραῖς, δῆλον ὅτι οὐδ' ὁρίζεσθαι οὔτε μεταφοραῖς οὔτε ὅσα λέγεται μεταφοραῖς），而在《论题篇》（139b 32 ff.），他再一次批评了包含隐喻的定义，他举了一个例子，即，将大地定义为"保姆"（参见柏拉图，*Ti*.40b）；他得出结论，"每个隐喻性表达都是含混的"。[2] 诚然，在其他地方，当讨论"措辞"时，他赞同了某些类型的隐喻，尤其是那些表达"比例"的隐喻，[3] 而在 *Top*.140a 6 ff.，我们发现，他将隐喻对比了比隐喻还低劣的东西，如，非常不清楚的表达；他指出，"在某种程度上，隐喻会因为 [它所立足的] 相似性而让意义清晰"。但是，显然，亚里士多德对隐喻的认可，仅限于将之用作措辞的装饰，而他完全反对在推理中使用它。

　　亚里士多德处理"明确的类比论证"的主要文本，是那些它描述和分析例证的文本。最充分的对例证的描绘见于 *Rh*.B 20（1393a 22-1394a 18）。

---

① 参见《论题篇》、《形而上学》，尤见《尼各马可伦理学》，他频繁关注语词的不同含义，对歧义进行考察。

② πᾶν γὰρ ἀσαφὲς τὸ κατὰ μεταφορὰν λεγόμενον。参见 *SE* 176b 24 f.；*Top*.123a 33 ff.，158b 8 ff.。

③ 如 *Rh*.1405a 8 ff.，1407a 14 ff.，1410b 36-1411b 23。

在处理了修辞论证的"特殊模式"之后，亚里士多德转而考察"一般模式"，即 κοιναὶ πίστεις，其中有两种，一种是"修辞演绎"（enthymeme），① 一种是例证。例证然后分为三组。第一组即诉诸于类似史实：在举出的例子中，演说者主张，希腊人不应该让波斯王占领埃及，理由是，大流士和薛西斯都是一占领埃及，就分别在胜利之后进攻欧洲。παραβολαί（譬喻）构成第二组，之后，亚里士多德提到了苏格拉底式譬喻（τὰ Σωκρατικά），他举的例子是，城邦职务不应该抽签选拔，理由是，不应该像选竞赛手或舵手那样抽签选人。第三组，是寓言（λόγοι），这方面，他举的例子之一是伊索寓言中的动物。他继续指出（1394a 2 ff.），寓言适合于在民众集会上讲出，它们具有这样的优势，即，尽管一般来看，难以从现实的历史事件中寻找对应，但是，很容易做出自己的寓言。"类似史实"更能够用于商议的目的，因为"一般来说，将来都会像过去一样"（a 8 f.）。他也指出，如果"修辞术推论"不可用，那么，我们必须试图用例证来证明自己的观点；不过，如果我们有修辞演绎，那么，应该用例证来支持证据。但是，例证不应该在修辞演绎之前提出（因为，在那种情况下，它们类似于归纳，而归纳一向不适合演说修辞），相反，应该在修辞演绎之后提出，它可以起到证据的作用。

显然，例证代表了我们所谓的"类比论证"。在 τὸ λέγειν πράγματα προγεγενημένα、παραβολαί、λόγοι 这三类中，亚里士多德事实上提到了三种最为常用的、存在于早期希腊文献里的类比论证，首先是引用类似史实（如我们上面指出的，p.387，Herodotus，7 10，借阿尔塔巴诺斯之口表达的论证；也参见荷马那里提出的通过过去经验做出的论证，p.385）；第二是取自技艺和技术这样的领域的比拟（见前文，pp.387 f.，390 ff.）；第三是寓言，尤其是动物寓言（如 Hes.Op.203 ff.）。这三种类比的每一种都从属于"例证"，而亚里士多德继续评价了这种模式的推理。例证是修辞术论证，即，说服性而非证明性的论证，但是，在修辞术里（至少）例证具备有用的功能，可以支持证据，而当缺乏修辞术推论时，它可以成为一种手段，我们可以以此来试图建立自己的观点。亚里士多德还指出了在修辞演绎之前或之后提出例证

① "修辞演绎"被描绘为，如 Rh.1356a 35 ff.，1357a 16，参见 APr.70a 10 ff.，一种修辞术的三段论（推论），取自可能性前提，其中，并非所有前提都被表达出来。

时产生的不同的心理学效应。"如果它们在前，你必须使用许多例证"（因为在这时，它们看起来像归纳）；"但是，如果在后，只要一个，就足够了，因为，只要演说者是可靠的，那么仅仅一个证据就够用了"（1394a 14 ff.）。

　　Rh.B 中对例证的描绘，在其他几个文本中也得到了确证和补充。一般来看，修辞演绎被称为修辞术推论，而在修辞术中，例证是归纳的对应，尽管亚里士多德对不同修辞术论证的分类，有时略有不同。[①] 例证的通俗性或说服性常常被提及，[②] 而对于反驳对手在论证中使用的例证，他也讨论了可以采取的办法。[③] 不过，在《工具论》里（*APr*.B 24，68b 38 ff.），他从三段论推理的角度批评了例证，这是希腊哲学中第一次从形式上分析类比论证。"例证"，亚里士多德说，"是这样，借助于一个与小项相似的词项，来证明大项属于中项。"这一含混的说法，可以用一个例子来说明。如果我们想要证明，雅典人对忒拜人发动战争是错误的，那么，我们必须首先知道"向邻邦开战是恶"这一普遍命题（全称命题）。而该命题的证据可以从相似的例子中获得，如，忒拜人和福基斯人的战争。一旦普遍命题得到证实，那么，论证可以用三段论的形式表达如下："既然向邻邦开战是恶，那么向忒拜人开战就是向邻邦开战，那么，显然，向忒拜人开战是恶"（69a 5 ff.）。亚里士多德将例证描绘为这样一种论证，"不是从部分向整体"推进，也不是"从整体向部分，而是，从部分向部分"（ὡς μέρος πρὸς μέρος），当两个特殊情况都属于同一个普遍类别之中，而其中一个已知时（a 13 ff.）。[④] 他接着还将例证区别于了 ἐπαγωγή（这里指"完全"或"完满"归纳）。（1）例证并不立足于对所有特殊情况的考察（οὐκ ἐξ ἁπάντων，即，τῶν ἀτόμων）；（2）它将普遍规律用于更为特殊的情况。所举出的论证例子（相关与忒拜人开战）

408

---

① 　如，在 *Top*.157a 14 ff.，譬喻（παραβολαί）似乎与例证并列，而非从属于后者。另外，在 *Rh*.1402b 12 ff.，修辞演绎被认为（例如）立足于例证。这是 Solmsen，*1*，pp.13 ff.，尤见 23，使用的段落之一，他提出，亚里士多德的修辞演绎理论经历了某些发展。尽管如此，对例证的描述还是基本上没有变化的［见 *Rh*.1402b 16 ff.，基于例证的修辞演绎就是，从一个或多个相似事件做出"归纳"，立足于归纳假设普遍命题，再论证到特殊命题（特称命题）］。

② 　如 *Rh*.1356b 22 f.，1417b 38 ff.，参见 1368a 29 ff.。

③ 　如 *Rh*.1403a 5 ff.，参见 *Rh. Al*.1430a 8 ff.。

④ 　*Rh*.1357b 26 ff. 给出了相似的分析。

表明了，这里讨论的例子类型，与 *Rh*.B 20 描述的类型完全一样：按照那里给出的分类，这个例子是一个"从类似史实得出的论证"。但是，当前这一段的目的是要从三段论的角度来分析例证。而从这一角度来看，它的缺陷很明显：虽然论证从特殊情况到特殊情况，但是，它可以分析为，首先是归纳性步骤，然后才是演绎性步骤。不过，对于形式上有效的结论来说，"归纳"必定是完全的，而在例证中，普遍命题被认为建立于不完全归纳，即，考虑的是"某些"而非"全部"特殊事例。

在各种针对例证的论述中，亚里士多德都从证明性推理，即演绎性推理，揭示了类比的缺陷，但是，他也承认，在修辞术领域中，它有某种用途，可以支持证据，甚至作为"论证"，辅助修辞术的推论。但是，有一些段落里，他讨论了"相似性"（ὁμοιότητες）的用处，这些文本也相关于推理中的"类比功能"这一问题，尤其关涉了亚里士多德逻辑系统中的归纳和类比的关系问题。在《论题篇》和《辩谬篇》（*Sophistici Elenchi*）① 的几段里，他描绘了论辩家如何使用相似性来欺骗对手（可以比较《斐德若篇》262a-c 中，柏拉图对于这一主题的一般论述，见前 p.395）。但是，在 *Top*.A 17 和 18 中，那里用了一定的篇幅讨论了相似性，似乎态度更为严肃。首先，在 *Top*.A 13 105a 21 ff.，那里提到"对相似性的研究"（ἡ τοῦ ὁμοίου σκέψις）是一种"工具"（ὄργανα）或手段，我们可以通过它来充分准备"三段论和归纳"。这一点，首先在 108a 7 ff.，然后在 108b 7 ff. 被更为详尽地加以讨论。在第一段里，亚里士多德仅仅指出，我们应该既在同一属的事物之间，也在不同属的事物之间寻找相似性；他尤其还提到了那种"四项的比例类比"，如"视觉之于眼睛，如理性之于灵魂"。但是，在第二段（108b 7 ff.），他举出了更为明确的理由，来建议对相似性进行研究。"对相似性的考察有用于归纳论证，有用于立足假设的三段论，有用于定义的制定。"然后，他更为详尽地描述了每一个用处。"之所以对归纳论证（1）有用，是因为，借助于对相似例子里的特殊情况的归纳，我们可以宣称，为普遍情况提供了证据（ἐπάγειν）。而不知道相似的情况，就很难做出归纳。然后（2）之所以对基于假设的三

---

① 尤见 *Top*.156b 10 ff.，参见 *Top*.114b 25 ff.，124a 15 ff.，136b 33 ff.，138a 30 ff. ；*SE* 174a 33 ff.，37 ff.。

段论有用，是因为，公认的是，在相似情况中，一件事对一个为真，那么就也对其他的事情为真……而（3）之所以对定义的制定有用，是因为，如果我们能认识到（συνορᾶν）每个情况中的相同点，那么，我们在定义时，就会很容易地确定出我们应该将讨论的对象所归于的那个类属。"①

相当明显，在《论题篇》的这一章里，我们看到的是大量的简要摘录的笔记，都放在"考察相似性"这一普遍的条目里；我们应该注意，不要高估这一段，毕竟，整部《论题篇》都首先是处理与"证明性"（apodeictic）推理相对的"辩证术"推理，这样的推理是从公认的前提，而非从"真并且具有第一性"的前提来推出（见 100a 27 ff.）。"研究相似性"的第二种用途，至少很明显合乎"辩证术"：所提及的假设性三段论，的确给出了证明（见 τὴν ἀπόδειξιν，108b 19），但是，这取决于一个先行承认的看法：在相似者中，一件事对于一个成立，那么对于余下的也就成立（b 13 ff.）。但是，相似性研究的其他两种用途引出了值得注意的问题。亚里士多德注意到，在做出定义时，对相似性的认识，有助于确定类属；他在 108b 20 使用的观念和 συνορᾶν 一词，可以说，让人想起了柏拉图的综合论（如见 Phdr.265d 3）。而相似性也被认为对于"归纳论证"是有用的，这产生了重要的问题。亚里士多德对于 ἐπαγωγή 的重要性的评价是没有疑问的。在 APr.68b 13 f. 中，他说，ἐπαγωγή 和三段论是确证的两种来源（参见 APo.81a 39 f.）。但是，他使用的通常译为"归纳"的那个词，其含义并非总是清楚。的确，当 APr. B 23，68b 15 ff. 中分析 ἐπαγωγή 一词时，那里明确指出，它取决于对所有特殊事例的考察（即，完全归纳），而这一观点也在其他地方有所表达（如 APr.69a 16 ff.）。但是，例如罗斯（Ross，4，pp.49 f.），他指出——我认为很可信——之所以 APr.B 23 中提出了对 ἐπαγωγή 的分析，是因为，亚里士多德在那里试图将其他所有"论证模式"化约为三段论，以能揭示那种推理形式的更为基本的本性。进一步，如果我们考察亚里士多德那里的所谓的"归纳论证"的实际例子，那么，我们发现，我们极难提出哪怕一个清楚的例子，可以说明，他在操作中"完全"列举了特殊情况，就像 APr.68b 27

410

411

① 他继续指出，对于差异很大的词项，考察它们之间的相似性也是有用的；那里再次提到了四项的比例类比（108b 23 ff.）。

ff. 建议的那样，① 尽管当然也有很多例子，其中，他断定了，一件事，如果适用于少数几个他实际引用的特殊情况，那么它也适用于"全部"或"其余情况"。② 确实，有时候，特殊的例子完全没有提及。③ 当从三段论的角度来判断归纳时，对特殊情况的列举显然具有关键的重要性，因为，只要归纳是"完全的"，那么结论在形式上就是有效的。但是，更通常来看，在实际中，ἐπαγωγή 并不取决于对特殊情况的完全列举，而是全然依赖于"对一组相似者的共性"的理解。我们可以想起，作为从特殊推到特殊的论证，例证通常都与 ἐπαγωγή 相配；而在一些段落里，它实际上就被称作是一种 ἐπαγωγή：④ 至少在 Top.108b 7 ff.，那里明确认识到了"考察相似性"（或可以说，对积极类比的分析）在"归纳论证"中的功能。

412 我们注意到，是柏拉图普遍划分了意象和论证；是他，提醒我们注意相似性在整体上是不可靠的，但是，对于类比的理解，依然在他的辩证法中起到了重要的作用，既在例证中（辩证法家在探寻最高本质时使用例证），也在综合的过程里。在这两种语境中，柏拉图似乎假设，辩证法家直觉到的类比，与西米阿斯和凯柏斯的类比不同，前者的类比才值得信任，但是，他并没有追究这一假设引出的种种问题。在何种程度上，亚里士多德对于类比的评价融贯自洽呢？在何种程度上，他的操作与理论一致呢？当然，他不仅仅频繁地批评前人的意象和类比，而且指责在全部推理中使用隐喻，但是，对

---

① 罗斯（*4*，p.48，n.4）举了 *APr.*68b 20 f. 和 *Metaph.*1055a 5 ff. 作为归纳的例子，那两处，亚里士多德"考察了类属中的所有种类（或他自认为是所有种类）"。但是在我看来，这两段都不能作为对这一点的充分的例子。（1）*APr.*68b 20 f. 当然出现在 *APr.* 里按照三段论来分析归纳的一章中，那里，亚里士多德当然断定（b 27 ff.），所有特殊情况都应该加以考虑。但是，在证明"所有无胆汁的动物都长命"时，他举了"人、马、骡子"作为"无胆汁的动物"的例子，然而，例如从 *PA* 676b 25 ff. 可以看出，"无胆汁动物"的种类比这还要宽泛。当然，我们可以理解为，所有种类都已经被列举出了，但是在这里，亚里士多德事实上并没有这样做。（2）*Metaph.*1055a 5 ff. 也不是合适的例子，它同样说明不了，在归纳一般结论时对特殊情况的完全列举。"相反是最大的差异"这一论点并不是靠收集特殊情况来确立的，而是依靠这样的论证，它表明了（a）在属上不同的事物不可能彼此相通，所以，完全不可能相提并论；(b）在种上不同的事物，其相反性是极端的。

② 如 *Cat.*13b 36 ff.；*Top.*103b 3 ff.；*EE* 1219a 1 ff.，1248b 25 ff.。

③ 如 *Ph.*185a 13 f.；*Cael.* 276a 14 f.；这几段完全提到了一般经验。

④ 如 *Rh.*1356 b 2 ff.，1357b 25 ff.，参见 1393 a 25 ff.。

于例证形式的类比论证，他第一次给出了形式分析。在《修辞术》中，他将例证处理为说服性论证，而非证明性论证；当他在《前分析篇》里讨论这种类型的论证时，他将之分析为归纳性步骤和演绎性步骤，并且指出其缺陷何在，即在于，归纳是不完全的。亚里士多德在《工具论》中对类比和归纳的处理的特征之一恰恰就是：一般来讲，他从三段论的角度来判断这些模式的论证；从这个角度，他坚持认为，归纳应该是完全的，即，立足于对所有特殊情况的考量，但是在实际中，被他称为"归纳性"的论证很少（如果有的话）满足这一标准。不过，如果在《工具论》中，比起三段论，类比相形见绌，那么在物理学、生物学和灵魂论作品里，较之对三段论论证的使用，亚里士多德对类比的运用，要更加频繁，这既是为了推出事实，也是将之作为建立自己理论和解释的手段。的确，我们注意到了，在某些方面，比起大多数之前的作家，他似乎更加小心地使用自己的类比，在许多地方，当展开所提出的类比时，他都着眼于他所认为的、在每种情况中产生作用的原因。但是，如果这表明了：亚里士多德试图证实他的诸多类比，而且理由即，他所比较的情况，每一个都符合相同的普遍规律，那么，有一个事实依然不变，即，在这些地方，他的推理所采用的形式都并不符合 *APr*.B 24 中的理论看起来提出的要求。那种形式并不包括（1）谨慎的归纳，以能建立一般规则；也不包括（2）将这一规则进一步应用于特殊情况的演绎，相反，它包括的是一种直接地对一种特殊情况和另一种特殊情况的比拟。如果在实际中，通常情况下，亚里士多德将类比用作预备性假设（尤其是在灵魂论作品中），那么，《工具论》中缺少的，就是对这一类比功能的应有的认识：它并非作为一种证明方法，而是等待批评和确证的、试探性看法的来源。有时候，他非常笼统地提及了"归纳"，将之与三段论并列，作为了一种获得知识的手段（*APo*.81a 39 f.，参见 100b 3 ff.）。但是，除了《论题篇》（A 18，108b 7 ff.）中的那一段之外——其中，他建议为了各种目的"研究相似性"——类比的"探索"功能并没有明确加以考虑；在那一段里，他仅仅关注了在探寻定义这样的语境中，"考察相似性"的用途；他没有讨论这样的相似性应该如何观察或评估，他甚至也没有明确说出，这是必要的。

在《工具论》里，亚里士多德专注于三段论方法和推理中确定性的获得；当他从这种角度评价例证时，他反对了例证和所有形式的归纳，除了对特殊情况的完全列举之外。与他对不同模式的对立的划分一样，这种对类比的考察当然标志着逻辑学上的显著的进步：在这种情况中，亚里士多德清楚地揭示了作为推导模式的类比论证的缺陷。但是，他对于类比的讨论，可以说，依然是不完全的，因为，尽管他成功地从证明的角度分析了它，但是，他并没有在《工具论》中关注类比的"探索"功能，也没有关注它在科学方法中作为"初步假设来源"的作用问题，不过，在实际中，类比依然突出地作为"初步假设的来源"而出现在亚里士多德本人那里，也贯穿于早期希腊的自然科学之中。

结　论

如我们之前所见，类比的使用，出现于各种语境中，以众多的形式广泛存在于早期希腊的思辨思想里，但是现在，在结论处，我们必须探询的问题是，在何种程度上，可以按照我们考察过的材料来正确地谈论在类比的理论和实践中出现的、任何重要的转变。我们可以回顾一下我们收集到的、与类比的三种主要用法有关的证据：即，用于一般宇宙论，用于对特殊自然现象的阐释，在诸如伦理性争论之类的领域中用于明确的类比论证。

在哲学之前，无论我们考察希腊的文本，还是古代近东的文本，针对万物起源、命运操控等内容表达出的神话和信仰，都没有建构出严格意义上的宇宙论学说，只能说，它们总体上算是有关世界及其运作方式的观念；显然，最早期希腊文学中针对这些主题表达出的思想都大体上源自于而且反映了某些基本领域的人类经验，即，对社会关系的经验，对生命物的经验，（在次要程度上）对技艺的经验。这一点，具有非常普遍的一般性，颇为突出的是，我们在希腊哲学中发现的宇宙论思想也是如此，尤其是早期阶段，即前苏格拉底时期的宇宙论，尽管并不仅限于此。在某些情况中，一些宇宙论观念与之前的神话具有更为明确的相似性（例如，就工匠—神赫淮斯托斯而言，可以认为，后来哲学中对宇宙里发挥作用的工匠般的力量的构想，就以之为原型）。但是，我们也注意到，哲学家的种种宇宙论学说又明确脱离了前人的思想。它们首次成为了"宇宙论"理论，提出了将宇宙设想为统一体的观念：它们接受了理性的批评和争论，在前哲学神话提出任性的个人神的那些方面，哲学家们则使用自己的政治性、生物性和技艺性意象来表达对于秩序和理性本身的观念。如果我们说，哲学家的各种类型的意象，大体上相似于在之前的信仰和神话中存在的意象，那么，在哲学家的时代，这些意象成为了这样的工具：它们用来表达原创而且重要的、关于宇宙本性的理论。

在公元前6—前4世纪，出现了一些界限不明的发展，它们影响了宇宙论中意象的使用。我们已经指出，某些类别的、之前没有被清楚区分的事物渐渐被明确地加以划分（例如，有生命物和无生命物这两类，自然领域和社会领域这两类）。我们还提到，这一时期的独特特征也就是逐渐增强的、对宇宙论中意象使用的理解。当恩培多克勒用"快乐"和"阿芙洛狄特"来说明和例示他所认为的、在全世界中发挥作用的始基时，他似乎已经意识到，他的宇宙性的"爱"是一种源于日常经验的抽象物，或如我所称，是一种出自日常经验的推断。但是，形象性和非形象性的阐述的一般区分，似乎在柏拉图之前，并没有被做出。不过，柏拉图对这一区分的认识，显然并没有妨碍他或其他任何后来的哲学家继续广泛地使用意象来表达宇宙论学说，的确，这一语境中，亚里士多德对意象的使用，要少于大多数他的前人：在他对于变化的一般理论中，四因虽然在不同的生成领域里，但在"类比上"却是相同的；他明确将自然和"技艺"加以比拟，并且指出了它们之间的相似性和某些差异。有些证据表明，亚里士多德本人受到了（例如）传统活力论学说的深刻影响，但是，就算不考虑这样的证据，我们也可以注意到，在类型上与前苏格拉底哲学家或柏拉图的意象相似的意象，继续突出地长期存在于亚里士多德之后的希腊宇宙论里。尤其是斯多亚派，通常都将宇宙展现为生命物；他们也认为世界受到了神律的控制，而且将之比作邦国或家庭。①

416

---

① 这三种观念的每一种的确都是正统的斯多亚派的学说：(1) 宇宙是生命物；(2) 它受天意和神律控制，就像管理良好的城邦或家庭；(3) 自然具有匠人般的、有目的的活动。对于 (1)，如见 Sextus, *M.*IX 104 和 107，论芝诺；Hermias, *Irris.Gent.Phil.*14 (Arnim, I, p.111)，论克利安提斯 (Cleanthes)；D.L.VII 142 f.，论克律西珀斯 (Chrysippus)。对于 (2)，见艾里奥斯·狄迪莫斯 (Arius Didymus)，见 Eusebius, *PE* XV 15, 817d；阿里斯托克勒斯 (Aristocles)，见 Eusebius, *PE* XV 15, 817a，以及 Arnim, II, pp.327 f. 中收集的文段（参见 Guthrie, *HGP*, 1, p.425, n.5 提到的克利安提斯对宙斯颂诗中说的 κοινὸν νόμον（普

可以指出，在公元前5世纪到公元前4世纪初期，对某些种类事物之划分的理解，越来越确定；柏拉图和亚里士多德都在很大程度上揭示了宇宙论中意象的功能，但是，显然，尽管柏拉图注意到了"神话"和证明的差异，尽管在这方面，亚里士多德更为激烈地批评了隐喻的使用，但实际上，这并没有让宇宙论学说中的形象性阐述出现任何普遍的式微，更不要说，在这样的语境中它的使用会被彻底摒弃。

在对自然现象的特殊阐释中，类比使用的历史也在某些方面遵循了相似的模式。在第一批哲学家对天象学和天文学现象的阐述中，他们主要依靠了类比（的确，通常来讲，一旦类比被提出，他们的研究似乎就告终了）；尽管我们能从之前的希腊文献中引用许多例子来说明一种使用比拟来领会和描述各方面未知之事的相似做法，但是，我们注意到，哲学家们对这种通行方法的使用，却是在一种全新的语境里，他们不是为了传达对个别事件的看法，（例如）流星的显现，而是去解释流星在整体上的本性和原因。作为廓清含混现象的方法，类比总是一种最为有用的科学工具（即使应该谨慎使用）；早期希腊科学家都广泛地将类比不仅用于天文学和"天象学"，还用于他们开辟的、每一个全新的研究领域。如果在实际中，类比非常普遍地出现于大多数早期希腊研究者那里，那么，有迹象表明，有些作家在很早的阶段就开始认识到了类比的用途，因为我们发现，若干前柏拉图时期的文本，似乎都建议将类比作为发现方法（如《论古代医学》chs.22和24）或推导模式（如 Herodotus 2 33）。早期希腊理论家立足于类比提出的大多数学说，当然都不着边际，尽管受表面的相似性误导的趋势，并不仅限于早期希腊科学，不过这无须赘述。但是，更值得注意的是，尽管类比成功地被分析为一种推导模式，然而，在科学方法的语境中，对于将类比用作假设来源的做法所引起的种种问题，这方面探究的进展相对较少。较之大多数之前的理论家，亚里士多德在自然科学里对类比的实际使用中，似乎更为谨慎，他非常试探性地提出了许多自己的类比，或者指出，他所比拟的事物是彼此相似，而非互相等同。但是，在他对类比的理论性讨论中，他更为感兴趣的，是将之纳入

遍之律法），这也许让人想起了赫拉克利特 Fr.114）。对于（3），见 D.L.VII 134 和 137，以及 Arnim, II, pp.328 ff. 收集的证据。

他自己的三段论理论的框架中，而不是评估它作为假设来源的作用。对于类比的"启发"功能，可以说，亚里士多德以及其他任何希腊作家，在涉及"用来研究自然的方法"的语境中，都没有表述出一种令人满意的对类比之功能的构想，尽管，我们注意到，"类比表明的种种结论应该在接受之前加以检查"这一看法，也出现在伦理性和政治性讨论的语境中，出现在《理想国》里与城邦和个体类比相关的段落里，但是，在实际中，即使类比的使用通常来说都没有受到批判，然而，我们已经看到，它们在希腊自然科学中是许多极为富有成效的学说的来源；不仅种类相似的事物间的比拟是如此（如在比较解剖学或比较胚胎学等领域），而且，当所比拟的事物更加无关，更加异质时，情况也是这样，如某些大胆的类比，通过它们，希波克拉底派理论家和亚里士多德都试图将生理学、病理学和心理学（灵魂论）现象还原为物理现象。

最后，我们应该考察一下"明确的类比论证"的理论和实践；这方面，我们所考察的时期对"这一类的论证的逻辑学"取得的进展无可置疑。首先，柏拉图划分了"单纯的可能性论证"（包括意象）和"证明"，他在辩证法语境中注意到了相似性在整体上的不可靠(当然，他继续广泛地使用类比论证，例如，提出政治性或道德性学说)。而之后，亚里士多德划分了"作为修辞术式的即说服性的论证模式"的类比论证（例证）；并且从三段论的角度对之做出了分析，在这方面，他将这一论证划分为，首先是归纳性步骤，其次是演绎性步骤；他还提出，类比的缺陷在于归纳是不完全的。当我们想起，之前的作家通常都倾向于毫无质疑地设想自己的类比论证如何有效，并且有时还明确宣称，类比提出的结论已经得到了证明（例如柏拉图那里的几段就是如此，见 *Grg.*479e；也见自然哲学的语境，见前 p.358），那么，亚里士多德做法的重要性就显而易见了。在亚里士多德分析例证之后，可以认为，后来的作家再没有理由去声称，直接从特殊情况推进到特殊情况的论证，其结论已经得到了证明；不过，在实际中，可以发现，与亚里士多德著述之前的人们一样，后来的作家还是犯下了相似的错误。尽管在理解类比论证的逻辑学上，人们取得了明确的进展，但是，无需强调，这并不意味着对这种论证的不正确的使用就走到了终点。

总而言之，可以认为，早期希腊思辨思想中对类比的各种使用，在大多数方面，都拓展和发扬了从现存最早期的希腊文献中可以方便举出的、通行的用例。类比在前柏拉图时期思想中的特殊重要性，源自于第一批哲学家和科学家频繁而且成功地采用类比来表达对宇宙整体的构想，来提出对含混自然现象的阐释。随着希腊哲学的发展，类比使用中涉及的某些问题得到了讨论：对宇宙论意象之地位的清楚的构想也得以完成；类比也被明确地分析为一种推导模式。但是，尽管在认识类比逻辑学这方面取得的进步，清楚而又具有决定性，然而在实际中，这些并未促使人们放弃对类比的特殊使用，相反，仅仅是让某些特定的作家略加小心地对类比加以应用。当第一次有人指出，明确的类比论证充其量是说服性论证之后，很长时间以来，它依然被使用和误用。尽管柏拉图承认形象性阐述低于证明，但是，他和其他许多人，继续广泛地使用隐喻来表达宇宙论构想。最后，尽管在某些方面，较之前人，亚里士多德对于自己在自然科学中的类比使用更加具有批判意识，然而，公元前 4 世纪之后，在许多研究领域中，类比依然是极为重要甚至不可缺少的解释含混现象的方法。

第三部分

结论

第七章
早期希腊思想逻辑学与方法论的发展

围绕对立和类比这两个主题，我处理了早期希腊思想中出现的、两种 **421**
普遍的论证和解释方法。但是，对这两种推理模式的研究还留下了一些缺
漏，现在，我必须加以补充；然后，我们可以考察一下，对于早期希腊思想
中逻辑学和"科学方法"的发展这一一般问题，立足于我们之前收集到的证
据，可以得出的结论有哪些。

除去类比论证和选言的"对立"论证之外，早期希腊文献中使用的其他
某些类型的论证，还尚未提及。例如，神话和寓言，尽管从特殊情况直接推
进到特殊情况的论证中，通常会举出它们，但是，它们有时也在得出一般结
论的论证中被提及。尤其是品达，他常常从与特殊情况有关的神话里得出一
般的寓意，他使用的是"归纳性"方法，而非严格的"类比性"方法。[1] 此外，
在诗人和散文作家那里出现的其他论证都具有"演绎性"形式，其中，起点
或前提都是普遍的主张，从中可以得出针对特殊情况的推论，[2] 而我们也发
现了所谓的"假设"论证，如采取"若 A，则 B；但非 B，故非 A"这种一 **422**

---

[1] 如 *P.*2 21-48，讲述了伊克西翁（Ixion）的神话，得出了两个一般寓意：人们应该报答施
惠者；遵守中道。

[2] 如 Hdt.7 237，那里，薛西斯主张，德玛拉托斯（Demaratus）对他的建议是出于好意的，
理由是，公民都嫉妒同胞的成功，但异乡人却对其他成功的异乡人怀有好意（而德玛拉
托斯当然是异乡人）。

般形式的论证。①

前面柏拉图文本中可以举出各种不同形式的论证；与之相应，我们也应该注意同一时期与论证使用相关的、各种观念的发展，尤其是（1）逻辑必然性观念；（2）逻辑不可能性观念；（3）可能性概念。

（1）一开始，ἀνάγκη、χρή 和 δεῖ 这几个词仅仅用于命运、自然强迫和道德义务之类的语境中。但是，也许自巴门尼德开始，这些词就在逻辑学语境中得到了全新的用法，即，描绘那些从某些前提"必然"得出的结论（无论这些结论是真还是假）。的确，当巴门尼德使用这些词时，他所考虑的"必然性"的类型，还不太容易精确界定。例如在 Fr.8 16 ff.，当他说，离开那不可设想、无名无迹者，接受另一个实在者，要在这两种方式之间"ὥσπερ ἀνάγκη"（必然地）做出决定时，我们可以这样解释，巴门尼德认为，"存在"的存在在逻辑上是必然的；而它的"不存在"在逻辑上是不可能的；但似乎有可能，他也将这种必然性构想为与"存在（Being）的实在的自然条件"有关；当他将 Ἀνάγκη 描绘为"用锁链捆绑"存在时（如 Fr.8 30 f.），这似乎不仅仅是诗性的隐喻。②"必然性"的逻辑使用似乎在芝诺那里更为不同。例如在 Fr.1，他得出结论说，"如果存在多，那么必然地（ἀνάγκη），它们既小又大"，而当他在这里提到"必然性"时，他显然相信，这一结论（他认为是荒谬的）在逻辑上从他举出的某些因素得出。③ 与之相似，当麦里梭说，"如果存在多，那它们就必然（χρή）如我说的'一'那般"（Fr.8 2），毫无疑问，他也认为，这一（荒谬的）结论必然从 Fr.8 中的他的论证得出。④ 似乎很可能，艾利亚学派首次发展和使用了"逻辑必然性"的观念，尽管他们并没有明确地对这种使用加以界定。截止于柏拉图时期，

423

---

① 如 Hdt.4 118，那里，斯基泰人试图说服自己的邻邦，让他们相信，波斯人的远征既会针对斯基泰人，也会针对他们，论证为"假使波斯人仅仅攻击我们……那么必然地（χρῆν），他们原本不会骚扰其他所有人……但事实上（νῦν δέ），从他们跨入这片大陆开始，他们就一直在征服他们遇到的所有人。"显然，这一类论证会在诉讼时用来证明有罪或无罪。

② 相同的两可也见于一些使用 χρεών 和 χρή 的段落，如 Fr.2 5、Fr.6 1，但是在 Fr.8 11，逻辑意义似乎占主导："这样，必定要么完全存在，要么不存在"（参见前 pp.104 f.）。

③ 也参见 Fr.3，那里，ἀνάγκη 似乎再一次首先用来指逻辑必然性："如果'多'存在，那么它们必定就如自身所是那样如此之多，而不会比自身更多，也不会更少。"

④ 参见 Fr.7 10："它必然地（ἀνάγκη）是盈满的，如果它不是空虚的。"

逻辑必然性的观念和"证明"（ἀπόδειξις）的观念仍然毫无限制地加以使用，[①]
而直到亚里士多德，他才在自己的三段论理论中界定了"证明"并且分析
了"必然性"的逻辑意义。[②]

（2）逻辑不可能性的观念是逻辑必然性观念的相反。同样，直到亚里
士多德这里，逻辑可能性或不可能性才清楚地区分于事实的可能性或不可能
性，不过，某些前苏格拉底时期的文本也值得关注。巴门尼德提供了某些文
字，其中这两种"不可能"的意义都出现了，如 Fr.2 那里，他说，"不存在
不可能存在"（οὐκ ἔστι μὴ εἶναι），他接着指出，"你不可能知道不存在的东西，
因为这不可能（οὐ γὰρ ἀνυστόν），你也不能将它说出。"相似的用法也出现
在麦里梭那里（Fr.7 8，参见 Fr.2，οὐκ ἀνυστόν）；或许，也出现在恩培多克
勒 Fr.12（"从完全不存在的东西中，任何东西都不可能生出"）。但是，最早
的、更为独特地表达逻辑不可能性观念的文本，是阿那克萨戈拉 Fr.5，因
为，当在这段残篇里，他提道，"万物不会比自身更多，也不会更少"，而且
"万物总是相等"时，他似乎首先是出于逻辑原因，而非自然原因才说，"不
可能，οὐ γὰρ ἀνυστόν，比万物再多了。"

（3）我们可以考察可能性观念的发展。某些关于可能性的观念通常都
隐含在来自经验的论证中；我们可以从我们掌握的最早期的文本中举一些
论证例子，它们含蓄地设想了一种可能性标准。如在荷马那里，当有人衡
量超自然力量已然或正在发挥作用的可能性时，某些这样的观念就隐含其
中。例如在 *Iliad* 24，563 ff. 中，阿喀琉斯推论说，神引导普里阿摩斯来到
阿卡亚人的战船："对于你，可朽者，本来不敢来到营帐，哪怕你回到壮年：
你本来不会经过守卫而不被注意，你也不会轻易地拨回我们的门闩。"这之
后，τὸ εἰκός 一词在公元前 5 世纪成为了常用词，用来指"可能性"。希罗
多德，例如在 7 239，明确使用了可能性，他提道，德玛拉托斯从斯巴达人
中流放而走，对他们的敌意驱动着他，"正如我所认为的，以及可能性向

---

① 在柏拉图之前，ἀπόδειξις 一词通常用来指"事实性证明"，通过所作所为来进行"证明"，
　　而不是诉诸证据或论证所产生的证明（demonstrations）（如 Hdt.8 101），但是，这个词的
　　动词会在后一个意义上使用，如 Hdt.2 15。ἀνάγκη 用来指证明，就是在这个意义上，如
　　Hdt.2 22，以及某些希波克拉底派的论著（如 *Morb.Sacr.*ch.13，L VI 386 7）。
② 如 *APr.*25b 30 f.；*APo.*71b 17 ff.；*Metaph.* 1006b 30 ff.，1015a 20 ff.，b 6 ff.，1064b 33 f.。

我证实的"① （ὡς ἐγώ δοκέω καὶ τὸ οἰκὸς ἐμοὶ συμμάχεται）。而在修昔底德那里，有一个地方（1 121），我们发现科林斯人列举了为什么他们"有可能"（εἰκός）在战争中胜利的原因，即，他们在数量上和军事技能上占上风，他们服从命令，等等。但是，除了这些例子——其中，εἰκός 描述了通过诉诸"可能性"而得出的结论——之外，我们也发现，在早期希腊文献的几个地方，"单纯的可能结论"与"确定的结论"被区分开来。尽管我们已经注意到，柏拉图那里有一些重要的段落，其中，"可能性"② 区分于了"证明"（尤见 *Phd*.92cd 和 *Tht*.162e），但是在柏拉图之前，各种类型的区分就已经做出了。在荷马那里，"基于感觉的清楚的知识"和"基于单纯猜测的清楚的知识"之间，就做出了区别（*Od*.16 470-475）。但是之后，前苏格拉底哲学家通常都区别了知识和单纯的意见（如色诺芬尼 Frr.34 和 35；巴门尼德 Frr.1 28 ff. 和 8 50 ff.）；在这方面，我们应该注意：前者一般与理性和直观相联系，后者与感觉相联系；差异是两种类型的认知在种类上的差异。我们可以将这种看法对比（例如）史学家的看法，他们指出，针对特殊问题，他们可用的证据允许某些结论得出(如 Hdt.1 57 和 Th.1 1)，因为在这方面，"确定性结论"和"单纯的可能性结论"的差异明显只是程度上的。在这一语境中，可能性成为了确定性，作为补充的证据被举出，但是，对于巴门尼德来说，关于可能之事（ἐοικότα，Fr.8 60）的意见并不能作为补充的经验材料，不能转变为"真的确证"（πίστις ἀληθής，Fr.1 30；πιστὸν λόγον…ἀμφὶς ἀληθείης，Fr.8 50 f.）。

从可能性论题，我们可以转向下一个问题，即，"证据使用的发展"。在荷马那里，我们已经发现了频繁出现的、对证据或断言理由的明确使用。在 *Iliad* 13 68 ff. 中，奥伊琉斯（Oileus）之子埃阿斯推断说，那人看着像卡尔卡斯（Calchas），但事实上，他是神；他提到了某些有区分性的标志（他的脚印），他说，正是靠这些标志，他认出了这位神。在 *Iliad* 11 613 f.，阿喀琉斯看见某人驱使涅斯托尔离开战斗，他说，"从后面看，那像是玛卡翁（Machaon）"，但他接着说，"可是，我看不清那人的脸"。没人会期待知识

---

① 原文是可能性（希罗多德这里用的是 οἰκὸς 一词）站在我这边，跟我并肩战斗，意即，可能性支持我的看法。——中译注

② τὸ εἰκός 不仅指可能性的事情或标志，也指可能性论证，因此区别于必然的证明。——中译注

论问题在史诗中得到解决，不过，荷马还是做到了区分第一手证据和传闻而来的证据（如 *Od.*3 93 f.，4 323 f.，8 491），他也注意到了假的也许看起来像真的（*Od.*19 203；参见 Hes.*Th.*27 f.），他还论述了某些人类知识的局限性（*Iliad* 2 485 f.；参见 *Od.*1 215 f.，10 190 ff.）。但是，荷马那里，除了 σῆμα（"标志"）一词之外，并没有其他的词表示"用作证据的事实"，① 而只是在《奥德赛》中——除了 *Od.*11 126（=23 273）是个例外——σῆμα 一词才在这种意义上使用，但仅限于描绘奥德修斯回家时被认出的那几段。在荷马那里缺乏指涉证据及其用法的词汇，这一点可以与公元前 6—前 5 世纪发展出的这方面的丰富词汇形成鲜明的对比。在哲学家那里，我们发现，μάρτυς 一词是在隐喻的层面上用来描述感官的证据（赫拉克利特 Frr.101a，107，参见恩培多克勒 Fr.21 1 的 ἐπιμάρτυρα），τεκμαίρεσθαι 指"推断"（阿尔克迈翁 Fr.1）；巴门尼德（Fr.8 2）和麦里梭（Fr.8）对于自己的有关"存在"的论点，都引入了证据或证明的 σῆμα 和 σημεῖον。在史学家那里，τεκμήριον，σημεῖον 和 μαρτύριον 这几个词都表示"证据"，τεκμαίρεσθαι 和 σταθμᾶσθαι表示"推断"，δηλοῦν 和 μαρτυρεῖν 表示"成为证据"，它们的使用尤为频繁。② 大多数这些词汇的技术性定义，直到亚里士多德那里才出现，③ 但是，在公元前 5 世纪，它们的使用程度可以从它们频繁地出现来判断出，它们既见于散文作家那里，也见于诗人当中。例如品达，使用过中动态的动词τεκμαίρεσθαι 或其主动态，凡 4 次，④ 而悲剧家全都提供了若干例子，表明了不同人的交流，其中都要求而且给出了"证明断言的证据"。⑤

页边 **426**

---

① 荷马那里，μάρτυς 一词广泛地在"见证"这个本义上使用，而 μαρτύριον 并未出现。还有一个词，它也与"证据"这个意义有所接近，即 τέκμωρ，仅见于一处（*Il.*1 526）；荷马那里，它的标准含义是"目的"或"确定的目标"。指涉证据的词汇在赫西俄德、荷马颂诗和早期抒情诗人那里，也非常有限。

② 试举几个数据：τεκμήριον，希罗多德那里出现 7 次；修昔底德那里出现 11 次；τεκμαίρεσθαι，在这两人中分别是 5 次和 3 次（T. 中，τεκμηριοῦν 也有 3 次，τέκμαρσις 有 1 次）；μαρτύριον，H. 中 10 次，T. 中 6 次；σημεῖον，"证据"的意义，T. 中 7 次；σταθμᾶσθαι，"判断"的意义，H. 中 9 次。

③ 见 *APr.*70a 3 ff.，b 1 ff.，*Rh.*1357b 1 ff.，1402b 14 ff.；τεκμήριον 是证明性标志；σημεῖον（专门）用来指不可靠的标志或（一般）指标志整体（包括 τεκμήρια）。

④ *O.*6 73，8 3；*N.*6 8；Fr.152（OCT）.

⑤ 如 Aesch.*A.*272 ff.；Soph.*El.*774 ff.；Eur.*Rh.*94 ff.。

427　　　指涉"证据使用"的丰富词汇的发展，呼应了"所利用的各种不同类型之证据"以及"用来获得证据的研究方法"的相应的发展。很可能由阿那克西曼德引入希腊的"日晷"，[①] 似乎成为了米利都人进行观察时唯一可用的人工辅助。但是，随着希腊哲学家、科学家和史学家的研究范围的扩展，我们发现有新型的证据被提出，有新颖的研究方法得以发展。例如，在提出有关大地过往历史的理论时，色诺芬尼很可能是第一位试图利用化石证据的研究者（Hippol.*Hear.*1 14 5，DK 21 A 33）。在试图重建过去时，史学家利用了广泛的证据；这包括文字性的[②] 和考古方面的证据。如希罗多德通常都提到纪念碑，还有他在德尔菲神庙和其他地方看到的供物，这些都与过去的事件有某些关系（如 1 50）；而修昔底德有效地利用了考古证据，如，从提洛岛陵墓那里发现的遗迹特征，他推出了，这里的大多数古代居民都是卡利亚人（Carians）（1 8）。[③] 而在自然科学中，最为重要的研究技术，绝对是解剖，这种方法可以追溯到阿尔克迈翁；它不仅包括对动物尸体的解剖，随着时间推进，也包括了对胚胎和活体的解剖，但是尚无证据证明，亚里士多德或任

428 何希波克拉底派作家，对人体进行过解剖。[④] 最后，我们应该注意一下，公元前 4 世纪末之前进行的试验和实验的范围。[⑤] 我们已经提到了《希波克拉底派文集》中的大量例子，其中，所进行的试验，要么直接针对动物身体；要么针对取自动物身体的物质（如《论血肉》chs.8 和 9 的例子中的血液）；要么通常来说，针对其他更为简单的、身体之外的物质，通过这些物质的常性，可以通过类比得出种种与"身体之内更为复杂的物质的常性"有关的结论。[⑥] 但是，实验的应用并不仅限于研究生物科学中的问题。例如，在诸如

---

①　如 D.L.II 1，DK 12 A 1；见 KR，p.102 和 *HGP*，1，pp.74 f.。

②　如 Hdt 2 116，4 29。对于荷马阐述的特洛伊战争，希罗多德提出了批评（2 120），而修昔底德对此做出了回应，他更为明确地提醒，在将荷马用作证据时，要谨慎小心（1 9 和 10，参见 2 41）。

③　参见 1 93，他提到了"长城"（Long Walls，中译注，提洛同盟之后，雅典修建的大型防御墙，类似长城。）那里发现的各种类型的石头可以作为证据，证明它们是仓促建成的；2 15，那里，古代庙宇的位置被用作证据，证明雅典城的原址。

④　关于这一整个主题，见 Edelstein，2 和 3。

⑤　关于这一问题，尤见布吕赫（Blüh）的文章；Edelstein，5，Farrington，4，Zubov，还有 Senn，1 的重要作品。

⑥　见前，pp.74 ff.，349 ff. 和 352 n.1。

声学和气体力学这样的领域里，有证据表明，某些简单的试验已经在前苏格拉底时期开始进行；在这方面，不仅可以提及毕达哥拉斯发现八度、五度、四度音程之关系的故事（主要是虚构的），[①] 也可以提及柏拉图对那些在声学这样的领域中使用经验方法的人的批评，按照他的描述，他们"用自己听到的和声与声音互相比对"（*R*.531a-c）。[②]

最后，我们应该考察一下，与"证据的正确使用"这一主题有关的思想，在公元前 5 世纪得到了何种程度的发展；此外，我们可以补充一些我们之前讨论过的材料，它们与"立足于对立和类比的理论"有关。荷马那里，在某些语境中，我们已经发现，当有人证据不足或证据得不出结论时，他会克制自己的判断，无论是针对他刚刚瞥见的人的身份这样的问题（如 *Iliad* 11 613 f.），还是诸如某人的父亲是谁这样的事情——这方面，事情本性的确定性难以达到（*Od*.1 215 f.）。如果我们转向后来的希腊文献，那么我们能追寻到各种与"证据的正确使用"有关的思想：例如，证据必须检验；证据必须一致；有冲突的阐述必须相互衡量。这些思想都与法律语境有着明显的相关性，在那种语境中，为了尽可能获得真相，当然不仅要反复盘问证人，而且还要让他承受刑讯。但是，在另一个语境中，这样的观念又与历史研究有关。对于事件或有可能推动参与者的动机，希罗多德反反复复提供了不止一次的阐述；针对他听来的故事，他还经常会评判其可靠性（如 1 95 和 2 14），尽管这并不妨碍他不做批判地接受许多这样的见闻。而修昔底德也注意到，对过往事件的不精确的阐述，轻易就能赢得信任（1 20），他说，在他自己的阐述中，他一直都竭力检验经常有冲突的、他从目击者那里得到的见闻（1 22）。到公元前 5 世纪末为止，在历史研究中，非常严格的证据准则已经开始应用；在其他某些语境中，针对支持的证据似乎并不充分的理论或断言，相似的谨慎态度有时也被采纳，尽管更为罕见。这也可以从史学家那里举出

429

---

① Guthrie, *HGP*, 1, pp.220 ff., 尤其是 223 ff. 中收集和评价了这方面的证据；他指出，如果这一发现属于毕达哥拉斯，那么毫无疑问，他是在单弦琴上进行了自己的实验。其他毕达哥拉斯派人士也试图进行声学方面的实验，例如阿尔吉塔斯（Archytas）Fr.1 有所提及（关于这一点，见 Senn, 1, pp.271 ff.）。

② 在向剑桥语文学协会（Cambridge Philological Society）宣读的一篇论文中，我已经讨论了其他一些早期希腊实验方面的例子（*Proceedings*, 190, NS, 10, 1964, pp.50-72）。

一例，如希罗多德，在一个地方说（2 23）：所谓"有河流环绕世界"，"尼罗河夏季泛滥，是因为它与夏季相联系"之类的观念，都是非常含混，而且难以验证的（这似乎就是 οὐκ ἔχει ἔλεγχον 这一句的意思）。在医学上，若干希波克拉底派作家也详细描绘了医师在诊断时应该考虑的证据，① 其中有些人还注意到了解释病理学症状的困难，他们承认，相同的症状也许来自不同的原因。② 但是，如果我们从自然科学的整体上来看，那么我们之前已经讨论过的（pp.69 和 79）《论古代医学》中那一段（ch.1），是最为重要的前柏拉图时期的文本，因为，它批评了那种对"没有证据或标准可供理论来判断真假的论题"进行无效推测的做法。

我希望，上述这些简要的说明足以指出公元前 5 世纪末或之后不久的时期中，在与"论证和证据的使用"有关的某些论题里出现的一些发展。（1）必然性和不可能性的观念在逻辑学的语境中获得了新的意义。（2）可能性的观念，以及确定性判断和可能性判断的区分，都在公元前 5 世纪的作者那里得到了非常普遍地使用和论述。（3）公元前 5 世纪，在证据的使用、不同研究领域里用来获得证据的技术、对某些与"证据的使用"有关的问题的意识中，也都出现了一些重要的发展。早在众多研究领域的初期阶段，尤其在法律和历史研究中，诸如"需要检验证据"、"检查一致性"、"当没有可靠证据可用时要克制判断"之类的方法论观点，就已经被清楚地认识到了。而在每一种这样的语境里，我们都能发现，在柏拉图之前的时期里，逻辑学和方法论中出现了某些确定的、即使是渐进的进步；如果我们将柏拉图本人的那些对话也考虑在内，那么，它们提出了许多重要的逻辑观点，例如，当他将陈述（λόγος）分析为 ὀνόματα（名词／主词）和 ῥήματα（动词／谓词）的组合时（Cra.425a；Sph.262a ff.），或当他区分了 οὐσία（实体）和 πάθος（属性）时，③ 或当在早期对话中，多次指出，全称肯定陈述完全不能换位时，④ 或当他将原因区别于必要的前提条件（sine qua non）时（Phd.99a），还有其

---

① 如 Epid.1 sec.3，ch.10，L II 668 14 ff.；Prog.ch. 2，L II 112 12 ff.。

② 见 Aph.ch.1，L IV 458 1 ff.；Prog.ch.12，L II 142 12 ff.；Acut.ch.11，L II 314 12 ff.。

③ Euthphr.11a，参见 Tht.182a，那里，ποιότης（质）一词第一次引入了希腊语中。

④ 如 Euthphr.11e f.：如果所有神圣的东西是正义的，那么这并不蕴含着，所有正义的东西都是神圣的。

他许多例子都可以提及。但是，关于我们考察过的逻辑学和方法论上的种种这样的进步，有一个"一般观点"可以得出，即，即使这些进步意味着特殊的逻辑困难得到了解决，但是，它们只是澄清了非常模糊而不确定的假设，却并没有打算修正明确的（但错误的）逻辑规则。如，柏拉图在 *Euthpri.*11e 注意到的"换位"类型的错误，通常来说，还是肯定会有人犯下，但尽管如此，我们没有证据表明，有人会在一般的意义上明确提出，全称肯定陈述是可以换位的（当然，这显然是不可能的）。不过，相关"对立和相似之关系"的思想发展史，在何种程度上，支持或反驳了上述这一"一般观点"呢？下面，我们可以返回我们在"对立和类比"这两个主题下收集的证据，来考察一下，这样的材料如何揭示了早期希腊思想中逻辑学和方法论发展方面的更普遍的问题。

　　首先，应该重复一点，早期希腊思想中出现的所有论证和解释并非全都属于我讨论过的那两种类型。但是，无可否认的是，这两种公认非常普遍的推理模式，在早期希腊思想中尤为常见。到柏拉图为止的时期中，关于它们的重要性，既可以通过我们发现的这样的论证和理论的实际例子来判断，也可以从哲学家和其他人士近似表述"种种为自己的推理奠基的原则或假设"的文本来判断。不仅艾利亚学派和其他人频繁使用了选言的"对立"论证，而且巴门尼德（Fr.8 11 和 15 f.）和麦里梭（Fr.7 9）还明确提到了这样一个事实：选择必须在某些成对项之间进行。此外，我们不仅发现，在实际中，类比广泛地用作一种解释含混自然现象的手段，而且，至少在某些建议将"明显之事"作为"不明之事"的"视象"的文本里，作者所考虑的方法也显然立足于类比。另外，当我们转向柏拉图，可以说，对相似和差异的认识，也是辩证法的中心问题。早在《斐多篇》（74a）中，当柏拉图讲述回忆理论时，他就说，回忆"有时从相似，有时从不相似"展开，即，对"殊相在哪些方面相似于理念，哪些方面与之有别"的知觉推动了回忆（参见 *Phdr.*249d ff.）。之后，在柏拉图成熟的辩证法里，当他考虑的是"诸理念"之间的关系问题，而非理念与殊相的关系问题时，可以认为，对相似和差异的关注持续地体现在"综合"与"划分"这两种方法中。"划分"的本性和目标（在划分中，选择设立在某些选项间，通常是一对相反者）已经用了很长的篇幅讨论过了（pp.148 ff.）。但是，在理论上，甚至通常来说，似乎在

432

实践上，"综合"都先于"划分"，通过综合，辩证法家领会事物间的相似性，他们发现，事物都分有共同的理念。① 《斐德若篇》（265de）描绘了辩证法家的任务，首先，是"综合分散各处、在理念之下的事物……"其次，"能按照它们的理念，按照自然的环节，来重新划分它们"。② 在后期对话的其他地方，柏拉图再次给出了类似的有关辩证法的阐述。在《智者篇》中，辩证法的目标被认为是揭示"什么种类与其他种类一致，哪些种类彼此之间并不容纳"（253bc）；然后，辩证法家被描述为这样的人，他能"清楚地"识别"每个地方贯穿'多'的'一个'理念，而多中的每一个都彼此分离；[也能识别]'多个'彼此不同的理念，它们被一个理念从外面囊括；同样，[能识别]在多个整体的统一中连接的是'一个'理念，以及完全分离的'多个'理念"（253d）。③ 最后，在《政治家篇》中，这种方法再一次通过相似的表达加以描述：必须"首先知晓'多'之间存在的共性，然后，不要停止，直到在共性里看见所有差异，它们存在于诸理念之中；然后，当看见若干种类的'多'之中的多重不相似之后，不要气馁，不要停下，直到将所有共同的特征纳入唯一一个相似之内，它将它们容纳进一个理念的本质里"（285ab）。

辩证法的核心任务就是划分事物间的本质相似性，然后划分它们之间的本质差异性，这种思想是柏拉图一再回顾的要点。我们应该指出，柏拉图的主要兴趣在于这样一个**"实质性"**问题，即，哪些理念与哪些其他理念"相一致"或"具有共性"，而不是相似和差异的关系这样的**"形式性"**问题；虽然在不同的段落里，他注意到了"相似"和"同一"的差异，④"否定词项"和"肯定其反面"的区别之类的重点（*Sph*.257bc），但是，直到亚里士多德

---

① 很难讲，综合是仅仅指"诸理念综合在一个更一般的理念之下"，还是说，在综合这个主题中，柏拉图也将"殊相综合在一个理念之下"包括在内，但是 Hackforth, *1*, pp.142 f. 支持后一个选择，我认为是正确的。

② 也参见 *Phdr*.273de：知道真理的人最能认识到事物间的相似性；可以说，真正的演说术包含了将事物划分为若干种类，然后将每一个东西纳入一个理念中。

③ 译文来自 Cornford, *5*。这一段是说两步程序，还是四步程序，是仅仅指诸理念（如康福德认为的），还是说，253d 6 第一句提到的"多"是殊相（如 Runciman, *2*, p.62），均有争议，不过这都不影响我这里的观点，即，辩证法家的任务被认为是领会事物间的差异和统一。

④ 如 *R*.476c，"梦"的状态被认为是这样，一个人在梦中（无论清醒还是睡眠）"认为，与某物相似的东西（τὸ ὅμοιόν τῳ）并不是像它，而是与它的相似者完全等同（αὐτό）"，即，将相似与等同混淆。

这里，我们才发现了对"对立"和"相似"关系的充分的阐释。① 柏拉图和 **434**
亚里士多德在逻辑学的这个部分中所做出的贡献，其本性和重要意义当然要
联系前人的使用和假设才能判断，但是，关于这个问题（与许多其他人不同，
在其他人那里，我们颇为怀疑前苏格拉底时期的逻辑学所立足的种种假设），
我们掌握了广泛的证据，既有理论，也有论证，我们之前已经考察和讨论过
了。在亚里士多德之前的很长时间里，希腊语言都具备了各种各样的，表示
"同"、"似"、"异"、"对立"等的词汇，尽管有一些这样的词汇，其含义和
用法并不精确；② 尤其是，丰富的指涉"对立"的词语并没有被用来划分不
同的对立模式。而且，不仅很明显，在亚里士多德之前，③ 并没有完善的术
语来表示不同种类的相似和对立，甚至在实际中，我们还发现，某些种类的
相似和对立的区别，往往都被忽视。在早期希腊论证中，对"相似和对立"
这两类的过分简化，似乎尤为常见。（1）任何类型的对立都往往被视为彼此
排斥和穷尽的选项：以"要么 A，要么 B"为形式提出选择，但也许，在逻
辑上，"既 A 且 B"和"非 A 非 B"也是有可能的。（2）相似性的关系往往
被等价于"完全等同"：类比论证通常都被宣称或假设为具有证明性；在某些
方面已知相似的两种情况也许仅仅是在那些方面上才相似，但这样的可能性 **435**
通常都被忽略了。在这两种情况里，亚里士多德都指出了这些假设的错误
所在，他表明了（a）在什么条件下，不同类型的成对的对立"是，或，不
是"彼此排斥和穷尽的选项；（b）作为推论模式的类比，它的缺陷何在。但
是，一方面很明显，"所有对立都是彼此排斥和穷尽的选项"这一假设，在
形式上是不正确的；另一方面，相反对立和矛盾对立的差别通常在特殊讨论
的语境中也不是"实质性的"。忽视"非 A 非 B"和"既 A 且 B"这两个选
项，也许并没有实际的影响。另外，"相似"（在某些方面上）显然不蕴含"相

---

① 　如见，对"一"这个词的不同使用含义的区别，它用来描述事物的（1）"数量上"的一，
　　（2）"种"的一，（3）"属"的一，或（4）"类比上"的一（*Metaph*.1016b 31 ff.，参见 Δ 9
　　和 1054a 32 ff.，论"同"和"似"）。

② 　ὅμοιος 一词的使用（要么表示"相似"，要么表示"同一"，如 *Il*.18 329）尤其不精确。
　　参见前 pp.109 f.，论麦里梭 Fr.7 2 和 Fr.8 3，以及 pp.129 ff.，论柏拉图 *Prt*.329c ff.。

③ 　亚里士多德对于 ἀντικείμενον、ἐναντίον 和 ἀντίφασις 这三个词做出了技术性的界定，但
　　是我前面已经提过（p.164 n.3），他自己对于这些词的使用范围却偏离了这些技术性的
　　含义。

同"或"在其他方面上相似"，但是，经验却告诉我们，我们可以合理地认为，已知在某些地方彼此相似的事情，在其他地方也很可能相似。这方面，亚里士多德的研究结果就在于，它表明了，某些模式的论证不具有证明性，然而，他本人却也认识而且注意到了这样一个事实，即，这些模式的论证具有说服性，因为他指出了"修辞术"中的类比论证的用途，此外，他也提出，在一对（并不穷尽的）相反之间设立选择，这是一种有效的、确保对手承认的手段（*SE* 174a 40 ff.）。

亚里士多德在逻辑学中对"同"、"似"、"异"、"不同"、"相反"、"矛盾"做出的明确分析（在若干例子中，他都遵循了柏拉图已经做过的区分）揭示了"相似"和"对立"的复杂关系；他解决了某些在论证中使用它们时会碰到的问题。但是，不仅在明确的论证里，我们发现了早期希腊思想中一个确定的倾向，即，使用简单的甚至过分简化的逻辑范畴；而且，相似的倾向也是早期希腊宇宙论和科学理论的显著特征之一，因为我们看到过了，这些理论如何频繁地采用这两种基本形式中的一种，要么（1）将现象与"一对或多对对立始基"相联系，或者将现象简化为后者，要么（2）将一个（未知）的对象等同于或相似于另一个已然易知或似乎易知的对象。这两种普遍类型的理论，当然并不仅限于公元前6—前4世纪时期；相反，它们频繁出现在后来的希腊思辨思想中，也出现于中世纪和文艺复兴之后的哲学和科学里（也不排除现当代）。在截止于亚里士多德时期的希腊思想中，凸显它们地位的因素，如果有的话，那么仅仅在于它们的"相对优势"和最早期希腊科学家和宇宙论者使用和信任这两种基本解释模式的"程度"。显然，在这两种解释模式的历史中，亚里士多德的工作并不像在逻辑理论史中可以认为的那样，标画出独特的转折点。但是，我们已经注意到，在公元前5—前4世纪的进程里，对于这两种类型的理论的使用，其某些方面，已经被加以认识和评述；至少某些作家的更为谨慎、当然更为自觉地对这些理论的使用，都体现出了这一点。我们已经描述了，比如宇宙论学说中对"意象之地位"的、日益增强的意识，在这方面，我们评述了希腊宇宙论者如何越来越意识到在"将政治性、社会性或生物学的词汇应用到宇宙整体"这一做法中的"移用性"；他们如何理解了，尽管具体的意象传达了对宇宙变化的直觉，但并没有证明后者。此外，在"基于对立的理论"的历史中，我们注意到，亚里士多德不仅要求人们注意他的前人的"将对立视为始基"这一普遍倾向，而且，在他自己的"立足于热、冷、干、湿"的物理学理论里，他还选择了自己的对立始基，他既看重这些始基与特殊问题的相关性（有形的相反者被选为有形的身体的始基），也看重它们的"简易"（这样的始基，四种就足够了，但至少四种）。

最后，我们可以概括几个重点，在这些方面上，对对立和类比的研究都在一定程度上揭示了早期希腊思想中逻辑学的发展和"科学方法"的本性。**437** 形式逻辑的发现或发展（包括命题形式的研究，命题的组成，命题推论的关系）是一个复杂的问题，包含了众多错综的争议。当然，一般来说，关注点应该在于亚里士多德《前分析篇》中对三段论方法的发明，以及他对三段论模式的研究，这是正确的。不过，亚里士多德也澄清和分析了某些逻辑关系，尤其是"相似"和"同一"的关系，以及不同的对立模式；在他的逻辑学的研究中，这方面的重要性可以从我们考察过的材料来加以评判（尽管应该注意的是，在这一点上，亚里士多德的研究并非完全原创，而是在很大程度上尤其借鉴了柏拉图）。这正是逻辑学的分支之一，就在这里，公元前4世纪出现了鲜明的知识进步，但是，需要强调的是，对于之前作家使用"相似和对立"时立足的种种假设，依据我们能够做出的确定来看，这些假设都是过度简化，而非完全错误；在这方面，凸显逻辑学发展的独特之处，就不是直接否定前人的观点，而是承认需要对之加以限定，并且更充分地意识到问题的复杂性。

对于解释方法来说，无论是在理论，还是实践上，我们所考察的这一时期，都没有出现与上述类似的明显的发展。然而，"基于对立或类比的理论使用"的历史却让我们可以洞察早期希腊理论家对科学和宇宙论中的"解释"或"阐释"的预期；再一次，我们发现，这些观点在公元前4世纪的作家那里变得更为明确。这两种主要类型的理论，可以判断为抽象图式，我们发现，它们在早期希腊思辨思想中尤为常见，就其"可理解性"、"简单性"，**438** 以及（尤其是在立足于对立的情况中）它们明显的"全面性"而言，它们都具有显而易见的优点。尽管通常来说，与它们有关的理论，在提出时都以纯粹"验前的"理由为依据，但是，我已经极力指出了"早期希腊科学中的经验性元素"，也指出了许多哲学家和医学作家，在阐释自然现象时，对支持阐释的"证据问题"的关注。对容易观察的现象诉诸类比的做法，通常标志着，试图获得与"不能靠直接研究来解决的问题"有关的经验性证据。可以看出，有几位早期希腊作家都自觉地想要针对他们的理论进行试验，而实践中，他们至少也利用了某些摆在面前的机会来进行研究并实施简单的实验（即使他们完成的这些实验通常来说得不出结论）。但是，在这一时期甚至将来的几个世纪的科学中，普遍欠缺的，正是现代对于"理论和经验材料的密切又特殊之关系"的构想。这不是说，希腊科学家就完全不具备这一思想，相反，至少有一个重要的文本，见于《论古代医学》，就从医学研究中摒弃了那些立足于随意假设的理论。不过，我已经指出，这部论著针对大多数早期希腊科学家研究的论题（如人体的组成元素，自然物体整体的组成元素，一般病因等主题）所表达的理想，在这一阶段，大体上是不可行的。这样，在《希波克拉底派文集》中，《论古代医学》的病理学学说与它所批判的那一类理论之间的差异就不如它们的共同特征那么突出；而那些并未诉诸这种或那种"图式化疾病理论"的论著（如《流行病》），却完全没有阐明一般的病理学学说。

439   在提出万物本性这一问题时，希腊人开创了宇宙论和科学研究。但在不同的思想史时期里，却都有这样一个看法，即，自然科学的关键进步在于对"事实性知识"的艰苦积累；与之相反，宇宙论常常受到摒弃，因为有太多的毫无价值的猜测（至少来说，后一种观点的始祖就是《论古代医学》的作者）。但是，无论这种从 20 世纪的科学的角度来看，属于归纳主义倾向的观点，具有什么样的优缺点，对希腊人的科学起源的研究都揭示了"抽象和图式化的推测"所具有的突出的，甚至可以说是必要的作用。当希腊人探询看似简单、却又根本的，与自然、万物起源和构成有关的问题时，他们提出的理论，之所以在整体上值得注意，是因其具备的抽象的明晰性，而非理论和经验材料之间的密切联系。但是，我们可以反思，假若希腊人仅仅关注的是这样的问题，即，通过观察和实验就可以明确处理其中的特殊议题，那么，我们所知道的希腊自然科学就完全不会出现了。这两种我们一直考察的、普遍的解释模式，非但没有阻碍科学思想的提升和发展，而且还提供了两种必备的工具，可以用来在"与物理学和生物学的基本问题有关的争论"中表达思想。我们已经概括了公元前 6—前 4 世纪时期，希腊科学的某些成

就：在理解特殊问题的本性和积累事实性知识上，都取得了巨大的进步；而
到了公元前 4 世纪末，在动物学和植物学，以及某些我们可以称之为物理学
和化学的分支领域中，都出现了非常广泛的研究。不过，"建构简洁、全面
的图式"的做法，依然像之前的时代那样，是公元前 4 世纪的科学的特征之
一。公元前 4 世纪的科学家和哲学家，他们的目标和理想，在本质上，还是
相似于之前的理论家，但目标和理想都变得更为明确，尤其是对"证明性"
的要求。虽然它是大部分希腊思辨思想中反复出现的特征，但在亚里士多德
这里才得到了最为鲜明地阐述和表达。例如，我们看到过，在《工具论》中，
当他讨论类比时，他感兴趣的，是从演绎性、三段论式的推理的角度来考察
它，而不是评价它的"探索"功能，即，作为"初步假设来源"的作用。甚
至在整部《后分析篇》中，他都强调了要获得那种"不可动摇的知识"，它
依赖于基本的必然真理"(*APo*.74b 5 ff.)，而且还证明了本质性的联系（75b
21 ff.）。尽管这种观念，与《论古代医学》中表达的对"可验证性"的谨慎
理想，形成了鲜明的对比，但是，恰恰是亚里士多德，才更贴切地表达出了
实际呈现的、大多数早期希腊思辨理论家的种种目标，无论这些理论家，是
哲学家，还是医学作家；无论他们属于公元前 6 世纪，还是公元前 4 世纪。

440

参考文献

古典文本的版本以及所使用的与之相关的简写，均见导论部分第 13 页以下。

Ackrill, J. L. 'Plato and the Copula: *Sophist* 251-259', *Journal of Hellenic Studies,* LXXVII, part 1 (1957), pp.1-6.

Anton, J. P. *Aristotle's Theory of Contrariety* (London, 1957).

Arber, A. 'Analogy in the History of Science ', *Studies and Essays in the History of Science and Learning,* offered to G. Sarton (NewYork, 1947), pp. 221-33.

Arnim, H. von. *Stoicorum Veterum Fragmenta,* 4 vols. (Leipzig,1905-24).

Bacon, F. *Works,* collected and edited by J. Spedding, R. L.Ellis and D. D. Heath, 14 vols. (London, 1858-74).

Bailey, C. *The Greek Atomists and Epicurus* (Oxford, 1928).

Baldry, H. C. 'Embryological Analogies in Pre-Socratic Cosmogony', *Classical Quarterly,* XXVI (1932), 27-34.

Balme, D. M. (1). 'Greek Science and Mechanism. I. Aristotle on Nature and Chance', *Classical Quarterly,*XXXV (1939), 129-38.

Balme, D. M. (2). 'Greek Science and Mechanism. II. The Atomists', *Classical Quarterly*, XXXV (1941), 23-8.

Balme, D. M. (3). 'Aristotle's Use of Differentiae in Zoology', *Aristote et les problèmes de méthode,* communications présentées au Symposium Aristotelicum 1960 (Louvain-Paris, 1961), pp.195-212.

Balme, D. M. (4). 'γένος and εἰδός in Aristotle's Biology', *Classical Quarterly,* NS, XII (1962), 81-98.

Bambrough, J. R. 'Plato's Political Analogies', *Philosophy,Politics and Society,* ed. P. Laslett (Oxford, 1956), pp.98-115.

Beare, J. I. *Greek Theories o f Elementary Cognition from Alcmaeon to Aristotle* (Oxford, 1906).

Berg, G. O. *Metaphor and Comparison in the Dialogues o f Plato* (Berlin, 1904).

Berger, H. *Geschichte der wissenschaftlichen Erdkunde der Griechen*, 2nd ed. (Leipzig, 1903).

Berthelot, M. *Les Origines de l'alchimie* (Paris, 1885).

Best, E. (1). 'The lore of the *Whare-Kohanga.* I ', *Journal of the Polynesian Society,* XIV (1905), 205-15.

Best, E. (2). 'The lore of the *Whare-Kohanga.* II, III, IV ', *Journal of the Polynedan Society,* XV(1906), 1-26, 147-62, and 183-92.

Bignone, E. *L'Aristotele perauto e la formazione filosofica di Epicuro,*2 vols. (Florence, 1936).

Blüh, O. 'Did the Greeks Perform Experiments?', *American Journal of Physics,* XVII (1949), 384-8.

Blümner, H. *Technologie und Terminologie der Gewerbe und Kunste bei Griechen und Romern*, 4 vols. (Leipzig, 1875-87).

Bochenski, I. M. *Ancient Formal Logic* (Amsterdam, 1951).

Bonitz, H. *Index Aristotelicus* in Bekker's Berlin edition of Aristotle,vol. V (Berlin, 1870).

Booth, N. B. 'Empedocles' Account of Breathing ', *Journal of Hellenic Studies*, LXXX (1960), 10-15.

Bourgey, L. (1). *Observation et expérience chez les medecins de la collection hippocratique* (Paris, 1953).

Bourgey, L. (2). *Observation et expérience chez Aristote* (Paris,1955).

Braunlich, A. F. '"To the Right" in Homer and Attic Greek', *American Journal of Philology,* LVII (1936), 245-60.

Bröcker, W. 'Gorgias contra Parmenides', *Hermes,* LXXXVI (1958), 425-40.

Brunet, P. and Mieli, A. *Histoire des sciences: Antiquité* (Paris,1935).

Brunschvicg, L. *L'Experience humaine et la causalite physique* (1st ed. 1922), 3rd ed. (Paris, 1949).

Bultmann, R. 'Zur Geschichte der Lichtsymbolik im Altertum', *Philologus,* XCVII (1948), 1-36.

Burnet, J. (1). *Plato's Phaedo,* edited with introduction and notes (Oxford, 1911).

Burnet, J. (2). *Essays and Addresses* (London, 1929).

Burnet, J. (3). *Early Greek Philosophy* (1st ed. 1892), 4th ed.(London, 1948).

Bux, E. 'Gorgias und Parmenides', *Hermes,* LXXVI (1941), 393-407.

Calogero, G. (1). *I fondamenti della logica aristotelica* (Florence,1927).

Calogero, G. (2). *Studi sull'eleatismo* (Rome, 1932).

Cassirer, E. *Logos, Dike, Kosmos in der Entwicklung der griechischen Philosophie* (Goteborg, 1941).

Cherniss, H. (1). *Aristotle's Criticism o f Presocratic Philosophy* (Baltimore, 1935).

Cherniss, H. (2). *Aristotle's Criticism o f Plato and the Academy,* vol.I (Baltimore, 1944).

Cherniss, H. (3). 'The Characteristics and Effects of Presocratic Philosophy', *Journal of the History o f Ideas,* XII (1951), 319-45.

Clagett, M. *Greek Science in Antiquity* (London, 1957).

Cohen, M, H. 'The Aporias in Plato's Early Dialogues', *Journal of the History of Ideas,* XXIII (1962), 163-74.

Cohen, M. R. and Drabkin, I. E. *A Source Book in Greek Science* (1st ed. 1948), 2nd ed. (Harvard University Press, 1958).

Conger, G. P. *Theories of Macrocosms and Microcosms in the History of*

Philosophy (New York, 1922).

Cornford, F. M. (1). *From Religion to Philosophy* (London, 1912).

Cornford, F. M. (2). 'Mysticism and Science in the Pythagorean Tradition. I', *Classical Quarterly,* XVI (1922), 137-50.

Cornford, F. M. (3). 'Mysticism and Science in the Pythagorean Tradition. II', *Classical Quarterly,* XVII (1923), 1-12.

Cornford, F. M. (4). 'Anaxagoras' Theory o f Matter', *Classical Quarterly,* XXIV (1930), 14-30 and 83-95.

Cornford, F. M. (5). *Plato's Theory o f Knowledge* (London, 1935).

Cornford, F. M. (6). *Plato's Cosmology* (London, 1937).

Cornford, F. M.(7). 'Greek Natural Philosophy and Modern Science', *Background to Modem Science,* ed. J. Needham and W. Pagel (Cambridge, 1938), pp. 3-22.

Cornford, F. M. (8). *Plato and Parmenides* (London, 1939).

Cornford, F. M. (9). *The Unwritten Philosophy and Other Essays* (Cambridge, 1950).

Cornford, F. M. (10). *Principium Sapientiae* (Cambridge, 1952).

Cuillandre, J. *La Droite et la gauche dans les poemes homenques* (Rennes, 1943).

Cushing, F. H. (1). 'Zuñi fetiches', *2nd Annual Report of the Bureau of American Ethnology* (1880-1), 1883, pp. 3-45.

Cushing, F. H. (2). 'Outlines of Zuñi Creation Myths', *13th Annual Report of the Bureau of American Ethnology* (1891-2), 1896, pp. 321-447.

Deichgräer, K. (1). *Die Epidemien und das Corpus Hippocraticum* (phil.-hist. Abh. Akad. Berlin, 1933).

Deichgräer, K. (2). *Hippokrates, Über Entstehung und Aufbau des menschlichen Körpers* (περὶ σαρκῶν) (Leipzig, 1935).

Deichgräer, K. (3). 'Xenophanes περὶ φύσεως', *Rheinisches Museum,* LXXXVII (1938), 1-31.

Deichgräer, K. (4). 'Die Stellung des griechischen Arztes zur Natur', *die An-*

tike, XV (1939), 116-38.

Dicks, D. R. 'Thales', *Classical Quarterly,* NS, IX (1959), 294-309.

Diels, H. (1). *Doxographi Graeci* (Berlin, 1879).

Diels, H. (2). *Anonymi Londinensis ex Aristotelis Iatricis Menoniis et aliis medicis Eclogae,* Suppi. Aristotelicum III, 1 (Berlin, 1893).

Diels, H. (3). *Aristotelis qui fertur de Melisso Xenophane Gorgia libellus* (phil.-hist. Abh. Akad. Berlin, 1900).

Diels, H. (4). 'Die vermeintliche Entdeckung einer Inkunabel der griechischen Philosophie', *Deutsche Literaturzeitung,* XXXII (1911), cols. 1861-6.

Diès, A. *Autour de Platon,* 2 vols. (Paris, 1927).

Diller, H. (1). 'ὄψις ἀδήλων τά φαινόμενα', *Hermes,* LXVII (1932), 14-42.

Diller, H. (2). *Wanderarzt und Aitiologe* (Philologus Suppl. 26, 3, Leipzig, 1934).

Diller, H. (3). 'Der vorphilosophische Gebrauch von κόσμος und κοσμεῖν', *Festschrift B. Snell* (Munich, 1956), pp. 47-60.

Dodds, E. R. *The Greeks and the Irrational* (University of California Press, Berkeley-Los Angeles, 1951).

Drabkin, I. E. 'Notes on the Laws of Motion in Aristotle', *Americian Journal o f Philology*, LIX (1938), 60-84.

Duchesne-Guillemin, J. (1). *Ormazd et Ahriman, l'aventure dualiste dans l'antiquite* (Paris, 1953).

Duchesne-Guillemin, J. (2). *La Religion de l 'Iran ancien* (Paris,1962).

Duhem, P. *Le Systeme du monde: Histoire des doctrines cosmologiques de Platon a Copernic*, vols. I and II, 2nd ed. (Paris, 1954).

Düring, I. *Aristotle's Chemical Treatise, Meteorologien Book* IV (Göteborg, 1944).

Durkheim, E. *Les Formes elementaires de la vie religieuse* (Paris, 1912).

Durkheim, E. and Mauss, M. 'De quelques formes primitives de classification', *L'Annee sociologique,* VI (1901-2), 1-72.

Dürr, K. 'Moderne Darstellung der platonischen Logik', *Museum Helveti-*

cum, II (1945), 166-94.

Edelstein, L. (1). περὶ ἀέρων *und die Sammlung der hippokratischen Schriften* (Problemata, 4, Berlin, 1931).

Edelstein, L. (2). ‘Die Geschichte der Sektion in der Antike’, *Quellen und Studien zur Geschichte der Naturwissenschaften und der Medizin,* III, 2 (1932-3), 50-106.

Edelstein, L. (3). ‘The Development of Greek Anatomy’, *Bulletin of the Institute of the History of Medicine,* III (1935), 235-48.

Edelstein, L. (4). ‘The Relation of Ancient Philosophy to Medicine’, *Bulletin o f the History o f Medicine,* XXVI (1952), 299-316.

Edelstein, L. (5). ‘Recent Trends in the Interpretation of Ancient Science’, *Journal of the History o f Ideas,* XIII (1952), 573-604.

Eucken , R. *Die Methode der aristotelischen Forschung* (Berlin,1872).

Evans-Pritchard, E. E. (1). *Witchcraft, Oracles and Magic among the Azande* (Oxford, 1937).

Evans-Pritchard, E. E. (ed.) (2). *The Institutions of Primitive Society* (Oxford, 1954).

Evans-Pritchard, E. E. (3). *Nuer Religion* (Oxford, 1956).

Farrington, B. (1). *Science and Politics in the Ancient World* (London, 1939).

Farrington, B. (2). *Greek Science* (1st ed. 2 vols. 1944-9), 2nd ed. (London, 1953).

Farrington, B. (3). ‘The Rise of Abstract Science among the Greeks’, *Centaurus,*III (1953), 32-9.

Farrington, B. (4). ‘The Greeks and the Experimental Method’, *Discovery,* XVIII (1957), 68-9.

Festugière, A.J. *Hippocrate*, *L'Ancienne médecine* (Études et commentaires, 4, Paris, 1948).

Finley, M. I. *The World o f Odysseus* (New York, 1954).

Forke, A. *The World-Conception of the Chinese* (London, 1925).

Fraenkel, E. (1). *Plautinisches im Plautus* (Philol. Untersuch. 28, Berlin,

1922).

Fraenkel, E. (2). *Aeschylus, Agamemnon,* 3 vols. (Oxford, 1950).

Frank, E. *Plato und die sogenannten Pythagoreer* (Halle, 1923).

Fränkel, H. (1). *Die homerischen Gleichnisse* (Gottingen, 1921).

Fränkel, H. (2). 'A Thought Pattern in Heraclitus', *American Journal of Philology*, LIX (1938), 309-37.

Fränkel, H. (3). *Wege und Formen friihgriechischen Denkens* (1st ed.1955), 2nd ed. (Munich, 1960).

Fränkel, H. (4). *Dichtung und Philosophie des fruhen Griechentums* (1st ed. New York, 195t), 2nd ed. (Munich, 1962).

Frankfort, H. (1). *Kingship and the Gods: A Study of Ancient Near Eastern Religion as the Integration of Society and Nature* (Chicago,1948) .

Frankfort, H. (ed.) (2). *Before Philosophy* (1st ed. *The Intellectual Adventure of Ancient Man*, Chicago, 1946), 2nd ed. (London,1949) .

Fredrich, C. *Hippokratische Untersuchungen* (Philol. Untersuch. 15)(Berlin, 1899).

Fritz, K. von (1). 'νόος and νοεῖν in the Homeric Poems', *Classical Philology,* XXXVIII (1943), 79-93.

Fritz, K. von (2). 'νόος, νοεῖν and their Derivatives in Pre-Socratic Philosophy (excluding Anaxagoras). I ', *Classical Philology,* XL (1945), 223-42.

Fritz, K. von (3). 'νόος, νοεῖν and their Derivatives in Pre-Socratic Philosophy (excluding Anaxagoras). II', *Classical Philology*, XLI (1946), 12-34.

Frutiger, P. *Les Mythes de Platon* (Paris, 1930).

Furley, D. J. 'Empedocles and the Clepsydra', *Journal of Hellenic Studies,* LXXVII, part 1 (1957), 31-4.

Gallop, D. 'Justice and Holiness in Plato' s *Protagoras'*, *Phronesis,*vi (1961), 86-93.

Gifford, E. W. *Miwok Moieties* (University of California Publications in American Archaeology and Ethnology, 12, 4, Berkeley, California, 1916), pp.139-94.

参考文献

Gigon, O. (1). *Untersuchungen zu Heraklit* (Leipzig, 1935).

Gigon, O. (2). 'Gorgias "Über das Nichtsein'", *Hermes*, LXXI (1936), 186-213.

Gigon, O. (3). *Der Ursprung der griechischen Philosophie* (Basle, 1945).

Gilbert, O. (1). *Die meteorologischen Theorien des griechischen Altertums* (Leipzig, 1907).

Gilbert, O. (2). 'Spekulation und Volksglaube in der ionischen Philosophie', *Archiv für Religionswissenschaft,* XIII (1910), 306-32.

Gohlke, P. *Die Entstehung der aristotelischen Logik* (Berlin, 1936).

Goldschmidt, V. (1). *Le Paradigme dans la dialectique platonicienne* (Paris, 1947).

Goldschmidt, V. (2). *Les Dialogues de Platon: structure et méthode dialectique* (Paris, 1947).

Gomperz, H. (1). *Sophistik und Rhetorik* (Leipzig, 1912).

Gomperz, H. (2). 'Problems and Methods of Early Greek Science', *Journal of the History of Ideas,* IV (1943), 161-76.

Gottschalk, H. B. 'The Authorship of *Meteorologien,* Book IV', *Classical Quarterly*, NS, XI (1961), 67-79.

Granet, M. (1). *La Pensée chinoise* (Paris, 1934).

Granet, M. (2). 'La Droite et la gauche en Chine', *Études sociologiques sur la Chine* (Paris, 1953), pp. 263-78.

Grene, M. *A Portrait of Aristotle* (London, 1963).

Grenet, P. *Les OHgines de Vanalogie philosophique dans les dialogues de Platon* (Paris, 1948).

Grube, G. M. A. *Plato's Thought* (London, 1935).

Guthrie, W. K. G. (1). 'The Development of Aristotle's Theology. I ', *Classical Quarterly,* XXVII (1933), 162-71.

Guthrie, W. K. C. (2). 'The Development of Aristotle's Theology. II ', *Classical Quarterly*, XXVIII (1934), 90-8.

Guthrie, W. K. C. (3). *Aristotle, On the Heavens,* Loeb trans. (London, 1939).

Guthrie, W. K. C. (4). *The Greeks and their Gods* (London, 1950).

Guthrie, W. K. C. (5). 'Anaximenes and τὸ κρυσταλλοειδέ ', *Classical Quarterly*, NS, VI (1956), 40-4.

Guthrie, W. K. C. (6). *In the Beginning: Some Greek Views on the Origins of Life and the Early State O F Man* (London, 1957).

Guthrie, W. K. C. (7). 'Aristotle as a Historian of Philosophy: some Preliminaries', *Journal of Hellenic Studies,* LXXVII, part 1(I957), 35-41.

Guthrie, W. K. C. (8). *A History o f Greek Philosophy,* vol. 1 (Cambridge, 1962) (='*HGP,i*').

Hackforth, R. (1). *Plato's Examination o f Pleasure* (Cambridge,1945).

Hackforth, R. (2). 'Plato' s Cosmogony (*Timaeus* 27dff.)', *Classical Quarterly,* NS, IX (1959), 17-22.

Hamelin, O. (1). *Essai sur les éléments principaux de la représentation* (Paris, 1907).

Hamelin, O. (2). *Le Système d'Aristote* (1st ed. 1920), 2nd ed. (Paris, 1931).

Hammer-Jensen, I. 'Das sogenannte IV. Buch der *Meteorologie* des Aristoteles', *Hermes,* 1 (1915), 113-36.

Heath, T. L. *Aristarchus of Samos, the Ancient Copernicus* (Oxford, 1913).

Heiberg, I. L. *Geschichte der Mathematik und Naturwissenschaften im Altertum* (Munich, 1925).

Heidel, W. A. (1). 'The Logic of the Pre-Socratic Philosophy', *Studies in Logical Theory*, ed. J. Dewey (Chicago, 1903), pp. 203-26.

Heidel, W. A. (2). 'Qualitative Change in Pre-Socratic Philosophy', *Archiv für Geschichte der Philosophie,* 19, NF 12 (1906), 333-79.

Heidel, W. A. (5). 'περὶ φύσεω : A Study of the Conception of Nature among the Pre-Socratics', *Proceedings o f the American Academy o f Arts and Sciences,* XLV (1909-10), 77-133.

Heidel, W. A. (4). 'On Certain Fragments of the Pre-Socratics: Critical Notes and Elucidations', *Proceedings o f the American Academy o f Arts and Sciences,* XLVIII (1912-13), 679-734.

Heidel, W. A. (5). *The Heroic Age of Science* (Baltimore, 1933).

Heidel, W. A. (6). *Hippocratic Medicine: Its Spirit and Method* (New York, 1941).

Heinimann, F. (1). *Nomos und Physis, Herkunft und Bedeutung einer Antithese im griechischen Denken des 5. Jahrhunderts* (Basle, 1945).

Heinimann, F. (2). 'Eine vorplatonische Theorie von der τέχνη', *Museum Helveticum,* XVIII (1961), 105-30.

Herter, H. 'Bewegung der Materie bei Platon', *Rheinisches Museum,* C (1957), 327-47.

Hertz, R. 'La Prééminence de la main droite: étude sur la polarité religieuse' (originally published in *Reme philosophique,* LXVIII, 1909, 553-80), trans. R. and G. Needham in *Death and the Right Hand* (London, 1960), pp. 89-113 and 155-60.

Hesse, M. B. (1). *Forces and Fields: The concept of Action ai a Distance in the history of physics* (London, 1961).

Hesse, M. B. (2). *Models and Analogies in Science* (London-New York, 1963).

Hirzel, R. *Themis, Dike und Verwandtes* (Leipzig, 1907).

Höffding, H. (1). 'On Analogy and its Philosophical Importance', *Mind,* NS, XIV (1905), 199-209.

Höffding, H. (2). *Der Begriff der Analogie* (Leipzig, 1924).

Hoffmann, E. *Die Sprache und die archaische Logik* (Tubingen, 1925).

Hölscher, U. 'Anaximander und die Anfange der Philosophie', *Hermes,* LXXXI (1953), 257-77 and 385-418.

Hopkins, A.J. *Alchemy, Child of Greek Philosophy* (New York, 1934).

Hort, A. *Theophrastus, Enquiry into Plants,* Loeb trans. 2 vols. (London, 1916).

Hume, D. *A Treatise of Human Nature,* ed. A. D. Lindsay, Everyman Library, 2 vols. (London, 1911).

Jacobsen, T. 'Mesopotamia', *Before Philosophy* (H. Frankfort, 2), pp. 137-234.

Jaeger, W. (1). *Paideia: the Ideals of Greek Culture*, trans. G.Highet, 3 vols. (Oxford, 1939-45).

Jaeger, W. (2). *The Theology of the Early Greek Philosophers* (Gifford Lectures 1936), trans. E. S. Robinson (Oxford, 1947).

Jaeger, W. (3). *Aristotle: Fundamentals of the History of his Development*, trans. R. Robinson, 2nd ed. (Oxford, 1948).

Jevons, W. S. *The Principles of Science,* 2nd ed. (London, 1877).

Joachim, H. H. (r). 'Aristotle' s Conception of Chemical Combination', *Journal of Philology,* XXIX (1904), 72-86.

Joachim, H. H. (2). *Aristotle, On Coming-to-be and Passing-away,* a revised text with introduction and commentary (Oxford,1922).

Jones, W. H. S. (1). *Hippocrates,* Loeb trans., 4 vols. (vol.III with E. T. Withington) (London, 1923-31).

Jones, W. H. S. (2). *Philosophy and Medicine in Ancient Greece* (Suppl. 8 to the Bulletin of die History of Medicine, Baltimore,1946).

Jones, W. H. S. (3). *The Medical Writings of Anonymus Londinensis* (Cambridge, 1947).

Kahn, C. H. *Anaximander and the Origins of Greek Cosmology* (New York, 1960).

Kapp, E. *Greek Foundations of Traditional Logic* (New York, 1942).

Kelsen, H. *Society and Nature,* 2nd ed. (London, 1946).

Kemmer, E. *Die polare Ausdrucksweise in der griechischen Literatur* (Würzburg, 1903).

Kerferd, G. B. 'Gorgias On. Nature or that which is not', *Phronesis,* 1 (1955), 3-25.

Kerschbnsteiner, J. (1). *Platon und der Orient* (Stuttgart, 1945).

Kerschensteiner, J. (2). *Kosmos: quellenkritische Untersuchungen zu den Vorsokratikern* (Zetemata 30, Munich, 1962).

Keynes, J. M. *A Treatise on Probability* (London, 1921).

Kirk, G. S. (1). *Heraclitus: the Cosmic Fragments* (Cambridge,1954).

Kirk, G. S. (2). 'Some Problems in Anaximander', *Classical Quarterly, NS*, V (1955), 21-38.

Kirk, G. S. (3). 'Men and Opposites in Heraclitus', *Museum Helveticum*, XIV (1957), 155-63.

K irk, G. S. (4). 'Popper on Science and the Presocratics', *Mind*, NS, LXIX (1960), 318-39.

Kirk, G. S. (5). 'Sense and Common-Sense in the Development of Greek Philosophy', *Journal o f Hellenic Studies*, LXXXI (1961),105-17.

Kirk, G. S. and Raven, J. E. *The Presocratic Philosophers* (Cambridge, 1957) (= 'KR').

Kneale, W. and Kneale, M. *The Development of Logic* (Oxford, 1962).

Kranz, W. (1). 'Gleichnis und Vergleich in der frühgriechischen Philosophie', *Hermes*, Lxxin (1938), 99-122.

Kranz, W. (2). 'Kosmos und Mensch in der Vorstellung fruhen Griechentums', *Nachrichten von der Gesellschaft der Wissenschaften zu Gottingen* (phil.-hist. Kl. 1, 2, 1938), pp. 121-61.

Kranz, W. (3). 'Kosmos als philosophischer Begriff frühgriechischer Zeit', *Philologus*, XCIII (1938-9), 430-48.

Kroef, J. M. van der. 'Dualism and Symbolic Antithesis in Indonesian Society', *American Anthropologist*, LVI (1954), 847-62.

Kucharski, P. *Les Chemins du savoir dans les derniers dialogues de Platon* (Paris, 1949).

Kühn, J.-H. *System- und Methodenprobleme im Corpus Hippocraticum* (Hermes Einzelschriften, II , 1956).

Lacey, A. R. 'Plato's *Sophist* and the Forms', *Classical Quarterly*, NS, IX (1959), 43-52.

Lang, P. *De Speusippi Academici Scriptis* (Bonn, 1911).

Last, H. 'Empedokles and his Klepsydra Again', *Classical Quarterly*,XVIII (1924), 169-73.

Leach, E. R. *Rethinking Anthropology* (London, 1961).

Leaf, W. *Homer, Iliad*, 2 vols., 2nd ed. (London, 1900-2).

Le Blond, J. M. (1). *Logique et méthode chez Aristote* (Paris, 1939).

Le Blond, J. M. (2). *Aristote, Philosophe de la vie* (Paris, 1945).

Lee, H. D. P. (1). *Zeno o f Elea* (Cambridge, 1936).

Lee, H. D. P. (2). *Aristotle, Meteorologica*, Loeb trans, (1st ed. 1952), 2nd ed. (1962).

Lesky, E. *Die Zeugungs- und Vererbungslehren der Antike und ihr Nach-wirken* (Wiesbaden, 1951).

Lévi-Strauss, C. (1). *Anthropologie structurale* (Paris, 1958).

Lévi-Strauss, C. (2). *Le Totémisme aujourd'hui* (Paris, 1962).

Lévi-Strauss, C. (3). *La Pensée sauvage* (Paris, 1962).

Lévi-Strauss, C. (4). 'The Bear and the Barber', Henry Myers Memorial Lecture 1962.

Lévy-Bruhl, L. (1). *How Natives Think (Les Fonctions mentales dans les so-ciétés inférieures,* Paris, 1910), trans. L. A. Clare (London,1926).

Lévy-Bruhl, L. (2). *Primitive Mentality (La Mentalite primitive,* Paris, 1922), trans. L. A. Clare (London, 1923).

Lévy-Bruhl, L. (3). *The 'Soul' o f the Primitive (L'Ameprimitive,* Paris, 1927), trans. L. A. Clare (London, 1928).

Lévy-Bruhl, L. (4). 'Les *Carnets* de Lucien Levy-Bruhl', *Revue phi-losophique,* CXXXVII (1947), 257-81.

Lévy-Bruhl, L. (5). 'A letter to E. E. Evans-Pritchard', *British Journal of Sociology,* III (1952), 117-23.

Lienhardt, G. 'Modes of Thought', *The Institutions of Primitive Society* (E. E. Evans-Pritchard, *2*), pp. 95-107.

Littré, E. *Œuvres complètes d'Hippocrate,* 10 vols. (Paris, 1839-61).

Lloyd, A. C. 'Plato's Description of Division', *Classical Quarterly,* NS, II (1952), 105-12.

Louis, P. (1). *Les Métaphores de Platon* (Paris, 1945).

Louis, P. (2). 'Remarques sur la classification des animaux chez Aristote',

Autour d'Aristote, recueil d'études ⋯ offert à M. A. Mansion (Louvain, 1955), pp. 297-304.

Lukas, F. *Die Grundbegriffe in den Kosmogonien der alten Völker* (Leipzig, 1893).

Lukasiewicz, J. *Aristotle's Syllogistic from the Standpoint of Modem Formal Logic* (1st ed. 1951), 2nd ed. (Oxford, 1957).

McDiarmid, J. B. 'Theophrastus on the Presocratic Causes', *Harvard Studies in Classical Philology,* LXI (1953), 85-156.

McKeon, R. 'Aristotle's Conception of the Development and the Nature of Scientific Method', *Journal of the History of Ideas,* VIII (1947), 3-44.

Manquat, M. *Aristote naturaliste* (Paris, 1932).

Mansion, A. (1). *Introduction à la physique aristotélicienne* (1st ed. 1913), 2nd ed. (Louvain, 1946).

Mansion, A. (2). 'L'origine du syllogisme et la théorie de la science chez Aristote', *Aristote et les problèmes de méthode,* communications présentées au Symposium Aristotelicum 1960 (Louvain-Paris, 1961), pp. 57-81.

Marignac, A. de. *Imagination et dialectique* (Paris, 1951).

Masson-Oursel, P. 'La Sophistique: étude de philosophie comparée', *Revue de métaphysique et de morale*, XXIII (1916), 343-62.

Merlan, P. (1). 'Aristotle's Unmoved Movers', *Traditio*, IV (1946), 1-30.

Merlan, P. (2). 'Ambiguity in Heraclitus', *Proceedings of the 11th International Congress of Philosophy* (Brussels, 1953), vol. XII (Louvain-Amsterdam, 1953), 56-60.

Merlan, P, (3). *Studies in Epicurus and Aristotle* (Wiesbaden, 1960).

Meyer, A. *Wesen und Geschichte der Theone vom Mikro- und Makrokosmos* (Berner Studien zur Philosophie und ihrer Geschichte, 25, 1900).

Meyer, J.-B. *Aristoteles Thierkunde: ein Beitrag zur Geschichte der Zoologie, Physiologie und alten Philosophie* (Berlin, 1855).

Mill, J. S. *A System of Logic,* 9th ed. (London, 1875).

Miller, H. W. '*Dynamis* and *Physis* in *On Ancient Mediane*', *Transactions and Proceedings o f the American Philological Association,* LXXXIII (1952), 184-97.

Mondolfo , R . (1). *Problemi dei pertriero antico* (Bologna, 1936).

Mondolfo , R. (2). *L'Infinito nel pensiero dell'antichità classica* (1st ed. L' *Infinito nel pensiero dei Greci,* 1934), 2nd ed. (Florence, 1956).

Morrison , J. S. (1). 'Parmenides and Er', *Journal of Hellenic Studies,* LXXV (1955), 59-68.

Morrison , J. S. (2). 'Pythagoras of Same', *Classical Quarterly,* NS, VI (1956), 135-56.

Mugnier, R. (1). *La Théorie du premier moteur et l'évolution de la pensée aristotélicienne* (Paris, 1930).

Mugnier, R. (2). *Aristote, Petits traités d'histoire naturelle,* Coll.Budé (Paris, 1953).

Needham, J. *Science and Civilisation in China* (in progress) (Cambridge, 1954–).

Needham, R. (1). 'The Left Hand of the Mugwe', *Africa,* XXX (1960), 20-33.

Needham, R. (2). *Structure and Sentiment: a Test Case in Social Anthropology* (Chicago, 1962).

Nestle, W. (1). 'Die Schrift des Gorgias "über die Natur oder über das Nicht-seiende"', *Hermes,* LVII (1922), 551-62.

Nestle, W. (2). *Vom Mythos zum Logos,* 2nd ed. (Stuttgart, 1942).

Neuburger, A. *The Technical Arts and Sciences of the Ancients (Die Technik des Altertums),* trans. H. L. Brose (London, 1930).

Neugebauer, O. (1). 'A Table of Solstices from Uruk', *Journal of Cuneiform Studies,* 1 (1947), 143-8.

Neugebauer, O. (2). *The Exact Sciences in Antiquity* (1st ed. 1952), 2nd ed. (Providence, R.I., 1957).

Nilsson, M. P. *Geschichte der griechischen Religion,* vol. I (1st ed. 1941), 2nd ed. (Munich, 1955).

Nimuendaju, G. *The Eastern Timbira,* translated and edited by R. H. Lowie (University of California Publications in American Archaeology and Ethnology, 41, Berkeley, California, 1946).

Nuyens, F. *L'Evolution de la psychologie d'Aristote* (Ontwikkelingsmomenten in de Zielkunde van Aristoteles), trans. A. Mansion (Louvain-Paris-The Hague, 1948).

Ogle, W. *Aristotle, De Partibus Animalium,* Oxford trans. (1911).

Onians, R. B. *The Origins of European Thought* (Cambridge, 1951).

Owen, G. E. L. 'Eleatic Questions', *Classical Quarterly,* NS, X (1960), 84-102.

Pagel, W. 'Religious Motives in the Medical Biology of the XVIIth Century', *Bulletin of the Institute of the History o f Medicine,* III (1935), 97-128, 213-31 and 265-312.

Patzig, G. (1). Review of E. W. Platzeck, *Gnomon,* XXVII (1955), 499-507.

Patzig, G. (2). *Die aristotelische Syllogistik* (phil.-hist Abh. Akad. Gottingen, 1959).

Peck, A. L. (1). 'Anaxagoras: predication as a problem in physics', *Classical Quarterly,* XXV (1931), 27-37 and 112-20.

Peck, A. L. (2). *Aristotle, Parts of Animals,* Loeb trans. (London, 1937).

Peck, A. L. (3). *Aristotle, Generation of Animals,* Loeb trans. (London, 1943).

Peck, A. L. (4). 'Plato and the ΜΕΓΙΣΤΑ ΓΕΝΗ of the *Sophist:* A Reinterpretation', *Classical Quarterly,* NS, II (1952), 32-56.

Peck, A. L. (5). 'Plato' s *Sophist:* the συμπλοκὴ τῶν εἰδῶν', *Phronesis,* VII (1962), 46-66.

Piaget, J. (1). *The Child's Conception of the World (La Représentation du monde chez L'enfant),* trans. J. and A. Tomlinson (London, 1929) ·

Piaget , J. (2) . *The Child's Conception of Physical Causality (La Causalité physique chez L'enfant),* trans. M. Gabain (London, 1930).

Piaget, J. (3). *The Language and Thought of the Child,* trans. M. Gabain, revised ed. (London, 1959).

Picard, J. 'Les trois modes du raisonnement analogique', *Revue Philosophique,* CIV (1927), 242-82.

Platt, A. *Aristotle, De Generatione Animalium,* Oxford trans. (1910).

Platzeck, E. W. *Von der Analogie zum Syllogismus* (Paderborn, 1954) ·

Plochmann, G. K. 'Nature and the Living Thing in Aristotle's Biology', *Journal of the History of Ideas,* XIV (1953), 167-90.

Pohlenz, M. (1). *Hippokrates und die Begrundung der Wissenschaftlichen Medizin* (Berlin, 1938).

Pohlenz, M. (2). 'Nomos und Physis', *Hermes,* LXXXI (1953),418-38.

Popper , K . R. (1). 'Back to the Presocratics', *Proceedings of the Aristotelian Society,* NS, LIX (1958-9), 1-24.

Popper, K. R. (2). *The Logic of Scientific Discovery (Logik der Forschung,* Vienna, 1935, with later additions), trans. J. and L. Freed (London, 1959).

Pritchard , J. B. (ed.). *Ancient Near Eastern Texts,* 2nd ed. (Princeton, 1955).

Ranulf, S. *Der eleatische Satz vom Widerspruch* (Copenhagen, 1924).

Raven, J. E. *Pythagoreans and Eleatics* (Cambridge, 1948).

Read, J. (1). *Prelude to Chemistry* (1st ed. 1936), 2nd ed. (London,1939).

Read, J. (2). *Through Alchemy to Chemistry* (London, 1957).

Regenbogen, O. *Eine Forschungsmethode antiker Naturwissenschaft* (Quellen und Studien zur Geschichte der Mathematik, Astronomie und Physik, B 1, 2, Berlin, 1930-1), pp. 131-82.

Rehm, A. 'Zur Rolle der Technik in der griechisch-romischen Antike', *Archiv für Kulturgeschichte,* XXVIII (1938), 135-62.

Reinhardt, K. (1). *Parmenides und die Geschichte der griechischen Philosophie* (Bonn, 1916).

Reinhardt, K. (2). *Kosmos und Sympathie* (Munich, 1926).

Rey, A. *La Science dans l'antiquité,* 5 vols. (Paris, 1930-48).

Reymond, A. *Histoire des sciences exactes et naturelles dans l'antiquité gréco-romaine* (1st ed. 1924), 2nd ed. (Paris, 1955).

Riezler, K. 'Das homerische Gleichnis und der Anfang der Philosophie', *die Antike,* XII (1936), 253-71.

Rivier, A. *Un Emploi archaïque de l'analogie* (Lausanne, 1952).

Robin, L. *Greek Thought (La Pensée grecque),* trans. M. R. Dobie (London, 1928).

Robinson, R. (1). 'Plato's Consciousness of Fallacy', *Mind,* NS, LI (1942). 97-114.

Robinson, R. (2). *Plato's Earlier Dialectic* (1st ed. 1941), 2nd ed. (Oxford, 1953).

Roscher, W. H. *Die hippokratische Schrift von der Siebenzahl in ihrer vier-fachen Uberlieferung* (Paderborn, 1913).

Ross, W. D. (1). *Aristotle, Metaphysics,* a revised text with introduction and commentary, 2 vols. (Oxford, 1924).

Ross, W. D. (2). *Aristotle's Physics,* a revised text with introduction and commentary (Oxford, 1936).

Ross, W. D. (3). 'The Discovery of the Syllogism', *Philosophical Review,* XLVIII (1939), 251-72.

Ross, W. D. (4). *Aristotle's Prior and Posterior Analytics*, a revised text with introduction and commentary (Oxford, 1949).

Ross, W. D. (5). *Aristotle, Parva Naturalia,* a revised text with introduction and commentary (Oxford, 1955).

Ross, W. D. (6). *Aristotle, De Anima,* edited with introduction and commentary (Oxford, 1961).

Rothschuh, K. E. 'Idee und Methode in ihrer Bedeutung für die geschichtli-che Entwicklung der Physiologie', *Sudhoffs Archiv für Geschichte der Medizin und der Naturwissenschaften,* XLVI (1962), 97-119.

Runciman, W. G. (1). 'Plato's *Parmenides', Harvard Studies in Classical Philology,* LXIV (1959), 89-120.

Runciman, W. G. (2). *Plato's Later Epistemology* (Cambridge, 1962).

Sambursky, S. (1). *The Physical World of the Greeks*, trans. M. Dagut (London, 1956).

Sambursky, S. (2). *Physics of the Stoics* (London, 1959).

Sambursky, S. (3). *The Physical World of Late Antiquity* (London, 1962).

Schuhl, P. M. *Essai sur la formation de la pensée grecque* (1st ed. 1934), 2nd ed. (Paris, 1949).

Segal, C. P. 'Gorgias and the Psychology of the Logos', *Harvard Studies in Classical Philology*, LXVI (1962), 99-155.

Senn, G. (1). 'Über Herkunft und Stil der Beschreibungen von Experimenten im Corpus Hippocraticum', *Sudhoff's Archiv für Geschichte der Medizin,* XXII (1929), 217-89.

Senn, G. (2). *Die Entwicklung der biologischen Forschungsmethode in der Antike und ihre grundsatzliche Forderung durch Theophrast von Eresos* (Veroffentlichungen der Schweizerischen Gesellschaft für Geschichte der Medizin und der Naturwissenschaften, 8, Aarau-Leipzig, 1933).

Shorey, P. (1). 'The Origin of the Syllogism', *Classical Philology,* XIX (1924), 1-19.

Shorey, P. (2). 'The Origin of the Syllogism Again', *Classical Philology,* XXVIII (1933), 199-204.

Singer, G. *Greek Biology and Greek Medicine* (Oxford, 1922).

Skemp, J. B. (1). *The Theory o f Motion in Plato's Later Dialogues* (Cambridge, 1942).

Skemp, J. B. (2). *Plato's Statesman* (London, 1952).

Snell, B. (1). *Die Ausdrücke für den Begriff des Wissens in der vorplatonischen Philosophie* (Philol. Untersuch. 29, Berlin,1924).

Snell, B. (2). 'Die Sprache Heraklits', *Hermes,* LXI (1926), 353-81.

Snell, B. (3). *The Discovery of the Mind (Die Entdeckung des Geistes,* 2nd ed. Hamburg, 1948), trans. T. G. Rosenmeyer (Oxford, 1953).

Solmsen, F. (1). *Die Entwicklung der aristotelischen Logik und Rhetorik* (Neue Philol. Untersuch. 4, Berlin, 1929).

Solmsen, F. (2). 'The Discovery of the Syllogism', *Philosophical Review,* l (1941), 410-21.

Solmsen, F. (3). 'Aristotle's Syllogism and its Platonic Background', *Philosophical Review,* LX (1951), 563-71.

Solmsen, F. (4). 'Aristotle and Presocratic Cosmogony', *Harvard Studies in Classical Philology,* LXIII (1958), 265-82.

Solmsen, F. (5). *Aristotle's System of the Physical World* (Cornell, 1960).

Souilhé, J. *Étude sur le terme δύναμις dans les dialogues de Platon* (Paris, 1919).

Sprague, R. K. *Plato's Use of Fallacy* (London, 1962).

Stebbing, L. S. *A Modem Introduction to Logic* (1st ed. 1930), 2nd ed. (London, 1933).

Stella, L. A. 'Importanza di Alcmeone nelia storia del pensiero greco', *Reale Accademia dei Lined,* Memorie, ser. 6, vol. vin, 4 (1938-9), 233-87.

Stenzel, J. (1). 'Über den Einfluss der griechischen Sprache auf die philosophische Begriffsbildung', *Neue Jahrbucher für das klassische Altertum, Geschichte und deutsche Literatur,* XLVII (1921), 152-64.

Stenzel, J. (2). 'Speusippos', *Pauly-Wissowa Real-Encyclopadie der classischen Altertumswissenscha.,* Bd in a (Stuttgart, 1929), cols.1636-69.

Stenzel, J. (3). *Plato's Method o f Dialectic* (*Die Entwicklung der platonischen Dialektik,* Leipzig, 1931), trans. D, J. Allan (Oxford, 1940).

Stocks, J. L. (1). *Aristotle, De Caelo,* Oxford trans. (1922).

Stocks, J. L. (2). 'The Composition of Aristotle's Logical Works', *Classical Quarterly,* XXVII (1933), 115-24.

Stokes, M. C. (1). 'Hesiodic and Milesian Cosmogonies. I', *Phronesis,* VII (1962), 1-37.

Stokes, M. C. (2). 'Hesiodic and Milesian Cosmogonies. II', *Phronesis,* VIII (1963), 1-34.

Strycker, E. de. 'Le Syllogisme chez Platon', *Revue néoscolastique de philosophie,* XXXIX (1932), 42-56 and 218-39.

Sullivan, J. P. 'The Hedonism in Plato's *Protagoras*', *Phronesis,* VI (1961), 10-28.

Szabó, A. (1). 'Beitrage zur Geschichte der griechischen Dialektik', *Acta Antiqua Academiae Scientiarum Hungaricae*, I (1951-2), 377-406.

Szabó, A. (2). 'Zur Geschichte der Dialektik des Denkens', *Acta Antiqua Academiae Scientiarum Hungaricae,* II (1954), 17-57.

Szabó, A. (3). 'Zum Verständnis der Eleaten', *Acta Antiqua Academiae Scientiarum Hungaricae,* II (1954), 243—86.

Szabó, A. (4). 'Eleatica', *Acta Antiqua Academiae Scientiarum Hungaricae,* III (1955), 67-102.

Taillardat, J . 'Le sens d' " amorgos" (Empedocle, Fr. 84 Diels) et les lanternes dans l' antiquité', *Revue des etudes grecques*, LXXII (1959) , xi-xii.

Tannery, P. *Pour l'histoire de la science hellène* (1st ed. 1887), 2nd ed. (Paris, 1930).

Tarrant, D. 'Greek Metaphore of Light', *Classical Quarterly,* NS, X (1960), 181-7.

Taylor, A. E. *A Commentary on Plato's Timaeus* (Oxford, 1928).

Thompson, D' A. W. (1). *Aristotle, Historia Animalium,* Oxford trans. (1910).

Thompson, D' A. W. (2). 'Aristotle the Naturalist', *Science and the Classics* (London, 1940), pp. 37-78.

Thomson, J. A. *Heredity,* 1st ed. (London, 1908).

Timpanaro Cardini, M. 'Respirazione e Clessidra', *La Parola del Passato,* XII (1957), 250-70.

Trevaskis, J. R. 'Glassification in the *Philebus*', *Phronesis*, V (1960), 39-44.

Untersteiner, M. *The Sophists (I sofisti)*, trans. K. Freeman (Oxford, 1954).

Usener, M. *Epicurea* (Leipzig, 1887).

Vanhoutte, M. *La Méthode ontologique de Platon* (Louvain-Paris, 1956).

Vlastos, G. (1). 'The Disorderly Motion in the *Timaios Classical Quarterly,* XXXIII (1939), 71-83.

Vlastos, G. (2). 'Equality and Justice in Early Greek Cosmologies', *Classical Philology,* XLII (1947), 156-78.

Vlastos, G. (3). 'The Physical Theory of Anaxagoras', *Philosophical Review,* LIX (1950), 31-57.

Vlastos, G. (4). 'Theology and Philosophy in Early Greek Thought', *Philosophical Quarterly,* II (1952), 97-123.

Vlastos, G. (5). 'Isonomia', *American Journal o f Philology,* LXXIV (1953). 337- 66.

Vlastos, G. (6). 'On Heraclitus', *American Journal of Philology,* LXXVI (1955), 337- 68.

Vlastos, G. (7). Review of F. M. Cornford (*10*), *Gnomon,* XXVII (1955). 65- 76.

Waerden, B, L. van der. *Science Awakening,* trans. A. Dresden (Groningen, 1954).

Webster, T, B. L. (1). 'Personification as a Mode of Greek Thought', *Journal of the Warburg and Courtauld Institutes,* XVII (1954), 10-21.

Webster, T. B. L. (2). 'From Primitive to Modern Thought in Ancient Greece', *Acta Congressus Madmgiani,* II (Copenhagen, 1958), 29-43.

Webster, T. B. L. (3). *Greek Art and Literature 700-530 B .C.* (London, 1959).

Weil, E. 'La Place de la logique dans la pensée aristotélicienne', *Revue de métaphysique et de morale,* LVI (1951), 283-315.

Wellmann, M. *Die Fragmente der sikelischen Ärzte Akron, Philistion und des Diokles von Karystos* (Berlin, 1901).

Wightman, W. P. D. *The Growth of Scientific Ideas* (Edinburgh-London, 1950).

Welamowitz-Moellendorff, U. von. *Euripides, Herakles* (1st ed.), 2 vols. (Berlin, 1889).

Wilson, J. A. 'Egypt', *Before Pkilosophy* (H. Frankfort, *2*), pp. 39-133.

Wolfson, H. A. 'The Plurality of Immovable Movers in Aristotle and Averroes', *Harvard Studies in Classical Philology,* LXIII (1958), 233-53.

Zeller, E. and Mondolfo, R. *La Filosofia dei Greet nel suo sviluppo storico (Die Philosophie der Griechen,* translated, edited and enlarged by R. Mondolfo), part I, vols, I, II, IV (Florence, 1932-61).

Zilsel, E. 'The Genesis of the Concept of Physical Law', *Philosophical Review*, LI (1942), 245-79.

Zubov, V. P. 'Beobachtung und Experiment in der antiken Wissenschaft', *das Altertum,* V (1959), 223-32.

引用或参考段落索引（一）

ACHILLES TATIUS

Intr. in Aratum (19 , p . 46 Maass), 314 n. 1

AESCHYLUS

A. (1272), 426 n. 5; (601), 43 n. 1

Eu. (640), 387 n.

Pers. (300), 43 n.1

Th. (208), 388 n.1

fr. (44 Nauck), 47 n.1; (229), 45 n. 3

AETIUS

I (3, 4), 235-6, 254 n.2; (7, 13), 233

II (3, 1-2), 248 n. 2; (7, 1), 217, 273 n.2, 322; (7, 2), 249 n. 2; (9, 1), 238 n.2; (13, 7), 313; (13, 14), 321 n. 1; (14, 3-4), 317 n.1; (16, 5), 310 nn. 2 and 3; (18, 1), 321 n. 1; (20, 1), 313, 314 n. 1; (20, 3), 321 n. 1; (21, 1), 313; (22, 1), 317; (23, 1), 317 n. 1, 318; (24, 2), 313, 314 n. 2; (25, 1), 312, 313, 314 nn. 1 and 2; (29, 1), 313

III (2, 11), 321 n. 1; (3, 1-2), 315-16; (3, 6), 321 n. 1; (10, 2) , 311;(10, 3), 317

IV (19, 3), 270 n.2

V (16, 1) , 324 n.; (16, 3), 323 n.2 , 324; (19, 4), 323 n. 1; (24, 1), 323 n. 2; (30, 1), 20, 216 n. 1, 323 n. 2

ALCMAEON

fr. (1) , 426; (4), 20, 216 n. 1, 323 n. 2

ALEXANDER OF APHRODISIAS

and nn.1-3, 166 and n.; (B 15, 63 b 22-64 b 27), 164 and n. 3; (B 23, 68 b 8-37), 410-11; (B 24, 68 b 38-69 a 19), 407-8, 410, 413; (70 a 3), 426 n.3; (70 a 10), 405 n. 4; (70 b 1), 426 n. 3

Cael. (A 2, 268 b 11-269 b 17), 259, 260, 269 n. 1; (A3, 269 b 18-270 b 31), 24 n. 3, 25 n. 2, 259 and n. 1, 260 and n. 1, 269 and n. 2;(273 b 30), 271 n. 2; (276 a 14), 411 n.3 ; (278 b 14), 259 n. 2;(279 a 17-b 3), 260 and n. 2; (279 b 17), 280; (279 b 32), 280;(284 a 2), 259 n.1; (284 a 18), 260 n. 4; (284 a 27-35), 259-60; 284 a 35-b 260 n. 1; (B 2, 284 b 6-286 a 2), 52 and n. 2, 261,263 n.3; (286 a 9), 260 and n.3; (286 a 25-8), 61 n. 2, 64 n. 2;(B 5, 287 b 22-288 a 12), 52 n. 2,261-2 and 262 n. 1; (B 6, 288 a 27-b 7), 260 n.4; (289 a 19),364; (B 8-9, 289 b 1-291 a 28), 259 n. 3; (B 12 291 b 24-293 a 14), 259 n. 2,262 and nn. 2 and 3; (294 a 28-b7), 306-8; (294 b 13-23), 317; (295 a 16), 334; (299 b 7), 64 n.2; (300 b 8), 249 n.1; (300 b 18), 260 n. 4; (302 a 28-b 5), 245 nn. 1 and 2, 246; (303 a 5), 249 n. 1; (303 a 14), 248 and n. 1 ; (305 a 14-32), 167 and n. 2; (307 b 31), 263; (308 a 1), 264 n. 2; (309 b 17), 260 n.4; (310 a 23), 25 n.1; (310 a 33), 263; (311a 1-6), 263-4;(Δ 3, 311 a 9-12), 260 n.4

Cat. (10, 11 b-13 b 35), 161 nn. 1 and 2, 162, 163, 164 n.3; (13 b 36), 411 n.2

de An. (A 2 403 b 25); 258; (403 b 29-404 a 16), 248-9, 249 n. 1; (405 a 19), 233-4; (405 b 26), 71; (A 3, 406 a 3), 258; (411 a 7-20), 233-4, 239 and n. 1, 258 and n. 2; (412 b 1), 372 n. 1; (414 b 7), 26 and n. 1 ; (414 b 11) , 26 n. 1; (418 b 20), 377 n. ; (419 a 30), 377 n. ; (422 a 10), 377 n. ; (B 11, 422 b 17-423 b 26), 377 n. ;(424 a 17), 374

EE (1216 a 10), 224 n. ; (1219 a 1), 411 n. 2 ; (1235 a 25) , 214 n. 2 ; (1248 b 25), 411 n. 2

EN (1134 b 33), 55 n. 3 ; (1141 b 3) , 224 n. ; (1160 a 31) , 65 n. 2

GA (716 a 13), 47 n. 1 ; (717 a 34), 366; (726 b 5-727 a 4), 369 n. 2;(729 a 9), 189 n. 1 , 369; (730 b 27) , 285, 293; (731 a 4), 335 ; (731 a 24), 286 n. 2; (731 b 20), 55 n. 2 ; (732 b 13-733 b 12), 61-2; (734 b 9), 371; (734 b 34-735 a 4), 287 n. l; (735 a 29), 77 n. 2;(736 b 33), 25, 369; (737 a 12), 369; (737 a 27) , 59 n.2; (738 b 16),(739 b 20-6), 369; (740 a 7), 232; (740 a 24), 370 n. 3;(740 b 8), 370 n. 3 ; (740 b 25), 26 n.1 ; (741 b 7) , 371; (743 a 1),286 n. 5, 366-7; (743 a 8), 367 n. ; (743 a 23), 288 n.

1; (743 a 26-36), 25 nn. 5 and 6, 368-9; (743 b 5), 367-8; (743 b 20), 285;(744 b 16), 285; (745 b 22), 370 n. 3; (746 a 19), 324 n. ; (747 a 34),334-5, 403 n.1; (749 b 7) , 286 n. 4 ; (Γ 2, 752 a 10-754 a 20),379 n.; (752 b 22-28), 324, 404; (753 a 23), 371; (755 a 17) , 368;(762 a 21), 234 n. 2; (763 b 30), 17 n.5; (764 a 1) , 17 n. 4; (764 a 6) 17 n. 5; (764 a 33), 51 n.2, 74; (764 b 30), 286 n. 5; (765 a 16), 51n. 2, 74 n. 1; (765 a 21), 50 n.3, 73; (765 b 8-35), 59 and n. 1; (766 b 3 1) , 61; (767 a 13), 25 n. 6; (767 a 17), 368; (767 b 6),42 n. 3; (771 a 11), 295 n. ; (771 b 18), 370; (772 a 10); 25 n.6, 368;(772 a 22), 370 and n. 1; (772 b 18), 370, 371 n.1; (775 a 14),42 n. 3; (775 b 37), 25 n. 6, 368; (777 a 7-15), 335, 369 n.2, 403 n. 2; (777 a 16), 286 n.4; (777 b 24- 778 a 3), 263 n. 2; (778 a 4),286 n. 4; (783 b 8), 371-2; (784 b 8-23), 371; (787 b 19), 366; (788 a 3), 366

GC (314 a 24), 245 n. 2; (315 b 24-317 a 12), 168 n. 1; (318 b 16), 61 n. 2; (325 a 31), 249 n.1 (326 b 6), 167-8; (A 10, 327 a 330-328 b 22), 376 n. 2; (B 1, 328 b 26- 329 a 6), 25; (B 2, 329 a 7-330 a 29), 25, 60, 64 n. 3, 83; (B 3, 330 a 30-331 a 6), 19 n. 2,25 and n. 3; (330 b 16), 153; (331 a 14), 24 n. 3; (335 a 6) , 24 n. 3;(335 b 7-338 a 14), 289 n.1

HA (488 b 12), 185 n. 1; (492 a 14), 323 n. 2; (494 a 26) 55 n. 1, (497 b 31), 55 n.3; (506 b 32), 53 n. 2; (513 a 10), 10 n.2; (515 a 34), 286 n. 5; (526 a 24) , 54 n.2; (526 b 16), 54 n. 2; (527 b 6) 54 n. 1; (528 b 8), 54 n. 3; (Z 3, 561 a 4-562 a 20), 379 n. ; (565 b 13), 74 n.1; (581 a 14) , 323; (583 b 2), 51, n. 2; (588 a 16),185 n. 1; (588 a 20), 185 n. 1; (588 b 4), 258; (I 1-6, 608 a 11-612 b 17), 185 n. 1

IA (705 a 32), 52; (705 b 6), 52 n. 3, 55 n. 2; (705 b 29), 52, 72; (705 b 33), 72 n.35 (706 a 13), 54 n. 3; (706 a 19), 55; (706 b 12), 52, 231; (710 a 1), 367; (712 a 25), 72; (714 b 8-16), 54

Insomn. (2-3, 459 a 23-462 b 11), 374-5

Int. (17 a 1), 161 n. 2; (17 a 34), 163 n.;(17 b 16), 164 n. 3; (17 b 23), 164; (18 b 4), 106; (20 a 16), 164; (20 a 30), 164 n. 3

Juv. (468 a 4), 372 n. 1; (469 b 21), 372-3

Long. (465 b 23), 372 n. 2; (466a 18), 62; (466 a 29), 62; (466 b 30), 372 n. 2; (467 a 18), 372 n. 1

40), 295 n.;(1320 b 18), 66 n. 1; (1328 b 39), 293; (1337 b 17), 293 n. 3

Resp. (472 a 31), 373 n.; (472 b 33), 373 n.; (473 a 17), 329; (473 b 9), 328-33; (474 a 17), 329; (474 b 13), 372-3; (474 b 35), 373 n.;(477 a 32-b 9), 18 n. 2, 72 n. 1; (478 a 15), 26 n. 2; (478 a 26),26 n. 2, 373 n. ; (479 b 26), 372 n. 2

Rh. (1356 a 35), 405 n.4 (1356 b 2), 411 n. 4; (1356 b 22), 407 n. 2;(1357 a 16), 405 n. 4; (1357 b 1), 426 n. 3 ; (1357 b 25) , 411 n. 4 ;(1357 b 26), 408 n. ; (1368 a 29), 407 n. 2; (1371 b 15), 270 n. 1; (B 12-14, 1388 b 31-1390 b 13), 66; (1389 b 13), 66 n. 2; (B 20,1393 a 22-1394 a 18), 405-7, 408; (1393 a 25), 411 n. 4; (1402 b 12),407 n. 1; (1403 a 5), 407 n.3; (1405 a 8), 405 n.3; (1407 a 14),405 n. 3; (1410 b 36-1411 b 23), 405 n. 3; (1417 b 38), 407 n. 2

SE (166 b 37-167 a 20), 168 and n. 2; (168 a 7 f.), 168 n. 2; (173 a 7), 125 n. 2; (174 a 33), 409 n. 1; (174 a 37), 409 n. 1; (174 a 40), 169,435; (176 b 24), 405 n. 2; (181 a 36), 163 n. ; (183 b 34), 1 n.

Sens. (437 a 22), 326 n. 1; (437 b 9), 403 n. 2; (437 b 26), 325-7; (439 b 18-440 b 25), 376-7; (440 b 3), 376 n. 2; (440 b 13), 376n. 2; (441 a 3), 376 n. 1; (442 a 6), 372 n. 2; (446 a 20), 377 n.

Somn. Vip. (456 a 30), 26 n. 2; (457 b 6-458 a 10), 373-4

Top. (100 a 27), 410; (103 b 3), 411 n. 2; (104 b 20), 115; (105 a 21), 409; (A 17, 108 a 7-17) , 409; (A 18, 108 b 7-31), 409-11, 413; (109 b 17), 161 n. 1; (113 b 15), 161 n. 1 ; (114 b 25), 409 n. 1; (123 a 33), 405 n. 2; (124 a 15), 409 n. 1; (127 a 17), 403 n.2 ;(135 b 7), 161 n. 1; (136 b 33), 409 n.1; (138 a 30), 409 n. 1; (139 b 32), 405; (140 a 6), 405; (156 b 10), 409 n. 1; (157 a 407 n. 1; (158 b 8), 405 n. 2; (159 b 30), 99 n. 2, 102 n.

fr. (23 Rose) , 259 n. 2; (24), 259; (199) , 95 n.1

(ARISTOTLE)

MM (1194 b 31), 55 n. 3

Mech. (848 b 35), 269 n. 1; (852 a 7), 269 n. 1

de MXG (979 a 12-980 b 21), 115-18; (979 a 13), 119; (979 a 22), 119 n. 1

Pr. (879 a 33), 6l n. 3; (914 b 9), 339 n. 2

Rh. Al. (1430 a 8), 407 n. 3

II (485), 426; (669), 196; (789), 91; (810), 91

III (103), 46 n.; (197), 190; (298), 181; (276), 203 n. 1; (292), 201 n. 1

IV (27), 195 n. 4; (44), 205 n.; {75}, 187; (166), 273 n. 1; (487), 45

V (47), 43; (504), 206 n.; (778), 187 n.; (855), 195 n. 4; (864),187-8; (875), 196 n. 2; (893), 198; (902), 189 n. 1, 275 n. 1

VI (6), 42; (357), 198 n.; (420), 203 n. 2

VII (451), 196 n. 1; (455), 197

VIII (5), 196; (14), 308 n. 1; (350), 197; (402), 196; (450), 196

IX (2), 45 n.; (53), 91 n. 2; (319), 91; (496), 386; (502), 201 and n. 3; (527-99), 386, 387; (632), 386 n.

X (252), 186; (351), 186; (437), 184

XI (1), 91; (86), 186; (175), 191; (176), 191; (216), 126 n. 2; (558), 183; (613), 425, 429

XII (195), 67-8; (200), 182; (231), 182 n. 1; (238), 47 and n. 2, 68; (269), 93; (463), 43; (466), 326 n. 1

XIII (18), 203 n.3; (62), 187 n.; (68), 425; (308), 93; (355), 196 n. 3; (484), 323

XIV (16), 188; (164), 202; (178), 195 n.2; (185), 184; (233-69), 196 n. 2, 385, 387; (238), 195 n.2; (252), 202 n. 1; (258), 43

XV (36), 203 n. 1; (158), 196; (184-99), 196 n. 1, 197, 198, 218;(187), 273 n. 3; (209), 198; (237), 187 n.; (461), 194

XVI (384), 44; (433), 198 n.; (443), 197; (502), 207 n. 3; (672), 202

XVII (61), 191; (321), 198 n.; (389), 190-1; (425), 206 n.

XVIII (37), 203 n. 2; (61), 42; (107), 214 n. 2; (329), 434 n. 2; (368), 196 n.2; (404), 91; (470), 274

XIX (107), 198; (258), 203 n.1

XX (7), 203 n. 2; (57), 203 n. 3, 309 n.1

XXI (82), 198n.; (111) , 186; (168), 201 n. 1; (251), 186; (346), 44; (407), 185 n. 2

XXII (168), 198 n.; (181), 197

XXIII (62), 202 n. 1; (194), 203 n. 1; (313), 387-8; (431), 186; (597),188 and n. 2

XV (235), 224 n.

MELISSUS

fr. (2), 423; (7), 109 and n., 110 n., 423 and n. 2, 431-2, 434 n. 2; (8), 19, 82 n. 1, 108 n. 1, 109-10, 122-3, 423, 426, 434 n. 2

MIMNERMUS

fr. (10 Diehl), 322 n. 1

ORIBASIUS

III (156), 324 n.

Orphica

fr. (32 a and b Kern), 45 n. 3

PARMENIDES

fr. (1), 104, 216, 425; (2), 103-4, 422 n. 2, 423; (6), 104 and n. 1,422 n. 2; (7), 122 and n. 2, 143; (8, 1-51), 104-6, 10 9, 216-17, 241and nn. 1 and 2, 243, 255 n. 4, 422 and n. 2 ,425, 431-2; (8, 51-61), 16, 57 n. 2, 63 n., 126 n. 2, 425; (9), 16, 217; (10), 217, 242 n. 1,322; (11), 81, 322; (12), 217, 250 n. 2, 273 and n.2; (13), 242, 250 n. 2; (17), 17 and n. 3, 50; (19), 242 n. 1

PHOCYLIDES

fr. (2 Diehl), 184 n. 2

PINDAR

O. (2,53), 43 n.1; (6, 73), 426 n. 4; (6,100), 388 n. 1; (8, 3), 426 n. 4;(10, 22), 43 n. 1; (11, 16), 184-5

P. (1, 91), 388 n. 1; (2, 21), 421 n. 1; (4, 274) · 273 n.1; (5, 122),273 n. 1; (8, 96), 43 n. 1

M. (3, 64), 43 n. 1; (3, 83), 43 n. 1; (4, 81), 184 n. 1; (6, 8), 426 n. 4

fr. (152), 426 n. 4

PLATO

Charmides (165 b), 392-3; (166 b), 393

Cratylus (383 a-384 e), 124-5; (385 e), 123 n. 1 ; (425 a), 430; (429 d),114; (435 d), 124 n.2

Crito (47 a), 390-1

SIMPLICIUS

In Cael. (295, 16), 339 n. 4; (522, 16), 306 n. 2

In Ph. (24, 15), 231 n. 2; (24, 19), 212; (24, 26), 17 n. 1; (24, 29), 82 n. 1; (27, 5), 244 n. 3; (31, 3), 57 n. 2; (135, 10), 280 n. 1; (149, 28), 17 n. 1; (150, 23), 231 n. 2; (651, 26), 238 n. 2

SOLON

fr. (1 Dieh l), 227 n., 388 n. 3; (3), 223 n.; (10), 227 n., 388 nn. 1 and 3; (24), 223 n.

SOPHOCLES

Ant. (712), 388 n. 2; (715), 388

El. (774), 426 n. 5; (819), 45 n. 4; (1058), 388 n. 2

STESICHORUS

fr. (185 Page), 322 n. 1

STOBAEUS

Ecl. I (18 1 c), 238 n. 2; (217 c), 95 n. 1

THEO SMYRNAEUS

(p. 22, 5, Hiller), 95 n. 1

THEOCRITUS

Idyll (2), 181 n. 1

THEOPHRASTUS

CP 1 (7 1), 335

VI (1 6), 340 n. 1

HP 1 (5 2), 311 n. 2

Ign. (1) 313 n.

Sens. (4), 6 3 n. ; (7), 326 n .2; (25 -6), 323 n .2; (60-1), 361 n.; (65-7), 339-40

Vent. (53), 313 n.

THUCYDIDES

I (1), 425; (6), 341 n.; (8), 427; (9), 427 n. 2; (10), 341 n., 427 n. 2; (20), 429; (22), 429; (93), 427 n. 3; (121), 424

II (15), 427 n. 3; (41), 427 n. 2

引用或参考段落索引（二）

(1076a4), 297

Mete. (340a1), 138; (381b6), 86

PA (640b22), 174; (641a21), 182; (641b18), 293; (I 5, 644b22), 69-72; (645a23), 292; (645a30), 174; (667b17), 75; (681a9), 88

Ph. (184b25), 139; (189a5), 287; (I 7, 190a31), 115; (I 8, 191a33). 115; (192a20), 295; (196b2), 292-3; (199b26), 61; (III 4-8, 202b30), 291; (207b27), 291; (209b7), 290; (V 1, 225b5), 115; (V 2, 226a23), 115; (VI 9, 239b5). 139; (VIII 1, 250b11), 139; (253a32), 139; (257b6), 141; (258b10),140; (259a6), 155; (VIII 7-8, 260a20), 135

Po. (1448b5), 274; (1449b24), 275-6; (1450a7), 279; (1450a16), 277; (1450a38), 279; (145lb5), 276; (1453a7), 278; (1454a20), 280; (1455bl5), 280-1

Pol. (I 2, 1252a24), 250, 267; (1253a2), 250; (1253a29), 251; (1253b27), 265; (1254b25), 265; (1254b27), 252; (1255a31), 252; (1255b9), 253; (1256b15), 265, 296; (I 9, 1256b40), 267; (1259b1), 252, 296; (II 2, 1261a10), 253; (1263b15), 268; (1264a3), 267-8; (1265b10), 259; (1276a27), 266; (1279a22), 254; (1280a22), 261; (1284a3), 266; (1285a19), 264-5; (1287a32), 253; (1288a15), 266; (1290a13), 254; (1290b23), 255; (IV 4,1290b39), 262; (1292b11), 256; (I293b33), 255; (1295b1), 255; (IV 11, 1296a32), 269; (1297b16), 267; (1301a25), 261; (1301b29), 261; (V 5, 1304b20), 256; (1307a26), 261; (1308a35), 268; (1309a33), 269; (VI 3, 1318a11), 261; (1318b1), 269; (1324a23), 257; (1326a35), 258; (1326b5), 258; (1327b31), 267; (VII 8, 1328b5), 262; (VII 9, 1328b24), 262; (1329a11), 263-4, 269; (1329a40), 251; (1329b23), 263; (1329b25), 268; (1330b2l), 260; (1332b38), 264; (1333a21), 263; (1335b19), 259; (1342a4), 281

Protrepticus (Fr. 5), 35-6; (Fr. 10a), 33; (Fr. 11), 33; (Fr. 13), 34-7

Resp. (480a20), 85

Rh. (1355 b 26), 272

SE (183b34), 285

Top. (I 9, 103b20), 113; (107a3), 116

总索引[①]

above/below，上／下，52-3，64

Academy，学院派，学院派中划分方法的使用，150，153-5，158，160，

acid，酸，70，278 n.2，339-40，355

acoustics，声学，毕达哥拉斯派的声学实验，428 和 n.3

ἀήρ（气—雾），在阿那克西曼德，16，44 n.1，309，312；在阿那克西美尼，233，235-6，239，254 n.2，317-19；在恩培多克勒，16，217；在原子主义者，248 n.1；在阿波罗尼亚的第欧根尼，219，225，250 n.2，251，292，298；在《论呼吸》，216 n.1；《论血肉》的热和湿，19 n.2；腓利斯提翁的冷，19 n.2；在柏拉图，217，360-1；在亚里士多德，热和湿，25；在亚里士多德，对河流的阐述，362

Aetius，艾提奥斯，阿那克西美尼的理论来源，235 和 n.3，315 和 n.2，317 n.1；论巴门尼德的"意见之路"，217，332

a fortiori，当然论证，386 和 n.

agriculture，农业，来自农业的观念，278，286

αἰθήρ，19 n.2，47 n.1，57，205；亚里士多德的学说，259-60，268-9

air，气，见 ἀήρ，αἰθήρ，πνεῦμα

---

① 劳埃德编订的总索引按照西文首字母排序，其中"n."表示脚注，中译版里，由于排版或补充中译注的原因，脚注的序号会发生变化，但原页码的每一页中出现的原注释的数量是不变的，读者依然可以按照原页码进行查询。——中译注

62，268-9；地上运动的理论，263-5，271 和 n.2；颜色论，376-7；论光，377n.

伦理学和政治学：政体的划分，65-6；品性的划分，66；论动物类型，185 n.1；对匠人的态度，292-4；论作为生命体的城邦的政体，295 n.

逻辑学和方法论：建立形式逻辑，1-2；批评划分作为证明方法，155-6，158；论定义中划分的用处，156-8；论划分应该通过排除中项的对立，156-8；区分四种类型的对立，161-3；陈述排中律和矛盾律，162-3；分析肯定陈述和否定陈述的类型，164；描述不同类型对立的词汇的使用，164 n.3；归谬法的使用，165-6；论基于对立的修辞术式的论证，168-9；区分不同的相似性程度，365，434 和 n.1；论隐喻的使用，404-5；描述三种类型的例证，405-7；从三段论推理的角度分析例证，407-8；完全或完满的归纳理论，408，410-11；建议为某些目的研究相似，409-11；逻辑必然性观念，423；要求不可动摇的知识，见《后分析篇》，440

"天象学"和地质学：论地球，263，362-4；论风，344，362，381；论河流起源，362；论地震，362 和 n.378；论海的咸性，363-4，378；论流星，364；论彗星，365

论前人：论前人对对立的使用，15；论关于热和冷的分歧，60-1，64；论自然和习俗的悖论，125 n.2；论前人的灵魂观，258 和 n.2，403 n.3；论泰勒斯，57 n.3，233，239 n.；论赫拉克利特违反矛盾律，99-102；论阿尔克迈翁，404；论恩培多克勒，214 n.1，228，245 n.2，275 和 n.2，300，363，403；论阿那克萨戈拉，245 n.2；论原子主义者，18，249 n.1；论柏拉图的宇宙起源论，280；论柏拉图使用的类比，404；论学院派的划分方法，153-9

灵魂论：区分有生命物和无生命物，258，263；灵魂学说，258-62，266，289；论感觉，374；论记忆和梦，374-5

ἁρμονίη，在赫拉克利特和毕达哥拉斯派，99，214 n.2；在恩培多克勒，63 n.，274；在柏拉图，255-6；柏拉图论灵魂作为和谐之音（ἁρμονία），394

artefacts，人工物，在前哲学的世界图景，207-8；在宇宙论学说，274-290；在阐述自然现象中的"人工物喻"，313-15，321-2，325-35，346-7，349，353-5，360，366-7，371-2，374-6

译后记

杰弗里·E.R.劳埃德（1933—— ）教授是西方古典哲学、古代科学和医学以及中西比较哲学等研究领域的宗师级的人物，也是百科全书式的学者。本书出版于 1966 年，是劳埃德的第一部专著，以其博士论文为基础；据他本人所说，如此高质量的论文仅用几个月时间就初步完成，而且受到了普遍的好评。本书出版以来，颇受赞誉，成为古典学界的经典作品。

在书中，劳埃德集中讨论了"对立"与"类比"（包含比拟和比喻）这两个在古希腊哲学和科学中（甚至一直持续到现代的）频繁使用的基本论证形式——简言之就是有关"异"和"似"（同）的论证。他深刻揭示了：前哲学时期，希腊诗人如何通过这两者进行素朴的有关宇宙起源、神义和人伦的思考；到亚里士多德为止的早期希腊哲学和科学如何又立足于这两者进行各种宇宙论、自然科学和医学的研究；希腊哲学家和科学家如何以它们为基础，探索、催生并建立了普遍的逻辑学和方法论模式；尤其如亚里士多德，他如何既利用它们进行科学研究，又对它们加以规定或限制，特别是，他如何运用和肯定类比，又将之纳入自己的三段论理论和证明体系。

值得一提的是，书中还涉及了中国哲学，比如《周易》的阴阳理论。正是在李约瑟的影响下，从本书开始，中国哲学和科学成为了劳埃德学术生涯里始终关注的主题之一，他一向以开放多元的态度接受中国古代的科学成果，而非对其全然忽视和贬抑。2018 年，他还与自己的学生赵静一编辑了《古希腊与中国比较研究》（*Ancient Greece and China Compared*，剑桥大学出版社），这部作品在中西比较哲学和比较科学研究上具有不可忽视的意义，其中不少地方可以与本书的一些内容互参。

需要说明的是，本书中，劳埃德有时在正文中引出希腊文，然后在注释里提供翻译；有时也直接给出译文。对于前一种情况，中译会去掉注释，将中译文放入正文。译者在翻译时，首先以劳埃德给出的英译（由他自己所译）为准，力求直译，以配合他的文本分析，但在一些地方，译者也会对照希腊文，有所微调。部分专名、概念和意象的译法也遵循了聂敏里教授在其翻译的《前苏格拉底哲学家：原文精选的批评史》（G.S. 基尔克和 J.E. 拉文，华东师范大学出版社 2014 年版）中的处理，这部书也是劳埃德常用的文献之一。劳埃德引用的希腊文，有的地方刊印有误，译者会做出修改，但不再注明。

本书的翻译工作承蒙中国人民大学哲学院聂敏里教授的嘱托，在他的规划、信任和支持下，这部译著方得完成。也通过他的联系，劳埃德教授欣然为中文版写了前言。

本书体大思精，旁征博引，广涉哲学、自然科学、认知科学、医学、古典学、社会学、人类学、史学、宗教神话、文学艺术等各种领域，对于译者来说是个不小的挑战，虽尽力而为，但译文若有错误或可改进之处，望读者指正，以待修订再版。

何博超

2021 年 11 月

责任编辑：毕于慧
封面设计：石笑梦
版式设计：孙姗姗

图书在版编目（CIP）数据

对立与类比：早期希腊思想的两种论证类型 /（英）杰弗里·E.R.劳埃德 著；
  何博超 译 .—北京：人民出版社，2022.2
  （古希腊哲学基本学术经典译丛 / 聂敏里主编）
ISBN 978 - 7 - 01 - 021385 - 9

I.①对… II.①杰…②何… III.①古希腊罗马哲学 - 研究 IV.① B502

中国版本图书馆 CIP 数据核字（2019）第 222098 号
出版外国图书合同登记号：01–2014–7941

对立与类比
DUILI YU LEIBI
——早期希腊思想的两种论证类型

［英］杰弗里·E.R.劳埃德 著　何博超 译

人民出版社 出版发行
（100706　北京市东城区隆福寺街 99 号）

中煤（北京）印务有限公司印刷　新华书店经销

2022 年 2 月第 1 版　2022 年 2 月北京第 1 次印刷
开本：710 毫米 × 1000 毫米 1/16　印张：27.25
字数：432 千字

ISBN 978 - 7 - 01 - 021385 - 9　定价：95.00 元

邮购地址 100706　北京市东城区隆福寺街 99 号
人民东方图书销售中心　电话：（010）65250042　65289539